生命时空

马王堆汉墓新论

美国哈佛大学中国艺术实验室——编

上海书画出版社

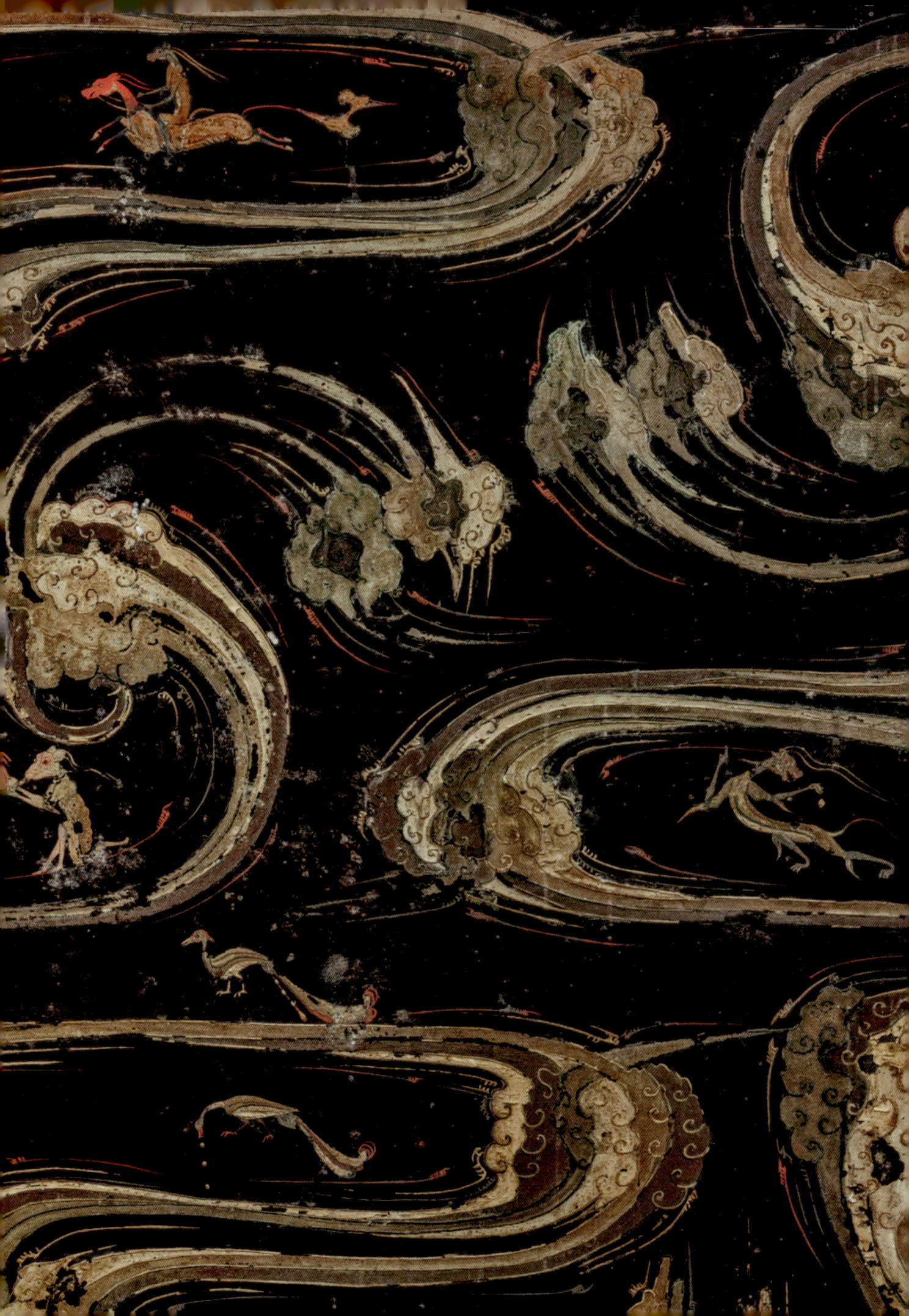

目录

序言
- 序言一 | 汪悦进 / II
- 序言二 | 段晓明 / V

总论
- 入地如何再升天？——马王堆美术时空论 | 汪悦进 / VI

1 时空 chapter 1

❶ **马王堆棺椁系列图** / 03
  四重天地：马王堆一号墓棺椁结构简释 | 蔡小婉 / 14

❷ **马王堆博具系列图** / 17
  动态的图示：六博棋盘图案新解 | 雷小菲 著　蔡小婉 译 / 30

❸ **马王堆漆奁系列图** / 51
  天地息食：马王堆汉墓漆奁的生命时空 | 林冰洁 / 80

❹ **马王堆方奁与简帛系列图** / 99
  季节更替·光泽流转·音律振动：关于马王堆三号墓东 57 号漆奁内置物的讨论 | 彭雪扬 著　刘晓天 译 / 104

❺ **马王堆天文数术系列图** / 121
  马王堆帛书《刑德》《阴阳五行》诸篇图像复原 | 程少轩 / 130
  造化流形：马王堆《镕炉图》与早期中国的生命炼铸理论 | 吕晨晨 / 174

❻ **马王堆乐器系列图** / 195
  时间的声音：关于马王堆一号汉墓出土的"十二律管" | 刘子亮 / 206

2 阴阳
chapter 2

❼ **马王堆四重套棺系列图** / 215
何为"藏象"？——马王堆之谜解密 | 汪悦进 / 262

❽ **马王堆神兽系列图** / 279
鹿角与长舌：楚国镇墓兽研究的考古新证据
　　　　　　　［意］戴蓓岚（Paola Demattè）著　蔡小婉 译 / 290

❾ **马王堆机弩系列图** / 325
生机：重释中国早期墓葬里的弩 | 吴晓璐 著　刘晓天 译 / 332

❿ **马王堆纺织品系列图** / 349
初探马王堆一号汉墓中纺织品的时序意义 | 李沁霖 / 362

⓫ **马王堆食物系列图** / 371
琳琅宴飨——马王堆食物文化管窥 | 赵惠靖　蔡小婉 / 378

⓬ **马王堆漆器系列图** / 383
器以藏礼——马王堆汉墓漆器简述 | 刘怡 / 428

⓭ **马王堆俑人系列图** / 433

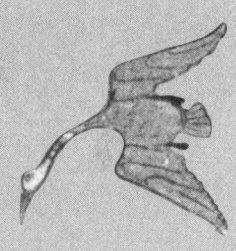

3 生命
chapter 3

⓮ **马王堆T形帛画系列图** / 453
壶中天地：生气与宇宙之器 | 汪悦进 著　方慧 译 / 462
早期中国阴阳五行体系里的动物分类 | 文韬 / 486
金声玉振：马王堆T形帛画中的钟磬与音声方术 | 吕晨晨 / 506

致　　谢 / 527
作者信息 / 528
策划设计、图片提供 / 529

序言一

汪悦进 (Eugene Wang)
哈佛大学

马王堆的意义何在？这似乎是不需论证的问题。而问题恰恰在这里。说起马王堆，学者与公众首先想起的是文物宝藏。这没错。但究竟是什么宝藏？其实是值得深究的问题。通常的理解大约是这样：马王堆文物宝藏丰富，完整保存了西汉物质文化的丰富多面性，给我们展现了汉代人的起居空间。三号墓出土的简帛文书，含经典《易经》及种种方术医书等，实为难得的文献宝库。其实，马王堆的意义远超过这些。简言之，马王堆文物井然有序的序列和内在构图揭示的是一种对宇宙与生存方式的认知图式。其价值不仅仅在于其保持了古代文明的记忆。更重要的是它竟然与21世纪正在形成的新型认知范式非常接近。这话怎么说？

从20世纪开始，随着现代物理相对论及量子力学的发展与深化，人类对宇宙万物存在方式的认知也在不断深化。进入21世纪，这种认识已经从现代物理推广到其他领域。一个认知范式的革命正在发生。其冲击的对象是近代科学包括牛顿经典力学给我们划定的世界观。经典力学的范式将时空纳入一个静态的坐标系，由点线面构成三维世界。在其中运动的物体由此可以被观察定位并被预测其运行轨迹。这种世界观与科学观给近代科学提供了强有力的分析手段，其功绩不可磨灭。同时，随着相对论与量子力学的深化，其局限也越加暴露。首先，什么是物体？物体是否真是被锁定在静态空间？这些在相当长时间内不成为问题的问题越来越浮出水面。当万物被置入粒子层面考察时，人们惊奇地发现，物质存在并不再是静态空间中的实体，而是变化系列中一种状态，一种能量场的状态，不断变化，并没有固定空间定位。所谓存在，并非一定是经典力学所描绘的静态空间中铁板钉钉的物体，更没有固定的空间位置。由此，以静态空间方位领契万物的认知范式在此也就开始动摇。

这种以状态来观照宇宙间万物存在的新认知模式置于马王堆的世界里，居然适得其所，一点也不陌生。马王堆文物的图像设计与文物编排并没有机械复制一个生前世界，而是创造性地营造了一个秩序井然的宇宙时空。简单说来，其四边厢及四套棺的规划安排是严格按照四季循环的时序来规划的。内棺上的T形非衣帛画由下至上，亦是按四时演变的时序，始于底部冬季，终于顶部冬季，由此循环往复。在此，所谓季节性的"冬季"其实是一种状态描述的代码，而不是实指冬季，其功能是概念转换与衍生。"冬季"状态的表象呈现勾连出一个潜在的概念链，包括"北冥/水域/低谷/黑暗/死亡"等一系列相关状态。"冬季"状态便可与其中任何概念或状态描述互换，如"冬季"可与"北冥"等同互换，但此处"北冥"亦不能坐实为空间方位，而是"北冥"状态，理解为"水域""寒冷"或"黑暗"亦无妨。核心在于状态描述，而不受固定空间限制。换言之，这是一种算法语言，其原理相当于《易经》所用的抽象符号与情景的置换方法。正是这种处理信息的算法语言在17世纪被法国传教士介绍给德国的莱布尼茨（Gottfried Wilhelm von Leibniz，1646—1716），使得这位被誉为"17世纪的亚里士多德"大为惊叹，对其发展二进制多少起到了推波助澜的作用。而恰恰是这二进制使得人类进入信息科技时代。总之，当我们以算法语言的思维模式来反观马王堆文物世界背后的编程逻辑，我们才恍然大悟：原来我们不能以静态时空模式来锁定马王堆文物，而应以状态描述为基本思维逻辑来观照其巧妙布局。由此，许多过去费解的矛盾便迎刃而解。

过去我们常常被马王堆文物布局的悖论所困扰。四方边厢似乎设置了日常家居环境，四重套棺却又由充满神怪的冥冥黑地指向昆仑仙境，内棺帛画更是由水底双龙升腾引入日月天极。这种布局，似乎南辕北辙，既入地又升天，何去何从，究竟是个怎样的空间定位？问题就出在我们的认知习惯囿于静态空间的思维套路，很难脱离这个框架去理解以状态描述为经纬的时空图景。若以时序为编码底线，以状态描述为基准，忽略静态固定空间所指不计，便会有新认识。T形帛画底部与顶部表面看是地下天上两种不同空间，其实是时序系列中的同一状态，两种表现。上下同属冬冥：底部冬春之交，既是死亡冥暗底谷，又是双鱼交配的羽渊，即生机萌发之始；顶部厚衣裹体的双鹿牵引黄钟大吕遁入寒境，进入的是与日月同辉、天长地久的无极状态。同是冬冥，同中有异。底部暗示冬去春来，春机有望；顶部暗示亡者尸解之后的魂灵万寿无疆，表面看是升天，其实是以四季变迁来暗示生命终结后的个体消解、时空互换的浑沌状态。而这种时空互换的浑沌状态，又体现在底部冬冥羽渊之中。帛画始于浑沌，终于浑沌，如此周始循环往复。

这便是诞生于公元前2世纪的中国艺术，其理念之前沿，经营之精巧，置景之辉煌，想象之奇特，可以说是前无古人，后无来者，算的上是世界艺术史的巅峰之作。而要充分体会其精湛，我们需要调整我们对什么是艺术的理解。世人目前对艺术的理解的参照系大都定位在18世纪欧洲形成的观念和框架。工业革命带来了劳作与休闲的分离及其文化要求的改变，艺术摆脱了对教会及望族赞助等体制的依赖，形成了脱离功利目的自在自为的审美趣味和价值框架，借助学院派的规范和艺术媒介的界定，形成对绘画、雕塑、建筑等单个作品的审美体验范式。其艺术规范以古希腊罗马艺术为准绳，以模仿再现为艺术原动力。以这种艺术趣味为创作评价艺术作品的价值观念在20世纪渐渐被挑战，到60年代式微，于是便有了所谓"艺术终结"论。而艺术院校与博物馆仍然以这种学院派的艺术观念为体制框架，尽管不断以旧瓶装新酒。其内在矛盾不言而喻。明白这点，就不难认识到如此界定的"艺术"观念只是历史特定时期的产物，不是放之四海而皆准或一成不变的法则，用来衡量早期中国"艺术"便不免捉襟见肘。也就是说，若用18世纪欧洲的学院派艺术尺度来寻找马王堆文物的绘画雕塑，不免陷入窘境。相应的思维方式是以物质媒介来划分作品：即以帛画、棺绘、漆器、陶器作为单个的审美对象。显然削足适履，七宝楼台碎拆不成片段。倘若我们摆脱这种成见，以"经营位置"、时空调度、编码程序等视角来界定马王堆文物世界的场域组合营构的艺术思维，便更能看出其背后艺术设计理念的高超之处。

  本书便是基于这种认识来编排展开。其中心要点是明确马王堆文物世界以四季循环时序为主导的代码，衍生出类似《招魂》《远游》之类的楚辞汉赋类的想象场景。各种媒介物品（帛画、俑人、器皿、织品等等）经组合，在精神世界冥冥之中上演了一场穿越时空的仪式物剧。

  本卷撰稿人以哈佛大学中国艺术实验室（Harvard FAS CAMLab）的团队成员（包括我的博士生们）为主，并邀请诸位志同道合的学长同仁参加。区区一卷，尽管涵盖面不免挂一漏万，但我们的目标是呈现马王堆研究的前沿阐释。希望读者能够在图文并茂的书卷中徜徉，品得其中的趣味。

序言二

段晓明
湖南博物院

2024年，我们迎来了马王堆汉墓考古发掘50周年的历史时刻。自1974年以来，马王堆汉墓的发现与研究不仅揭示了汉代精美的文化艺术，更为中外学者提供了丰厚的研究资料。经过半个世纪的探讨与研究，马王堆的文物与文化得到了多元而深入的阐释，成为世界考古学的重要组成部分。

本专著汇集了哈佛大学对于马王堆研究的多维度研究成果，针对马王堆的总体设计和重点文物提出了全新的解读，为全球马王堆研究打开了崭新的局面。书中不仅深入探讨了墓葬的结构、葬俗以及出土文物的历史文化背景，还利用最新的学术方法和技术，对文物进行全面而细致的分析。

特别值得一提的是，超高精度的文物数字化技术为马王堆文物的重新展示提供了坚实基础。文物数字化不仅是保存和记录文物信息的基础工作，更为文物的数字展示奠定了基础，使我们能够超越物理的限制，全面展示和观看这些珍贵的历史遗产。本专著的插图生动地展现了文物数字化的成果，清晰地呈现出文物的结构与细节，让全球观众得以一窥汉代文化的辉煌与精妙。

这本图文专著不仅是对马王堆汉墓考古发掘50周年的纪念，也是对未来马王堆研究的展望。希望通过本书，使更多的人了解和热爱这一珍贵的文化遗产，共同传承和发扬中华民族的灿烂文明。

总 论

入地如何再升天?
——马王堆美术时空论

汪悦进

升天入地是人类文化想象的根本结构经纬，又最能凸显文化差异。马王堆墓葬美术是绝佳案例，其图像及配置兼具升天与入地因素。死者何去何从？本文通过对马王堆图像序列及其文化背景的分析，为上述问题提供答案。若从诸般貌似空间性质的图像中考察，矛盾便迎刃而解。中国古代墓葬图像往往将时间空间化，如冬冥状态既可以图解为地下水府，又可作天仙境界来呈现。时序是构成中国古代形象思维的底线。

引言：马王堆之谜

　　升仙是中国古代美术经久不衰的主题。但升仙是否就是我们现代人想象的类似航天登月式的升天？[1] 这"天"是物理三维空间还是别样时空？长留地下能否成仙？扑朔迷离的马王堆墓葬美术既给我们提出了这类问题，又给我们提供了绝好的答案。

　　其中，一号墓、三号墓各出土一幅的非衣帛画尤其说明问题。这两幅帛画原都是面朝下覆在内棺上，画面内容现在一般称为"升仙图"。问题由此而生：既然是升仙，很容易被表述为升天。两幅帛画顶部也都确有天界图像，于是整个画面便很容易说成是展示死者魂灵升天。

　　单就帛画本身论，这样讲似乎也在理。但一旦放入整体墓葬环境，却又不免捉襟见肘。具体来说，墓椁头厢内置放家具并配有奏乐侍俑等实物，展示一稳定的日常起居实有空间（图1），显然无意让死者亡灵远游他方，而覆在内棺的非衣帛画上却又明明绘有魂气凭双龙升腾之势而升天的场景（图2）。这不自相矛盾吗？这番布局，究竟是让死者亡灵升天，还是在这钟鸣鼎食的环境永享长年呢？[2] 如何解释这一南辕北辙的现象？权宜的解释可以是：死后魂魄分离，魂升天，魄入地。[3] 绘事似乎依升天之魂而规划，葬具及椁内起居环境俨然为入地之魄而陈设，魂魄便各得其所。矛盾似乎迎刃而解，但实际问题并不仅止于此。

　　先让我们进入帛画画面。[4] 过去学界注意力大多专注在一号墓帛画，对三号墓帛画（图3）涉及相对较少。其实比较一号与三号墓帛画是理解这类非衣帛画的关键所在。对初涉马王堆的读者，这里先补充一点背景：长沙马王堆共有三座西汉墓，同属长沙国软侯利苍一家。按入葬日期顺序，先是二号墓墓主长沙丞相软侯利苍本人，公元前186年先亡。然后是三号墓

| 生命时空 —— 马王堆汉墓新论

图1　马王堆一号墓的庞大椁室结构及随葬器物出土情形：边厢和中心的四层

墓主软侯儿子，葬于公元前168年。最后是一号墓墓主软侯夫人辛追，亡于公元前168年后数年。[5] 这样说来，三号墓非衣帛画早于一号墓的非衣帛画。一先一后，两相比较，有同有异，但总体结构不变。贯穿全图的究竟是怎样一条主线呢？

概言之：双龙的行迹。从下到上，帛画场景每每有变，但双龙贯穿始终。仔细观察，双龙的升腾有序列步骤。先是双鱼化入双龙状态，然后是双龙呈一阴一阳（一为赤龙，一为青龙）开始升腾、交叉穿璧。对双龙升腾的最后状态的表现，一、三号墓帛画有异：三号墓帛画的双龙在顶部交合，化为类似伏羲女娲的一对交尾的男女人首蛇身状，孕育一幼小新生人形；一号墓帛画的双龙则双双化为青龙，烘托中央的一个半人半蛇的形象。问题便呈现出来：这贯穿画面始终的双龙代表什么呢？

图2　非衣帛画，西汉，205厘米×92厘米，湖南长沙马王堆一号墓出土，湖南博物院藏

图3　非衣帛画，西汉，233厘米×141厘米，湖南长沙马王堆三号墓出土，湖南博物院藏

一、壶中春秋

线索在于双龙龙体蜿蜒走向的造型。一号墓、三号墓帛画都将下部双龙处理成两个壶形的叠加（图2、3），而且是下面的壶形壶口朝下，上面的壶形壶口上仰。这里用"壶形"一词来描述，不仅仅是修辞权宜之计。在此画师确实有所用意，[6] 这在三号墓帛画尤其明显。画面底部的双鱼场面，明明是表现一水域，在双鱼下面竟无端地绘出一个确凿无疑的壶的形象。初看令人不解，其实很有道理。

稍稍回顾一下壶的历史，便能理解帛画为何做如此处理。西周的颂壶（图4），可谓较早揭示壶的造型设计奥妙的重器。西周晚期，一个叫颂的人在周王的宗庙登堂入室参加典礼，接受周王册命，掌管成周洛阳仓库。颂感激不尽，典礼后便铸青铜方壶并铭文，借宝器祝愿周王万岁，光耀门庭，追孝父母。[7] 铭文与方壶纹饰两相参照，似乎风马牛不相及。铭文渲染颂在王室宗庙接受册命的盛典，而铜器纹饰却呈现双龙交配。其实图文之间还是有精神上的默契之处的，玄机在铭文最后一句："子子孙孙宝用。"铭文和铜器纹饰，尽管可能出自不同作者，但透出一信息，即宝器能蕴含生机，既有生机，便有子孙延绵的希望。

这又和铜壶这一酒器的性质有关。既是铜壶容器，长存玄酒是其设计理念。而玄酒养气，气盛则导致生命旺盛，子孙延绵。双龙相交，阴阳相合，用阴阳家的话来说就是有"龙息"，[8] 龙息升腾，一旦视觉形象化，便成了颂壶上的双龙景象。

类似借容器来存精神繁衍后代的想象，在东周的文字叙述中亦有表现。《国语》从今已不存的古书《训语》里引了一则逸事，[9] 事件行为本身尽管荒诞不足信，其深层逻辑却多少保留了双龙意象背后的理念。说是夏代衰败时，有两条神龙降入夏廷。夏帝占卜后决定将龙的唾液藏在盒子里存放起来。以古代养生思维度之，唾液为精，龙唾液便是龙精。由此，龙精便借宝匮容器代代相传，直至周厉王时方被打开，不料双龙的唾液竟四处漫流。厉王突生奇想，让宫内女子赤身裸体对龙液喊叫。结果龙的唾液化为大黑鼋（玄鼋），与一年少宫女接触。少女没与世间男子相合便怀了孕。[10]

有趣的是，考古发现有一批西周晚期到春秋早期的铜盒，凡属出土可考的都出于女性墓。铜盒多饰有裸人，其中造型最大胆的是出自山东莒县的裸人铜方棜（图5），器顶竟然是一

图 4　颂壶，西周，中国国家博物馆藏

图 5　裸人铜方棱，西周，青铜，高 7.5 厘米，山东莒县出土，山东博物馆藏

图6 成都百花潭战国铜壶及线描图，战国早期（公元前5世纪），四川省成都市出土，四川博物院藏（图片来源：四川博物院）

对男女裸人相对，而且男子阳具直指女子阴部。这类铜方棜的用途，可作种种揣测。[11] 两相对照，出土铜方棜的设计理念与故事中存双龙唾液的匵器在理念上同构之处颇多，几乎让人怀疑东周《训语》的作者是否望物生义，衍生出上面的戏剧情境，不得而知。重要的是，莒县铜方棜裸人及生殖繁衍的意蕴以及女子弄器的性质，给《训语》描述的存放双龙唾液的匵器做了绝妙的背景注释，也给颂壶的双龙的意蕴做了说明。更有意思的是，类似表现阴阳交合的裸人铜方棜属于弄器。按李零解释，弄器供把玩之用，其观赏性大于实用性。[12] 此外，恐怕还有秘戏之意。双龙交合的西周颂壶没有自铭为弄壶，发展到春秋晚期，情况就大不一样了，杕氏壶明白无误地自铭："（吾）（以）为弄壶。"[13]

杕氏壶上纹饰未及细察，但其形制纹饰类似带有被现代学者称为"宴饮纹"或"水陆攻战纹"的战国早期铜壶。这些现代命名往往有误导性，其实征战、宴饮等社会场景并非其纹饰设计的主旨所在。像杕氏壶自铭所称，这些可能都属"弄壶"。既然是弄壶，多少带有秘戏性质，延续了阴阳交合的传统内涵。

图 7　战国铜壶及线描图，战国早期（公元前 5 世纪），上海博物馆藏（图片来源：上海博物馆）

不妨以四川成都百花潭出土的铜壶（图 6）为例。壶面纹饰连盖顶共分五个层次，全是在演示四季景象。底部为冬季场景，冬季宜冬藏封闭，于是双兽卷缩待发于花蕾子房之中。又因冬季是"虎始交"之际，[14] 所以底部的苞蕾内各有双兽作交尾状。可见仲冬之际，黑暗到头，冥冥之中生机已经开始萌发："是月也，日短至。阴阳争，诸生荡。"[15] 果然，苞蕾上面的一圈呈一片"阴阳争"的场面：鸟（阳）蛇（阴）相争，人兽相斗。有趣的是鸟蛇争的场景是蛇在上鸟在下，似乎在暗示：此时为寒冬，阴盛于阳。与壶底相对是壶顶，呈仲夏场面。仲夏时，"游牝别其群，则絷腾驹"[16]。意即仲夏时得隔离怀孕的母马，拴牢公马，不让它们骚扰母马，影响生娩。于是，壶顶画面中群马奔腾，怀孕的母马三次出现。画师为了明示怀孕母马，特意在马背上绘一花蕾子房形象，内中显出胚胎。其中一孕马之下有一幼驹，以示母幼关系。另一孕马与其下的腾驹背道而驰，已示"游牝别其群"的意思。上海博物馆藏的纹饰相似的战国铜壶（图 7）的顶部更近一步，干脆绘出一佩剑人物在马群中作"游牝别其群，则絷腾驹"的动作。

如此说来，壶面的设计表现四季景象，但并没有按季节顺序经营位置，而是按阴阳相长思维呈上下对称，即底部为仲冬，壶顶为仲夏。仲冬与仲夏，一下一上，当中是春秋相对。壶口下第一层描绘春景，采桑与春射。第二、三层都是秋景。第二层是秋射秋飨，右面是射礼弋射，左面是秋飨时钟磬齐鸣的景象。[17] 第三层是攻战，因为秋季为杀气盛行的季节，于是用战争场面表现。

如此经营位置，从上到下，便呈现了这样一个序列：夏—春—秋—冬。如此打乱自然季节顺序，是强调天地人的关系："天气上，地气下，人气在其间。"[18] 同时又演示了天地阴阳交合、生机孕育的过程。仲冬与仲夏是四季变换中仅有的两次"阴阳争"的关口。[19] 底部为仲冬，阴盛至极，然后少阳之气渐长；壶顶为仲夏，阳盛至极，然后少阴之气渐增。如此阴阳之气既循环往复，又上下交合："天气下降，地气上腾，天地和同。"[20] 以这样的图景来装饰作为酒器的铜壶，用意昭然若揭：壶为弄器，能化合阴阳，助长生机。莒县铜方棜以男女裸人相交（图5）来表现弄器的功能；此处弄壶（图6、7）则是借助四季阴阳消长的序列来演示"天地和同"。一个较直白，一个带有礼仪色彩，只不过是下里巴人与阳春白雪的不同表达罢了。

二、帛画时空

这就不难理解壶的形象在马王堆三号墓非衣帛画的立意所在了。帛画分天地上下，死者（即軑侯公子）形象存于天地之间。（图3）按古人思维，人本是精气所为，人一死，便是"精神入其门，而骨骸反其根"[21]。往下，便有了学界通常认为的人间祭祀场面。八个女子分列两厢，共同注目于当中的四个壶。（图8）这个场面耐人寻味。首先，这恐怕不是再现軑侯家的实际祭祀场景。比较一号墓軑侯夫人的非衣帛画就可看出。同样场景，在軑侯夫人帛画里出场的是一群男子。（图9）这就奇了，总不至于只有男子可以给軑侯夫人祭祀，只有女子可以给軑侯公子祭祀。再看軑侯公子帛画中八位女子的着装：右边一列皆着白袍，左边一列赤白相间。（图8）既然赤白，难免让人做阴阳想。这场面似乎在昭示某种状态的转变：壶右边是一种状态，一色白袍；壶左边是另一种状态，一白一赤，阴阳相错相合。因

总论

图8 非衣帛画（底部细节），西汉，湖南长沙马王堆三号墓出土，湖南博物院藏（绘图：梁以伊，林朵朵）

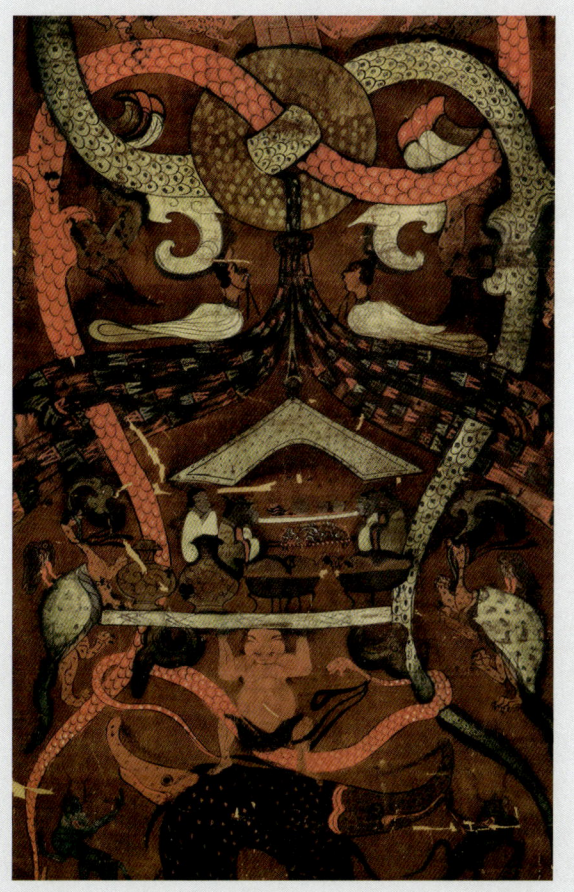

图9 非衣帛画（底部细节），西汉，湖南长沙马王堆一号墓出土，湖南博物院藏（绘图：梁以伊，林朵朵）

XV

考虑年久色彩蜕变，无法断言这里的"白色"究竟是白还是青。考虑右列的白袍女子与右边青龙相配，青龙的颜色现已呈白色，恐怕只能以青龙所代表的状态来度之（详见下文），那这里就可能是暗示阴盛至极。左边的一赤白相错的女子便是昭示阴阳调和。

总之，不管这种揣测是否准确，这个场面透露的信息大致明了：一是这里表现了某种状态变化（如阴阳盛衰及生死变化）；二是促使这状态变化的关键所在是众人瞩目的壶（图8）。这壶中阴阳的气变，我们可从两个角度去推测，一是战国以来弄壶纹饰中四季阴阳变化的传统意涵，前面已经详述，二是这幅帛画本身的内证。

内证便是帛画底部的壶（图8），这显然是在示意阴阳交合的状态。壶上方的双鱼交尾便是明证。双鱼置于大腹便便的裸人分叉的双腿之间，其生殖内涵不言而喻。[22] 况且裸人一手揽赤龙一手揽青龙，力在促成阴阳交合。战国铜壶给我们的启示是：阴阳交合以四季变化来表现，这已经形成图式规范。以此观照帛画，不难看出这里是冬季状态。所谓"冬"，只是指示一种流变状态。中国古代艺术中，季节并不是图像表现的终结对象，而是揭示某一状态的意象。为此，我们得摆脱近代以来受西方象征思维影响来解读图像的习惯思路。

中国传统思路重在描述时间序列中的某一环节或事态发展变化流程中的某一临时状态。为了描述这一状态，可借用春夏秋冬的时间意象，又可借用木火土金水的材质标签，或用青赤黄白玄颜色来类比。其用意并不是定格于某一意象及其象征（如冬＝死亡），而是重在揭示冬去春来演变序列中姑且称之为"冬"的临时状态，有时可能跟真正的冬天没有多少关系。寒冬意象尽管可能与死亡相连，但更重要的是昭示其在秋冬与春夏的发展转换流程中的位置。

所以传统的图像思维重时间关系而不重空间关系，重演变而不是重定格，重阴中有阳、阳中有阴而不是将阴阳两分绝对化。正因为一种状态可以几种表述，于是将几种表述体系规范化、类别化，并能相互转换，这便是中国古代形象思维系统的基本原则。东周以来已经形成一些折合转换公式，如介类动物＝冬季＝北方＝水＝玄色。

理解了上述这些原理，就不难把握马王堆三号墓帛画底部冬景场面（图8）的意旨所在了。

这里状态从四季序列上说是寒冬，从天地阴阳五行来说是水、玄黑、北方，按战国以来的状态转换规则，也就是冬／水／玄／北的状态。这个状态可以用来喻示死亡。以此春秋笔法暗示死亡状态，用于招魂之类的非衣帛画自然是情理之中的事。但这个死亡状态不能被我们现代生死殊异的观念所左右，而更应以古代中国注重变化发展流动的思维来度之。这里的冬/水/玄/北之像是一暂时状态。此时，"天气上腾，地气下降，天地不通，闭而成冬"[23]，为低谷状态，类似死亡，但绝不是死水一潭。阴盛至极后必然是少阳渐长，生机孕育。换句话说，便是冬/水/玄/北状态变为春/木/东/青这个过程的起点。

这个演变在非衣帛画底部是通过龟、鱼、人、龙、鸟图像组合编排来昭示的。表现冬/水/玄/北状态的场景里出现五类动物：龟、鱼、人、龙、鸟。龟是介物之首，是冬/水/玄/北的集中体现；鱼与水相连，既可标志冬/水/玄/北，又可并入鳞类，以接近春/东/木状态；龙是鳞类，既可作潜龙在水，又可示意向上升腾，便成了春/东/木的代表；人是裸类，与季夏/中/土为伍；鸟是羽类，与夏/南/火等相伴。在此，代表冬/水/玄/北的双龟与双鱼相交是核心场景，代表春/木/东/青的双龙还仅仅是细尾初始状态，但生机已经孕发，按季节更替的规律，冬去春来势在必行。裸类已经出现，代表火/夏/南的羽类亦已在场待发。简单说来，便是"冬日至则阳乘阴，是以万物仰而生"[24]。裸人驾鱼便是阳乘阴的形象化表现。

沿着这个生机孕育演变的轨迹发展，自然会有新的情景出现。往上，两束长长的羽状缕翼[25]飞扬，既切合丧礼要求，又接续了由帛画底部开始的阴阳变换的发展，至此，冬去春来，羽翼的形象即为明证。稍晚制作的一号墓非衣帛画在此处索性将暗示的春季点明，绘出一对代表春/东/青状态的鸟首人身的句芒鸟。（图9）二龙穿璧将这一形象叙事推至高潮，阴阳在此充分交合，[26]可用盛夏比附。此后，再往上便是入秋状态，也就是毛兽/秋/金/西/白色的意象序列。[27]在此，双兽呈毛类动物，平台为白色，菱纹为金。[28]万物生长的四季序列为春华秋实，至此为完形成熟阶段。于是，死者形象亦在此完整呈现。（图10）

画面的逻辑既然以四季循环往复为主线，接下来自然是新的一轮循环。再往上又入冬/水/北/玄的状态。三号墓非衣帛画较守规矩，老老实实地将双鱼再次绘出，用鱼水意象暗示玄冥状态（图11），由此与底部双鱼（图8）呼应，以示一个四季循环往复的完成和重新开始。一号墓非衣帛画则通过其他形象来暗示再次进入冬/水/玄冥的状态：双鹿居然裹上白衣，以示寒冬。（图12）

也就是说，帛画底部和顶部都是表现鱼水玄冥、寒冬长夜的状态。在大地平台左右的一对龟驮鸱鸮是帛画底部（图9）描绘寒冬玄冥的点睛之笔。鸱鸮是羽类阳物，但习性是入

图10 非衣帛画（墓主形象），西汉，湖南长沙马王堆一号墓出土，湖南博物院藏（绘图：梁以伊，林朵朵）

夜后活跃。既然寒冬玄冥状态是阴气极盛、生机低落之时，于是作为黑夜阳鸟的鸱鸮便成了给漫漫长夜带来一线光明和勃勃生机的使者。商周青铜器上圆睁双眼的鸱鸮便是这个意思。一号墓非衣帛画形象化地将这一情景处理成日出日落：入夜，日中玄鸟变成了鸱鸮。日落被古人想象为太阳坠入西方虞渊蒙谷，但鸱鸮生性不会潜水，于是借玄龟暗度陈仓，由西方虞渊蒙谷潜入地下，次日从东方旸谷咸池爬出。[29]图中右面的龟驮鸱鸮作浮悬状，似在潜入水中。左边的龟驮鸱鸮攀扶地平线而上，作日出之状。[30]龟驮鸱鸮的日落日出之景界定了玄冥/长夜/地下这样一个时空状态。我们过去比较偏重此处画面的水府地下空间性质，而忽略其寒冬长夜的时间特征，其实两者缺一不可，甚至可以说，寒冬长夜的时间意义胜于水府地下的空间含义，因为帛画旨在演示生死如阴阳四季循环往复。也正因此，通常被理解为死气沉沉的漫漫长夜被帛画处理成生机盎然，双鱼交配，生命开始孕育，由此，代表春季的双龙开始升腾。（图9）

同样，两幅非衣帛画顶部（图11、12）也以高昂的格调来表现这暗示死亡的寒冬玄冥、

图 11　非衣帛画（顶部细节），西汉，湖南长沙马王堆三号墓出土，湖南博物院藏（绘图：梁以伊，林朵朵）

图 12　非衣帛画（顶部细节），西汉，湖南长沙马王堆一号墓出土，湖南博物院藏（绘图：梁以伊，林朵朵）

漫漫长夜的状态。这里也是一个以时序为主的空间：日出日落，或由日入夜，从太阳到月亮，从盛阳到盛阴，即是"日至而万物生""月归而万物死"[31]。与此同时，画面的对称构图稳定，双龙的升腾在此接近终结。一个生命过程到此画上句号：由下到上，先是在长夜玄冥中双鱼交尾孕育生命，然后是双龙在盛夏交合，秋季完型成熟，最后是顶部呈现双龙再次作阴阳合气。稍早的三号墓非衣帛画在顶部日月之间绘双鱼飞腾（图11），暗示此处再次进入鱼/水/北冥的冬季状态，但又一次交合：两个人首蛇身的形象，一男一女，类似伏羲女娲，交尾孕育出一个花蕾胞胎状的新生命。同样阴阳交合孕育的意念，在一号墓非衣帛画里则表现为双龙合拢，吐育出一个集日月阴阳精华于一身的人身蛇尾的形象（图12），与帛画底部双鱼孕人形遥相呼应。这个人身蛇尾形象带有超越古今的意味。大凡太古圣人，习惯被古人想象为半人半蛇形象："庖牺氏、女娲氏、神农氏、夏后氏，蛇身人面……有大圣之德。"[32]帛画里的人身蛇尾，便有超越古今、寿比日月、与天地长存的意味。这个寿比日月的半蛇半人的形象是画师们经久探索的结果。在稍早的三号墓非衣帛画顶部（图11），这个形象尚未定型，仍处于探索阶段。我们看到的是双龙合拢，口中吐出一日中鸟形，与右边的日中阳鸟相对，只是色调偏暗，大约想显示阴气渐盛的漫漫长夜中阳气日精犹存。画师大约又觉得这样处理有失情理，便改了主意，将日乌形象涂去，代之以赤白（或赤青）相间的八只仙鹤，分两列相会于天庭中央，扬颈高歌，示意八风聚合、[33]阴阳交配。八风又可与五音对置互换，于是在稍晚的一号墓非衣帛画上八鹤成了五鹤。（图12）

三、钟磬之声

三号墓、一号墓非衣帛画上各自出现的八鹤与五鹤是一重要提示，这得从音乐角度去理解。钟磬之声是贯穿两幅帛画的主旋律。无论两幅帛画的细部差别如何，钟与磬，一上一下（图2、3），这是不变的核心所在。钟磬始于周代，是用于宴享时奏鸣的"房中乐"，在秦汉时仍被沿袭。[34]问题是这里为何磬在下、钟在上呢？这和上述的四季阴阳变化的主线有关。钟磬亦即金石。按古代宫、商、角、徵、羽这五音音阶论，"金尚羽，石尚角"[35]，也就是说，石磬属角声，配春季："其神句芒。其虫鳞。其音角。"[36]难怪，一号墓非衣帛画的悬磬之处，一对人首鸟身的句芒顺羽翼之势而飞扬。（图9）句芒是春天使者，此处又合季春的石磬角音。金石中的石磬由此被巧妙地纳入四季时序，那么金钟呢？当我们进入帛画顶部，便见身裹寒衣的双鹿拉拽一个金钟向上飞驰。（图12）"金尚羽"，属羽音，与冬及玄冥相配。[37]

三号墓帛画的八鹤（图11）与一号墓帛画的五鹤（图12）又和音乐是什么关系呢？我们既然大致确定帛画顶部表现的是冬季玄冥的时空，按古人想象习惯，颛顼是这个时空的主宰。那不妨看看战国人对颛顼的玄冥世界的想象如何。据说颛顼生活的环境是若水空桑，他登上帝位时与天籁和谐合拍，使得八方之风畅行，于是八风和鸣。颛顼喜欢这声音，便让飞龙模仿八方之风制乐祭祀上帝，曲名《承云》。[38]这个想象场面足可与三号墓非衣帛画顶部（图11）相互参照。问题不在帛画是否图解这个故事，而是这类故事的想象因素及组成方式与帛画情景有异曲同工之妙，都呈现玄冥时空、龙鹤聚汇等形象。八只仙鹤引颈高歌之状很可能就是八方之风的形象化。

到了稍晚的一号墓帛画（图12），这个传统被沿袭并被加以改造。如前面提到，颛顼这类莽荒太古圣人，习惯被古人想象为半人半蛇形象："庖牺氏、女娲氏、神农氏、夏后氏，蛇身人面……有大圣之德。"[39]《山海经》中更不乏其例。八风和鸣的传统场面到一号墓帛画作者手中，便被处理成五音和鸣的场景。这种场景通常会附会到某一太古圣人上去，其经典场面便是黄帝铸钟以和五音的故事。传说黄帝让手下伶伦按凤凰之鸣来制十二律，分雄鸣与雌鸣（可见乐亦以阴阳为准）。十二律中，黄钟之宫为首，可以生出其他律调。黄帝又让人铸出十二钟，"以和五音"。[40]这多少可以帮助我们理解帛画顶部场景：金钟被双鹿拽入玄空，想必是在鸣奏黄钟大吕之律。与之相配的是五鹤仰颈和鸣，以象五音，孕育新生。在三号墓帛画呈一幼小人形（图11），在一号墓帛画则呈人首蛇身（图12）。并非特定墓主形象，而是一笼统抽象状态的具象化，是超越古今、与日月为伍、集阴阳之气、天长地久的"寿"的形象，无法也无须坐实。重要的是把握这一场面的基调：春来秋往、生死更替的循环往复在响彻寰宇的金声玉振的房中乐伴奏下由此推向音画高潮，被艺术化定格为一个金钟"和五音"、顺阴阳、天长地久的永恒理想状态。古人将这种状况称为"仙"。

这个过程，在按楚辞体创作的《远游》中有精彩描绘。[41]《远游》很可能出于淮安王刘向门下的某一作者之手,[42] 带有很强的西汉想象模式的印迹。赋文从一游魂的意识视角展开。这个游魂撇下了形容枯槁的躯体后便漫游四方。其路线先是顺日出日落方向由东至西,然后是沿生命轨迹由盛至衰,即从南向北而行。游魂本意是想长驱直入温暖的南方,却被主司南方的神祝融挡驾,婉言劝它还是去北极。这里暗示生命规律不可逆转,万物终究要有荣衰更替,由盛阳渐入盛阴,进入北冥长夜冬眠状态。辞赋想象自然不会如此直白并不动声色。这个进入生命低谷休眠状态的过程被诗人渲染成天乐伴奏、鸟兽起舞的欢腾情景。音响画面绚烂至极,热闹的背后却是有条不紊的序列,既揭示了万物荣衰的过程,又吻合了魂灵腾飞过程的视域空间转换。诗人笔下呈现的是水域介鳞动物的群舞:河海神灵、玄螭虫像、逯蛇蝮虫。这个场面,按时间轨迹是冬春之际的季节更替;按空间行迹便是鳞中之长的螭龙由地下水府破土高举,飞腾而上,蹿入空中。一旦进入高空,亦即由介鳞水域升入毛羽之界,由春入夏,触目可见便是翔飞的鸾鸟,充耳所闻的是舒展延绵的黄钟大吕的音乐旋律。随着音乐的伴送,游魂终于遁入"寒门"。这个由颛顼主司的北冥之地,迅风横扫,冰天雪地,路径崎岖。终极之地,终结之时,该总结了。于是游魂开始回顾所行历程:四荒六合,上天入地,它都经历了。由此,便进入升华超越的高蹈境界:"下峥嵘而无地兮,上寥廓而无天。"[43] 绚烂之后便是静寂。忽然间,一切陷入死寂,遁入寒门之时的黄钟大吕和载歌载舞戛然而止。什么也看不见,什么也听不到了。[44] 时空已被超脱,与游魂相伴的是"太初",也就是宇宙万物的混沌未开的初始状态。

马王堆非衣帛画描绘的便是这个游魂升仙过程,始于介鳞之变,冬春更替,复归于冬冥之境,只是这个冬冥被升华为超越时空及视听的终极状态。一号墓帛画上的人首蛇身像(图12)就是抽象"太初"的具体形象。

四、帛画谱系

通过对马王堆非衣帛画的分析,我们归纳出一个战国秦汉人通过排列图像来演示升仙过程的形象叙事的习惯模式,即借四季变化来推演万物生死更替的过程。因此,时间维度大于空间维度。这个形象叙事模式可以有不同图像组合,但其深层理路的结构相对稳定。掌握

图 13 《社神图》(《太一图》),西汉,43.5 厘米 ×45 厘米,
湖南长沙马王堆三号墓出土,湖南博物院藏

了这把钥匙,可以举一反三,许多不同图像序列都顺理成章了。

这个图像序列在较早的被称为《社神图》或《太一图》的帛画中初露端倪。[45](图13) 帛画出于三号墓,应是战国遗物,至少应早于非衣帛画。非衣帛画渲染的万物生长、四季演变的过程在此未加过多修饰,较规则直白地表现出来。集阴阳四季变化于一身的社神或太一形象统摄全图。[46] 太一神左右一列的四个怪物,是司掌四方四季之神。[47] 由此,太一神在此充当时空经纬坐标系的角色,左右横向排列出四时四方的参照坐标,上下纵向则演示天地阴阳化合的过程,太一胯下的介麟作阴阳交合之状,表示冬春之交万物苏醒、生机渐长的状态。[48] 太一头上长角,示意阳盛。[49] 这个过程换言之,是"动之以四时","天气下降,地气上腾,天地和同","阴阳相摩,天地相荡"。[50] 少阳增长,冬春递变为夏秋。这个过程亦符合郭店楚简描绘的太一生水,成天地阴阳,四时湿燥的情景。[51]

《社神图》的四季演变图式再加发展充实，便成了一、三号墓非衣帛画那样的巨制。那么，马王堆非衣帛画之后的非衣帛画发展演变又呈现怎样一种面貌呢？山东临沂金雀山九号西汉墓出土帛画（图14）便是代表。现在学界对此帛画的解释一般都是与对马王堆帛画的解读一样，将其分为天上仙界、人间、地下。其实用阴阳四时状态演变的序列更能说清金雀山帛画的构图结构和表现内容。像马王堆非衣帛画一样，金雀山帛画也是以上下为天气地气、当中为人气的格局。一如马王堆非衣帛画，它也是展示从下往上阴阳四时气变的演化序列。先是"地下"的青白二龙的交合，始于水族鳞类，生机孕育，喷薄欲发，以示冬冥向春季的季节更替，生意开始盎然。双龙往上就较复杂，需要澄清。

双龙上有三组形象：一是所谓的"扁鹊图"与"纺织图"的场面；一是所谓"角抵"场面；一是所谓"一犀一虎"。[52] 这三组形象构成的场面其实与扁鹊及纺织等无关。这得需要借助辅助图像佐证才能说清楚。山东邹城卧虎山西汉墓出土的石棺线刻上就有一个颇能说明问题的场面。（图15）画面当中是司春的太皞，"其神句芒"，于是出现了鸟首人身的句芒。鸟首人身的形象常和马首人身共同出现，都是阳春形象。太皞下方有一女子在照镜子，前面另一女子背一婴孩，再往前一人举锤敲打一类似车轮类的东西。其实，此处展示的是《月令》描写的仲春情景："是月也，日夜分。雷乃发声，始电。蛰虫咸动，开户始出。先雷三日，奋铎以令于兆民曰：'雷且发声，有不戒其容止者，生子不备，必有凶灾。'"[53] 说的是：春天了，万物欲动，男女行房事在所未免，但得符合天时，打雷时万不可造次，否则生出孩子会有先天残疾。原来如此，敲锤者，实是表现雷击的形象。古人想象雷震为"雷车"行空。[54] 故雷在金文中常显车轮状，且图像表现成规每每将雷震

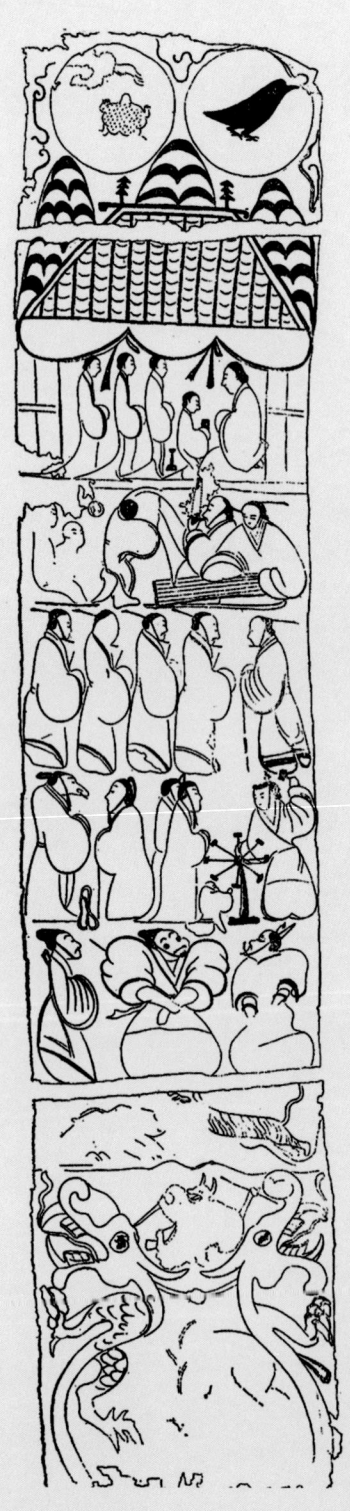

图14 金雀山帛画线描图，西汉，200厘米×42厘米，山东省临沂市金雀山九号汉墓出土，山东省银雀山汉墓竹简博物馆藏

图 15　石棺北椁板外壁画像，西汉，山东邹城卧虎山 2 号墓出土，邹城市博物馆藏（绘图：梁以伊，林朵朵）

处理成天神敲打一圈轮形组合的圆鼓，这一成规直到中古依然一如既往。女子照镜，表示其有戒容止，与前面背子的女子一起组合成一个连贯的场面，点明雷击、容止、生子间的关系。画面右边一彪悍莽撞的大汉执兵器似将动武，左边一人举斧严加制止。两人上方有一小兽，下方有小人形。这里画的也是同样春季情景：政府鼓励滋长万物生机，"无杀孩虫胎夭飞鸟，无麛无卵"[55]。石刻画面表现的正是这一场面。威严的举斧人严禁企图伤害孩虫或猎杀小兽之举。[56]

金雀山九号墓帛画（图 14）的双龙之上便是表现同一春景，迄今被学界认定为纺织图的其实是雷击图。所以雷击时在场的是一对夫妇，暗示他们有"戒其容止"的风范。所谓扁鹊其实是春神句芒，于是其下有幼小新生命出现。帛画中的所谓"角抵图"，实际是当中叉手的男子在制止右边莽汉对下方幼兽或身后方幼子的伤害。如此，由帛画底至此顺理成章。麟虫之长双龙从水中腾举，意味着冬春之交。接着便是春雷震震，万物萌动。

再往上便进入秋季，孝子们"养衰老，授几杖"[57]。画面上为一拄杖老人，左方是一列四男子，以示孝敬之意。同时，深秋霜降之后，按《月令》要求，乐师入太学去学习吹奏乐器。[58] 授几杖场面的上方便是乐家奏乐的场景。

由此，深秋场面便引入寒冬情景。按《月令》，这时举行叫"蒸"的冬祭，举国大饮，向日月星神祈祷来年丰盛，并在"公社"（国社）祭祀后土。[59] 这便是金雀山帛画顶部的庙堂内场景。被祭祀的对象是后土神。祭祀时奏房中祠乐。房中乐，周时已有，历代沿袭，汉代经过高祖的唐山夫人改制成"房中祠乐"，[60] 用于祭神及燕飨。[61] 深冬时奏乐，这里颇有意味。按汉代人的宇宙观，生命靠四时演变来获得生机，又得靠五音六律来滋润。所以在祭祀时少不了音乐，以至于汉武帝商议改造礼乐时，臣子力争："民间祠有鼓舞乐，今郊祀而无乐，岂称乎？"[62] 祭祀的音律被认为有调和阴阳之气、助长生机的功能。最著称的是邹子乐，即邹衍制作的音律，[63] 能使寒谷生黍。[64] 金雀山帛画的顶部便是描绘这类场景：琴瑟齐鸣加上泰尊柘浆祭献后土，于是"上天布施后土成，穰穰丰年四时荣"[65]。国社上方的日月阴阳交合便呈现了生命迹象，三棵树纹，[66] 似乎是展示寒谷生黍的景象。与马王堆帛画相比，二者都是以音乐调和四季阴阳。不同的是，马王堆以钟磬之声来调和四时，更多保存古制遗风。金雀山帛画则是以琴瑟为主的空桑音律，更多体现了汉武帝礼乐改制后的新风貌。

这样说来，马王堆、金雀山帛画都是以四季循环来演示生命兴衰的过程。始于冬冥，终于冬冥，由此揭示出的时空观令人回味。非衣帛画巧妙地周旋于两种时间观念模式之间：一是循环时间，即冬去春来，循环往复。另一是直线时间，逝者如斯乎，出生入死，生命过程无法逆转。西汉帛画设计的理念逻辑是同时并举这两种时间观。一方面，画面以四时季节演变为生命轨迹，演示冬去春来、死去活来的可能，由此揭示万物生长皆遵循循坏时间模式。即使如此，直线时间模式的暗示并未因此而被泯灭：竖直狭长的T形画幅的形制本身有一定的规定和制约性，利于表现上下直线运动的轨迹，而不利于展示循环往复的圆周运动。画师借此顺势暗示顶部第二次入冬冥境界后的休止状态。画面内双龙由下而上，呈升腾动态之势，最后顶部场景由动趋静，定格于与日月长存的终极永恒想象画面。这一切都说明画师经营位置的艺术巧思，一方面用春来秋往、生死更替循环的高调来冲淡掩饰丧事的低迷哀婉的格调，同时又暗示一个生死不可逆转的单向直线时间。由此，帛画让两种时间观并存，一是祈愿，一是现实：冬去春来、循环往复是祈愿；一去不复、生死难逆是现实。艺术的功用之一，便是粉饰人们不愿正视的生老病死的沉重现实。

五、井椁春秋

四季循环、阴阳变换的流程在非衣帛画表现是一种面貌，换了媒介，受媒介的制约，则又是一种面貌。物质媒介不同，但潜台词相似。以上述的四时视角来重新审视马王堆椁室，便会觉得原有结论颇有商榷之处。马王堆一、三号墓都是井椁形制。一千多件随葬器物，分置于井椁椁室的四个边厢（图1），排列有序。对一号墓椁室四厢，20世纪70年代的认识是北厢"象征死者生前的生活场面"。[67]那其余三边厢呢？当时没有解释。对三号墓椁室四厢，现有的解释沿袭70年代的说法并有所发展：北椁厢被认为是模拟墓主生前居室的前堂；东椁厢象征墓主的起居室；南椁厢象征墓主生前府第储存器物的场所；西椁也许象征墓主家的庖厨。[68]其实，椁室四边厢随葬器物的置放是按四时四方序列来排列的。其用意并非复制死者生前场面，而是制作一个兼容四时变化、阴阳和顺的微观宇宙。这是建椁的传统。按记载，最初的"椁有四阿"[69]，四阿是宫室宗庙的建筑特征，可见井椁从一开始就仿制宫庙礼制建筑形制。又因四时四方的月令明堂或玄堂建制的原则或想象逐渐渗透礼制建筑设计思想，梓宫椁室布局难免引入类似的设计理念。这类理念也渗透到马王堆椁室设计中。以三号墓棺室为例，其东西壁各挂帛画一幅，现通常将东壁的称为《行乐图》（图16），西壁的称为《车马仪仗图》或《军阵送葬图》。[70]其实未必。棺室东壁悬挂的帛画残片有六人（其间有女子）乘一黑船，其间一人手持弓箭，周围有鱼、龙、走兽。（图16）为何船上人要持弓箭呢？至少从两周起，就有射鱼及献鲔鱼于宗庙之礼。[71]这里描绘的便是《月令》冬春之季的射鱼荐鲔的情景："季冬之月……天子衣黑衣，乘铁骊，服玄玉，建玄旗……北宫御女黑色，衣黑采，击磬石。其兵铄，其畜彘。朝于玄堂右个。命有司大傩，旁磔，出土牛。命渔师始渔，天子亲往射渔，先荐寝庙。""季春之月……东宫御女青色，衣青采……舟牧覆舟，五覆五反，乃言具于天子。天子乌始乘舟，荐鲔于寝庙。"[72]这就解释了舟中持弓人为何着黑衣，

图 16　射鱼帛画残片及线描图，西汉，湖南长沙马王堆三号墓出土，湖南博物院藏

图 17　石棺北椁板内壁画像，西汉，山东邹城卧虎山 2 号墓出土，邹城市博物馆藏（绘图：梁以伊，林朵朵）

又为何舟中射猎。至于帛画的另一残片中的辒车景象,便可能是《月令》春季"聘名士,礼贤者"的场面。[73]

类似荐鲔于宗庙的《月令》春季场面,可参照山东邹城卧虎山西汉石棺。(图17)画面亦有两人行舟,舟旁各有鱼一尾。上端是宗庙祭祀场景。当中两人指天指地,为天一地一的形象,顶层是太一和合天地。[74]两端为供奉祭祀的场面。由此,引出鼎的问题。这个春季荐鲔的场面到东汉演变为秦始皇泗水捞鼎的故事,其真实面貌被掩盖。其实这个场景并非表现历史,而依然是以表现冬春季节气变为主旨。不管后来泗水捞鼎场面如何变化,鼎大都呈倾斜状。卧虎山西汉石棺石刻画面保存的信息最符合月令时序的原意。画面的鼎不仅倾斜,而且缺一鼎耳,一如《周易》描述的"鼎耳革"的情景。在《周易》的叙事里,鼎耳掉了,鼎器不能前行了,又逢雨,照理是坏事,《周易》却说是"终吉"。说的是倾鼎将存物去除,可纳新食,引申意便是冬春之际的"吐故纳新"。[75]由此,便可解释马王堆一、三号墓的漆鼎陶鼎为何都置于东边厢,东与春相连,正是吐故纳新之时。

三号墓棺室西墙悬挂的所谓《仪仗图》或《军阵图》其实都是借虚拟军阵演示月令的典型秋季情景。从战国铜壶上的所谓"攻战图"到东汉墓葬中的所谓"胡汉战争"场面其实都是演示月令所说的"杀气侵盛"的秋季场面。按《月令》,此时"乃教于田猎,以习五戎,命太仆及七驺,咸驾载旌,授车以级,皆正设于屏外,司徒搢朴,北向以誓之。天子乃厉服广饰,执弓操矢以猎"[76]。《军阵图》中的击鼓兴师动众的场面正是《春秋繁露》演绎月令典型四季景象之一的金秋场景:

金者秋,杀气之始也。建立旗鼓,杖把旄钺,以诛贼残,禁暴虐,安集,故动众兴师,必应义理,出则祠兵,入则振旅,以闲习之。[77]

《军阵图》悬挂西壁,出于西方配金秋之需。这与所谓胡汉之争场面在武氏祠、宋山祠堂等东汉祠堂的图像序列配置中都置于西壁同样道理。而所谓"泗水捞鼎"都置于东壁。其用意不在表面叙事,而是以东/春配西/秋,形成天地"六合"的和谐状态:"六合:孟春与孟秋为合,仲春与仲秋为合,季春与季秋为合,孟夏与孟冬为合,仲夏与仲冬为合,季夏与季冬为合。"[78]这也是为何东汉石棺的边挡无不是以龙虎相对:龙为春/东,虎为秋/西,以此便得六合。[79]由此,我们得以理解马王堆三号墓要将竹笛配东厢,竽配西厢,可能与按季节方位调和阴阳清浊有关。

此外，从三号墓竹笥所藏物品亦能透出季节物候信息：东椁厢的竹笥内存的鸟骨（鸡、雁、斑鸠、鹬等）之类吻合春季，除鸡骨以外，绝不见于南厢。南厢竹笥所盛的绢纱绮等丝织品与夏季相符，则又不见于其他边厢。雁与天鹅骨出现在西厢，与秋季吻合，则又是情理之中。[80]

表现四季时令最显著的是北厢。一、三号墓都是将歌舞乐俑汇聚于北厢，一如金雀山帛画（图14）的室内冬景，奏房中邹子乐来调和阴阳，使寒谷生黍。[81] 两墓都有一屏风，设计理念相仿。一号墓屏风正反两面，分别为云气龙纹与菱形纹，是春秋相合，可与邹子乐相对应。燕飨与歌舞，与其说是供死者享用，不如说是冬季祭祀后土，以五音六律来滋润生机，以求来年生机勃发。总之，一切储备，为冬冥长夜而设。

马王堆一号墓的漆绘套棺（图18）亦是以四时为序。漆棺共四具，内外套置。细察其漆绘内容，显然井然有序。由外向内，呈现一个生命流程的演变，大致呼应非衣帛画由下向上的四季变化。最外层素棺无饰，通体漆黑，或示意冬冥状态，但孤立而论，很难确定。进入第二层黑地漆棺，漆绘呈现具体图像，表现内容开始明朗。这一漆棺尽管通体黑地，足挡与头挡两相参照，漆绘内容迥异，显然表现同一流程的不同时段的两个状态。两相比较，最明显的差异是足挡无人形，头挡有人形出现。以前后时序而论，便是足挡为初始状态。在古人看来，人死则气散。黑地漆棺足挡便是表现入棺人新亡的状态。冬冥漆黑长夜，散乱的魂气四处飞扬。最能说明问题的是足挡右端的一个场面，一长尾鸟仰颈吐出一串气泡。按汉代养生说，这是"呼吸沆瀣""吐故纳新"。尤其要吐出隔夜宿气，因为"宿气为老，新气为寿。善治气者，使宿气夜散"[82]。画面便是吐出宿气，宿气是泯灭生命的死敌。难怪，一旁长有双角、象征阳气的鹿首神物张弓射击宿气（图19），表示阴盛之时阳气对阴气、新气对宿气的抗衡。

事态发展到头挡，情况有所变化。首先是人死气散的状况有所改变。足挡的魂飞魄散的漫延无形状态到了头挡便有了生命迹象。气聚则生，于是死者的魂气开始聚合成形。头挡画面（图20）以中心为纵轴线，由下往上有三个时段坐标点。首先是底部中央出现死者形象（图20-1），正在越过生死大限进入以四季更替的生命复苏的流程。第二坐标是纵轴中心的鸱鸮（图20-2），黑夜阳鸟，示意昏昏长夜中开始有一线光明出现。再往上，顶部再次出现鸱鸮（图20-3）。两相比较，中部的鸱鸮右边有一缕赤色云气，阳气初现之状，

图 18　马王堆一号墓四层套棺，西汉，湖南长沙马王堆一号墓出土，湖南博物院藏（绘图：吕晨晨，梁以伊，林朵朵）

图 19　黑地漆棺（足挡细节），西汉，湖南长沙马王堆一号墓出土，湖南博物院藏（绘图：梁以伊，林朵朵）

XXXI

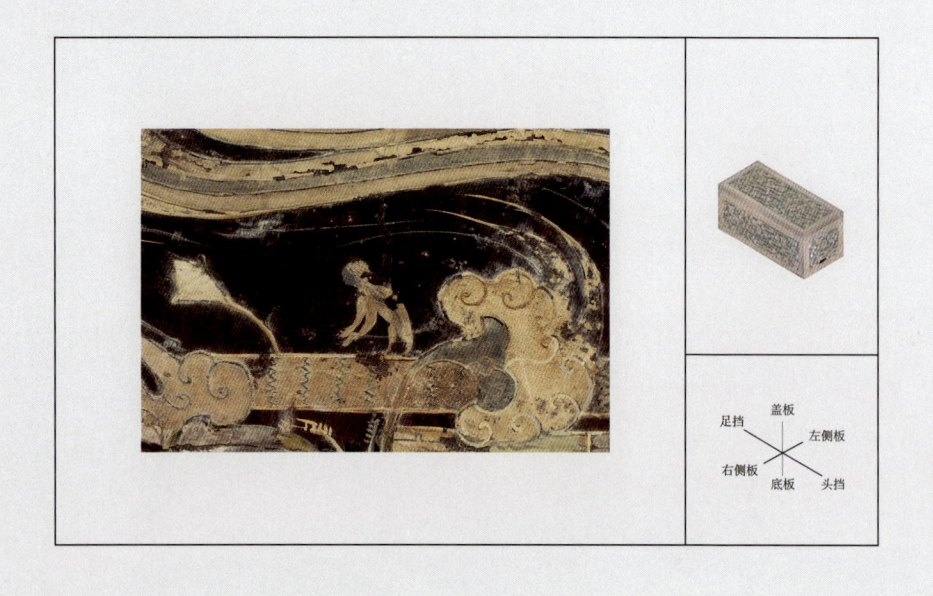

图 20-1 黑地漆棺（头挡：死者形象），西汉，湖南长沙马王堆一号墓出土，湖南博物院藏（绘图：梁以伊，林朵朵）

图 20-2 黑地漆棺（头挡：中部鸱鸮），西汉，湖南长沙马王堆一号墓出土，湖南博物院藏（绘图：梁以伊，林朵朵）

气尚不盛；相反，顶部的鸱鸮右边赤色云气增大，阳气渐长。果然不错，再往右，一长有双角阳兽引导一散发长袖人形作弓步或舞步状（或为"鹬"步）（图20-4）。对这一场面的最好注脚是汉代养生练气的吐故纳新的导引方术："春日，早起之后……披发，游堂下，迎露之清，受天地之精。"[83] 显然，随着呼吸沆瀣，"受天地之精"，墓主的身体状况已接近"出死入生"阶段了。也就是说，黑地漆棺表现的由冬冥昏死状态渐入生机萌发的春阳状态。

散发人形的舞步还配有音乐。右边又有两散发人形，一振铎，一击筑，可与金雀山帛画的奏乐场面（图14）相对照。前面说过，汉代人认为深冬时演奏房中祠乐之类的音律能调和阴阳，助长生机，使寒谷生黍。此处奏乐，显然是这个意思。再就是，振铎跟孟春紧密相连。[84]

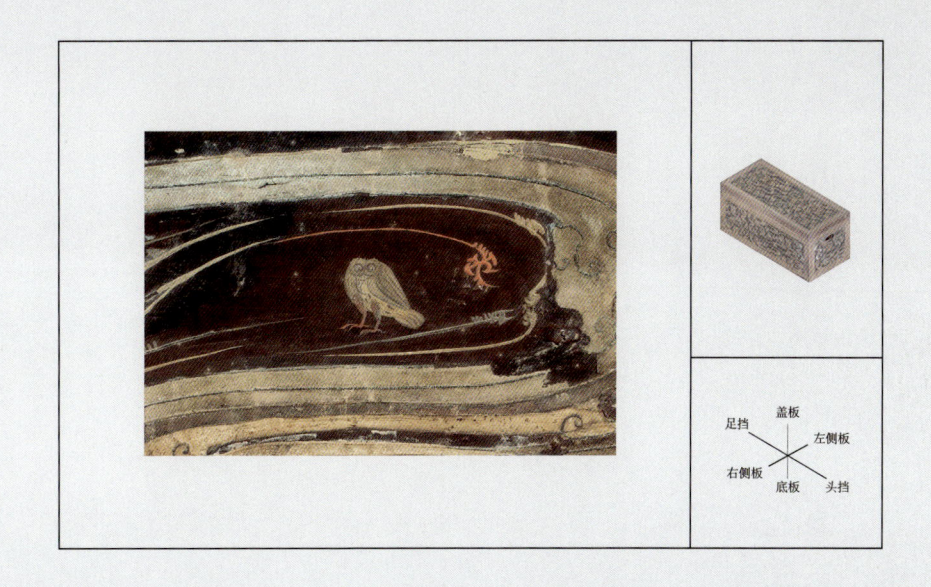

图 20-3　黑地漆棺（头挡：顶部鸱鸮），西汉，湖南长沙马王堆一号墓出土，湖南博物院藏（绘图：梁以伊，林朵朵）

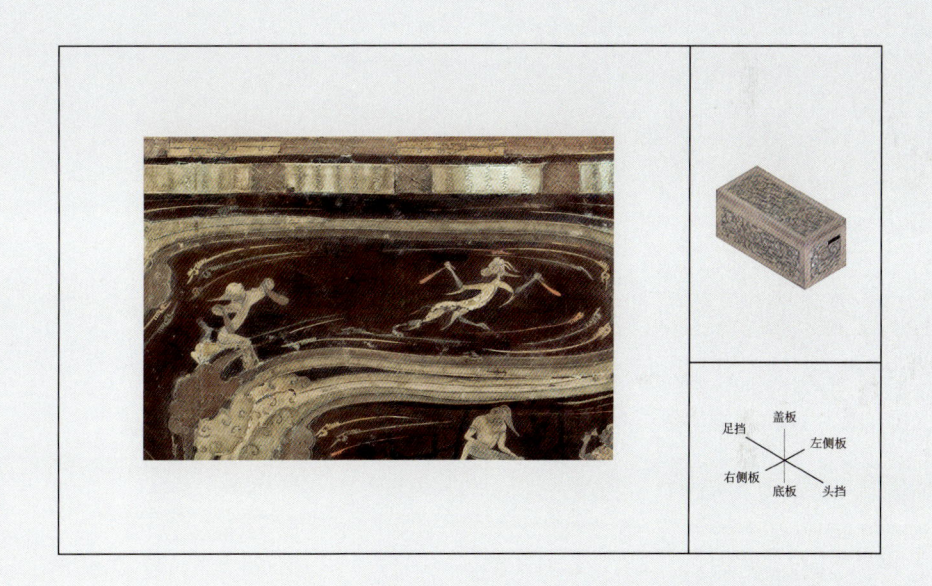

图 20-4　黑地漆棺（头挡：散发对舞），西汉，长沙马王堆一号墓出土，湖南博物院藏（绘图：梁以伊，林朵朵）

　　棺盖板漆画将此冬春更替的变化过程推向高潮。鸟兽衔蛇是此处重复出现的母题。（图21）蛇为阴，鸟兽吞蛇便是"阴阳合气"的形象化。尤有意味的是，在众多吞蛇场景中突然出现一飞鸟衔鱼景象。[85] 这有两层含义。一是由兽吞蛇的母题突变到鸟衔蛇的形象，这是一重要转机。不妨参照《山海经》对冬春之交生机复苏的描写："风道北来，天乃大水泉，蛇乃化为鱼，是为鱼妇。颛顼死即复苏。"[86] 这不是历史记录，而是描述自然现象。前面说过，颛顼是寒冬北冥之神。由此，这里描述的便是由冬入春的季节状态转换的形象化写照。蛇化为鱼，鱼与生殖相连，[87] 自然，昏睡的深冬开始"复苏"。非衣帛画的底部便是描写这个蛇鱼之变。鸟衔蛇的第二层含义是鸟与蛇各代表天阳地阴，如此在空中交合，示意死者亡灵顺

图21-1 黑地漆棺盖板上怪物形象集粹，西汉，木彩画，湖南长沙马王堆一号墓出土，湖南博物院藏（绘图：梁以伊，林朵朵）

图21-2 黑地漆棺盖板上怪物形象集粹线描图，西汉，湖南长沙马王堆一号墓出土，湖南博物院藏（采自《中国考古文物之美》，文物出版社，1994年，卷8，第149页）

应自然万物运行规律，冬春之际"受天地之精"而孕形。

由黑地漆棺再往内第三重便是朱地漆棺。绚烂耀眼的朱地，表明此时阳盛于阴，自然万物进入夏秋之际。一如黑地漆棺，足挡与头挡各代表两个不同时序状态。足挡绘双龙穿璧（图22），相当于非衣帛画中的类似场面，阴阳交合在此最盛。头挡绘双鹿登昆仑（图23），按前面论及的中国古代时空互换的规则，西方昆仑与金秋相连，示意此处已进入金秋状态。朱地漆棺的两侧也是两个状态：一侧是双龙交汇于昆仑之际，其间裸类（人形）与毛类（奔马）示意春秋合气状态（图24）；另一侧具象消失，被几何纹饰所替代，同时，云气纹向菱纹转变（图25）。当云气纹与菱纹并存时，其蕴含大都指春（云气）秋（菱形）互动。[88]这里便是指萌动的春机进入成熟稳固的秋季。如果参照非衣帛画的四季序列，头挡的双鹿（图23）可与帛画天界着冬衣的双鹿（图12）相互印证。也就是说，头挡的双鹿已接近天仙之境，由此将升仙过程引入最后一幕，即内棺。

内棺棺盖和四壁的装饰采用多种媒材叠加复合而成。首先是通体髹黑漆，然后是多道帛束缠绕。接着在黑漆地上覆以烟色平纹锦，其上用半印半绘的方法施以黑、白、朱红三色涂料色浆，构成有菱形及柿蒂纹样的底色图案。然后再在底图上粘贴棕、黄、蓝色的原色鸟羽绒毛，制成巧夺天工的羽毛贴花锦。[89]（图26）

以鸟羽与菱形图案互动来做内棺装饰，可谓独具匠心。类似设思亦见于战国楚地铜镜。如湖南博物院藏长沙南门劳动广场三号墓出土的战国铜镜，羽状纹为底纹，上覆方形图案，将四方菱纹连成一体。[90]似乎意在以几何菱纹恒定稳固的状态来平衡鸟羽飞扬的流变时空，以不变应万变。湖南博物院藏的出于长沙古堆六号西汉墓的战国楚镜（图27）更说明特定母题组合语境中菱形图案的内涵。铜镜将四组磬状菱纹分布四方。每两"磬"状菱形纹之间，便有一龙一禽相会。[91]按上文分析，龙、禽在此各代表类似麟、羽所代表的时空状态，亦即春秋、天地、阴阳在此交合。但若细查，四组龙禽尽管所处位置相仿，竟然也有微妙变异。龙身可以突然长出鸟首，鸟身亦可兀然生出兽头，显然是示意四季更替中阴阳相长的变化不一。于此构成鲜明对照的是四组"磬形"勾连菱纹，尽管随四季转变，但丝毫不被自然万物变迁所动，永葆常态，稳如泰山。很可能不是巧合，这组菱纹显然是演化战国中期以来的铜镜山形纹。[92]廖家湾38号墓出土的战国铜镜更是将这种变化与恒定的互动状态淋漓尽致地表现出来，照例是四处漫延的鸟羽纹地被笼罩于坚实规整的几何菱形纹之下。菱纹划出若干区域，每一区域生出一枝叶茁壮的四瓣花朵。

四瓣花朵以及柿蒂纹之类图案因其四叶指向，便带有四方交汇之意。又因其花蕾子房的始发意象，便带有采天地四方精华而孕生的含义。有两件文物较能说明四瓣花朵及柿蒂纹的象征内涵。一是咸阳东郊秦一号宫殿出土的龙纹空心砖。（图28）双龙蜿蜒穿行交合，首尾相接，盘旋龙体包裹了两个玉璧。玉璧圈心内各有一四瓣花朵状的纹饰，花蕾四放，叶瓣茁壮，显然极写阴阳交合、生机孕育的状态。蜿蜒双龙龙体上的不同纹饰给这生机勃发的

图 22　朱地漆棺足挡，西汉，湖南长沙马王堆一号墓出土，湖南博物院藏（绘图：梁以伊，林朵朵）

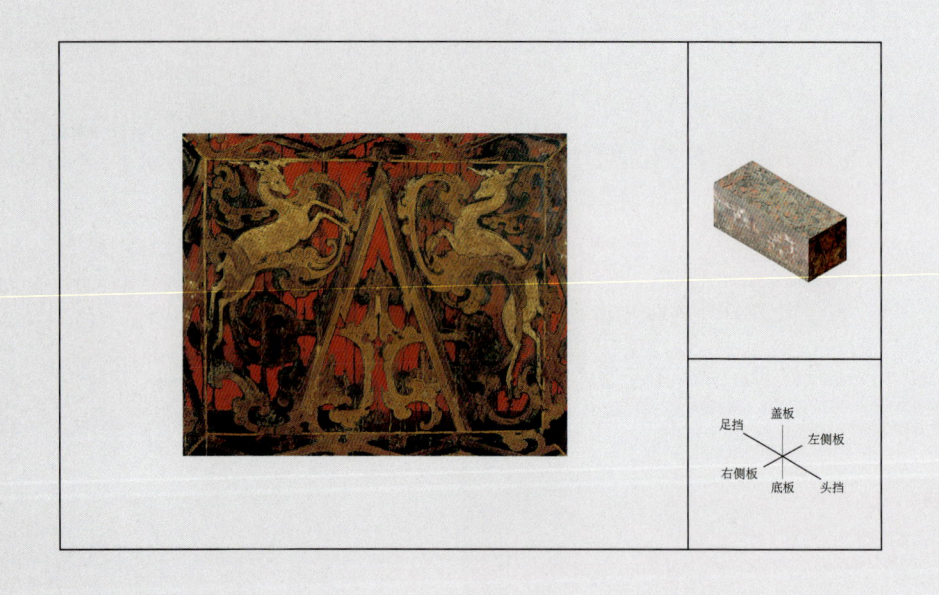

图 23　朱地漆棺头挡，西汉，湖南长沙马王堆一号墓出土，湖南博物院藏（绘图：梁以伊，林朵朵）

过程提供了时序坐标。一龙龙身呈麟纹，一龙呈三角纹。麟纹为春，三角纹为秋，从而春秋阴阳交合。玉璧璧心内的四瓣花朵纹便是采四方天地精华的聚合之处。另一是重庆巫山山上的东汉木棺上的鎏金铜牌。[93]（图 29）在此，柿蒂纹成了浓缩天地四方的微观模型。四叶花瓣呈四神之象，又将东王公西王母错置于朱雀玄武的南北之轴而不是东西方向，显然是表现一个动态的四方四时的流变旋转的宇宙图景。由此，四时更替孕育新生。

参照这类背景，再来观照马王堆一号墓内棺上的羽毛贴花锦（图 26），便不难理解其用意所在了。其立意在于将物质媒介（鸟羽）与装饰图案（菱纹）呼应而造成的复合效果。

图 24 朱地漆棺左侧面，西汉，湖南长沙马王堆一号墓出土，湖南博物院藏（绘图：梁以伊，林朵朵）

图 25 朱地漆棺右侧面，西汉，湖南长沙马王堆一号墓出土，湖南博物院藏（绘图：梁以伊，林朵朵）

　　柿蒂纹和羽绒示意宇宙万物变迁和生机勃发，而稳固恒定的几何菱形图案则意味着超脱时空限制、渴求摆脱生死流迁达到永恒不变的高蹈境界，这便是仙界。此处设计亦可以理解为时空复合效应。鸟羽示意高飞超逸，标示空间变换；[94] 稳定的菱纹则表示时间维度上的永恒休止。两者呼应，便造就了一时空混合的双重效果：既飘然逸世，又天长地久。这便是仙界状态的另一种表述可能。也就是说，仙不仅有凌空出世的空间意义，更有超脱古今的时间意义。

　　由此，新的矛盾又出现了。既然是四季循环更替会带来冬去春来、生命复苏的希望，为何又要企求摆脱时间之流，进入恒定休止状态呢？从羽纹菱形纹镜（图 27）到马王堆内

XXXVII

图26 锦饰漆棺（羽毛贴花锦），西汉，湖南长沙马王堆一号墓出土，湖南博物院藏

棺羽毛贴花锦（图26），其设计理念无不透露出一个摇摆于两种时间观的彷徨矛盾心理。这两种时间观，一是四时更替往复的循环时间，二是逝者如斯夫、生命不可逆转的直线时间。寄望于冬去春来、万物复苏是笃信循环时间，企求超越时间流变、进入休止永恒状态是基于对直线时间的清醒认识。这两种时间观的冲突，到西汉进入高潮。

六、"春非我春"

前面说到，帛画漆棺描绘的四季更替无不伴以房中祠乐。这在马王堆帛画是钟磬（图1、2），在金雀山帛画是琴瑟（图14），其主旋律很可能是当时盛行的房中祠乐。邹子是房中

图27　羽纹菱形纹镜及拓片，战国，湖南长沙古堆山六号西汉墓出土，湖南博物院藏

乐的始作俑者，故又称"邹子乐"。颇有意味的是，郊祀歌及其包含的邹子乐音律所描绘的恰恰是万物生长所依循的四季变换的韵律。这在《汉书》里有记载。[95]《汉书》记录的郊祀仪式伴有祠乐演唱的郊祀歌，共十九章。其中的一组四时祭歌，标明是"邹子乐"。郊祀歌含有不同声部，鲜明地反映了上述两种时间观。组歌始于一套四言结构的四时歌，分《青阳》《朱明》《西颢》《玄冥》，主要是咏唱万物生长所共循的四季变更的自然规律。这套四时祭歌，便是循环时间模式的颂歌。紧接着，便是句式长短不一、铿锵起伏的《日出入》，唱的是日出日落哪有穷尽，时世毕竟跟人世不同：

故春非我春，夏非我夏，秋非我秋，冬非我冬。[96]

感慨之余，歌者又哀叹：成仙要乘龙，可那当年黄帝驾乘升天的龙翼马身的乘黄怎么还不来呢？显然是疑云顿生。

这里，四季歌与《日出入》的对答是两种时间观的对答。四季歌者笃信春秋更替循环是万物生长的定律，自然也包括人类生死。《日出入》则唱反调：时世的冬去春来并不能代表个人的生生死死。远古黄帝驾龙固然可以升天，可今非昔比，哪儿去觅得当年载黄帝升仙的龙马呢？

两种声音，两种时间观，这便是西汉并存的两种世界观和新旧价值观。一方面，旧有的循环时间观仍然延续；另一方面，新生的"春非我春"的个人意识已经开始滋长。郊祀歌

图28 龙纹空心砖，秦，陕西省咸阳市渭城区秦咸阳宫一号宫殿出土，秦咸阳宫遗址博物馆藏

图29 四灵西王母柿蒂形鎏金铜牌饰线描图，东汉，重庆巫山县出土，重庆巫山博物馆藏

的组合庞杂，新旧歌体并存，既有对前代成规的沿袭，又有汉武之时的新翻弄。

马王堆帛画制作早于汉武时代，但这两种时间观显然已经共存：帛画一方面乐观地将人的生死置入万物生长荣衰的四时交替的循环时序中去；另一方面，又冷静现实地将生死处理成一单向运动，双龙的升腾最终还是以遁入冬冥长夜的休止状态来告终，以超脱四季循环、生死存亡，希求与日月长存的仙寿境界为定格。

由此，这两种时间观的并存使得马王堆非衣帛画表现暧昧：一方面暗示亡灵最终遁入冬冥长夜，似乎还有冬去春来的可能；同时又明示一个与日月并存的永恒境界。（图12）这也就是说，既陷入循环时序又超脱时序。艺术的另一种功用便是如此这般：借形象组合形式演绎乌有的生存逻辑，调和人世间无法调和的矛盾。

汉武时代的郊祀歌也试图解决两种声部，即两种时间观形成的内在矛盾。四季歌是主旋律，咏叹自然界万物生长所遵循的四时更替的循环。《日出入》则以"春非我春"的反调来对答。正正反反，矛盾冲突有待解决。郊祀歌的解决方法是别无他计，依赖外力来摆脱这两难的境地：靠"天马"降临，"竦予身，逝昆仑……游阊阖，观玉台"，[97]如此升仙来了结这两种时间观矛盾。

颇有意味的是，这一解决办法在马王堆墓葬美术中似有前奏。一号墓的四重套棺漆画由外向内，按季节循环为主线，由冬春进入夏秋，由阴盛转入阳盛，由死亡进入复苏。这个四时循环的生机流变是通过棺外侧的装饰绘画来完成的。从第三重朱地漆画开始，画面出现类似郊祀歌的高潮：龙马登昆仑。（图23、24）但这一切四季循环、随自然万物春秋更替来出死入生的序列显然是套路预制，很少有个人针对性。或许是这个原因，马王堆一号墓套棺的装饰出现了至今无人能解释的谜。

四重套棺的棺内壁一般素面无饰，但冷不防出现了违例。第二重黑地漆棺的内侧平涂朱色素面，在朱漆内侧的中上部，出现了黑漆简笔勾勒而出的奔马和人。[98]素面内棺内侧亦是朱地素面无饰，唯独有一简笔勾勒出的小小奔马。在紧贴软侯夫人躯体处绘制这样一匹马，与前述第二、三棺外侧的通体漆画相比，无论从风格到规模都不太协调，透露出一种私密性。是专业绘师制作棺外侧漆画之余的随手戏笔或练笔，还是家人好事者的个性化的笔触？不太像。如此肃穆庄严的丧葬，不会让人信笔涂鸦。内壁飞马的形象虽简笔勾勒，却也工整，不是出自业余戏笔,仍像专业绘师之手,可能还是总体匠心为之。以邹子乐所反映的传统习惯思路揣测,外侧图像序列,类似四时祭歌,笼统寄望于春来秋往的循环往复。内侧飞马,则是为个人特设并带有个性化色彩的点缀。"春非我春",黄帝升仙的乘黄安在?但愿天马来临,"竦予身,逝昆仑……游阊阖,观玉台",速达仙境。这个仙境,其实就在墓圹里,全凭身内身外的阴阳气变为转移。

结语:节奏时空

由此看来,本文最初的问题已经不成为问题。玄宫椁室并非普通意义上的起居环境,而是四时序列的排列,一如漆棺、帛画的时空序列。如果我们将此处空间置入以四季演变的时间序列中去,而不是脱离时序谈空间,那就不存在帛画升天与长留椁室地下之分。帛画与漆棺及椁室都处于同一时空律动的节奏之中。在这个时空框架里的升仙,只不过是阴阳状的改变,个人生死被置入自然万物荣枯的四季循环更替的流程;同时,又透露出对超越时空、与天地日月共存的永恒境界的神往。帛画升天景象既借季节循环更替来淡化生死不可逆转的现实,又默认生老遁入寒门、生命一去不复返的不可避免。于是帛画将冬季北冥作为季节背景暗示永恒长夜,以日月映辉的形象(图12)给这黑暗时空带来光明生机,并期待这一状态永恒不变,超脱古今。

由此,时序状态的流变领挈空间场合的转变,时序为主,空间为辅。如此认识,便解释了早期艺术中空间场所可被任意挪置的灵活性,云端天门倏忽之间可以变作地下阴宅之门。[99] 若撇开时序变迁,单独以空间意义论升仙或升天,便无法理解"天门"为何可以如此自由随意地上天入地;而以时序论,在金秋阳盛便是云际仙门,在冥冬阴盛便为阴宅之门,全在阴阳节奏之变。

这种以时间统领空间的想象方法对我们现代人来说已经是很陌生的事了,因为我们对时空的把握已经带有西方近代经典物理熏陶所形成的思维烙印,习惯于将天地之分脱离时序而理解为稳定的物理性空间,同时也被西方艺术对空间表现的观察方式同化,而不再能想象如何以变化的时间序列去感悟绸缪的空间。对此,谙熟东西艺术的宗白华早有洞察。

宗白华曾比较中西艺术对空间的不同表现方法。受德国哲学家斯宾格勒（O.Spengler）名著《西方文化之衰落》的启发，宗白华意识到不同文化有不同的空间意识。文艺复兴以来的西方文化的代表是"无尽的空间"，是用近代科学和数学的眼光借透视法来看静态的世界。

而中国的空间则是"时间节奏（一岁十二月二十四节）率领着空间方位（东南西北等）以构成我们的宇宙，所以我们的空间感随着我们的时间感而节奏化了、音乐化了！画家在画面欲表现的不只是一个建筑意味的空间'宇'，而需同时具有音乐意味的时间节奏'宙'。一个充满音乐情趣的宇宙（时空合一体）是中国画家、诗人的艺术境界。……'目所绸缪'的空间景是不采取西洋透视看法集合于一个焦点，而采取数层观点以构成节奏化的空间"[100]。

宗先生所言极是。由此观照中国的"天"亦然。中国古人的"天"是一时空混合体，而且以时间领挈空间。《尔雅·释天》首先便是分四时，四时之天个个不同："春为苍天，夏为昊天，秋为旻天，冬为上天。"四时之后便是以祥灾论天，同样主要是以四季为主，辅以岁月、风雨、星次，充满变数。[101] 正因如此，古人想象天时，竟然会用滚动的车轮形象作为天的典型意象：

天地车轮，终则复始，极则复反，莫不咸当。日月星辰，或疾或徐，日月不同，以尽其行。四时代兴，或暑或寒，或短或长，或柔或刚。万物所出，造于太一，化于阴阳。[102]

这便是"天常"。

宗白华20世纪40年代末的研究是在画论基础上展开的。他敏感地认识到中国艺术是以音乐律动来组织时空，是"节奏化、音乐化的'时空合一体'"[103]。他没有想到，在他作此论述的二十多年后，长沙马王堆出土的帛画、漆画更充分地体现出他所阐述的中国艺术的精髓所在：在四季演变的时空序列中，钟磬齐鸣，龙飞鹤唳，呈现出一个最完美的音乐节奏的时空。

注释

1 长期以来，学者多持"引魂升天"说。九十年代起，新一代学者对此提出异议。见颜新元：《长沙马王对汉墓T形帛画主题思想辩正》，《楚文艺论集》，湖北美术出版社，1991年，第130—149页；又见李建毛：《也谈马王堆汉墓T形帛画的主题思想—兼质疑"引魂入天"说》，《美术史论》1992年第3期，第97—100页；刘晓路：《帛画诸问题—兼谈帛画学构想》，《美术史论》1992年第3期，第80—88页。

2 巫鸿较早地注意到这个问题。[Wu Hung, "Art in a Ritual Context: Rethinking Mawangdui," *Early China*, 17(1992), pp. 17-24]

3 张光直：《古代墓葬的魂魄观念》，《中国文物报》1990年6月28日；Ying-Shi Yu, "'O Soul, Come Back!' A Study in the Changing Conceptions of the Soul and Afterlife in Pre-Buddhist China," *Harvard Journal of Asiatic Studies*, vol.47, no.2(1987), pp. 363-395；陈锽：《楚汉覆棺帛画性质辨析》，《中国汉画学会第九届年会论文集》，中国社会出版社，2004年，第435—438页。

4 帛画研究著作甚多，无法一一列举。21世纪来较全面探讨棺绘帛画的论述有：贺西林：《从长沙楚墓帛画到马王堆一号汉墓漆棺画与帛画——早期中国墓葬绘画的图像理路》，《艺术史研究》第5辑，中山大学出版社，2003年；陈锽：《楚汉覆棺帛画性质辨析》；汪悦进：《"引魂升天"何为"天"？——马王堆棺绘与帛画新论》，陈建明编：《马王堆汉墓：古长沙国的艺术与生活》，岳麓书社，2008年，第41—58页；Eugene Wang, "Why Pictures in Tombs? Mawangdui Once More," *Orientations* (March, 2009), pp. 27-34; Eugene Wang, "Ascend to Heaven or Stay in the Tomb? Paintings in Mawangdui Tomb 1 and the Virtual Ritual of Survival in Second-Century B.C.E. China," in *Mortality in Traditional Chinese Thought*, edited by Amy Olberding and Philip J. Ivanhoe (Albany: SUNY Press, 2012); 汪悦进：《如何升仙？——马王堆棺绘与帛画新解》，《东方早报》2011年12月19日；姜生：《马王堆帛画与汉初"道者"的信仰》，《中国社会科学》2014年第12期。有关研究综述有：游振群：《缯帛荟萃精彩纷呈——侯府帛画研究述略之一》，张文军主编：《中国汉画学会第十三届年会论文集》，中州古籍出版社，2011年，第548—551页；陈锽：《帛画研究新十年述评》，《江汉考古》2013年第1期。

5 湖南省博物馆、湖南省文物考古研究所：《长沙马王堆二、三号汉墓》，文物出版社，2004年，第238页。

6 鲁惟一首先注意到壶形在马王堆帛画中的意义 [Loewe, Michael, *Ways to Paradise: The Chinese Quest for Immortality* (London: George Allen and Unwin, 1979), pp. 37-39]，但他将壶形仅归结于蓬莱仙境的空间范畴则过于坐实。小南一郎亦曾敏锐地洞察到马王堆帛画中壶形的意义。(小南一郎：《壶形的宇宙》，《北京师范大学学报》1991年第2期）近年来学者对此亦有密切关注及论述。(姜生：《马王堆帛画与汉初"道者"的信仰》，《中国社会科学》2014年第12期；姜生：《汉墓的神药与尸解成仙信仰》，《四川大学学报（哲学社会科学版）》2015年第2期）

7 中国社会科学院考古研究所：《殷周金文集成释文》卷五，香港中文大学中国文化研究所，2001年，第469页。

8 马继兴：《马王堆古医书考释》，湖南科学技术出版社，1992年，第972页。

9 《训语》既然被《国语》引用，至晚作于公元前425年左右。《国语》的断代，参见 Chang I-jen（张以仁），William Bolts and Michael Loewe，"国语" in *Early Chinese Texts: A Bibliographical Guide*, edited by Michael Loewe (Berkeley: Institute of East Asian Studies, University of California, 1993), pp. 263-268.

10 （战国）左丘明著，（三国吴）韦昭注：《国语》，上海古籍出版社，1978年，第519页；（汉）司马迁：《史记》，中华书局，2008年，第80—82页。

11 李零：《说奁——中国早期的妇女用品：首饰盒、化妆盒和香盒》，《故宫博物院院刊》2009年第3期。

12 同上。

13 郭沫若：《两周金文辞大系图录考释》，科学出版社，1957年，第227页。

14 （战国）吕不韦编，陆玖译注：《吕氏春秋》，中华书局，2011年，第307页。

15 同上，第310页。

16 同上，第127页。

17 袁俊杰：《两周射礼研究》，河南大学博士论文，2010年，第298—299页、第254—260页。

18 （汉）董仲舒：《春秋繁露》，中华书局，2012年，第473页。

19 《吕氏春秋》，第128、310页。

20 同上，第7页。

21 陈广忠译注：《淮南子》，中华书局，2012年，第337页。

22 启良等学者早已注意其交阴阳以达长生不老的隐喻所在。（启良：《马王堆汉墓"非衣帛画"主题被揭》，《求索》1994年第2期）

23 《吕氏春秋》，第249页。

24 《淮南子》，第148页。

25 这里的缕翣，暗示丧葬中使用的棺椁上的羽毛饰物，一如《荀子·礼论》所记："棺椁、其貌象版，盖斯象拂也；无帾丝歶缕翣，其貌以象菲帷帱尉也。"[（清）王先谦：《荀子集解》，燕山出版社，2008年，第185页]按（汉）许慎：《说文解字》："翣：棺羽饰也。"（中华书局，1963年，第75页）

26 穿璧的阴阳相交的象征含义早已被学者注意。（陈锽：《楚汉覆棺帛画性质辨析》，第439页；启良：《马王堆汉墓"非衣帛画"主题被揭》）

27 贺西林认为此处墓主形象便出现在昆仑的倾宫悬圃之上，确实如此。（贺西林：《从长沙楚墓帛画到马王堆一号汉墓漆棺画与帛画——早期中国墓葬绘画的图像理路》）此处需要附带说明的是，昆仑仅是与西方相连的空间观念，若加入秋季状态，其含义就完备了。

28 有关云气纹与菱纹在墓葬美术中的含义，见 Eugene Wang, "What Happened to the First Emperor's Afterlife Spirit?", in *China's Terracotta Warriors: The First Emperor's Legacy*, edited by Liu Yang (Minneapolis: Minneapolis Institute of Arts, 2012), pp.211-217; Eugene Wang, "Jouissance of Death? Han Sarcophagi from Sichuan and the Art of Physiological Alchemy," *RES : Anthropology and Aesthetics*, vol.61/62, (Spring/Autumn 2012), pp.152-166.

29 《淮南子》，第145页。

30 王小盾：《中国早期思想与符号研究——关于四神的起源及其体系形成》，上海人民出版社，2008年，第547—548页。

31 《淮南子》，第143页。

32 叶蓓卿译注：《列子》，中华书局，2011年，第62页。

33 八鹤服冠冕，大约是因西汉的乐家在官府供事的缘故："乐家有制氏，以雅乐声律世世在太乐官。"可参见（汉）班固撰，（唐）颜师古注：《汉书》，台北鼎文书局，1986年，第1043页。

34 黄翔鹏：《秦汉相和乐器"筑"的首次发现及其意义》，《考古》1994年第8期。

35 《国语》，第127页。

36 《吕氏春秋》，第64页。

37 "……冬之月，其帝颛顼。其神玄冥。其虫介。其音羽"（《吕氏春秋》，第276、307、336页）；"北方，水也，其帝颛顼，其佐玄冥，执权而治冬；其神为辰星，其兽玄武，其音羽"（《淮南子》，第113页）；"冬之月……其位北方，其日壬癸，其虫介，其音羽"（《淮南子》，第274、279、283页）。

38 《吕氏春秋》，第150页。

39 《列子》，第62页。

40 《吕氏春秋》，第148页。在《吕氏春秋》等经典文献中，黄帝铸钟之事发生在仲春之月。类似场景在帛画顶部被移入冬冥场面，以示冬去春来。

41 汤漳平译注：《楚辞》，中州古籍出版社，2005年，第228—241页。

42 *The Songs of the South: An Ancient Chinese Anthology of Poems by Qu Yuan and Other Poets*, edited by David Hawkes (New York: Penguin Books,1985), p.191.

43 《楚辞》，第241页。

44 类似描述亦见司马相如：《大人赋》。（《史记》，第2284页）

45 周世荣：《马王堆汉墓的"神祇图"帛画》，《考古》1990年第10期；李零：《马王堆汉墓神祇图应属辟兵图》，《考古》1991年第10期；陈松长：《马王堆汉墓帛画"神祇图"辨正》，《江汉考古》1993年第1期；李零：《太一崇拜的考古研究》，载《中国方术续考》，东方出版社，2000年，第207—238页；饶宗颐：《图诗与辞赋——马王堆新出太一出行图私见》，载湖南省博物馆编：《湖南省博物馆四十周年纪念论文集》，湖南教育出版社，1996年，第79—82页；杨琳：《马王堆帛画〈社神护魂图〉阐释》，《考古与文物》2000年第2期；丁四新：《郭店楚墓竹简思想研究》，东方出版社，2000年，第104—105页；陈松长：《马王堆帛画太一将行图浅论》，载《简帛研究文稿》，线装书局，2008年，第293—296页；李零：《中国古代的墓主画像——考古艺术史笔记》，《中国历史文物》2009年第2期；邢义田：《太一生水、太一出行、与太一坐：读郭店简、马王堆帛画和定边、靖边汉墓壁画的联想》，《台湾大学美术史研究集刊》2011年总

30 期；江林昌：《考古发现与文史新证》，中华书局，2011 年，第 364—365 页。

46 究竟是社神还是太一，学界意见不一。在我看来，重要的是确认这个主神司掌四时四方与阴阳变化的职能。这个职责社神与太一都可胜任。其实中国古代造神，目的还是将日常经验世界不可见的过程或状态拟人化而已。

47 李零：《马王堆汉墓神祇图应属辟兵图》。陈松长认为帛画中四神掌管四方。四季与四方说并不矛盾，二者常等同互换。（陈松长：《马王堆汉墓帛画"太一将行"图浅论》，《美术史论》1992 年第 3 期）

48 关于此图最近的研究，参见李淞：《依据叠印痕迹寻证马王堆 3 号汉墓〈"大一将行"图〉的原貌》，《美术研究》2009 年第 2 期。

49 该帛画的图像的原初内涵底线在于描绘四时天地阴阳和合、百化兴焉的状况。当中社神或太一如此主宰阴阳变化和生死，被权力化，又因这类宇宙万物生长图景含有"动以干戚……动四气之和"（《礼记·乐记》）的因素，使用时被引申为避兵图，用以被禳祸消灾，便是情理之中的事，这是图像功能的延伸，而不是其原图制作原理所在。

50 （清）孙希旦：《礼记集解》，中华书局，1989 年，第 417 页。

51 《太一将行图》图像的这一天地生成的宇宙观应为当时人所熟知的常识，无需借题记一一标出。题记强调的是太一的神威，借咒语赋予图像以魔力。

52 周永军：《千年风采艺术佳品——记〈金雀山汉墓帛画〉》，《山东档案》1999 年第 6 期。

53 《吕氏春秋》，第 34 页。

54 方勇译注：《庄子》，中华书局，2010 年，第 306 页；《淮南子》，第 323 页。

55 《吕氏春秋》，第 7 页，类似描述见《淮南子》，第 243—244 页。

56 有关卧虎山石棺图像序列的分析，参见 Eugene Wang, "Afterlife Entertainment? The Cauldron and the Baretorso Figures at the First Emperor's Tomb," in Liu Yang and Kaywin Feldman (eds.), *Beyond the First Emperor's Mausoleum: New Perspectives on Qin Art* (Minneapolis, Minnesota: The Minneapolis Institute of Arts, 2014), pp. 59-95.

57 《吕氏春秋》，第 218、248 页；《礼记集解》，第 472、479 页；《淮南子》，第 266、270 页。

58 同上。

59 《礼记集解》，第 490 页。

60 《汉书》，第 1043 页。

61 按郑樵说法，"古者雅用于人，颂用于神。武帝之立乐府采诗，虽不辨风雅，至于郊祀、房中之章，未尝用于人事，以明神人之不可同事也"。（郑樵：《通志二十略》，中华书局，1995 年，第 886 页）

62 《汉书》，第 1232 页。

63 从明代王世贞起，学者大都将邹子理解为汉景帝时的邹阳。王福利详尽论证了邹子乐所指的邹子应为战国的邹衍。（王福利：《郊庙燕射歌词研究》，北京大学出版社，2009 年，第 70—84 页）

64 《汉书》，第 1063 页。

65 （汉）王充：《论衡》，上海人民出版社，1974 年，第 222 页。

66 孙机将此处景象与郑州所出汉画像砖上的图案相比校，得出结论：屋后不是曾布川宽认为的昆仑三山，而是三棵树形。（孙机：《仙凡幽明之间——汉画像石与"大象其生"》，《中国国家博物馆馆刊》2013 年第 9 期）

67 湖南省博物馆、中国科学院考古研究所：《长沙马王堆一号汉墓》上集，文物出版社，1973 年，第 35 页。

68 湖南省博物馆、湖南省文物考古研究所：《长沙马王堆二、三号汉墓》，第 42—43 页。

69 郭丹、程小青、李彬源译注：《左传》，中华书局，2012 年，第 888 页。

70 湖南省博物馆、湖南省文物考古研究所：《长沙马王堆二、三号汉墓》，第 109—112 页。

71 袁俊杰：《两周射礼研究》，第 254—260 页。

72 《淮南子》，第 283、247 页，类似描述见《吕氏春秋》，第 338、65 页，《礼记集解》，第 501、431 页。

73 《淮南子》，第 247 页，类似描述见《吕氏春秋》，第 66 页，《礼记集解》，第 432 页。

74 "于是天子令太祝立其祠长安东南郊，常奉祠如忌方。其后人有上书，言'古者天子三年壹用太牢祠神三一：天一、地一、太一'。天子许之，令太祝领祠之于忌太一坛上，如其方。"（《史记》，第 582 页）

75 Eugene Wang, "Afterlife Entertainment? The Cauldron and the Bare-torso Figures at the First Emperor's Tomb." 有关鼎与阴阳合气的关系，参见臧守虎：《饮食男女鼎新》，王新陆编《中医文化论丛》，齐鲁书社，2005 年，第 43—55 页。

76 《淮南子》，第 270 页，类似描述见《吕氏春秋》，第 249 页，《礼记集解》，第 480 页。

77 《春秋繁露》，第509页。

78 《淮南子》，第292页。

79 Eugene Wang, "Jouissance of Death? Han Sarcophagi from Sichuan and the Art of Physiological Alchemy."

80 参见"三号汉墓竹简登记表"，《长沙马王堆二、三号汉墓》，第200—202页。

81 （汉）王充：《论衡》，第222页。

82 马继兴：《马王堆古医书考释》，第905页。

83 张家山汉简整理组：《张家山汉简〈引书〉释文》，《文物》1990年第10期。

84 古代有正月孟春"以木铎徇于路"的习俗（《左传》，第1207页）；"孟春之月，群居者将散，行人振木铎徇于路，以采诗，献之大师，比其音律，以闻于天子。故曰王者不窥牖户而知天下。"（《汉书》，第1123页）

85 郑慧生首先注意到这一细节并指出蛇鱼之变的意义。（郑慧生：《人蛇斗争与马王堆一号汉墓漆棺画斗蛇图》，《中原文物》1993年第3期）

86 袁珂：《山海经校注》，巴蜀书社，1993年，第476页。

87 闻一多：《说鱼》，《闻一多全集》第1册，生活·读书·新知三联书店，1982年，第117—138页。

88 有关云气纹与菱纹在墓葬美术中的含义见Eugene Wang, "What Happened to the First Emperor's Afterlife Spirit?" pp.211-217; Eugene Wang, "Jouissance of Death? Han Sarcophagi from Sichuan and the Art of Physiological Alchemy."

89 《长沙马王堆一号汉墓》上集，第27、62页；周志元：《马王堆一号汉墓锦饰内棺装潢研究》，《中国历史博物馆馆刊》2000年第1期。

90 高至喜：《论楚镜》，《文物》1991年第5期。

91 邓秋玲：《论楚国菱形纹铜锄》，《南方文物》1996年第2期。

92 湖南博物院藏有数面羽纹山形纹战国铜镜，如1952年长沙燕山岭855号墓出土的羽纹四山纹镜，1958年出土于常德德山的羽纹五山纹镜等。

93 丛德新、罗志宏：《重庆巫山县东汉鎏金铜牌饰的发现与研究》，《考古》1998年第12期；蒋晓春：《有关鎏金棺饰铜牌的几个问题》，《考古》2007年第5期。

94 傅举有亦认为把羽毛贴在内棺上有羽化而登仙的意味。（傅举有：《马王堆一号漆棺的装饰艺术》，《湖南省博物馆馆刊》2012年第8期）

95 《汉书》，第1052—1062页。

96 同上，第1059页。

97 同上，第1061页。

98 湖南省博物馆、中国科学院考古研究所：《长沙马王堆一号汉墓》上集，第15页。

99 孙机：《仙凡幽明之间——汉画像石与"大象其生"》，《中国国家博物馆馆刊》2013年第9期，第81—117页。

100 宗白华：《中国诗画中所表现的空间意识》，《宗白华全集》第2册，安徽教育出版社，2008年，第431页。

101 《尔雅》，中州古籍出版社，2013年，第233页。

102 《吕氏春秋》，第132页。

103 宗白华：《中国诗画中所表现的空间意识》，第437页。

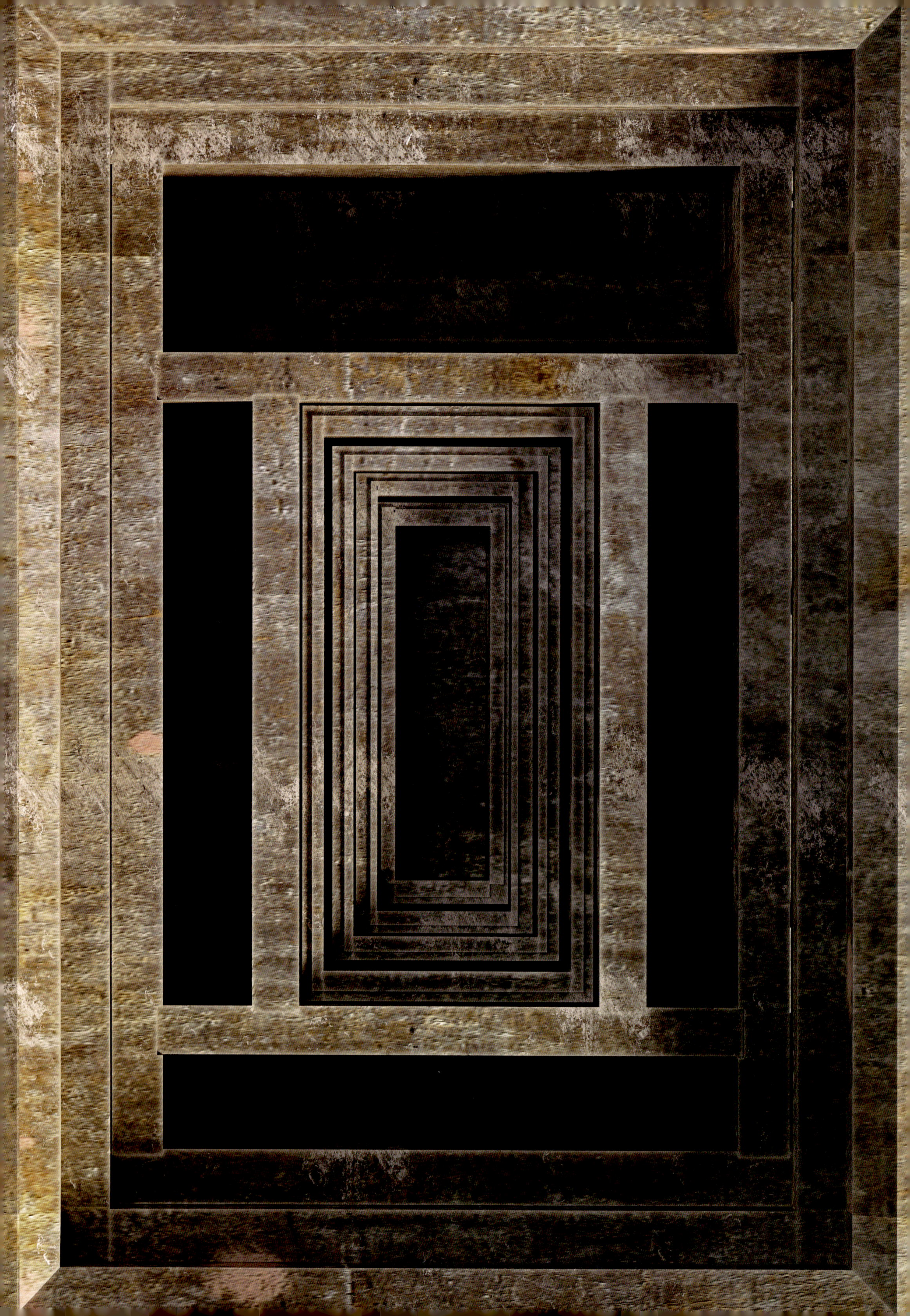

# 1
時宮
chapter 1

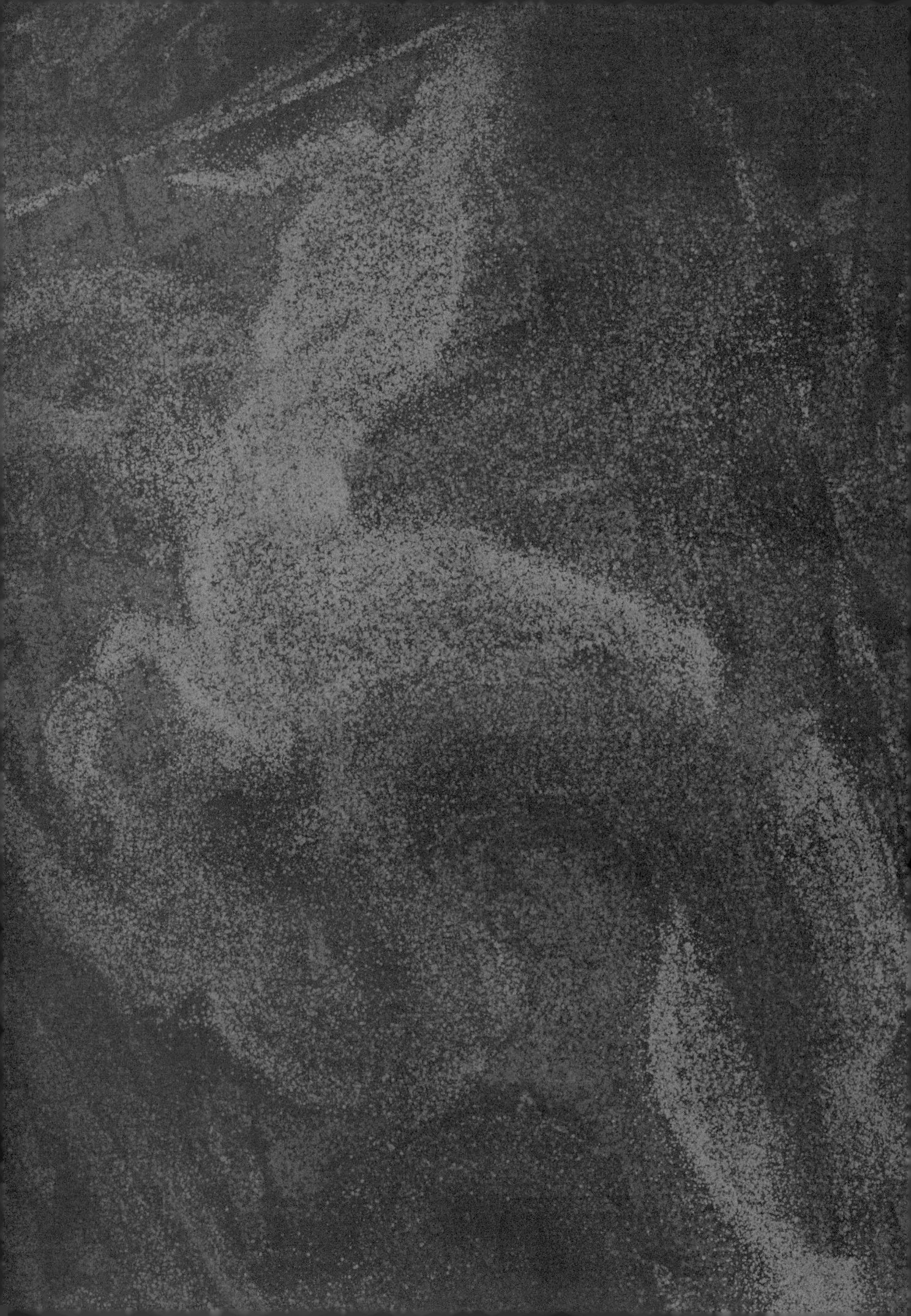

01

马王堆棺椁系列图

木椁

一号墓
长672厘米，宽488厘米，高280厘米

一　时空

一号墓椁室结构

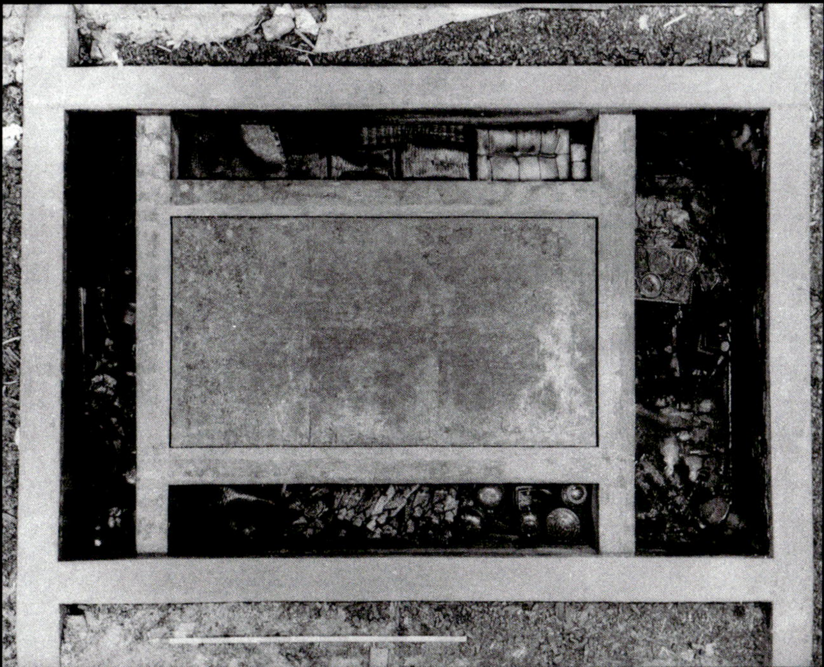

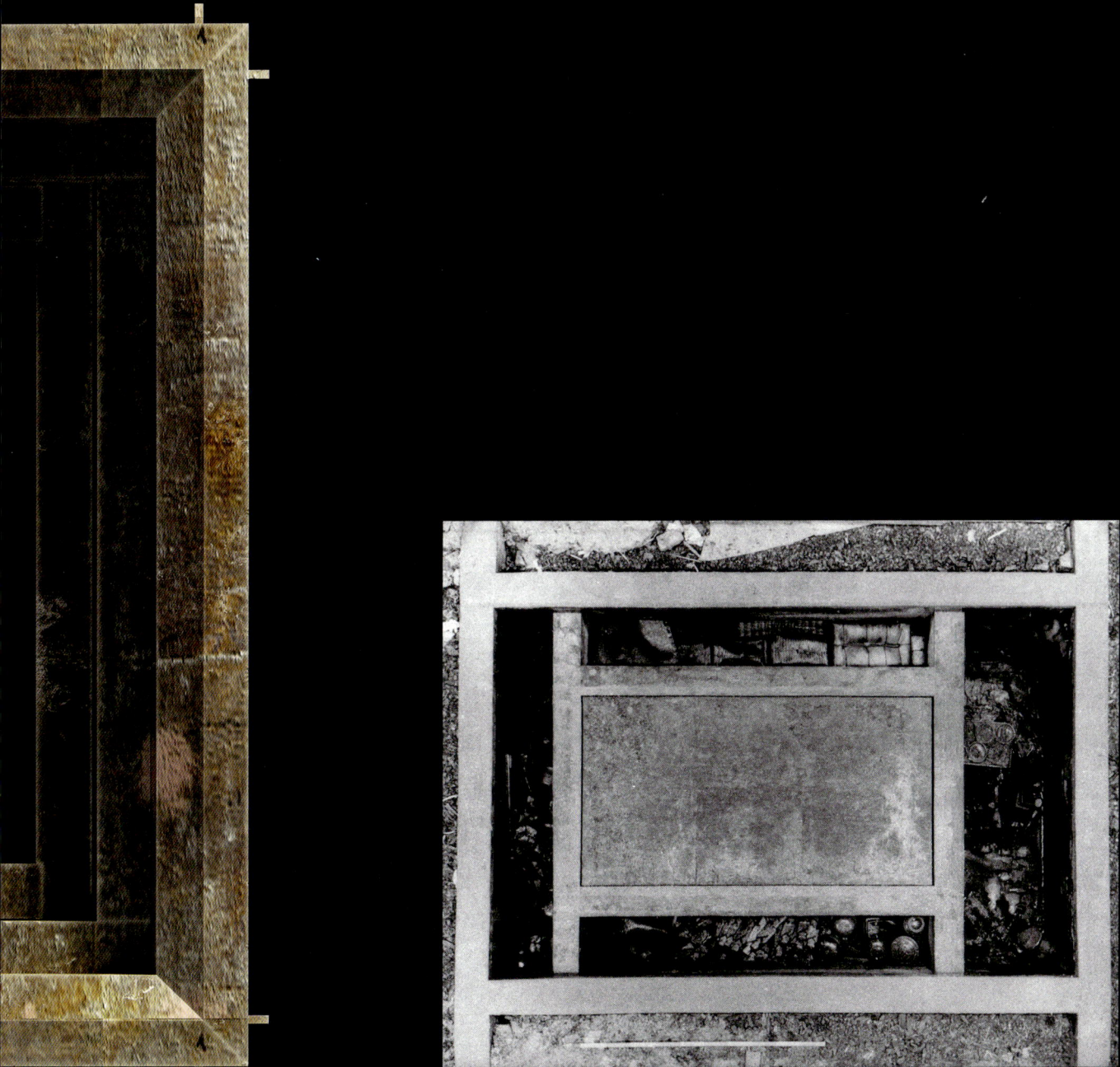

| 生命时空 —— 马王堆汉墓新论

渲染爆炸图

一 时空

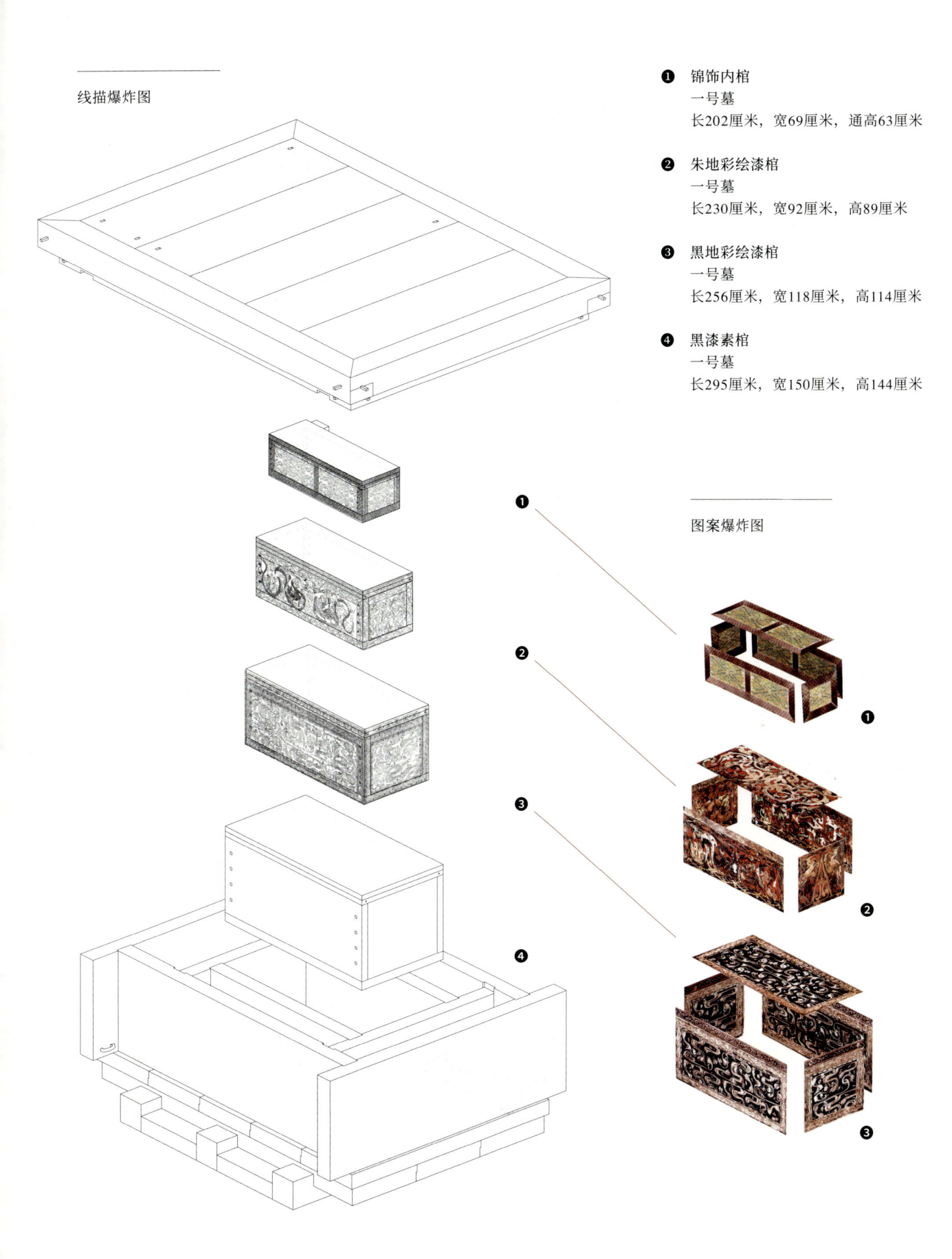

线描爆炸图

❶ 锦饰内棺
　一号墓
　长202厘米，宽69厘米，通高63厘米

❷ 朱地彩绘漆棺
　一号墓
　长230厘米，宽92厘米，高89厘米

❸ 黑地彩绘漆棺
　一号墓
　长256厘米，宽118厘米，高114厘米

❹ 黑漆素棺
　一号墓
　长295厘米，宽150厘米，高144厘米

图案爆炸图

09

| 生命时空 —— 马王堆汉墓新论

渲染爆炸图

一　时空

线描爆炸图

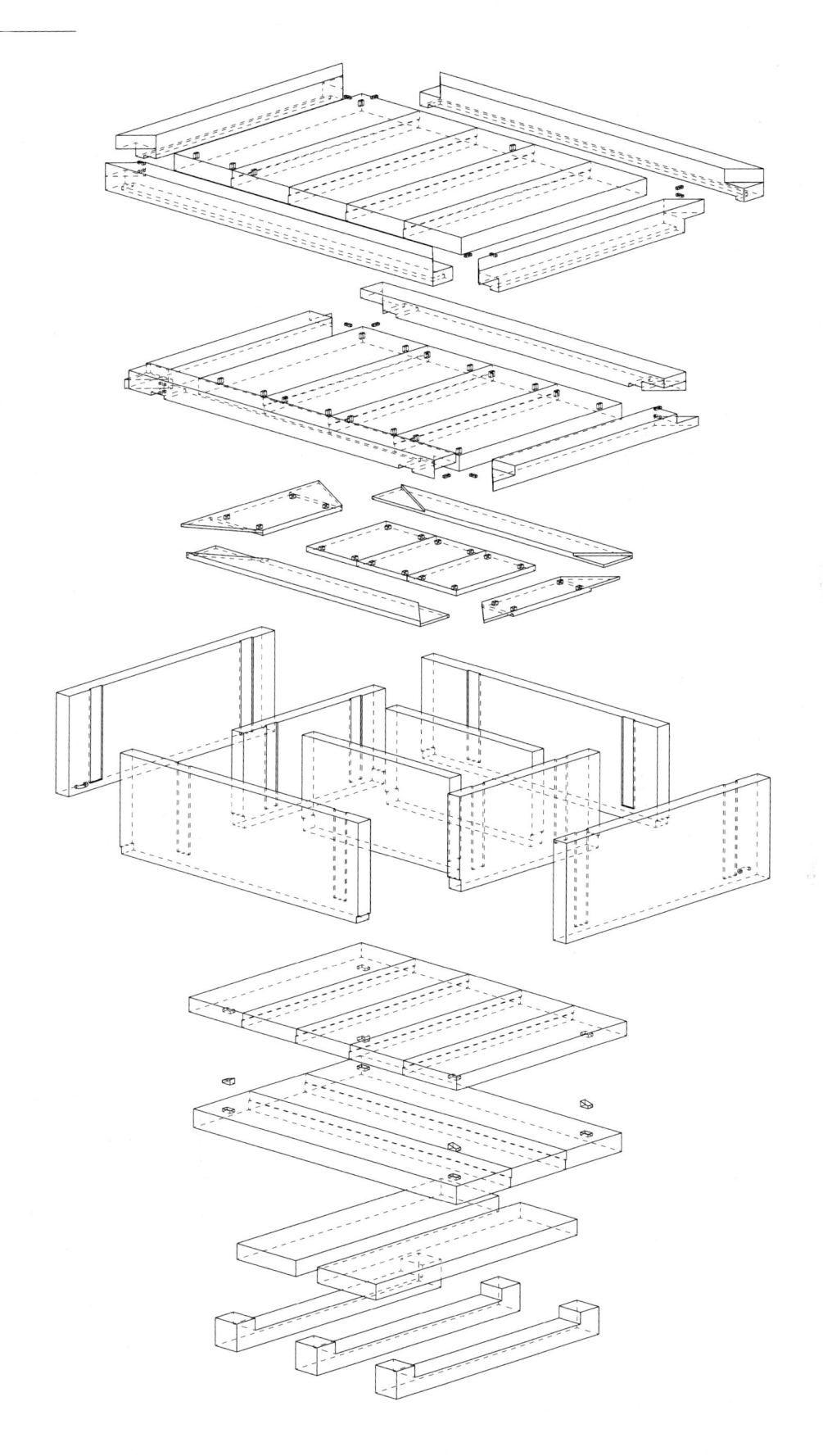

11

榫卯图

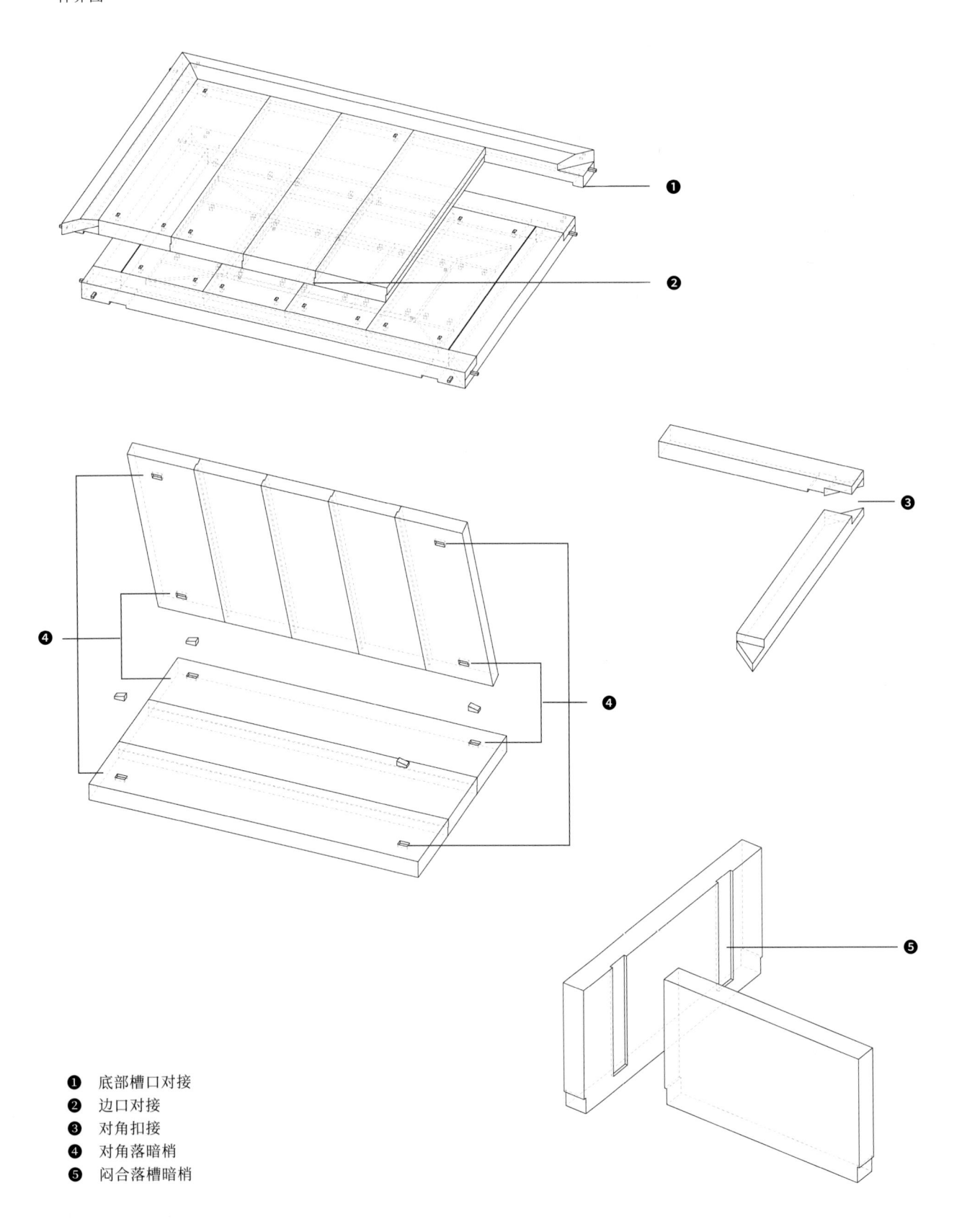

❶ 底部槽口对接
❷ 边口对接
❸ 对角扣接
❹ 对角落暗梢
❺ 闷合落槽暗梢

一 时空

榫卯图

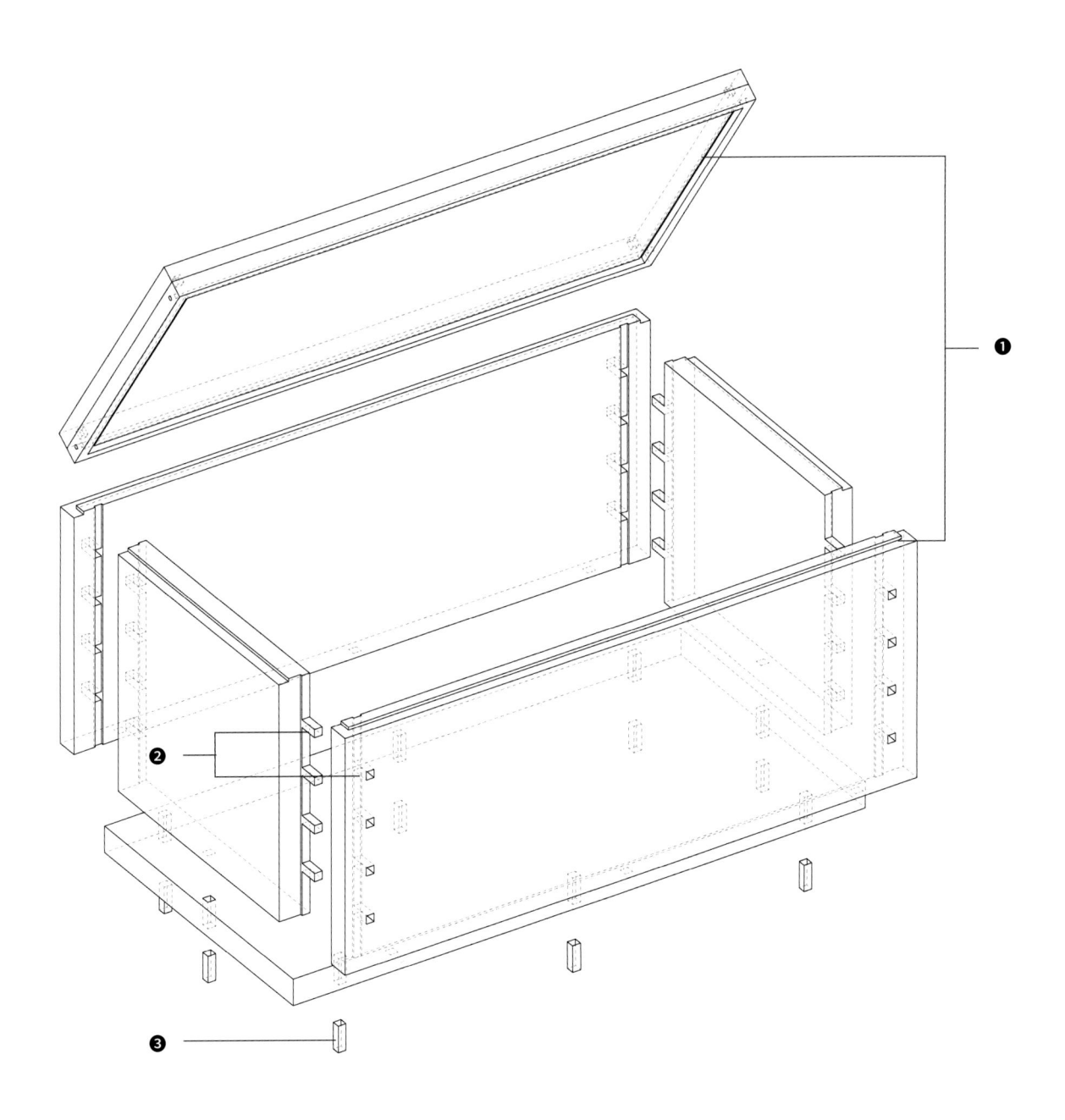

❶ 子母口
❷ 半肩明榫
❸ 落梢榫

四重天地：
马王堆一号墓棺椁结构简释

蔡小婉

马王堆一号汉墓为长方形土坑竖穴墓，由封土、墓道、墓坑和墓室四部分组成。[1] 墓坑正中放置棺椁葬具，方向正北。椁室上下四周塞满木炭和白膏泥，上面层层填土夯实。葬具由二层椁室、四重套棺以及椁下垫木组成，里外共六层（二层椁板、四层棺板），出土时置于墓坑底部的三根方形枕木上，有两层盖板和两层底板。[2] 椁室用厚重的松木大板构筑，由四个边厢（内置丝织品、漆器、竹器、乐器、陶器等各种随葬品）与正中的棺室组成，因椁中空如井，其呈现为沿袭了春秋战国的井椁形制。[3]

一号墓的庞大椁室和四层套棺，从外到里依次为黑漆素棺、黑地彩绘棺、朱地彩绘棺与锦饰内棺在结构上没有使用金属嵌钉，全采用扣接、套榫与栓钉接合等方法制作而成，是目前出土的最大最完整的的汉代井字形棺椁实物。

外层的黑漆素棺体积最大，未加其他装饰，外涂棕黑色油漆，素面无纹饰，棺内涂朱漆。《后汉书·礼仪志》："诸侯王、公主、贵人皆樟棺，洞朱，云气画。""洞朱"或即为此处的棺里朱髹。[4]

第二层为黑地彩绘棺，内髹朱漆，外髹黑漆为地，饰复杂多变的云气纹及形态各异的神怪和禽兽。所绘的百个图像中，有怪神、怪兽、仙人、鸾鸟、鹤、豹、牛、鹿、蛇等十余种形象，其中怪神或怪兽最多，占总数的一半以上。

第三层为朱地彩绘棺，内外皆髹朱漆，"表里洞赤"，是汉代高级贵族才配享用的最高丧礼等级，侧板用青绿、粉褐、藕褐、赤褐、黄白等明亮的颜色，饰龙虎、朱雀、仙人和云气等祥瑞图案，头挡则为双鹿腾云登昆仑，[5] 盖板绘有二龙二虎、龙虎相斗的图案。其中，双龙穿璧的图像与灵魂升天的观念联系紧密。对于漆棺神怪图像、头挡下方半身人物像和装饰纹样的解读，著作颇丰。[6]

第四层为直接殓尸的锦饰内棺，棺内髹朱漆，棺外髹黑漆，盖棺后先横加两道帛束，再满贴以铺绒绣锦为边饰的羽毛贴花锦。[7]

而关于四重棺之间的关系，这四具漆绘套棺皆以四时为序，一号与三号墓都呈井椁形制，其中一千多件随葬器物，排列有序，分别位于椁室的四个边厢。随葬品的放置顺序遵循四时四方序列，再造一个四时变化、阴阳和顺的微观宇宙。这种建椁传统在椁室设计的帛画细节中亦可印证。以季节时序为基础的时空框架来理解，则个人生死被置入自然万物荣枯更替的程序流程中，表达了对于超越时空与天地日月共存的永恒境界的神往。[8]

注释

1 关于从1972年马王堆一号汉墓正式发掘以来，学界（主要为中国）的研究文献综述，参阅温星金：《马王堆一号汉墓棺椁研究综述》，《湖南省博物馆馆刊》2021年，第32—42页。

2 关于棺椁制度，目前学界大多数认为是"二椁四棺"或"一椁四棺"制度的承袭。俞伟超认为，马王堆的四重棺承楚制，符合《礼记·丧大记》中所载"诸公"之制。见俞伟超：《马王堆一号汉墓棺制的推定》，《湖南考古辑刊》第一集，岳麓书社，1982年，第111—115页。

3 陈建明主编：《马王堆汉墓研究》，岳麓书社，2013年，第28页。同时请参阅湖南省博物馆、中国科学院考古研究所编：《长沙马王堆一号汉墓》上集，文物出版社，1973年，第6—27页。

4 傅举有：《马王堆一号墓漆棺的装饰艺术》，《湖南省博物馆馆刊》第八辑，岳麓书社，2011年，第57—77页。

5 《长沙马王堆一号汉墓》发掘报告所载，此处高山为昆仑山。另见 Lillian Lan-ying Tseng（曾蓝莹），*Picturing Heaven in Early China* (Cambridge, MA: Harvard University Asia Center for the Harvard-Yenching Institute, 2011), pp. 189-192.

6 详细讨论请参阅本书"总论"：汪悦进：《入地如何再升天？——马王堆美术时空论》第五节"井椁春秋"；漆棺与帛画的关系请参阅本书"第二板块：阴阳"，汪悦进：《何为"藏象"？——马王堆之谜解密》。同时请参阅巫鸿著，郑岩等译：《礼仪中的美术：巫鸿中国古代美术史文编》，生活·读书·新知三联书店，2005年，第112页；孙作云：《马王堆一号汉墓漆棺画考释》，《考古》1973年第4期；姜生：《马王堆一号汉墓四重棺与死后仙化程序考》，《文史哲》2016年第3期；《汉墓龙虎交媾图考——〈参同契〉和丹田说在汉代的形成》，《历史研究》2016年第4期；贺西林：《天庭之路：马王堆一号汉墓漆棺画与帛画的图像理路及思想性》，《读图观史：考古发现与汉唐视觉文化研究》，北京大学出版社，2022年4月，第25页。

7 于省吾：《关于长沙马王堆一号汉墓内棺棺饰的解说》，《考古》1973年第2期。

8 汪悦进：《入地如何再升天？——马王堆美术时空论》。此释读不同于此前关于"棺椁结构为逝者生前居家之镜像"的说法。本书中《鹿角与长舌：楚镇墓兽研究中的考古新证据》第五节"以往的解释"亦略有阐述。有学者认为应该将四重套棺视为整体，例如姜生认为四重棺应该按照由内而外的顺序来理解，分别代表了冥界、昆仑、九天、大道的完整程序，见姜生：《马王堆一号汉墓四重棺与死后仙化程序考》；而巫鸿认为三重外棺与内棺应分开来理解，巫鸿著，郑岩等译：《礼仪中的美术：巫鸿中国古代美术史文编》，第112页。

马王堆博具系列图

02

漆绘博具 6070

三号墓 北163
长45厘米,宽45厘米,通高17厘米

一　时空

| 生命时空 —— 马王堆汉墓新论

轴测图

一　时空

博具盒顶视图

博具盒盖面纹饰线描图

博具盒盖内纹饰线描图

| 生命时空 —— 马王堆汉墓新论

博戏用具图

一　时空

中层博局顶视图

中层博局纹饰

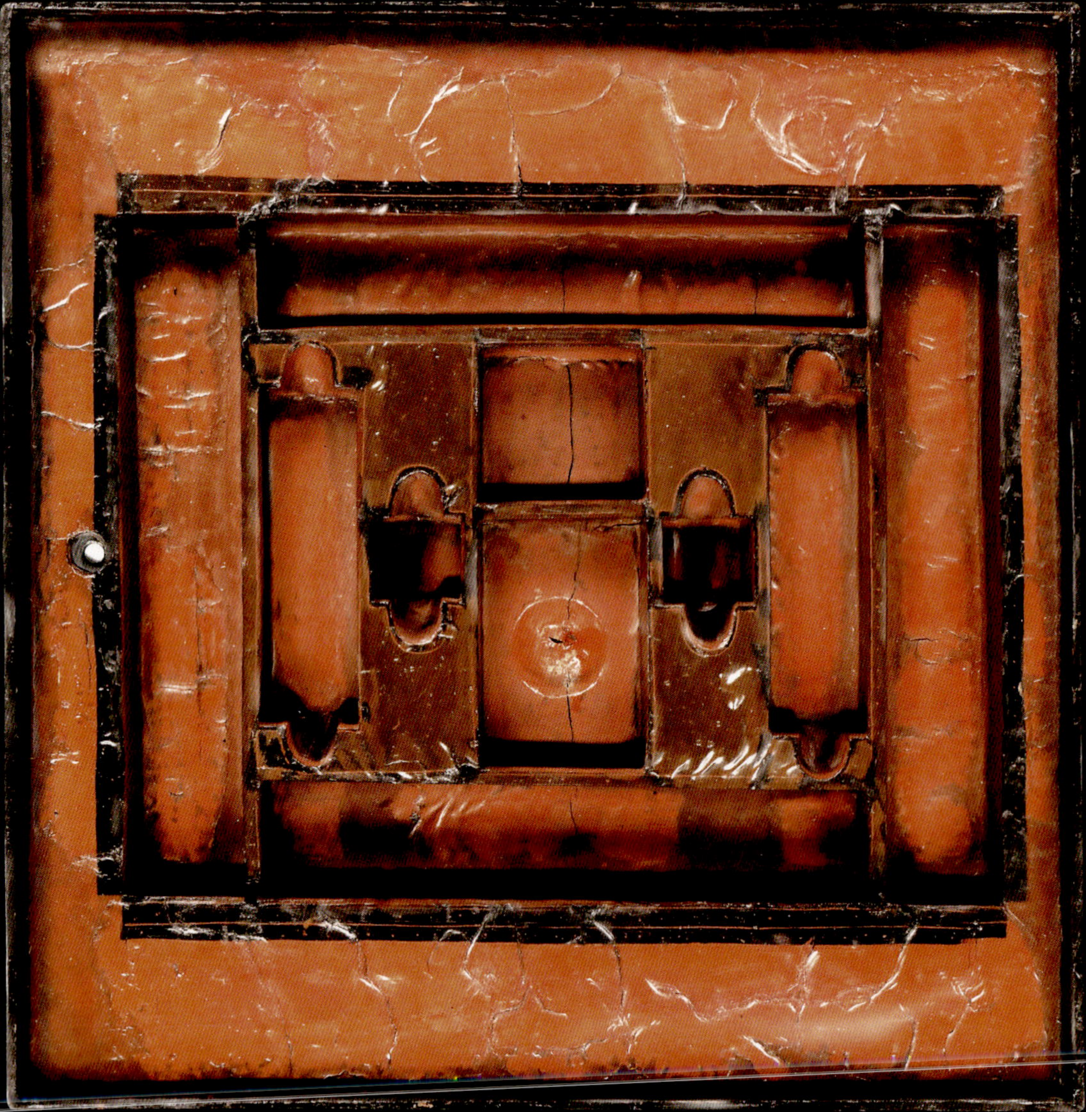

一　时空

底层分格平面图（整理后）

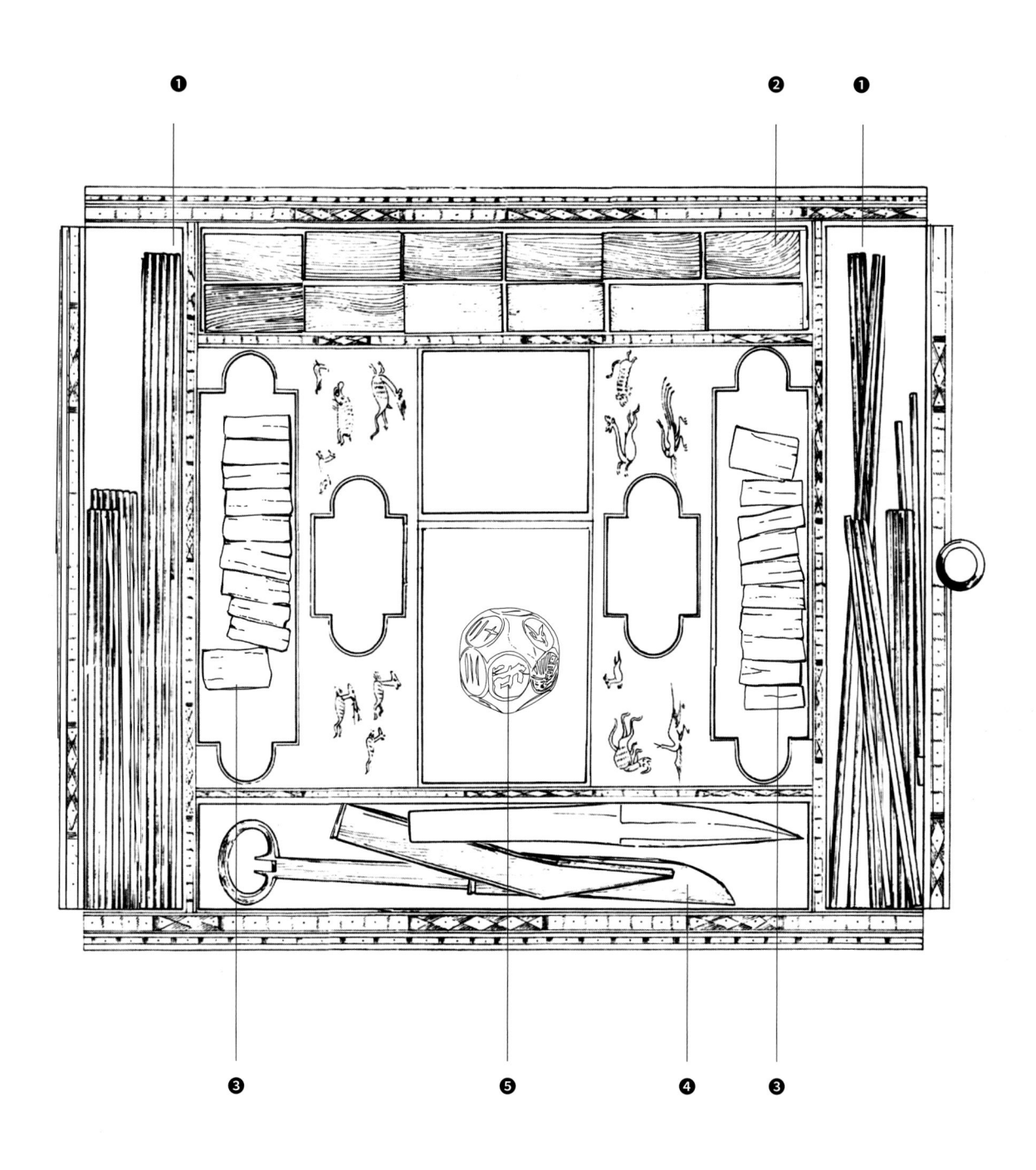

❶ 42根算筹
❷ 六黑六白大棋子
❸ 20颗小棋子
❹ 削、刮刀
❺ 骰子

博具盒正视图

博具盒正视线描图

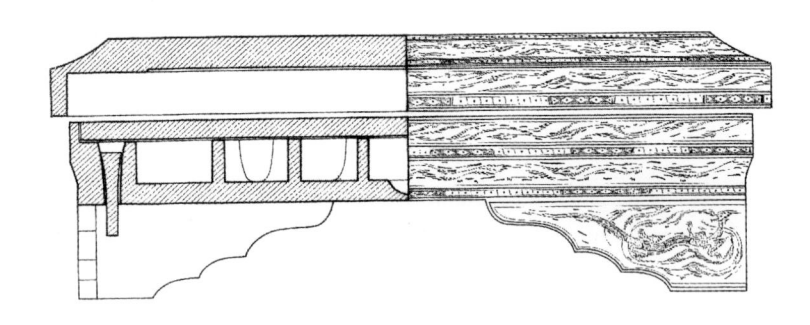

博具盒足部纹饰线描图

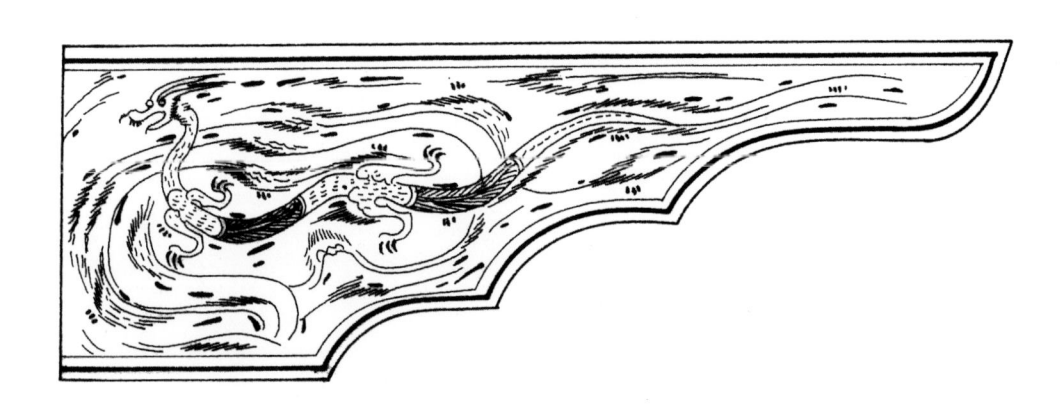

博戏所用木骰

| 生命时空 —— 马王堆汉墓新论

骰子展开图

28

骰子展开线描图

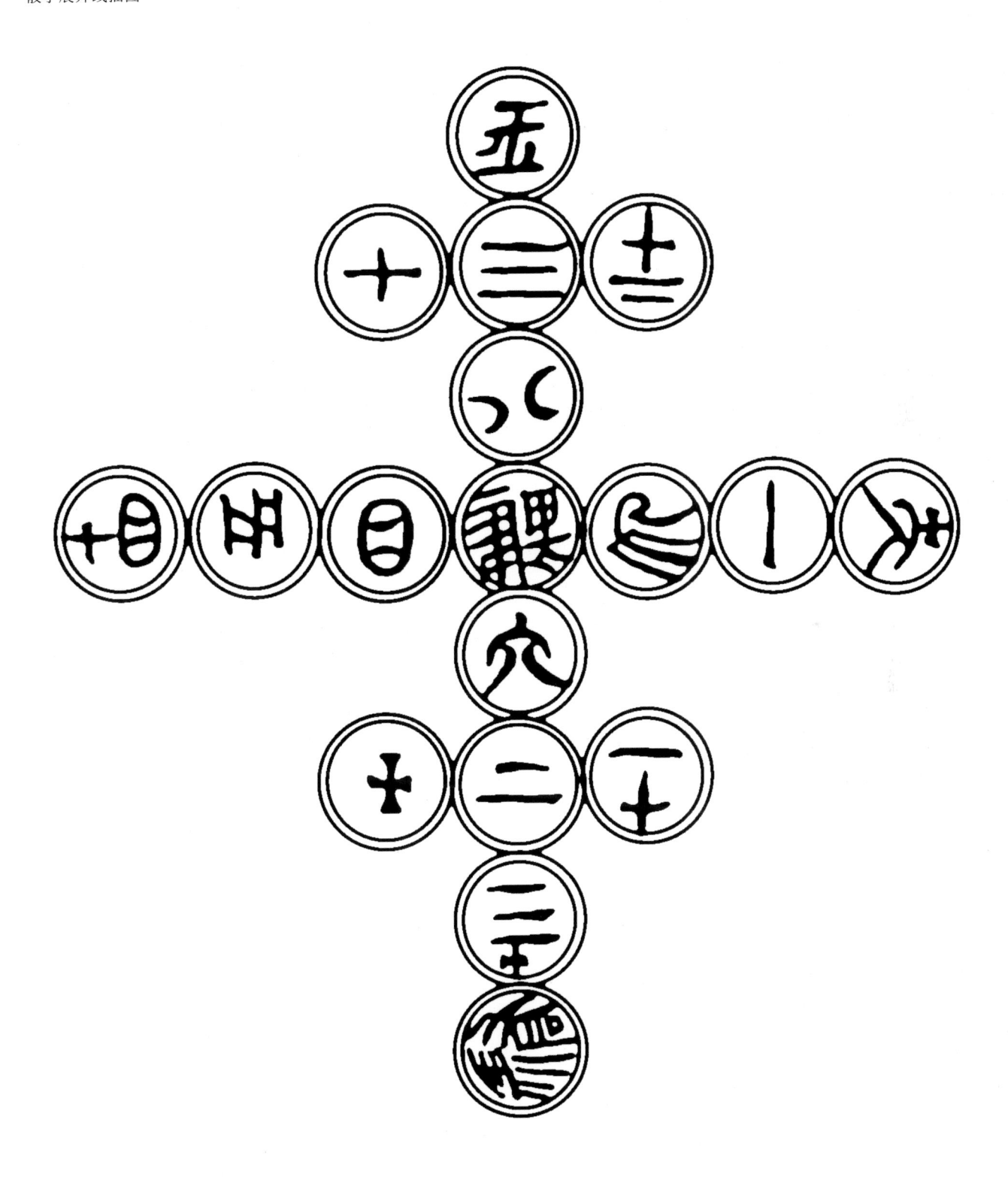

29

动态的图示：
六博棋盘图案新解

雷小菲 著
蔡小婉 译

六博棋盘图案可能是早期中国最常见的图式之一了。自战国后期至东汉消亡的几百余年间，作为一种民间广受欢迎的游戏，六博虽在各个地区产生了不同的版本，但在棋盘的形制上却未有太大变化。[1] 棋盘的中心一般是个正方形，上面有4个"T"形标记，棋盘四边中心各有一"L"形标记，棋盘4角也有4个"V"形标记。（图1，又见本书第23页）因此，许多西方学者把它称为"TLV 设计"。[2] 这些用以标记棋子移动路径的几何图形，除了作为游戏棋盘的物理表现形式外，还常见于铜镜背部装饰、卜筮祭祷文书、墓葬装饰、日晷、石棺底部等。因此，这种跨越多种物质媒介的图形表达，或许有着更为广泛的象征意义。

数十年来，学界关于六博行棋规则和六博图的分析著述颇丰。既往研究多集中在重构游戏的过程、探讨游戏的方法，特别强调棋子的移动和六博占之间的关系。此外便致力于发掘六博游戏和先秦两汉死后世界之间的联系，会尤其关注六博与仙人、西王母同时出现的图像。[3] 尽管在博戏玩法及其在占卜方面的运用上已经取得了长足的进展，尤其是与长生思想和汉代"祥瑞"相关方面，但是六博游戏棋盘的图式和图像表现形式往往被视为既定的内容，或者只是作为分类的依据而被忽略了。[4] 更重要的是，尽管游戏棋盘反复出现在各种六博游戏图像中，但实际上从未展现过实际的游戏进展。几乎所有有棋盘的图像，哪怕是正在进行的六博游戏，都没有表现过任何棋子的具体位置和走位。这一点似乎少有关注。继而与之相关的问题是：究竟是什么或怎样的运动，被图像化为六博棋盘的路径？为什么六博博局和相关图像会出现在墓葬艺术中？

本文把六博棋盘及其相关图像视为动态的图示，进而对它进行重新释读。笔者从介绍六博游戏开始，通过既往有关棋盘空间的讨论，强调以运动观念连接中国早期艺术研究中分离的时间性和空间性，同时强调时间性在早期艺术和思想中的重要。通过将占卜书里的图示与六博棋盘图式进行对比，并把干支结合到游戏中去，笔者认为棋子在棋盘上的移动可视为时间上的连续演进。结合文学作品里神仙玩六博表现的是生人世界之外的时间流逝，六博的时间与无始无终的宇宙时间一致，与有限的生命形成鲜明的对比。[5] 因此棋子在棋盘上循环往复的走位，勾勒出的路线就成为了一种不会停止的永恒。这种动能乃至方向性已经融入棋盘的设计当中，包括经常被忽略的六博棋盘及其装饰图案的旋转对称性。也就是说，和棋盘路线配合的，还有那些经常被我们忽略的装饰纹样。最后，墓葬壁画里的六博

图1 六博棋盘示例，长沙马王堆三号墓出土（采自陈建明，聂菲主编：《马王堆汉墓漆器整理与研究（下）》，中华书局，2019年）

棋盘图案超越了图示的物理运动和它本身的时间进程，可以促进逝者灵魂的飞升。而且"夫博悬于投"[6]，它不仅意味着游戏尚未放置棋子的那个瞬间，也标志着更大图像程序里的某种临界状态。棋盘的设计包含了六博游戏之内、之上、之外的不同类型的物理运动，是动态图示的典型表现。

一、六博简史

在传统文献里，六博通常被描述为一种博弈游戏，公元前4世纪中叶较为普遍，汉代达到顶峰，汉之后逐渐式微。但六博的确切起源和地点，由于年代久远，早已失传。[7] 关于六博的最早文献记录，或见于战国时期的著名诗篇《招魂》："菎蔽象棋，有六博些。分曹并进，遒相迫些。成枭而牟，呼五白些。"[8] 通过这首诗，我们大致可以了解六博作为宴会重要组成部分的背景及其玩法。早期有关六博的文学记录大多强调其娱乐功能，这在《战国策·齐策》和《史记·苏秦列传》里都有所体现：

临淄甚富而实，其民无不吹竽、鼓瑟、击筑、弹琴、斗鸡、走犬、六博、蹹鞠者。

它是宴会上招待贵族的方式，也是繁荣的齐国都城常见的活动形式。[9] 这说明当时的人拥有丰富的休闲活动，也体现了国家欣欣向荣、蓬勃向上的精神面貌。从贵族官僚到黎民百姓，六博成为各个阶层喜闻乐见的棋戏之一。

除了出现在娱乐场面，六博游戏还会以另外两种形式出现：一是作为"坏习惯"引起儒家学者的注意，他们告诫人们不要沉迷于六博当中，否则容易道德败坏；另一种是作为时事政治的隐喻，比如官员在建议诸侯和统治者采取某些行动时。[10] 六博的这两种形象，进一步证明了这种游戏在早期中国的广泛影响，也反映了人们对它的复杂态度。

尽管绝大多数关于六博游戏技巧和游戏规则的记载已经失传，但是最近的考古发现——六博人俑、棋盘、石刻和画像砖上的六博图像——加深了我们对六博游戏道具的了解，并使得我们可以推断游戏的玩法。与文献记录相符，大量的六博棋盘在不同等级的墓葬中出土，从南越王墓里精致的漆制棋盘和青玉、水晶、象牙棋子，到地方官员墓葬里相对简陋的木制棋盘和骨制棋子，不一而足。[11] 随着时间的推移，六博弈具的外观也在不断地发展和演变。一套标准的六博设备通常包括一个博局盘、十二枚矩形棋子（有时饰有图案）[12]、六枚弧形竹管（博箸）——半边竹管填有金属粉，但也有超过六枚的情况。[13] 有时会用一个或两个十八面体的骰来代替竹箸。一套完整的博具还包括几根记分用的竹棍或木条，以及一块掷骰用的"筹席"。

从出土的六博博具中，我们能推断游戏主要由两部分构成：投掷掷具和移动棋子。根据投掷结果（可能是根据它们朝上或朝下，即正反面来决定行棋的步数）和游戏规则，棋子将在刻有曲道的棋局上移动，也可能被对手吃掉，或者被取消行棋的权力。为了抢棋而发生争执的情况非常普遍，有时甚至导致玩家双方的伤亡和战争。[14] 虽然一些六博文物确实是从放置日用品的附属墓室或侧室中发掘出来的，而且六博图像也出现在娱乐和宴饮的石刻中，但是我们不该简单地把六博视为纯粹的娱乐活动，而忽略其棋盘蕴含的意义。[15] 这一点将在下文展开。

二、结构化：空间和时间相互作用的游戏和图示

游戏和图示的密切关系始于空间的具象化：与图示类似，棋盘通过标记棋道来表示空间，因此可以视为人类认知能力的图像化表达，即在具体的环境里构想自身的运动。[16] 游戏棋盘这种通过图形和符号对空间进行结构化的方式与地图类似。棋盘作为一种空间的微

缩模型，不仅引导玩家从上方观察并进入到这个空间，还要求身体和头脑双重运动，从而为静态的图示增添了互动和动态的维度。同时，图形和符号的不同位置、关联性和方向性引导棋盘空间的不同位移。而游戏规则将棋盘的各个图形和符号按照特定的顺序相互关联，从而形成序列，内定了移动的轨迹。[17]这种关联性的思维对理解每一张抽象图示都至关重要，因为作为交互性的游戏，它是参与者对过去、现在、未来关系变化认知的心理投射。这种变化的关系与游戏里位置和可能性的计算有关，包括已经发生的、可能发生的、将要发生的棋步。事实上，图示在表现棋子在棋盘上的位置方面，展示了棋盘和游戏间最常见和最直接的关系，就像阿方索（Alfonso the Wise）在《游戏智慧指南》（Book of Games, 1283）里对国际象棋的阐述。由于棋盘图示不仅能可视化游戏的过程，还能生产和解释从遵守规则到策略制胜等更广泛的知识，游戏因此成了一种"通过重构空间以解决问题"的训练方式。[18]

然而，游戏和图示之间的密切关系还不仅仅停留在空间的维度上。放置在墓葬里的六博棋盘和融入整个墓葬图像的六博画像进一步表明，它们参与的"解决问题"不仅是空间的挑战，而且与生、死和永生有关。即使完全依赖抽象思维来实现"重构空间"，时间的维度也是其中不可分割的一个部分。在先前游戏与图示关系的学术讨论中，时间性经常被忽视，原因有很多，诸如无论是在表达方式还是在内容上，行动和事件的关系似乎总是倾向于空间的呈现。[19]克莱默（Krämer）的讨论对本文有很大的启发，但他同样认为，要在未知情境里对自身进行定位的话，空间往往优先于时间，因为绘制图示本质是将时间转化为空间。[20]但是，以往往往强调棋盘上棋子的位置，并视棋盘图示为棋手思维的视觉化，这对已知的六博游戏图像来说并不完全适用。因为许多六博游戏图像里没有标示棋子的位置，使得我们不得不重新考量仅仅关注空间的做法。棋子和棋盘图示空间上的分离，揭示棋子在棋盘上的运动虽然与空间息息相关，但更主要的是受时间的支配。受克莱默"操作性图像表达（operative iconicity）"强调内在动态性的启发，本文将采用"运动"概念引导与游戏和图示相关的空间和时间维度的考察。[21]虽然游戏的过程并不是本文的考察重点，但必须记住的一点是，作为一种策略性和对抗性的游戏，六博图示是一种思考的媒介，它协调着玩家在遵守规则的前提下做出移动棋子的决定。

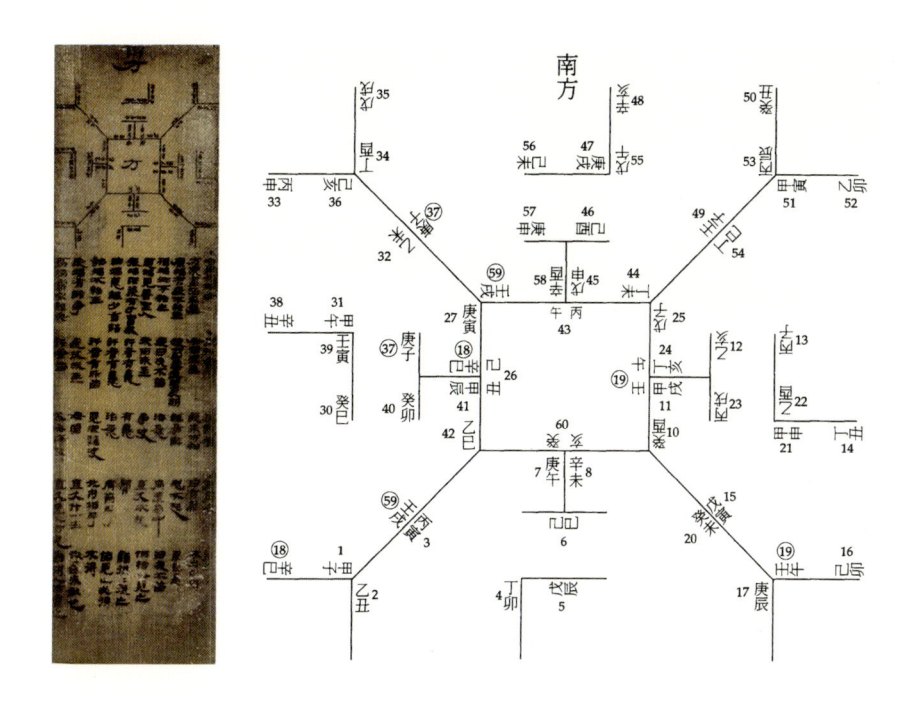

图 2　尹湾出土的六博卜书与重新绘制的 TLV 图案，添加数字以表示甲子时序，圈出者表示抄写错误。［基于 Lillian Lan-ying Tseng（见注 3），pp.179-180, figs. 14 and 15］

三、时间之旅：游戏中的移动

棋子在棋盘上实际的空间移动以多种方式叠合了时间和空间，如克莱默所言，发生在棋盘图示里的系列运动，重合了"综合性地形图"和时间向度上"连续进行"的运动。[22] 考古发现的一幅六博占卜图进一步证明了博局是如何将不同维度的时间和空间的重叠在一起的。在这幅图里，棋盘的实体被抽象化并赋予了新的时间意义，因为每个棋子在棋盘的位置都对应了一个特定的时间。典籍里关于六博游戏的描述也强调了棋子移动带来的时间流逝感。文献和图示模棱两可，甚至不关心棋子的确切位置，只是强调棋局的推进如何标志着时间的流失。下节将进一步从微观层面，探讨六博棋子的移动如何与玩家的命运相关。根据这些文学描述，游戏的结果最终会与游戏里的"货币形式"发生关联，而玩家可以通过参与游戏获得长生和不朽。

六博占卜图和六博棋盘形式上的相似，不仅彰显了棋盘图案的图示性，还揭示了行棋顺序，以及行棋象征时间流逝的本质。例如江苏尹湾六号墓（约公元前 10 年）出土了一件刻有博局图案的木牍，背面上部用黑色墨水绘制了"TLV"的图样。[23]（图 2）图中线条被认为是由天干和地支构成的六十甲子，把具体的位置和特定的日期关联在一起。[24] 十天干和十二地支轮流配对形成的六十周期，建立起强烈的时间和方位顺序感。博局图从西北角用"V"标识的甲子开始，到正北方方形的癸亥结束；不过其中有4个重复的日子和3个缺失的日期，可能是书写错误导致的。[25]

占卜图和六博游戏的联系超越了形式上的相似，图上的文字部分说明棋子的移动顺序和六十甲子的周期是一致的。图下有一个五行十列的说明。最右一列列举了占卜的事件，包括婚姻（"卜娶妻或嫁女"）、远游（"卜问行者"）、监禁（"卜问被监禁者"）、疾病（"卜问生病者"）和潜逃（"卜问潜逃者"）。文字栏的顶部显示的是占卜的征兆，从右读起依次为方、廉、揭、道、张、曲、诎、长、高；它们对应六博棋盘上的特定位置。这九个方位之所以能够与六博棋盘准确对应，是因为传为刘歆（前46—23）所撰之《西京杂记》记载六博专家许博昌曾根据游戏规则写过押韵的棋术回文诀："方畔揭道张，张畔揭道方；张究屈玄高，高玄屈究张。"[26] 根据六十甲子日期顺序与位置名称（比如"方"）的结合，就可以得知博局图中与其相应墨线的位置。比如曾蓝莹根据西南角一个没有书写讹误的区域，重建了从第43天到第51天的移动方式，即从中央的正方形开始，穿过延伸的"T"形和"L"形标记及对角线，移动到正方形之外，最后到达四个角的"V"形标记，然后再返回到第52天至第60天。[27] 此外，通过修正错误和缺失的日期，可以用同样的方式确定整个棋盘上的行棋规则，因为已经知道了"方"的位置。这反映了人们使用许博昌口诀玩六博的普遍程度，不仅因为文献记载连街上的小孩都会背诵它（《西京杂记》曰"三辅儿童皆诵之"），还因为占卜图上只标了"方"的位置，没有说明其他八个位置，人们却仍可理解游戏的进程，说明了人们对游戏规则的熟悉。[28]

如若考察有关六博游戏的文学记录，一种与时间流逝密切相关的印象就会浮现出来。如引言部分所述，除道德训诫和政治修辞的工具外，六博同样是一种流行于仙界的游戏。[29] 文献可见凡人与神仙参与六博游戏的记载，而这些记载强调了时间的流逝，以及人们渴望获得神力以摆脱时间束缚的愿望，如追求长寿甚至不朽。就像最早的一个六博游戏故事，《战国策》中提到的"丛困我"，讲述了恒思的一个年轻人要与树神玩六博，设定如下奖励：如果他赢了，就可以借用树神三天的神力，输了就任由树神处置，大意如此。年轻人用右手为自己投掷，用左手替树神投掷，继而赢了游戏，而他再也没有归还树神的神力；五天之后，神树枯萎了。[30] 后来的故事略有不同，凡人之所以能够获得七十多年的寿命，是因为两位神仙在不小心吃了他的食物后被游戏所吸引，不得不通过延长他的寿命来延续游戏。[31]

到了5世纪，六博游戏成为逝去时空的隐喻。与六博相关故事的典型情节是一个凡人（平民）观看两个仙人玩六博，直到他突然意识到自己的财物已化为尘土，原来观看的过程已经过去了数百年，尽管他觉得只是倏忽之间而已。[32] 尽管关于那位凡人（平民）在做什么，以及他如何观看六博游戏的记载不一，但是这些故事都揭示了六博是一扇通往超越人类维度的异时空门户。因此，六博游戏的过程标识了一种与俗世不同的时间观念。尽管玩家在当下的现实时间里移动棋子，但是棋子在棋盘上的移动跨越了棋盘上所标注的、更大跨度的时间，最终压缩了时间的进程，与宇宙的时间相契。这种把游戏和抽象时间联系起来的悠久传统，[33] 使得六博游戏成为一台可以"快进"的时间压缩机。

此外，这些故事经常把玩六博的两个神仙设置在石室里，而这一设定与石棺非常相似。在山东临沂出土的一具石棺底部，发现了一个以特殊的"TLV"图案制作的六博棋盘，与尹湾《博局占》中的六博图十分相似。[34]（图3）墓中没有找到真正的六博游戏棋盘，但出土了多个六博棋子。石棺其他四面的浮雕，如西侧的刺杀场景和东面的树木生长，都遵循着古代中国季节循环的传统象征和展示方式，由此共同构成了一个微观的世界。要成为可以在昆仑山上玩六博的神仙，需要数百年的时间，而石棺底部刻着的六博，既是这个微观世界的基础，也是这个微观世界的中心。这可能意味着逝者希望通过参与六博游戏，加快成仙的过程。

四、宇宙图示：内在于棋盘的运动

棋子在棋盘上移动，代表时间的加速流逝，但这仅仅是棋盘图案设计蕴含的动态性的一个方面。六博棋盘的设计，不仅与中国早期的占卜工具有结构上的相似，而且旋转对称的特征还暗含着漩涡运动的永恒。这与北斗星无尽的旋转相呼应。北斗星是古代中国占星和天象占问里的一个关键要素。[35] 棋盘整体的路径排布，加上富有含义的装饰性元素，反映了一

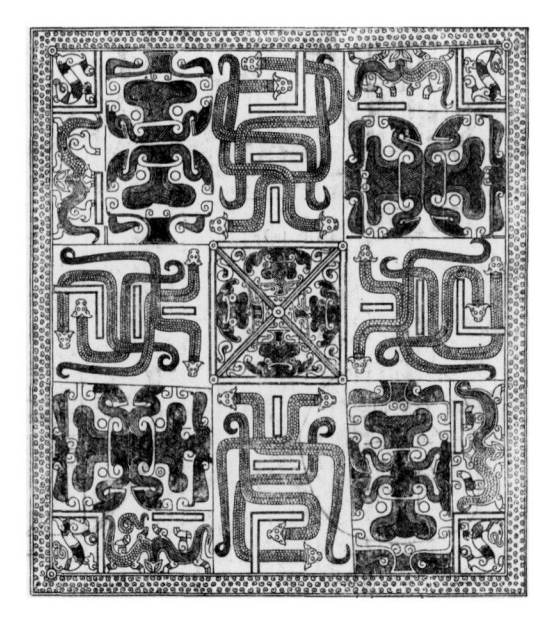

图 3 在棺底的"TLV"图案（采自《文物》1988 年第 10 期，第 72 页，图一二）

图 4 中山王墓出土的六博棋局之一（采自《中国历史文物》2002 年第 1 期，第 8 页，图 1）

种更宏观、与宇宙共鸣的运动。此外，棋盘与它的自我循环设计，不仅是物理表征，也是概念性的表示，它引导着六博占书里的日期以类似的旋涡排列。这种将游戏模式与宇宙运动相统一的做法，使人或者说人的观察视角，不仅能在从卜书到铜镜各种棋盘图案的变形中替换棋子的位置，而且凸显了占书对人及相关事物移动和变迁的关注。这赋予了个体在宇宙中定位自身的能力，更重要的是，能够在宇宙里调整自己的位置。

尽管人们经常区分棋盘图案的各种形式特征以建立分类的体系，并以此厘清六博棋盘的区域性特征及其发展历史，但是这些特征本身和背后的意义缺少单独的研究。[36] 六博在几百年里始终广受欢迎，可基本形制却没有太大的变化。棋盘中央通常是正方形，四边中央位置各伸出一个"T"形，总共 4 个。棋盘边缘则放置了 4 个"L"形和"V"形。值得注意的是，连接正方形边角和角落处的"V"形的对角线，在六博占卜图里很突出、很重要，但在实际的游戏棋盘上往往缺失。然而从秦朝开始，"V"形与内部正方形之间开始出现点状图案。[37] 这些点状图在不同的棋盘组合里出现的频率各不相同，有时会被装饰性的图案所替代，特别是在那些精美繁复的棋盘上。

棋盘图案的一个主要特征是"L"的形状，通常向左开口，这就破坏了棋盘的对称性，并为整个棋盘增添了旋转的动感。在分析"TLV"路线时，旋转的方向可以解释为顺时针或逆时针，这取决于两个不同方向的解读，即是以"L"形的开口为出发点，还是关注它的垂直角。这种由"L"形设计带来的不对称性，是早期中国图像里较为罕见的现象。

在现存的一些六博棋盘里，"L"形棋道带来的动态感和对称性被棋盘的装饰物进一步放大。一个典型的例子是中山国国王璺中型墓葬 M3 里的六博棋盘。[38]（图 4）作为早期的六博棋盘之一，中山 M3 棋盘与常见的六博棋盘高度吻合，并装饰有以龙为主的丰富图案。这些龙的图案填满了棋盘的空白，甚至穿过"T"形把它分成了一横和一竖。每个"L"形的右侧和平行于棋盘边界的地方，额外的一个短横强化了棋盘的旋转对称结构。与看似 9 个分区的外观相反，棋盘实际由 5 个部分组成：正中正方形构成的中央部分，周围围绕的 4 个矩形同样以旋转对称的方式排列。[39]2 个红褐色和 2 个深色花岗岩组成的矩形部分，形成了颜色的对比，增强了旋转的效果。此外，4 组 4 条交错的龙位于"T"形和"L"形之间，突出了这些路径的重要性。相接的龙头和龙尾暗示了路径的可循环，与四季轮回的时间循环相呼应。

西汉马王堆三号墓出土的六博棋盘，展现了更明显的旋转性。[40]（图 1，又见本书第 23 页）4 个"S"形的图案从正方形中心的一端开始，穿过"T"形和"L"形构成的区域，创造出漩涡般旋转扩散的视觉效果。这些装饰性图案的末端如羽毛般纤细，刻线曲折蜿蜒，唤起一种空灵飘逸的感觉。随着 S 形图案的向右开放，这些扇形产生了与"L"形相反的旋转动作，增加了棋盘外观的复杂性。此外，位于中央正方形和"V"形之间的不常见的鸟类图案，暗示了宇宙维度的旋转之"气"。占据棋盘特殊位置的鸟类应该是大雁，绘有展开的指向上方的双翼、不成比例长于下喙的上喙、细长的脖子、相对短的腿、平坦的脚掌及带蹼的爪子。这些最有代表性的迁徙鸟类，以固定的到来和离去预示着季节的变化。大雁在《月令》中被提及了 4 次，对应一年中的重要时节：春季的第一个月，秋季的第二个和最后一个月，以及冬季的第三个月。[41] 值得注意的是，大雁的移动与不同类型的"风"密切相关。如驱散寒冷的东风与大雁春季到来的时间吻合，而在秋季的第二个月，伴随着大雁的出现会"盲风至"[42]。大雁和风的联系为马王堆六博盘的云纹设计增加了复杂性。云纹被认为是风的动态表达，风会随季节的变化和时间的流逝发生改变。

精心设计的六博棋盘暗含的旋转运动，和早期中国的占卜器具一样，旋转的基本性能经常会被忽略。在考古发现六博棋盘之前，学者们已经研究过铜镜上的"TLV"图案和大致

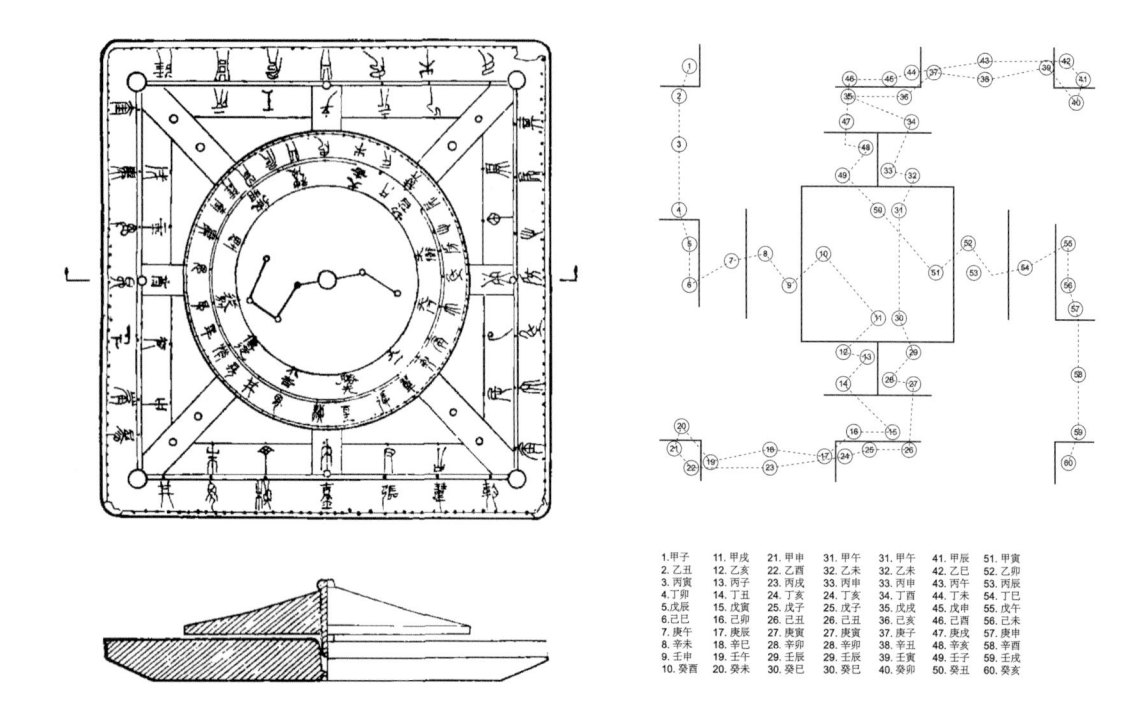

图 5 式盘案例，甘肃省磨咀子62号墓出土（采自《文物》1972年第12期，第15页）

图 6 重绘六博占图，添加数字以表示甲子时序，连接点来表明大致的旋转对称性路径（基于《北京大学藏西汉竹书》第五卷，上海古籍出版社，2014年，第225页）

同时的占卜工具——式盘（图5）之间可能的关系。[43]这种关联主要是由于它们形式上的相似，特别是式盘方形底板上的钩绳图案。钩绳为现代学者的发现，指垂直的分割，包括两条想象的把宇宙捆绑在一起的"绳"，以及位于角落的4个向外延伸的直角，即4个"钩"。这是宇宙的4个节点，位于正方形的4个角落。[44]相当于4个"T"和4个"V"及对角线组成的图形。

式盘由两个不可分割的部分组成，方盘上放着可以活动的圆盘，分别代表地和天。同样，六博棋盘被视为大地的隐喻，特别是汉代的"盖天说"认为地是方的，如同棋盘一般。[45]但在棋盘隐喻之后，是大弯逆时针的动态旋转。[46]实际上，旋转的观念在早期中国的宇宙论里扮演了关键的角色。天向左（逆时针）地向右（顺时针）的旋转在占卜装置里，是模拟宇宙复杂运动不可或缺的内容。以典型的式盘为例，地盘以十天干为第一层，十二地支为第二层，均以顺时针的顺序标记。二十八星宿作为第三层，以逆时针的方向沿方形的四边展开。而天盘边缘以逆时针方向刻有二十八星宿和十二月或十二神。更重要的是，式盘的圆形天盘以北斗星为中心，可以手动旋转。虽然具体的占卜方法尚不明确，但操作式盘包括旋转天盘，读取北斗星柄在地盘上的位置和对应的天盘标记。由于天被认为是逆时针地旋转，而天盘却被想象成顺时针地移动，就像是从天穹上的假想空间里观看北斗星一样，这使旋转变得更加复杂。[47]

相比之下，尽管六博棋盘缺乏直观的圆形天体形象，但棋盘中的"L"形蕴含的旋转感和天象的变化息息相关，并赋予棋盘模拟宇宙的能力。若依据六博卜书将六博棋盘上的六十甲子对应起来，可以大致勾勒出一个顺时针方向旋转的图形。虽然尹湾出土的六博图案在东北角留下了8个空位，所以无法实现其他学者重构的完美的四叶扇形运动，[48] 但是认真研究北京大学公布的另一副六博图的日期排列，这种对称的漩涡图还是可以获得的，如图6所示。[49] 式盘和六博棋盘外观结构上的相似，暗示了它们在天文历法思想上有共同的基础。[50] 通过意味深长的旋转，式盘和六博棋盘模拟宇宙的运动，进而协调特定的空间和时间。

六博棋盘蕴含的宇宙思想，无疑促进了它的流行，随后应用于铜镜等其他物品，因为模拟宇宙的行为暗含了一种对环境的控制力。同时，在保留六博棋盘图案的同时，去掉其他道具如棋子、骰子、掷箸的行为，反映了人们对主导自身命运的更强愿望。关键是，它不只是棋子在棋盘上基于运气的运动，更是观看者深思熟虑之后，对自身所在世界做出的选择行为。前面提到的旨在供使用者挑选吉时、趋利避害的六博占书，便只提供原始的六博棋盘，将人置于了棋子的位置。对北京大学和尹湾两个版本的六博占书进行分析，就会发现尽管占卜的内容大体相同，多与人的变迁有关。[51] 出行、监禁、判刑、逃亡、婚姻等，都与个人在特定地点、特定状态的停留时间有关。即使占卜疾病，也用了"引""久"等特殊的表达，表明关注核心仍是某种移动和移动导致的结果。这种对移动及其结果的担忧在死后世界会更加强烈，因为死后的世界为大多数人所未知。这种对人的移动前途未卜的担忧，或许可以解释六博棋盘和式盘何以与死者一同下葬，何以某些情况下与尸体直接接触。如放马滩M14秦墓里的六博棋盘便放在死者胸部，武威磨咀子M62汉墓的式盘发现于死者的背部下方。[52]

五、加快生死转化的游戏目的

根据巫鸿关于中国早期宇宙表现形式的分类方法，由于墓葬石刻上丰富的人物和事件形象刻画，可以视为"图像化宇宙"的典型。这种方式有别于"图示化宇宙"，后者通过与数字命理相关的抽象符号来勾勒宇宙的结构。[53] 虽然这种分类有效地区分了两种宇宙表现形式的风格差异，但是汉代石刻除了包含图像的元素外，基本结构也是高度图示化的，原因是反复出现程式化的图像。尽管它们运用各种表现手法和令人眼花缭乱的漩涡云对空间进行了填充，从而将各种图案连为一体，但是它们无一例外都是标准的丧葬主题。如车马队伍、狩猎、神兽、乐舞和厨房景象。以及高度程式化的图像主题，如刺杀、孝道故事、从河中升起的三足鼎。[54] 仔细分析这些图像的顺序和组合，就会发现图像语汇被季节循环的语法和再生的原则所支配。[55] 总的来说，墓葬图像序列像是对灵魂不灭信念的证明，暗示了博局重要的时空控制功能。

随着墓葬中实际六博棋盘的逐渐隐退，取而代之的是刻画六博棋戏的图像。这一转变与东汉墓葬画像石的兴起大体合拍。六博图像调和了以上两种本质不同的宇宙成像方式，即图示的和图像的。它们将游戏事件的描绘和图示化的棋盘统一在同一个场景里。绝大多数游戏场景，都有六博博局的场面，甚至是图像的中心。每条行棋线路都被精心地绘制出来，以确保图示的清晰可辨，表明人们对六博棋盘的高度重视。如此一来，将六博图案重新定义为图示宇宙的重要环节，可以揭示更多六博曾在画像石中被忽略的重要性。六博博局图案可视为汉画里宇宙运行观念的媒介，与逝者灵魂的转化相接。

尽管许多画像石的出土语境已难以追溯，但是通过研究现存的六博图案，可以尝试探究这一图案是如何在墓葬艺术里与其他众多图像叙事模块形成整体格局的。无论是在现存的画像石里，还是在拓印中，六博图都能以独特的表现方式在周围复杂的诸多图案中脱颖而出，原因有二。首先，在有序排列的动物或车马出行图里，六博游戏往往成为一个交汇点。坐在棋盘两侧的棋手以夸张的手势相互致意，使得夹在中间的六博棋盘成为视线交汇的中心。其次，六博棋盘的表现方式非常醒目——它被有意地平铺并加以风格化，仿佛悬浮在棋手中间，与掷箸的边桌形成鲜明的对比。这些边桌通常被描绘成侧视图，符合基本的空间透视原理，比如滕州博物馆藏的一块东汉画像石。（图7）有些时候，六博棋盘甚至像悬浮在建筑结构当中。棋盘突出的视觉性凸显了它隐藏的意义。乍一看，弈棋双方的激烈反应似乎暗示比赛正在如火如荼地进行，人们经常从他们表现的高涨情绪展开分析，却忘了说明他们正在做什

图 7　六博图（采自《中国画像石全集》第二卷，山东美术出版社，2000 年，第 216 页，图 229）

么。[56] 如果仔细观察棋盘，就会发现与这种感知相悖的地方：棋盘上总是空的。这与博局纹铜镜和石棺底部的棋盘图类似，将空空如也的棋盘置入甚至投射到画像石图像里，可视为对宇宙结构主导性的确认。

　　对博双方姿势的组合——一位高举一臂，另一臂或水平挥动或垂直下侧，另一棋手则双臂水平伸展，手心向下倾斜——表现了游戏里动能最大的一步，即举手投箸的关键时刻，这决定棋手可以移动棋子的最大步数。（图 7）无论是凡是仙，这种特定的姿势在画像石里得以了展现，并跨越了广阔的时间和空间，早在西汉的四川地区就已经出现了。[57] 从空棋盘来看，六博游戏隐喻游戏的开始，即灵魂转变过程的开始。通过刻画棋盘两侧两个方向相反的动作，它在强调一种过渡性。这个动作进行时，结果尚未确定，就如空棋盘所示。一旦动作完成，玩家便无法改变结果了。换而言之，这是一个关键动作，预示着生命时间和宇宙时间要开始同频。在丧葬语境里，这个棋盘暗示此刻的死亡还不是最终结果，结局还悬而未定呢。

　　六博棋盘的精心设计不仅把棋手的活动置于宇宙的运行当中，而且六博图像在墓葬构图里的精密位置，进一步揭示了它有"通"的含意——一种连接着另一头的特殊时空通道，即帮助亡灵转移到另一个时空里去。在某些情况下，六博游戏图像的背景是重叠的，可以分为两大类。一类出现在建筑背景里，这里的六博游戏会设置在多层的亭台内，有的还特别设有梯子，或者外面有队伍向棋手走近的单层亭台内。第二类是六博戏与建鼓并置。这是一种敲击高大树木制成的巨鼓的舞蹈，人们认为这种巨鼓能够连接天地。[58]（图 8）尽管这类图像经常分开讨论，但值得注意的是，在任何一种构图里，尤其是有人参与的六博游戏，它从未出现在石刻的最上层。无论是在整个构图里，还是在半叙事的行进过程中，六博戏往往出现在中间层。

与将所有图案严格排序的第二类图像相比，第一类的建筑背景表现出更高、更复杂的连接性，这些不同主题的图像组成了各种人物和事件的流动及其行进方向的松散叙事。[59] 在山东微山出土的一件东汉画像石中，亭内二楼进行着六博戏，外边一个人在楼梯中间，朝游戏的方向行进。[60] 而在单层的亭子里，经常会看到一支队伍朝亭子行进，或有马匹或牛车在亭外等候。这些元素都暗示了旅行和穿越的主题。[61]（图9）然而，亭内的六博戏并不是此行的目的地。图案的上方往往会有更高境界的场景和事件，无论是字面意义还是隐喻层面，都象征着上升的运动。

山东出土的另一件东汉画像石，体现了六博游戏绘画与特定建筑结构之间的动态关系。[62]（图10）画面的游戏在双阙之间进行，一匹马孤独地在外等候，在汉代丧葬传统里，这代表已故亡灵进入来世的门户。[63] 两位棋手之间的三个部分——投掷用的垫子、六博棋盘和一张小桌子，违背了空间透视原理，垂直地堆叠着，造成一种以为是通向更高亭台的台阶的错觉。亭内四人正在交谈，这四个人物有细致的细节刻画，而且只露出了上半身，可能代表着先祖。这种上升的势能并不仅限于此，屋顶还耸立着一只硕大的神鸟，标识出祥瑞喧嚣的天的中心，共同昭示着一个超凡世界的存在。这种建筑物无论规模和复杂程度如何，六博游戏总是和上升的运动相关，屋顶始终会有一只瑞鸟栖息，突出了游戏母题固有的势能。特别是在微山画像石的例子里，六博游戏的场景置于楼梯正上方，楼梯上多个人物正在向上移动，可能是为了祭拜坐在亭子里的已故的家族长辈。这表现出一种强烈的过渡性，仿佛中间位置的六博玩家正在协助人们完成向上的运动。（图11）

第二种类型的六博图延伸并强化了其作为进入永生之地"通道"的作用。它独立于建筑体或内在空间的既有叙事，因而使得博戏图案更突出地表达了视觉的上升感和在整体图像结构中特有的转化隐喻。画像石图像通常会根据不同领域的活动，划分成不同的部分和层次，六博往往被划入表现凡间的区域和娱乐的主题。但因为六博与建鼓向来并列甚至进行组合，考虑到建鼓往往是连接凡间和仙界的图像中心，那么六博图像也应该有别于其他的世俗活动。

图8 六博图（采自《中国画像石全集》第二卷，第216页，图229）

图9 两人在亭子里对弈六博，墓主在第二层（采自《中国画像石全集》第二卷，第207页，图218）

图10 两人在双阙对弈六博（采自《中国画像石全集》第二卷，第160页，图168）

图 11 微山县画像石（采自《美术学报》2019 年第 5 期，第 23 页，图 8）

图 12 神树顶端的六博（采自《中国画像石全集》第二卷，第 34 页，图 43）

建鼓不仅位于图像的中心，而且垂直的大鼓往往打破好几个上层的图像结构，由此把下层的丧葬队伍和上层的仙界连接了起来。六博图正好位于建鼓舞的底部，与鼓手处于同一水平线，同样被注入了自下而上的上升势能。前面讨论的滕州画像石（图 8）便是如此。[64] 但在有些情况下，建鼓并不位于中心，而是出现在画像石的底部，六博则位于最边角的位置。与建鼓的对应，依然传达了视觉上的上升感。山东枣庄博物馆馆藏的一块东汉画像石就出现了这样的排列。相反，在江苏徐州铜山县出土的画像石里，六博则在建鼓上方，更加强调升天的主旨。

画像石融合了建鼓和六博两类元素。值得注意的是，山东微山的一块画像石把六博戏绘制在交错分叉的神树顶端，寓意子孙永续、福寿绵长。[65]（图 12）同样，在徐州铜山的另一块画像石中，六博则被绘制在一根支撑中央亭子的分叉柱子上，人物从两侧沿斜坡向六博汇聚。耐人寻味的是，这根柱子旁边也有建鼓。上述案例都有意绘制六博图，弈棋的动态姿势和空置的博局，将娱乐性的凡俗游戏变成了死者快速踏上不朽之路的标记。[66]

结论

本文聚焦六博图内在于图内和图外的运动，把六博游戏和博局图案结合起来进行考虑，以期提供新的视角。通过将棋盘和占卜图上的日期对比，笔者认为棋子在棋盘上的移动不仅反映了一个与日常生活时间不一样的时间维度，而且提示了一种跨越不同尺度的时间之旅。棋盘上精心设计的符号和图形，连同装饰性的图案，都是在模拟宇宙的运转。即便在棋子缺失的情况下，也可以提示图示本身所要表达的运动永恒的内涵。这种运用因棋子的缺席而得以强化。六博图像表现的永恒主题超越了博局本身。图像所处的关键位置和特定时间，使之进一步情境化，成为汉代宇宙元图像中仙界和人间的时空节点。生命就像一场游戏，死后游戏依然会在另一个时空里继续。

谨向哈佛大学汪悦进教授、傅罗文（Rowan Flad）教授与普鸣（Michael Puett）教授致以诚挚谢意，感谢他们在本文写作中的指导！并感谢文韬教授的校阅！

注释

1 [日]清水康二：《六博の变迁と地域性》，《游戏史研究》2005年第17期，第12—19页。

2 虽然很难追溯"TLV"一词的起源，但它早已被西方学者广泛使用。关于该术语的用法，参阅 Schuyler Cammann:《汉代宇宙镜上的"TLV"图案》，《美国东方学会杂志》1948年第4号第68期，159—167页。中国学者也会使用这一术语，有时与"规矩纹"互换，再与六博游戏棋盘联系起来。见李学勤：《"博局占"与规矩纹》，《文物》1997年第1期，第49—51页。

3 经过数十年的学术探索和日益增多的考古发现，六博研究方面出现了大量的参考文献，远超本文的考察范围。关于六博的基础性研究请参阅傅举有：《论秦汉时期的博具、博戏兼及博局纹镜》，《考古学报》1986年第1期；Lillian Tseng（曾蓝莹），"Representation and Appropriation: Rethinking the TLV Mirror in Han China," Early China 29 (2004), pp. 163-215. 此外，现有研究非常广泛，近期多集中在一些具体问题方面，如实际的游戏棋盘、六博占卜习俗、汉代墓葬艺术里对六博的描绘等等。一些新的研究成果值得一提，如桂志恒：《战国秦汉六博资料的整理与研究》，吉林大学硕士论文，2018年；何一昊：《六博行棋规则研究》，《中原文物》第4期，第114—119页。以隐喻和象征为中心的研究有：姜生：《六博图与汉墓之仙境隐喻》，《史学集刊》2015年第2期，第18—25页；唐宇：《凡而圣：汉画六博图的形式与意涵》，《美术学报》2019年第5期，第18—24页。

4 曾蓝莹讨论汉代TLV图案的流行时，创造了"auspicious mentality"一词，指平民百姓对祥瑞的集体心态。见 Lillian Lan-Ying Tseng（曾蓝莹），"Representation and Appropriation: Rethinking the TLV Mirror in

Han China," p. 164。

5 Wu Hung（巫鸿）, *The Art of the Yellow Spring: Rethinking East Asian Tombs* (Harvard University Press, 2010), pp. 149-150.

6 （汉）班固：《奕旨》,（唐）欧阳询撰, 汪绍楹校：《艺文类聚》卷七十四, 上海古籍出版社, 1999 年。

7 崔乐泉：《中国古代六博研究（上）》,《体育文化导刊》2006 年第 4 期, 第 85 页。

8 （宋）洪兴祖撰, 白化文等点校：《楚辞补注》, 中华书局, 1983 年, 卷九, 第 211—212 页。

9 范祥雍等：《战国策笺证》卷八, 上海古籍出版社, 2011 年, 第 539 页；（汉）司马迁：《史记》卷六十九, 中华书局, 1963 年, 第 2257 页。

10 李晓春：《中国古代博戏文化研究》, 北京大学硕士学位论文, 2013 年, 第 8—16 页.

11 林冠男、西汉南越王博物馆编：《西汉南越王博览图录》, 广东人民出版社, 2017 年, 第 89 页。收录六博棋盘和相关考古背景的最新图录, 见 Armin Selbitschka, "A Tricky Game: A Re-Evaluation of *Liubo* 六博 Based on Archaeological and Textual Evidence," *Oriens Extremus* 55 (2016), pp. 148-155。

12 见北京市古墓发掘办公室：《大葆台西汉木椁墓发掘简报》,《文物》1977 年第 6 期, 第 27 页。雕有龙、鸟和猫科动物图案的牙镶棋盘, 是从北京附近大葆台一号墓发掘出来的。该墓的主人刘建从公元前 73 年起一直担任广阳王, 直至公元前 44 年去世。

13 傅举有：《论秦汉时期的博具、博戏兼及博局纹镜》, 第 21 页。

14 傅举有：《论秦汉时期的博具、博戏兼及博局纹镜》, 第 32 页。

15 Armin Selbitschka, "A Tricky Game: A Re-Evaluation of *liubo* 六博 Based on Archaeologicaland Textual Evidence," pp.105-66. 关于游戏和游戏性质的更多讨论, 诸如西方中世纪语境里的教育功能, 可参阅 Sophie Caflisch, *Spielendlernen: Spiel und Spielen in der mittelalterlichen Bildung*, edited by Konstanzer Arbeitskreis fürmittelalterliche Geschichte, 1st edition (Ostfildern: Jan Thorbecke Verlag, 2018)。

16 Steffen Bogen, "The Diagram as Board Game: Semiotic Discoveries in Alfonso the Wise's *Book of Games* (1283) – with Some Observations as to Gudea as Architect (2000 BCE)," in *Thinking with Diagrams*, edited by Sybille Krämer and Christina Ljungberg (Berlin, Boston: De Gruyter, 2016), p. 182.

17 同上。

18 Sybille Krämer, "Trace, Writing, Diagram: Reflections on Spaciality, Intuition, Graphical Practices and Thinking," in *The Power of the Image: Emotion, Expression, Explanation*, eds. András Benedek, Kristóf Nyíri, Visual Learning 4 (Frankfurt a. M.: Lang, 2014), p. 5.

19 Steffen Bogen, "The Diagram as Board Game: Semiotic Discoveries in Alfonso the Wise's *Book of Games* (1283) – with Some Observations as to Gudea as Architect (2000 BCE)," p. 198.

20 Sybille Krämer, "Trace, Writing, Diagram: Reflections on Spaciality, Intuition, Graphical Practices and Thinking," p. 10.

21 （宋）洪兴祖撰, 白化文等点校：《楚辞补注》, 卷九, 第 211—212 页； Sybille Krämer, "Trace, Writing, Diagram: Reflections on Spaciality, Intuition, Graphical Practices and Thinking," p. 5.

22 Sybille Krämer, "Trace, Writing, Diagram," pp.10-11.

23 郝建平：《尹湾汉墓简牍研究综述》,《古籍整理研究学刊》2015 年第 1 期, 第 103—107 页。

24 Lillian Lan-Ying Tseng, "Representation and Appropriation: Rethinking the TLV Mirror in Han China," p.178.

25 同上, 第 181 页。

26 李学勤：《博局占与规矩纹》,《文物》1997 年第 1 期, 第 49—51 页。

27 Sybille Krämer, "Trace, Writing, Diagram," pp.183.

28 同上, 第 185 页。

29 六博游戏深植于早期中国对仙境的想象。最著名的是曹植《仙人篇》里的"仙人揽六著, 对博泰山隅", 明确将六博纳入了仙境。更多讨论见姜生：《六博图与汉墓之仙境隐喻》, 第 18–25 页；Leslie V. Wallace, "Betwixt and Between: Depictions of Immortals (Xian) in Eastern Han Tomb Reliefs," *Ars Orientalis* 41 (2011), pp. 73-101。

30 Lien-sheng Yang, "An Additional Note on The Ancient Game Liu-Po," *Harvard Journal of Asiatic Studies* 15, no. 1/2 (1952), p. 139.

31 （东晋）干宝：《搜神记》卷三有："管辂至平原, 见颜超貌主夭亡。颜父乃求辂延命。辂曰：'子归, 觅清酒一榼, 鹿脯一斤, 卯日, 刈麦地南大桑树下, 有二人围棋次, 但酌酒置脯, 饮尽更斟, 以尽为度。若问汝, 汝但拜之, 勿言。必有人救汝。'颜依言而往, 果见二人围棋。颜置脯斟酒于前。其人贪戏, 但饮酒食脯, 不顾。数巡, 北边坐者忽见颜在, 叱曰：'何故在此？'颜唯拜之。南边坐者语曰：'适来饮他酒脯, 宁无情乎？'北坐者曰：'文书已定。'南坐者曰：'借文书看之。'见超寿止可十九岁。乃取笔挑上, 语曰：'救汝至九十年活。'颜拜而回。

管辂颜曰：'大助子，且喜得增寿。北边坐人是北斗，南边坐人是南斗。南斗注生，北斗注死。凡人受胎，皆从南斗过北斗。所有祈求，皆向北斗。'"

32 韩斐：《烂柯故事的演变及其文学意趣的提升》，《浙江学刊》2019年第1期，第205—212页。

33 Wim van Binsbergen, "Time, Space and History in African Divination and Board-Games," in *Time and Temporality in Intercultural Perspective: Studies Presented to Heinz Kimmerle*, edited by D. Tiemersma (Amsterdam: Rodopi, 1996), p.108.

34 沈毅、冯沂：《临沂的西汉瓮棺、砖棺、石棺墓》，《文物》1988年第10期，第68—75页。

35 Donald Harper, "The Han Cosmic Board (Shih 式)," *Early China* 4 (1978), pp. 1–9.

36 许多深入的类型学研究启发和帮助了我对棋盘设计的进一步探讨。最新的研究可参见黄儒宣：《〈日书〉图像研究》，中西书局，2013年，第153—162页。

37 李零：《跋中山王墓出土的六博棋局——与尹湾〈博局占〉的设计比较》，《中国历史文物》2002年第1期，第8—16页。

38 同上，第16页。

39 同上。

40 熊传新：《谈马王堆三号西汉墓出土的六博》，《文物》1979年第4期，第35—39页。同时可参阅陈建明、聂菲主编：《马王堆汉墓漆器整理与研究（下）》，中华书局，2019年，第39—195页。

41 同上。

42 《礼记·月令》："盲风至，鸿雁来，玄鸟归，群鸟养羞。"

43 关于式盘和六博间潜在关系的争论由来已久。Michael Loewe是最早提出两者形式相似的学者之一，见 Michael Loewe, *Ways to Paradise: The Chinese Quest for Immortality* (London, Boston: Routledge, 1979), pp. 75-85. 关于同一主题的最新讨论，见黄儒宣：《〈日书〉图像研究》。此外，对式盘本身的研究也有许多力作，特别是李零开创性的著作，李零：《"式"与中国古代的宇宙模式》，《中国文化》1991年第1卷，第1—30页。更细致的变式收录于李零：《中国方术考》，中华书局，2006年，第69—140页。有关式盘发现的最新目录，见黄儒宣：《〈日书〉图像研究》。

44 Marc Kalinowski, "The Notion of 'Shi' 式 and Some Related Terms in Qin-Han Calendrical Astrology," *Early China 35* (2013), pp.343–344. 关于式盘和"气"的更多讨论，见 Marc Kalinowski, "The Understanding and Uses of the 'Day Court Diagram' in Qin-Han Hemerology and Calendrical Astrology," *Bamboo and Silk 3*, no. 2 (2020), pp.294–343.

45 黄儒宣：《〈日书〉图像研究》，第99—101页。

46 王煜，康轶琼：《抽象宇宙：汉代式盘类图像的图式观察》，赵俊杰编：《春山可望：历年考古青年论集》，上海古籍出版社，2021年，第133—159页。

47 Harper, "The Han Cosmic Board (Shih 式)," p. 4.

48 有相当多的学者尝试破译易湾占书，参见罗见今：《〈尹湾汉墓简牍〉博局占图构造考释》，《西北大学学报》2000年第2期第30卷，第183页。

49 陈侃理：《六博》，《北京大学藏西汉竹书》第五卷，上海古籍出版社，2014年，第225页。

50 关于更多术书和古代天文历法的内容，见 Christopher Cullen, "Understanding the Planets in Ancient China: Prediction and Divination in the 'Wu Xing Zhan,'" *Early Science and Medicine* 16, no. 3 (2011), pp. 218–251.

51 罗见今：《〈尹湾汉墓简牍〉博局占图构造考释》，第183页；陈侃理：《六博》，第225页。

52 甘肃省文物考古研究所编：《天水放马滩秦简》，中华书局，2009年；甘肃省文物考古研究所、日本秋田县埋藏文化财中心、甘肃省博物馆：《2003年甘肃武威磨咀子墓地发掘简报》，《考古与文物》2012年第5期，第28—38页。

53 Wu Hung（巫鸿）, "Picturing or Diagramming the Universe," in *Graphics and Text in the Production of Technical Knowledge in China: The Warp and the Weft*, edited by Francesca Bray, Vera Dorofeeva-Lichtmann, and Georges Métailie, Sinica Leidensia v. 79, (Boston: Brill, 2007), pp. 191-192.

54 Eugene Y Wang（汪悦进）, "Afterlife Entertainment? The Cauldron and Bare-torso Figures at the First Emperor's Tomb," in *Beyongd the First Emperor's Mausoleum: New Perspectives on Qin Art*, ed. Yang Liu (Minneapolis Institute of Arts, 2014), pp. 58-62.

55 Eugene Y Wang（汪悦进）, "Time in Early Chinese Art," in *A Companion to Chinese Art (Wiley Blackwell Companions to Art History)*, ed. Martin J. Powers, Katherine R. Tsiang (Hoboken, NJ, USA: John Wiley & Sons, Inc, 2015), pp. 213-221.

56 李雅梅、董磊：《洛阳汉墓壁画六博图的装饰语言研究》，《美与时代（下）》2019年第10期，第41—45页。

57 王煜：《四川汉墓画像中"钩绳"博局与仙人六博》，《四川文物》2011年第2期，第61—67页。

58 许一伶：《汉代建鼓舞研究》，《东南文化》2004年第3期，第73—77页。

59 六博图的位置对于理解它要促成什么，至关重要。例如四川出土的一件墓葬浮雕里，六博游戏图案被镶嵌在墓室正上方，当属于第一类。然而许多画像石的出处已不可知，彻底调查和重建游戏图案在整个墓葬里的位置比较困难。见中国画像石全集编委会：《中国画像石全集》第五卷，山东美术出版社，2000年，第140—141页。

60 中国画像石全集编委会：《中国画像石全集》第二卷，第48页。

61 中国画像石全集编委会：《中国画像石全集》第二卷，第207页。

62 中国画像石全集编委会：《中国画像石全集》第二卷，第160页。

63 Li-kuei Chien, "Gateways to Power and Paradise: Twin Towers in Early Chinese Architecture," *Archives of Asian Art 68*, no. 1 (2018), pp. 67-86.

64 中国画像石全集编委会：《中国画像石全集》第二卷，第197页。

65 中国画像石全集编委会：《中国画像石全集》第二卷，第34页。

66 关于西王母的更多讨论，参阅 Jean M. James, "An Iconographic Study of Xiwangmu during the Han Dynasty," *Artibus Asiae 55*, no. 1/2 (1995), pp. 17-41.

03

马王堆漆奁系列图

1

漆绘双层九子奁 6069

一号墓 北443
高19.2厘米,直径33.2厘米

绢地"信期绣"夹袱 6310
一号墓 北443
长104厘米,宽93厘米
绢、绦、绢地刺绣

|生命时空 —— 马王堆汉墓新论

母奁轴测图

一 时空

母奁各层图

母奁侧面线描图

母奁盖面中心纹饰线描图

母奁上层内底中心纹饰线描图

| 生命时空 —— 马王堆汉墓新论

母奁下层格局图

一 时空

子奁所盛物品

❶ 油状物质和丝绵粉扑
❷ 梳、篦两对
❸ 粉状物质和丝绵粉扑
❹ 方块形白色化妆品
❺ 白色粉状化妆品
❻ 丝绵一块、假发一束
❼ 针衣两件、茀两件
❽ 油状化妆品
❾ 胭脂

母奁轴测图

2
锥画双层六子漆奁 6168

三号墓　北159
高17.2厘米，口径28.5厘米

一 时空

母奁各层图

| 生命时空 —— 马王堆汉墓新论

母奁下层格局图

一 时空

子奁所盛物品

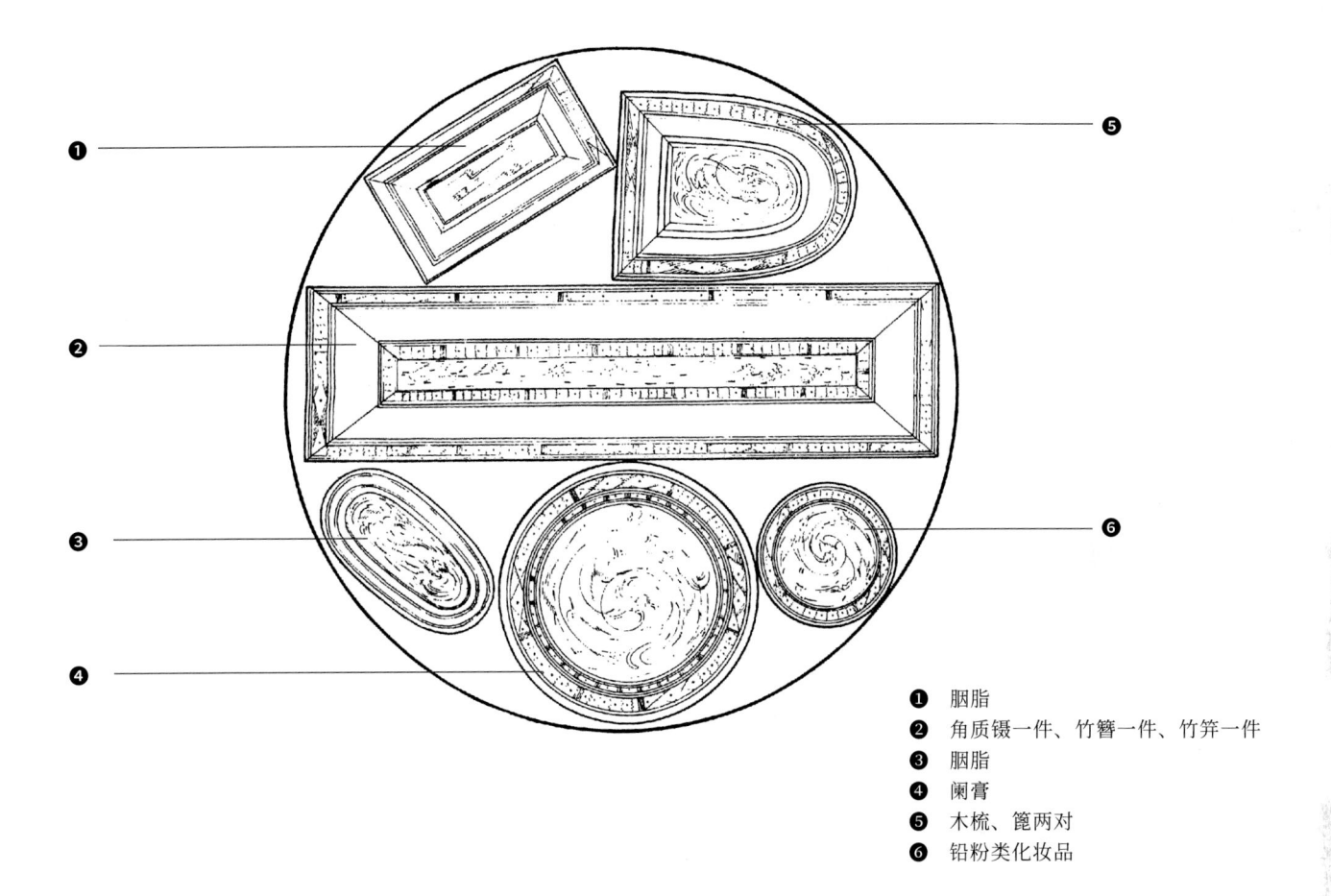

1. 胭脂
2. 角质镊一件、竹簪一件、竹笄一件
3. 胭脂
4. 阑膏
5. 木梳、篦两对
6. 铅粉类化妆品

六子奁侧视线描图

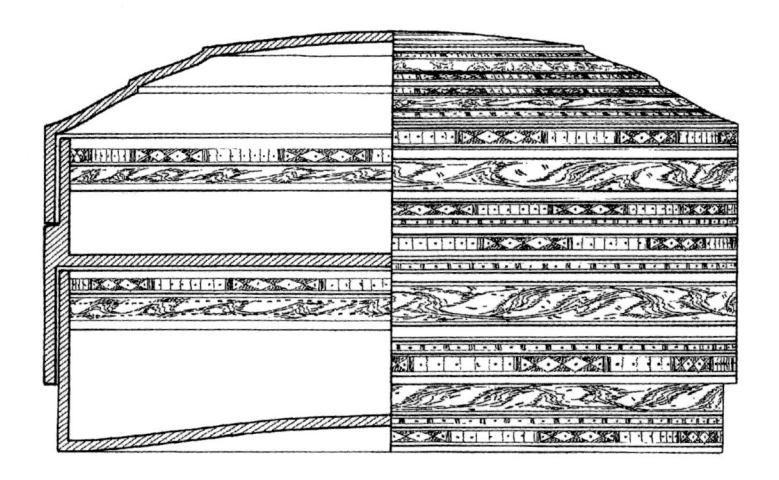

63

线描图

一 时空

65

3

漆绘单层五子奁 5004

一号墓 北441
高15厘米，口径34厘米

一 时空

绢地"长寿绣"夹袱 6309
一号墓 北441-1
长85.5厘米,宽75厘米
绢、绢地刺绣

67

|生命时空 —— 马王堆汉墓新论

母奁各层图

一　时空

盖顶纹饰线描图

盖顶内纹饰线描图

| 生命时空 —— 马王堆汉墓新论

五子奁侧视图及其线描图

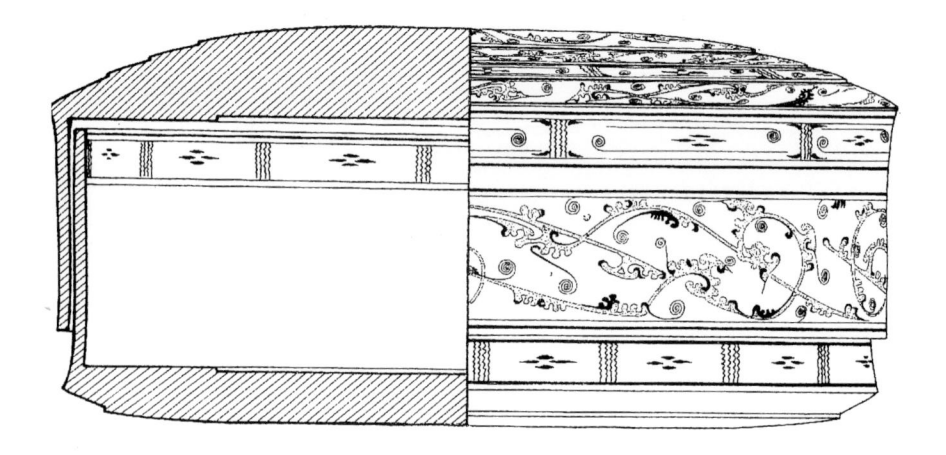

一　时空

奁内部所盛物品

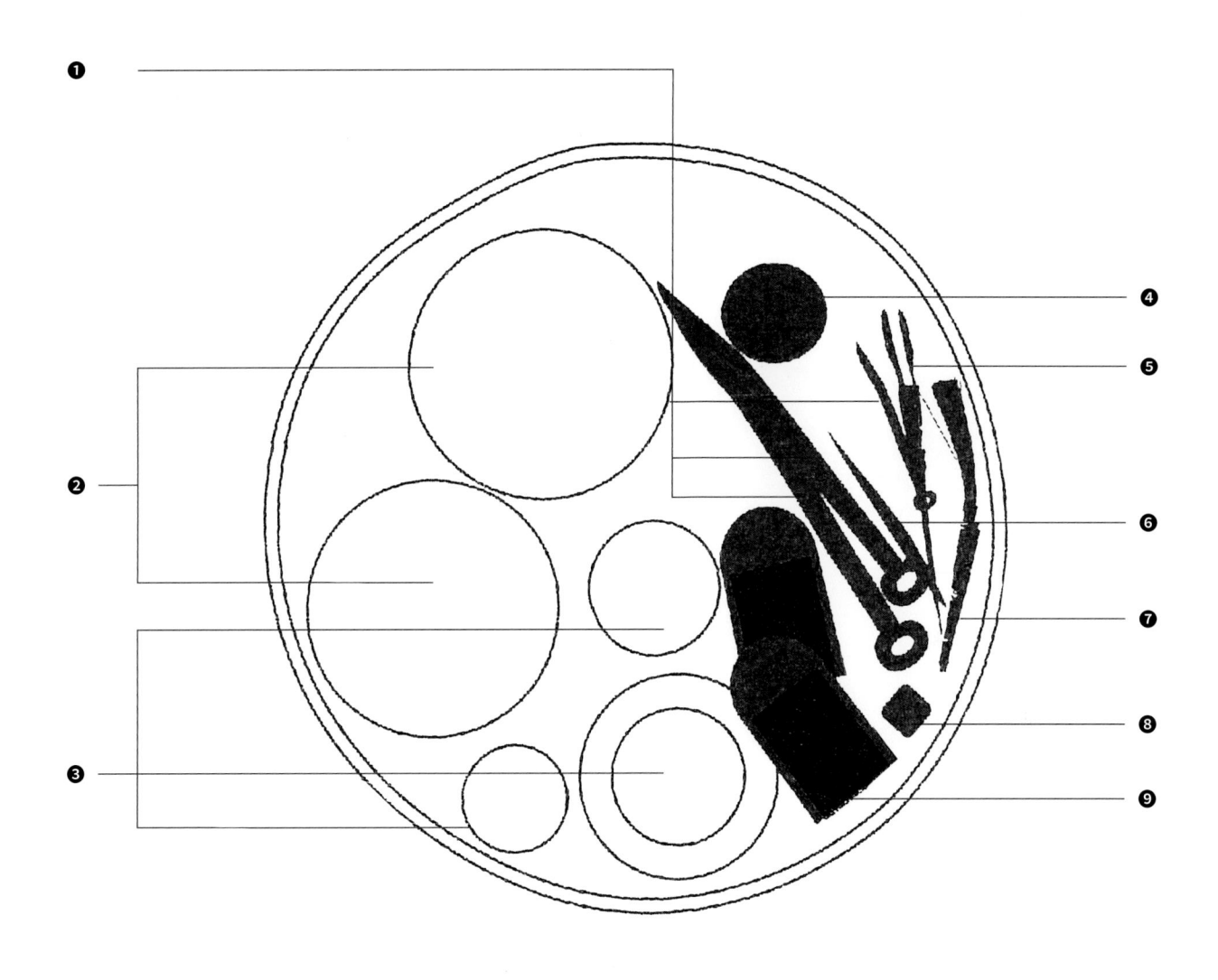

❶ 角质环首刀三把
❷ 花椒、香草等
❸ 化妆品
❹ 镜擦
❺ 镊
❻ 笄
❼ 茀
❽ 印章
❾ 木梳、篦

4

油彩双层圆漆奁 6067

三号墓 北155
高16.9厘米，口径24.1厘米

一 时空

奁的侧视图及其线描图

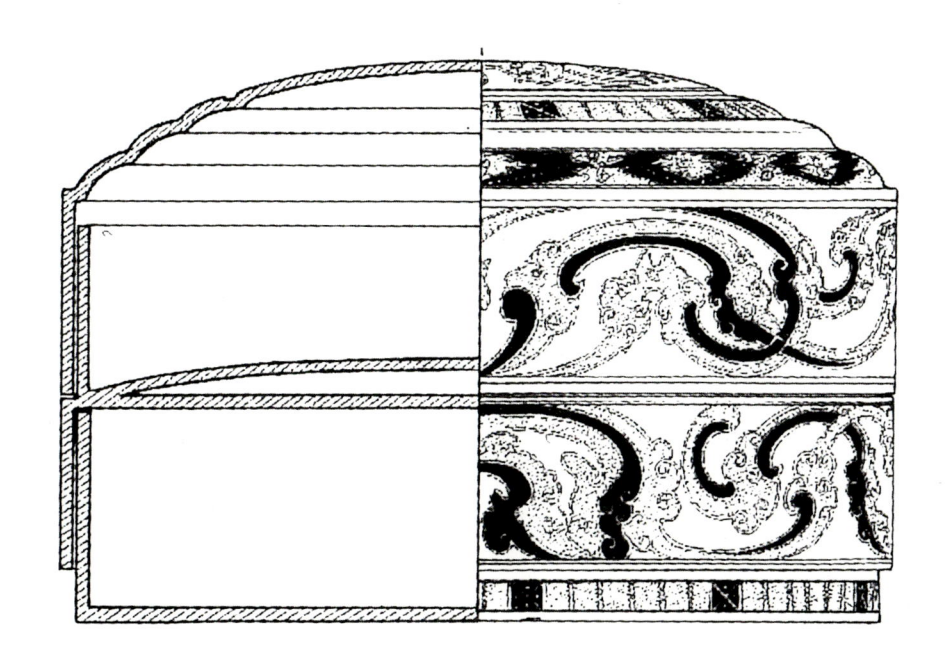

| 生命时空 —— 马王堆汉墓新论

奁的顶视图及其线描图

一 时空

5
油彩双层长方形漆奁 6166

三号墓 北162
高21厘米，长48.5厘米，宽25.5厘米

一 时空

奁的顶视图及其线描图

奁的侧视图及其线描图

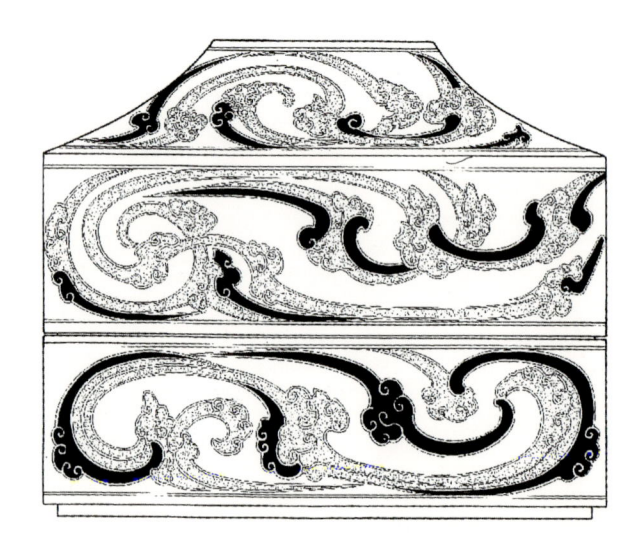

一 时空

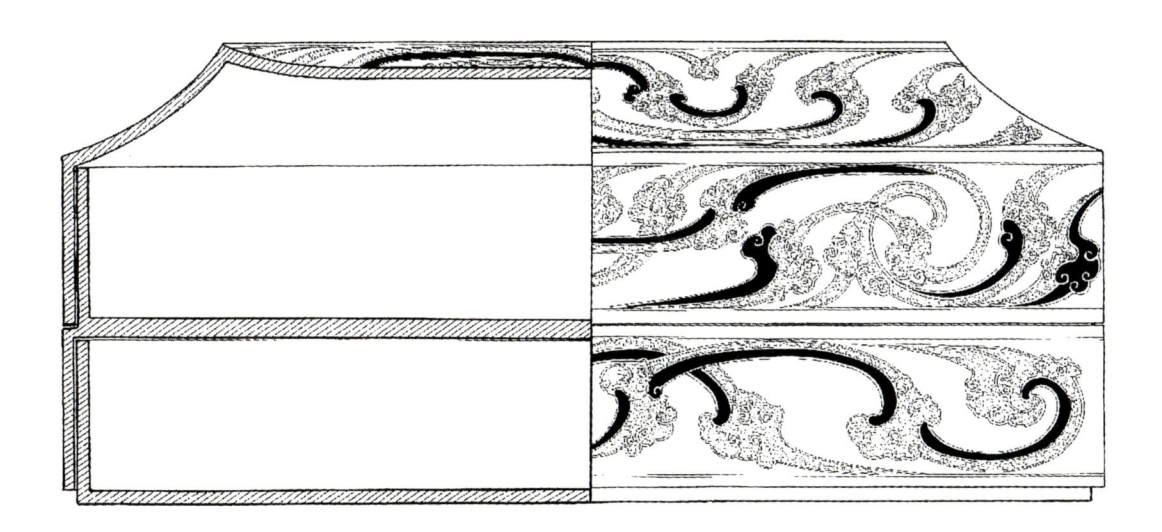

天地息食：
马王堆汉墓漆奁的生命时空

林冰洁

自 1973 年 11 月发掘以来，长沙马王堆汉墓出土了大量的漆器，其中就有被称作"奁"的器皿。马王堆汉墓出土的奁可以分为两大类：一为妆奁，用以收纳梳妆用具；二为食奁，用以盛装稻食、食盐等。[1]（图 1—9）妆奁共出土 6 件，食奁共出土 4 件。[2] 既有研究对马王堆奁的关注主要集中于以下几个方面：奁内所盛化妆和梳妆用具的功能辨析、[3] 奁从单层到双层和多子的形制演变、[4] 漆奁及漆器制胎的技术发展、[5] 奁上锥画狩猎纹图像解读、[6] 以及马王堆奁中所盛香料与汉代的用香习俗。[7] 若仅仅关注奁作为器皿收纳食品或妆具的实用性功能，难免会使人忽视奁出现在墓葬空间中的特殊符号与文化意义。奁的形制有何特殊之处？为何将其置入墓葬当中？它在死后世界扮演何种角色？本文以马王堆汉墓一号墓和三号墓出土的漆奁为例，并参照一同出土的简帛与相关文本，对奁的宇宙意味与生命意涵展开讨论。

一、引气之器：遣策中的"检"字辨析

马王堆遣策中有多则关于奁的记录。根据既有研究的整理，下列能够与出土文物相对应："九子曾检一合"或指一号墓的彩绘双层九子漆奁，"五子检一合"或指一号墓的彩绘单层五子漆奁，"布曾检一锥画广尺二寸"或指三号墓的锥画纹双层六子漆奁，"□□□□锥画广尺三寸"或指三号墓的锥画狩猎纹漆奁，"稻食六器其二检四盛"和"漆洎食检一合盛稻食"或指一号墓中装有稻食的漆奁，"漆画检径尺高盐成五寸二合"或指三号墓的两件云纹漆食奁。[8]

在马王堆遣策中，"检"字用来指代奁这种器具。[9]（图 10）其中，"木"字旁指向器

图 1　马王堆一号墓出土的彩绘双层九子漆奁
（图片来源：湖南博物院）

图 2　马王堆一号墓出土的彩绘单层五子漆奁
（图片来源：湖南博物院）

图3 马王堆三号墓出土的锥画纹双层六子漆奁
（图片来源：湖南博物院）

图4 马王堆三号墓出土的锥画狩猎纹漆奁
（图片来源：湖南博物院）

图5 马王堆三号墓出土的油彩双层漆方奁
（图片来源：湖南博物院）

图6 马王堆三号墓出土的油彩双层漆圆奁
（图片来源：湖南博物院）

图7 马王堆一号墓出土的彩绘云纹漆食奁
（图片来源：湖南博物院）

图8 马王堆三号墓出土的"君幸食"云纹漆食奁
（图片来源：湖南博物院）

图9 马王堆三号墓出土的"君幸食"漆食奁
（图片来源：湖南博物院）

图 10 简文"布曾检一锥画广尺二寸"中的"检"字（图片来源：湖南博物院）

图 11 春秋越王勾践剑铭文中的"剑"字（作者自制图，原图采自苏州博物馆编：《大邦之梦：吴越楚青铜器》，上海古籍出版社，2017 年，第 11 页）

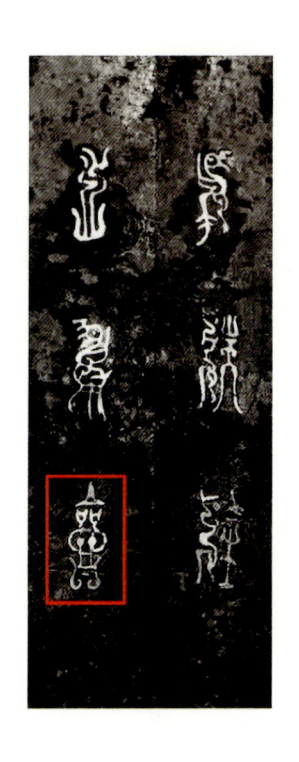

图 12 战国蔡侯产剑铭文中的"佥/剑"字（作者自制图，采自马道阔：《安徽淮南市蔡家岗赵家孤堆战国墓》，《考古》1963 年第 4 期，图版四）

物材质，其主体多为夹纻胎或木胎，表面附以红漆或褐漆，亦可贴金箔、绘油彩、针刻图样。[10] 而对"检"字右边的"佥"则需要多加琢磨。自古以来，对奁这一器具有不同的文字表述，如"奁""匳""籢""籨"等。这些表述都包含"佥"字，可见"佥"字在"奁"这一器皿中的重要地位。那么，"佥"是什么意思呢？

溯源"佥"字的来历，可以发现其始见于青铜器铭文。在西周师同鼎的铭文中，"佥"字与部首"金"一同组成"剑"字；春秋越王勾践剑上的"越王鸠浅（勾践）自乍（作）用剑"铭文，亦以"佥"字形作为"剑"字的右半边（图 11）；更特别的是，在战国蔡侯产剑的铭文中，有"蔡侯产作畏佥"的文字，在这里，"佥"独立出现，代替"剑"字，直指剑本身（图 12）。上述例子似乎说明"佥"字的古义与早期的"炼剑"文化有着某种特殊的联系。

在先秦有关炼剑的传说中，最著名的莫过于《吴越春秋》里干将莫邪的故事。最初，干将铸剑不得——"金铁之精不销，沦流于是""作剑不变化"。经妻子莫邪点拨，干将发

图 13　春秋越王勾践剑铭文中表示人之本体的"自"字
（作者自制图）

现剑里缺少"人"的元素。为"得其人"，莫邪断发剪爪，投入炉中，终于"金铁乃濡，遂以成剑"。[11] 正如前人的研究，这个故事反映了剑和人在"神物之化，须人而成"以及"烁身以成物"方面的紧密联系。汉晋时期发展出来的道教剑解修仙术也是基于这样的观念：延续剑与人之间的紧密关系，修道者要达到彼此不分的"人剑合一"境界，才能"托形剑化"，最终以剑替代肉身，飞至太一所主的天界。[12]

事实上，剑与人之间的紧密联系，或所谓"神物之化，须人而成""烁身以成物"的说法，来源于广泛存在于先秦青铜冶铸领域的、以献祭人为主要形式的古老宗教文化习俗。[13] 在这样的习俗背后，蕴含着这样一种深层理路：通过一系列关联人体和器物的"制器"方法，可以将人之气注入物体之中，从而使得物体仿佛拥有了生命力。在干将莫邪铸剑的故事里，用内含人之魂气的头发和指甲代替完整的人，扔进铸剑的火炉才能炼成神剑，便体现了这个道理。正如东汉文学家王逸对《楚辞·大招》篇"魂魄归来"一句的注解："魂者，阳之精也。魄者，阴之形也。言人体含阴阳之气，失之则死，得之则生。"[14] 由于在炼剑的过程中有注入魂气这一关键步骤，剑好似得到了生命，才可与人互为表里。

在越王勾践剑的铭文里，特别强调了越王"自作用剑"。这种对铸造者和用剑之人关系的强调，正是基于对炼剑过程与人体之气密不可分的理解。值得注意的还有与人体有关的"自"字。（图 13）"自"取形于指代鼻子的"畀"字。仔细观察不难发现，这个字的字形本身极具象形的特点：对称的平面图形象地勾勒出鼻子的轮廓，突出了鼻腔和两只鼻孔。下方的一撇一捺生动地描绘了气体通过两个鼻孔进入鼻腔的动态，即《说文解字》里的"引气自畀"[15]，颇具生气。

事实上，通观越王勾践剑和蔡侯产剑的铭文，不难发现多次出现的象形鼻子的字形部分是"金"字和"剑"字的关键元素。（图14）鼻子在"金"字中的出现可以提示我们思考的方向。从字义上说，"亼"字通常被释为表示"全部""一起"之意的"皆"。[16] 我们或可推测，"亼"字所表之"皆"，实则借用了鼻子功能的象征意味，尤其是鼻子吸气的动作。如此一来，"亼"字的"皆"意实则是吸气动作的直接结果，即聚合全部气体。在这样的语境下，就不难理解何以"匳"字的本义是"盛香器"了——在表示"皆"的"亼"字外加表示容器的半包围结构，"匳"字就应运而生。因"匳"为盛装全部气的容器，所以可用来指代生活中的"盛香器"。"匳"字形与意的精妙便在于此。

进一步来说，考虑到"引气""聚气"意义在"亼"字里的重要性，结合同样以"金"为核心的铸剑制器文化，"金"的意义似更具深意。和干将莫邪铸剑的传说一样，炼剑过程中对人体魂气的关注，在马王堆漆"奁"里也有迹可循。首先，作为梳妆物品的收纳盒，马王堆出土的妆奁格外关注须发。比如一号墓出土的漆绘单层五子奁里有一副用以梳理头发的梳篦和一套用以固定编发的角质笄镊。[17]（图15）同时，漆绘双层九子奁中不仅收纳了用以束衣束发的组带、修饰鬓发的棕刷、梳理头发的梳篦，还有假发一束。（图16）但据考古报告说，这"假发"其实是用真人头发编结而成的，[18] 这也就呼应了莫邪断发铸剑等故事里"发有魂气"的重要观念，使我们在理解奁这种器皿时，也可以类比炼剑这一别有深意的仪式性过程：在奁中放置带有人之魂气的头发以及梳发、束发的全套工具，类似于将内摄人之魂气的头发和指甲扔进铸剑的火炉，此举使得奁也被注入了赋予人之生命的魂气，从而成为承载着生命意涵的纳气之器。

二、息与食：妆奁与食奁的生命二元结构

"人生而所不学者二，一曰息，二曰食"[19] 是出自马王堆三号墓出土简帛《天下至道谈》

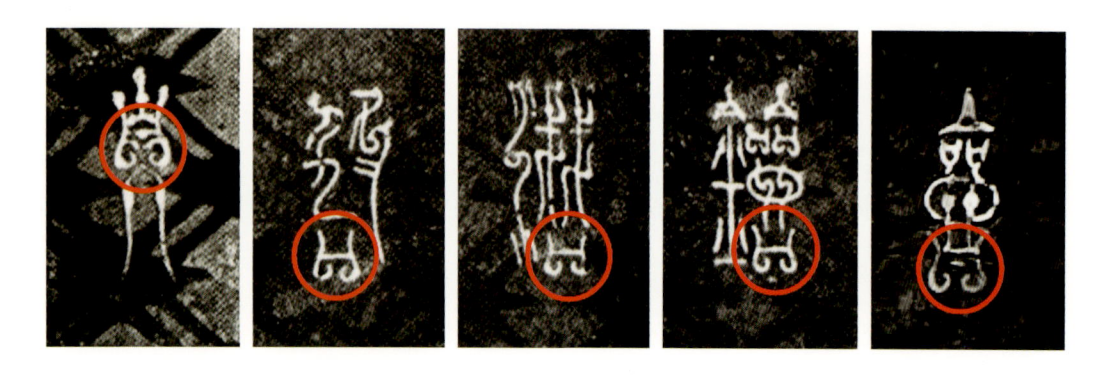

图 14 越王勾践剑和蔡侯产剑上含有象形鼻子元素的铭文（作者自制图）

图 15 马王堆一号墓漆绘单层五子奁内用以梳理头发的一副梳篦（左）和用以固定编发的一套角质笄镊（右）
（图片来源：湖南博物院）

图 16 马王堆一号墓漆绘双层九子奁内的假发（左）、修饰鬓发的棕茀（右上）和梳理头发的梳篦（右下）
（图片来源：湖南博物院）

中的一句话，这句话精简地概括了汉代文化对人生命两大支柱的基本认知：息与食。气息与食物是人体与自然交流的两大基本方式，气（息）代表着无形的生命力，食物（食）则代表有形的生命支撑。它们不仅仅是人生存的基础，而且已深入到古人所思考的生命哲学与宇宙观念之中。正如《黄帝内经》所说："天食人以五气，地食人以五味。五气入鼻，藏于心肺，上使五色修明，音声能彰。五味入口，藏于肠胃，味有所藏，以养五气。气和而生，津液相成，神乃自生。"[20] 息与食和鼻与口、气与味、天与地等二元系统形成了严整的对应关系。这样的二元关系又可以衍生出一连串互相印证的对应关系，如《老子道德经河上公章句》所论："……天食人以五气……其鬼曰魂，魂者雄也，主出入于人鼻，与天通，故鼻为玄也。地食人以五味……其鬼曰魄，魄者雌也，主出入于人口，与地通，故口为牝也。"[21]

类似的关系论说在马王堆出土的相关文本中亦有体现。马王堆帛书《养生方》里有用口和鼻进行养生呼吸的训练方法："气响口仰之，比□，稍以鼻出气。"更具启发性的是，马王堆出土的经典养生文献《却谷食气》中亦有对于食气与食谷这种二元方法的论述："食谷者食质而□，食气者为响吹。"食气与象征天的圆对应，食谷与象征地的方对应，说明呼吸与进食和天地相联——"却谷者食石韦……食谷者食方，食气者食圆，圆者天也，方者地也"[22]。总体来看，以上文献对多组二元对称关系的论述，引出了中国古代对于生命想象的一个宏大而又精密的模式：将与生命本源密切相关的二元概念，如魂魄、食息、口鼻等，纳入整体的宇宙认知系统中，与天地、阴阳等同构，完成了生命系统与时空系统的联动，从而共同构建起一个严密有序、庞大规整的生命时空。正是在这样的系统里，奁发挥了最大的生命象征意义。一方面，以"引气"为要义的妆奁承载起一连串与魂气入天相关的仪式要素；另一方面，以"纳味"为要义的食奁容纳了一系列与魄形归地相关的仪式要素。二者相结合，便构成了上天入地的仪式体系。下面将分别讨论二者与马王堆漆奁的文化语境。

（一）妆奁与气息

战国以降，随着妆奁制作工艺的不断发展，妆奁内部结构逐渐变得复杂，内盛物也愈加丰富。然而，当我们聚焦妆奁的早期案例，由繁入简追溯源头的时候，会发现其主要收纳品有两个突出特点：其一，注重梳妆用具；其二，多盛花椒。例如出土于包山二号楚墓

图17 马王堆一号墓出土的五子奁内盛放花椒与香草的两个大子奁（作者自制图，原图由湖南博物院提供）

的车马人物出行奁，是目前发现的年代最早的妆奁，里面盛放的正是花椒和梳妆用具。[23] 在马王堆汉墓妆奁里，花椒与梳妆用具亦扮演了重要角色。关于梳妆用具，本文在第一小节中已对须发与其所象征的"魂气"进行了论述；结合炼剑的早期"制器"文化，可以推测，妆奁收纳头发及梳妆用具可能意味着保存生命的魂气。无独有偶，在天与地、魂与魄的宇宙生命体系中，花椒的意义更是与滋养鼻息有关，在魂气归天的这种想象中扮演了重要角色。（图17）

如《荀子》所述，"椒兰芬苾，所以养鼻也"，花椒是养鼻的重要物品。在《楚辞》里，花椒更是反复出现，所谓"奠桂酒兮椒浆"，便是强调花椒与东皇太一沟通的祭酒的重要作用。而所谓"巫咸将夕降兮，怀椒糈而要之。百神翳其备降兮，九嶷缤其并迎"[24]，则是将"椒"与"糈"列为楚巫祭祀礼中的两大核心之物：前者可以联系养鼻的椒兰之气，后者则指向下文要讨论的稻食之味。

从深层意义上讲，之所以选择与滋养鼻息相关的花椒作为收纳品，或许与古人认为的鼻息在众感官中的核心地位有关。可以想见，梳妆这一日常行为所关注的人体部位——面部及须发——正是感官的集中之所。一方面，这些感官是感知环境的重要窗口；另一方面，它们亦是表达人体与环境连接的桥梁。如《黄帝内经》所述，一方面，"首面"与身形筋骨一脉相承，"同血合于气耳"；另一方面，脉络之相和气之津液最终会上于面而走于"窍"，即所谓"首面与身形也，属骨连筋，同血合于气耳。……十二经脉，三百六十五络，其血气皆上于面而走空窍。其精阳气上走于目而为睛。其别气走于耳而为听。其宗气上出于鼻而为

图18　马王堆出土香料样本（图片来源：湖南博物院）

臭。其浊气出于胃，走唇舌而为味。其气之津液，皆上熏于面"。鉴于窍在气血中的重要性，"通窍"便成为熏香的重要职能，"气塞宜通，在心与肺，则有宜于熏香、安息香"。诸多草本类植物也有这样的作用，如盖麋可"走窜，能通诸窍之不利，开经络之壅遏"，苏合香亦是"气香窜，能通诸窍脏腑"，石菖蒲"辛苦而温，芳香而散。补肝益心，开心孔，利九窍，明耳目，发音声"。[25]类似例子很多（图18），不再一一列举。除了作为脉络与津液的出口，窍亦可以沟通生命之气和自然万象，其中鼻因纳气的功能而地位首屈一指："鼻为之候何？鼻出入气，高而有窍，山亦有金石累积，亦有孔穴，出云布雨以润天下，雨则云消，鼻能出纳气也。"[26]

返观马王堆漆奁装的花椒和香草，就不难察觉，这些"椒兰芬苾"的草本类香料都与以鼻息为窗口的"魂气归天"理念相关。从奁的纳气意义出发，妆奁所盛的草本香氛类物品，或许正是理解其生命意涵的关键。

（二）食奁与谷味

再说食奁。如考古报告所述，马王堆汉墓出土的食奁主要盛稻食、谷物一类的东西。如《荀子》所言，"刍豢稻粱，五味调香，所以养口也"；又如《楚辞》所述，"巫咸将夕降兮，怀椒糈而要之"，稻食、谷物一类的食物，尤其是烹饪时产生的香味，正是使其成为与滋养鼻息相对的滋养口味的原因。如马王堆帛书《却谷食气》所说，"食谷者食方"，谷物与养生之间的关系与以方为喻的地气息息相关。这也印证了"天食人以五气"的另一组对应关系:"地食人以五味……其鬼曰魄,魄者雌也,主出入于人口,与地通,故口为牝也。"

进一步说,要理解五谷之味通达地下的原因,以《礼记》为代表的早期祭祀文本里提到的"鬯"是个关键。一方面,以鬯为核心香味的祭酒在祭祀仪中扮演了与神明沟通的重要角色;另一方面,以谷物为主的食物经过烹饪产生的"鬯臭"之味也成为"达于(地下)渊泉"用以"报魄"的重要媒介。如《礼记·祭义第二十四》所说:"燔燎膻、芗,见以萧光,以报气也……荐黍稷,羞肝、肺、首、心,见间以侠甒,加以郁鬯,以报魄也。"[27]在祭祀活动中,通过燃烧香料(燔燎膻芗)来报答(通达)祖先的气(魂),而通过供奉谷物(荐黍稷)和食物(羞肝肺首心),并使用香气浓郁的鬯(一种香料)来报答祖先的魄。这里的"报气"和"报魄"体现了祭祀活动旨在滋养祖先的魂魄,使之得以在阴界安息。又如《礼记·郊特牲第十一》记述:"周人尚臭,灌用鬯臭。郁合鬯,臭阴达于渊泉。……凡祭慎诸此。魂气归于天,形魄归于地,故祭,求诸阴阳之义也。殷人先求诸阳,周人先求诸阴。"[28]周人在祭祀中尤其重视香气(尚臭),利用鬯的香气达到阴界(阴达于渊泉)。这段文献也强调了祭祀的双向性——既是为了让魂气升天,也是为了让形魄归土。

盛装食物的容器在仪式中与形魄归土的联系,也表现在装饰纹样上。比如与绘制穿梭在云气中的龙不同,在盛放食物的漆器上,生动地描绘了许多与地气相关的动物,如"君幸食"食盘上的小老鼠、狸猫、乌龟、蟾蜍。[29]

综上所述,以息与食为线索的一系列对应关系,展示了古人对天地、阴阳、魂魄的整体认知。将生命嵌入宇宙秩序当中,体现了天人合一的哲学思想,马王堆的漆奁正是这种思想的体现。妆奁与食奁,前者代表气,后者代表食,具体到仪式中,奁就不仅仅是收纳日常用品的容器了,它还是仪式中具有象征性的关键物件。在墓葬的空间里放置妆奁,配合香料香气的扩散,旨在引导墓主人的魂气升向天界,实现生命的升华;而妆奁中的花椒、香草等物品,与人的呼吸系统——鼻息相关,代表着引导生命之气、促进魂气升天。在墓葬的空间里放置食奁,则与人的消化系统——口腔相连,象征着养育形体;而食奁装载的食物,则在仪式中承担了滋养墓主人魄气、助其归于大地的功能。(图19)

图 19 "天—地"二元系统概念图示（左）；"生命—宇宙"二元系统概念图示（右）（作者自制图）

三、入冬与上天：马王堆时空语境里的奁

马王堆汉墓的庞大物质体系构成了一个完整严密的生命时空。[30] 东南西北四个边厢的文物设置顺应了春夏秋冬的四时轮转；从外至内四重套棺上的纹饰则表达了生命之气从离散混沌到结晶羽化的升华过程；T 形帛画从下至上的图像叙事则表现了生命游于宇宙所完成的由地入天的仪式想象。三者互为表里、互相呼应。在此背景下，奁的意义得以进一步深化，不仅暗示着在天与地、阴与阳的二元体系中它可以起到调动鼻与口、息与食的生命之气的作用，还在早期中国的宇宙观中扮演了重要角色。

（一）象天与抑水：奁的象征意义

在古代中国经典的"天圆地方"比喻中亦有奁的参与，[31] 其出现的语境是在象征神游宇宙、时空轮转的棋局游戏中，"围奁象天，方局法地……君子以之游神，先达以之安思，尽有戏之要道，穷情理之奥秘"[32]。如梁武帝所言，圆形的奁（作为收纳棋子的容器）与方形的局（作为棋子行走的场域）构成天地的二元，二者均被纳入宇宙象征的模型中。奁与局一圆一方，如同一个微缩的宇宙，使君子可以通过下棋游历神界、智者通过下棋找到静思之所。圆奁与方局在天地的象征意味上互为参照；在日常生活与游戏之中，也经常同时出现。如王褒《弹棋诗》曰："投壶生电影，六博值仙人。何如镜奁上，自有拂轻巾。隔涧疑将别，陇头如望秦。握笔徒思赋，辞短竟无陈。"[33] 使用奁进行弹棋游戏，和投壶、六博一起，成为文人雅

图20 马王堆一号墓北边厢文物出土情况（采自湖南省博物馆、中国科学院考古研究所编：《长沙马王堆一号汉墓》下集，1973年，第8页）

士以行棋思考命运、以游戏感慨人生的雅趣之一。这也就难怪在马王堆三号墓中，原本属于六博器具的木骰被置于妆奁之内。[34] 这种奇妙的错置正印证了妆奁与六博之间互联互动的游戏功能和象征意味。

除了象天的圆形之外，奁这一器具所发展出来的宇宙意味还涉及对其有效隔绝性与密封性的关注。虞昺在阐释宇宙形态时言："天形穹隆如鸡子幕，其际周接四海之表，浮于元气之上，譬如覆奁以抑水而不没者，气充其中故也。"[35] 虞昺所阐述的是一种对世界构成的朴素认知：天空的周围连接着大海，漂浮在元气之上。这个状态好似在水上覆盖一个能够隔绝水却不沉没的奁，奁中充满了气——再次呼应了奁在盛纳生命之气方面的特殊意涵。

其实，这种海天相接、天浮海上的世界基本结构已经根植于中国早期文明的文思之中了。比如《汉书·礼乐志》在描绘开启天门的壮丽祭祀场面时，落脚便在"专精厉意逝九阂，纷纭六幕浮大海"[36] 一句上。正是从对生命无常的哀思中，巧妙地转向一幅壮阔而空灵的海天景象。这种对入天仪式诗意深邃的想象，不仅丰富了我们对古代宇宙观的理解，也为解读马王堆升仙仪式中奁的象征意义提供了重要依据。下面就从马王堆一号墓妆奁的出土位置——北边厢出发，讨论其在马王堆时空语境和仪式程序中的作用。

（二）入冬与上天：北边厢的时空语境

马王堆一号墓出土的彩绘双层九子漆奁和彩绘单层五子漆奁均来自北边厢。此厢文物丰富，可分为西、中、东三部分。[37] 西部张设绘有玉璧与飞龙的屏风，并在屏风左右放置了

图21 马王堆一号墓北边厢四壁张挂着丝织幔帐（上）及局部（下左），底部铺设的竹席（下中）和西壁上悬挂的可能为幔帐装饰物的锡形铃（下右）（采自湖南省博物馆、中国科学考古研究所编：《长沙马王堆一号汉墓》下集，第10页、第200页、第220页）

漆几与木杖，屏风前放置绣花夹袱包裹的五子套和九子奁、绣花几巾、绣花香囊、绣花枕巾等；中部陈设漆钫、漆案、漆盘、漆耳杯、漆勺、陶壶等酒器和盛食器，其中盘上放竹串一件，耳杯上放竹箸一双，旁边置有丝履一双；东部有着衣女彩绘乐俑和小木瑟明器，并放置了小竹扇、陶熏炉和竹熏罩等侍者所持之物。（图20）

北边厢里陈设的器具是经过精心挑选的，[38] 其设计与其他三边厢紧密相连，共同构成了四季轮转的四方四时，成为由地入天、生命升华程序中的重要一环。

1. 入冬

由考古报告可知，马王堆一号墓北边厢有特别的内饰设计：四壁张挂着丝织幔帐、底部铺以竹席、置卷草席。（图21）理解北边厢的文物不能脱离对这几件重要饰品的分析，它们是文物的出土语境，为确定北边厢在仪式中的作用提供了重要线索。

北边厢出土的竹席平铺于厢底，似与边厢底部面积相当，简文称"滑箖席"。在竹席之上还有草席，草席以麻线为经、蒲草为纬，其一包青绢缘，另一包锦缘，简文称"莞席二，其一青缘，一锦缘"。在汉代，席为重要礼器。如《礼记·礼器第十》所言："礼有以多为贵者……天子之席五重，诸侯之席三重，大夫再重。"[39]竹席与草席叠铺的方式传递了重要信息。在仪式空间里会以叠用的方式铺设席，以强调身份的高贵。如《周礼》所言："掌五几、五席之名物，辨其用与其位。"郑玄注："五席，莞、藻、次、蒲、熊。用位，所设之席及其处。"唐贾公彦疏："云五席，莞、缫、次、蒲、熊，者亦数出。"[40]再如《诗经·小雅》所言："下莞上簟，乃安斯寝。"[41]叠用的铺席方式被认为有助于安寝。礼制与生活相通，席在礼仪场合的运用会借其在家居生活中的使用之意，因此墓葬里的铺席似乎有帮助逝者安寝的双重意味。

更具体地说，以席安寝的意味在北边厢的背景里更具深意。北边厢代表冬季，[42]铺席表达了冬冥之时保暖、安寝的意味。《三国志》所谓"席以冬设"[43]，说明了席在冬季保暖上的使用。另外，北边厢的凭几旁放置着绣花几巾，即"素长寿绣机巾一"，也进一步印证了这里的季节背景为冬季。"汉制：天子玉几，冬则加绨锦其上，谓之绨几。"[44]凭几在冬季要加铺织物，如此便以铺设竹席、草席、给凭几加绨的方式，给北边厢营造出一个冬季的时空背景。

2. 上天

除了席子之外，北边厢四壁用竹钉张挂的丝织幔帐也颇有深意。根据考古报告，北边厢帷幔从南壁的东头开始，环绕一周后又折回原处，末尾与开头的上角相压。此帷幔为单层单色的罗绮缝制而成，帷幔的两端和上侧有加深的深绛紫色绢缘。[45]

《汉书·礼乐志》描绘过这样一个场景：

天门开，詄荡荡，穆并骋，以临飨。光夜烛，德信著，灵浸鸿，长生豫。大朱涂广，夷石为堂，饰玉梢以舞歌，体招摇若永望。星留俞，塞陨光，照紫幄，珠熉黄。幡比翅回集，贰双飞常羊。月穆穆以金波，日华耀以宣明。假清风轧忽，激长至重觞。神裴回若留放，殣冀亲以肆章。函蒙祉福常若期，寂漻上天知厥时。泛泛滇滇从高斿，殷勤此路胪所求。佻正嘉吉弘以昌，休嘉砰隐溢四方。专精厉意逝九阂，纷云六幕浮大海。[46]

这段文字描绘了一个神圣而辉煌的场面，天门开启、光辉照耀、德信显赫。关于这段文字中提到的"紫幄"，颜师古注曰："紫幄，飨神之幄也。帐上四下而覆曰幄。"紫幄是一种祭祀用的紫色帐篷，用于祭拜神灵，结构特点是从顶部向四周展开，形成覆盖的样子。

图 22　马王堆一号墓 T 形帛画（左）和三号墓 T 形帛画（右）中描绘的启天门场面

对于"照紫幄，珠熉黄"这一场面，如淳曰："熉音殒，黄貌也。"即认为"熉"指的是一种黄色的外观或色泽。颜师古进一步解释说："言光照紫幄，故其珠色熉然而黄也。熉音云。"[47] 可知当光线照射到"紫幄"的帐篷上时，珠宝般的光芒呈现出温暖的黄色，这种黄色的珠光被形容为"熉然"，其中"熉"在这里读作"云"，指的是光芒柔和且黄亮的样子。

根据考古报告，一号墓北边厢张挂四壁的丝织幔帐，两端和上侧正是添加了深绛紫色的绢缘，指向开天门时熠熠生辉的"紫幄"。在马王堆一号墓和三号墓的 T 形帛画上，亦描绘了这样的场景：随着身着白衣的双鹿牵引着黄钟飞升，倒 T 形的两扇天门逐渐开启，其上盘踞着赤豹；天门之上鹤鸟齐飞、幡比还集；天门之下有华盖和卷起的帷幔。帷幔在华盖下卷起成四段、呈橙黄色，展现出一派"光照紫幄""帐上四下而覆""其珠色熉然而黄也"的恢宏之态。[48]（图 22）

如此来看，北边厢张挂的幔帐和铺设的席子与北方之位呼应，都在北方—冬季—寒冷—玄色的语境里，而衾以"象天""气充其中"且"抑水而不没"之故，与北边厢的布置共同映射了古人心目中由地至天的宇宙图景，指向生命升华过程中即入天门的关键时刻。

结语

马王堆汉墓的整体设计形构了严密完整的生命时空，在这个时空中，奁扮演着重要角色。依托早期制器文化中将生命投入器物的思想传统，奁可被视为带有人之魂气的纳气之器。妆奁与食奁，一个代表呼吸之气，一个代表食谷之气，与天地、阴阳、魂魄、气味等一同构成了连接宇宙与生命的二元网络，为死后世界里"魂升天魄归地"的仪式提供了观念支持。基于马王堆一号墓北边厢反映的"入冬"与"入天"的时空语境，可见奁在马王堆仪式程序里的关键位置：在生命升华的仪式中直指即入天门、即入冬极这一关键时刻。

综上所述，本文重点讨论了马王堆漆奁的时空语境和生命意涵。关于奁这一器物仍有许多待言的玄机，如男女妆发用具之异同、妆发与仪式的关联、铜镜与角镜在时空程序里的意涵等，另文再著。

感谢哈佛大学汪悦进教授对本课题的殷切指导。本文初刊于《艺术学研究》2024年第3期；在其基础上，作者就图13作了更正。感谢中央美术学院文韬教授、《艺术学研究》赵东川老师对本文修改提出宝贵建议。

注释

1 除妆奁与食奁外，还有一些收纳书籍或散装食品的容器被泛称为"奁"。本文以遣策中"检"字所记盛装梳妆用具和食品的奁为研究对象，其范围参见郑曙斌：《马王堆汉墓遣策整理与研究》，中华书局，2022年，第143页。

2 湖南省博物馆编：《长沙马王堆汉墓陈列》，中华书局，2017年，第178—190、135—149页。

3 参见汪飞英：《汉代化妆用具试析》，《秦汉研究》第6辑，陕西人民出版社，2012年，第240—277页；郑曙斌：《须眉男子理妆容：马王堆三号汉墓所见男性梳妆用具》，《收藏家》2012年第1期；刘芳芳：《战国秦汉漆奁内盛物品探析》，《文物世界》2013年第2期；郑曙斌：《试析马王堆汉墓随葬的梳妆用具》，《湖南省博物馆馆刊》第9辑，岳麓书社2013年版，第315—330页。

4 参见陈春生：《西汉漆奁概述》，《南方文物》2001年第1期；董天坛：《中国古代奁妆演变初探》，《西北第二民族学院学报（哲学社会科学版）》2005年第1期；刘芳芳：《古代妆奁探微》，《文物春秋》2011年第5期。

5 参见洪石：《马王堆汉墓出土油画漆器研究》，《江汉考古》2017年第1期。

6 参见陈松长：《马王堆锥画漆奁盒上的狩猎纹图像解读》，《江汉考古》2008年第3期；聂菲：《双重含义：马王堆汉墓狩猎纹漆奁图像新解》，《收藏》2021年第9期。

7 参见陈东杰、李芽：《从马王堆一号汉墓出土香料与香具探析汉代用香习俗》，《南都学坛》2009年第1期。

8 郑曙斌：《马王堆汉墓遣策整理与研究》，第112—116页。

9 同上，第143页。

10 关于马王堆汉墓出土漆奁的材质及工艺，以一号墓出土妆奁为代表，参见湖南省博物馆、中国科学院考古研究所：《长沙马王堆一号汉墓》上集，文物出版社，1973年，第88—93页。

11 崔冶译注：《吴越春秋》，中华书局，2019年，第57页。

12 冯渝杰：《铸剑、剑解与道教身体观——"人剑合一"的知识考古》，《人文杂志》2019年第2期。

13 郎剑锋：《烁身以成物——中山灵寿故城"人俑拜山"陶器组合的文化意义》，《民俗研究》2014年第4期。

14 （宋）洪兴祖撰，白化文等点校：《楚辞补注》卷十《大招第十》，中华书局，1983年，第216—217页。

15 （汉）许慎撰，（清）段玉裁注，许惟贤整理：《说文解字注》上，凤凰出版社，2015年，第245页

16 （晋）郭璞注，（宋）邢昺疏：《尔雅注疏》卷第二《释诂下》，《十三经注疏》整理委员会整理《十三经注疏》，北京大学出版社，1999年，第48页。

17 一梳一篦为一具，即一套、一副，似为"遣策"简二三六所载"疎（疏）比一具"。角质笄、角质镊疑为"遣策"简二三七所载"欠比二枚"。"欠"疑为"次"之误，即栉，本意指将发编成首饰状，此处似指固定编发的工具笄和镊。参见湖南省博物馆、中国科学院考古研究所编：《长沙马王堆一号汉墓》上集，第89页。

18 一奁内盛丝绵一块和假发一束，假发作盘髻式，为真人头发编结而成。据"遣策"简二二五"员（圆）付䕘（箧）二盛印副"的记载，"付䕘"即指小漆奁，"副"通"髳"即指假发。参见湖南省博物馆、中国科学院考古研究所编：《长沙马王堆一号汉墓》上集，第89页

19 马王堆汉墓帛书整理小组编：《马王堆汉墓帛书》四，文物出版社，1981年，第165页。

20 姚春鹏译注：《黄帝内经·素问·六节脏象论篇》，中华书局，2016年，第84页。

21 王卡点校：《老子道德经河上公章句》卷一《成象第六》，中华书局，1993年，第21页

22 马王堆汉墓帛书整理小组编：《马王堆汉墓帛书》四，第100、85页。何为"石韦"，或可将其与《山海经大荒西经》中的"石夷"相联系——"有人名曰石夷，来风曰韦，处西北隅以司日月之长短"，即"石韦"可能为一种风。

23 关于包山二号楚墓所出的绘有《车马出行图》的漆奁的相关研究，参见胡雅丽：《包山2号墓漆画考》，《文物》1988年第5期；陈振裕：《楚国车马出行图初论》，《江汉考古》1989年

第 4 期；张启彬：《包山楚墓〈车马出行图〉新探》，《湖北美术学院学报》2009 年第 2 期。

24 （宋）洪兴祖撰，白化文等点校：《楚辞补注》卷一《离骚经章句第一》，第 36—37 页。

25 （清）汪昂著，张一昕点校：《本草备要》，人民军医出版社，2007 年，第 17 页。

26 （汉）班固：《白虎通德论》第八卷《情性》，上海古籍出版社，1990 年，第 60 页。

27 胡平生、张萌译注：《礼记》下，中华书局，2017 年，第 907 页。

28 胡平生、张萌译注：《礼记》上，第 504 页。

29 湖南省博物馆编：《长沙马王堆汉墓陈列》，第 150—153 页。

30 关于马王堆的文物排列和图像系统如何组成了一个由地入天的完整时空，参见汪悦进：《入地如何再升天？——马王堆美术时空论》，《文艺研究》2015 年第 12 期。

31 关于"天圆地方"与器型之间的类比关系，可参考《考工记》关于车的设计的说明："轸之方也，以象地也。盖之圆也，以象天也。"（汉）郑玄注，（唐）贾公彦疏：《周礼注疏》卷第四十《辀人》，《十三经注疏》整理委员会整理：《十三经注疏》，第 1094 页。

32 （南朝梁）梁武帝：《围棋赋》，严可均校辑《全上古三代秦汉三国六朝文》之《全梁文》卷一《武帝》，中华书局，1958 年，第 2957 页。

33 （唐）欧阳询撰，汪绍楹校：《艺文类聚》下，上海古籍出版社 1999 年版，第 1274—1275 页。

34 湖南省博物馆编：《长沙马王堆汉墓陈列》，第 180 页。

35 《晋书·天文志》记载："天形穹隆如鸡子幕，其际周接四海之表，浮于元气之上，譬如覆奁以抑水而不没者，气充其中故也。日绕辰极，没西而还东，不出入地中。天之有极，犹盖之有斗也。天北下于地三十度，极之倾在地卯酉之北亦三十度，人在卯酉之南十余万里，故斗极之下不为地中，当对天地卯酉之位耳。日行黄道绕极。极北去黄道百一十五度，南去黄道六十七度。二至之所舍以为长短也。"（唐）房玄龄等撰：《晋书》卷十一《天文上》，中华书局，1974 年，第 280 页。

36 （汉）班固撰，（唐）颜师古注：《汉书》卷二十二《礼乐志第二》，中华书局，1962 年，第 1062 页。

37 关于一号墓北边厢文物的组成方式以及空间营造特点，聂菲先生有过细致梳理，参见聂菲：《特殊空间：马王堆一号汉墓北边厢空间的营造与利用》，《湖南省博物馆馆刊》2014 年第 11 期。

38 巫鸿认为，以西部的屏风和几杖为标志，北边厢仿佛是为墓主人设立了一个坐西朝东的灵座，使其可以在灵座上享受丰盛的饮食美酒和歌舞声色。参见［美］巫鸿：《礼仪中的美术——马王堆再思》，巫鸿著，郑岩、王睿编：《礼仪中的美术——巫鸿中国古代美术史文编》，生活·读书·新知三联书店，2005 年，第 101—122、587—615 页。

39 胡平生、张萌译注：《礼记》上，第 446 页。

40 （汉）郑玄注，（唐）贾公彦疏：《周礼注疏》卷二十，《十三经注疏》整理委员会整理《十三经注疏》，第 524 页。

41 程俊英、蒋见元：《诗经注析》中册，中华书局，2017 年，第 584 页。

42 汪悦进：《入地如何再升天？——马王堆美术时空论》，《文艺研究》2015 年第 12 期。

43 （晋）陈寿撰，（南朝宋）裴松之注：《三国志》卷五十六，中华书局，1959 年，第 1316 页。

44 刘洪妹译注《西京杂记》卷一《几被以锦》，中华书局，2022 年，第 37 页。

45 湖南省博物馆、中国科学院考古研究所编：《长沙马王堆一号汉墓》上集，第 73 页。

46 （汉）班固撰，（唐）颜师古注：《汉书》卷二十二《礼乐志第二》，第 1061—1062 页。

47 同上，第 1062 页。

48 关于马王堆一号墓和三号墓两幅 T 形帛画的图像解读，参见汪悦进：《入地如何再升天？——马王堆美术时空论》，《文艺研究》2015 年第 12 期。

04

马王堆方衣与简帛系列图

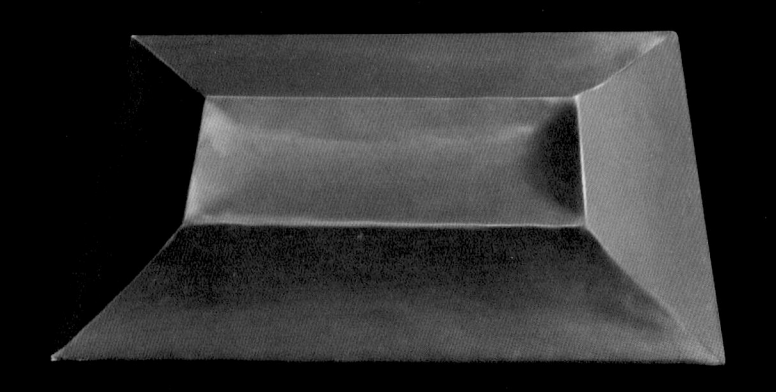

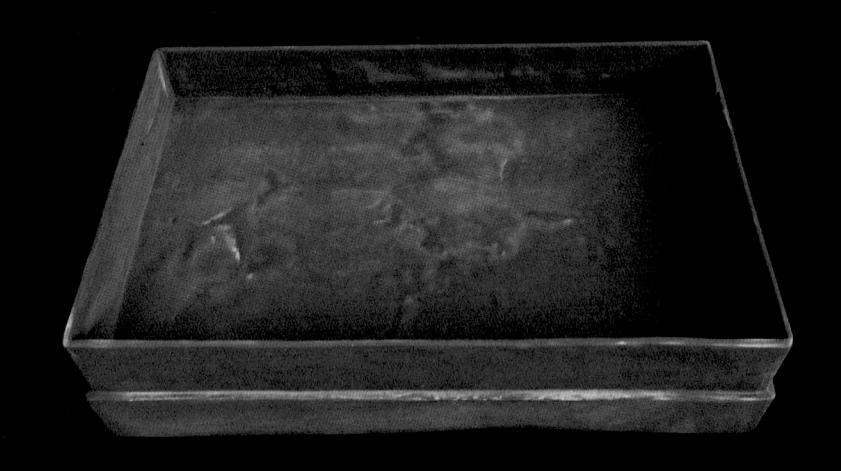

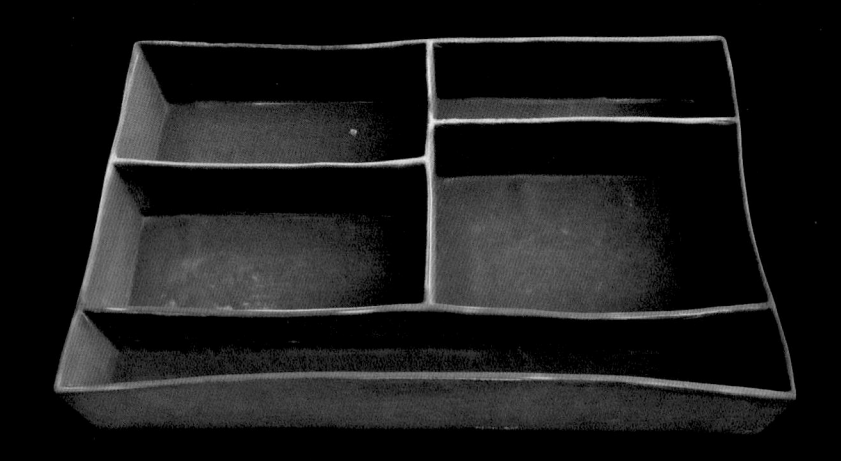

双层漆方奁 6068

三号墓 东57
高21.2厘米，纵59.8厘米，横37厘米

一 时空

奁的顶视及侧视线描图

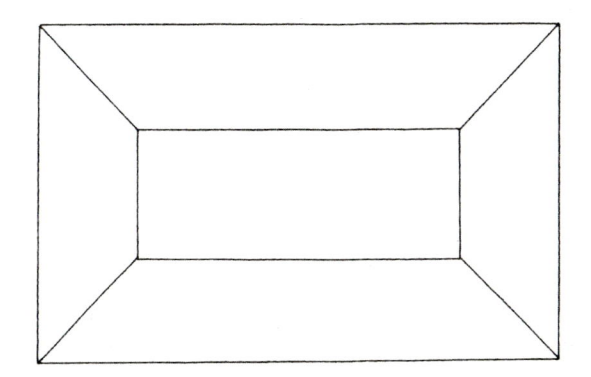

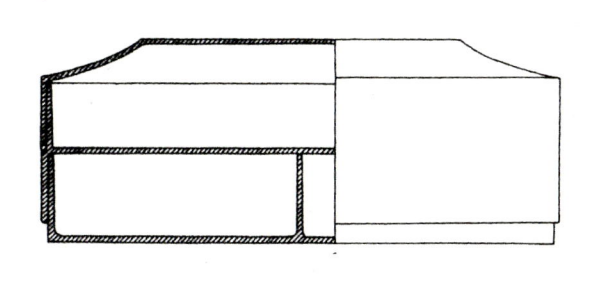

奁的顶视及侧视图

奁的下层顶视图及其线描图

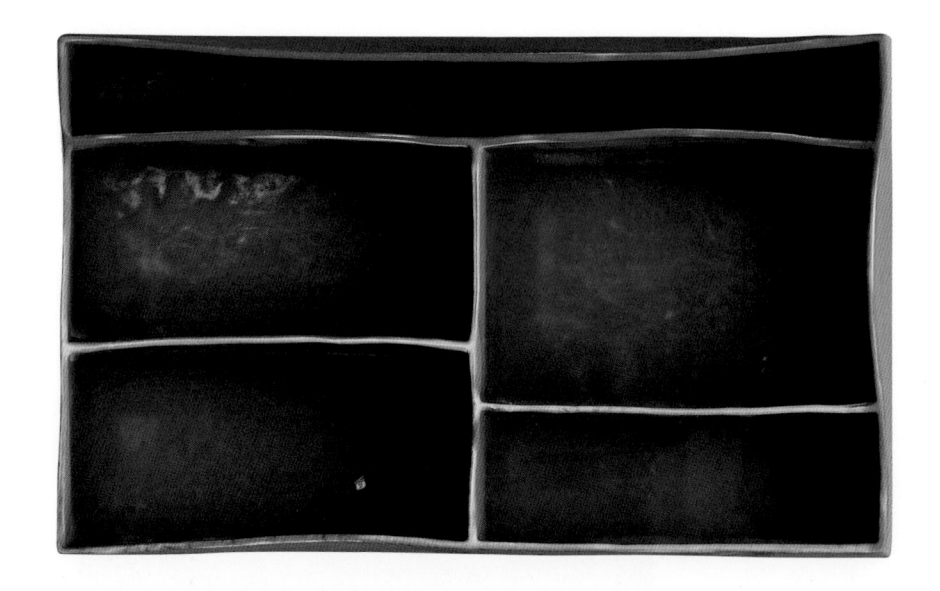

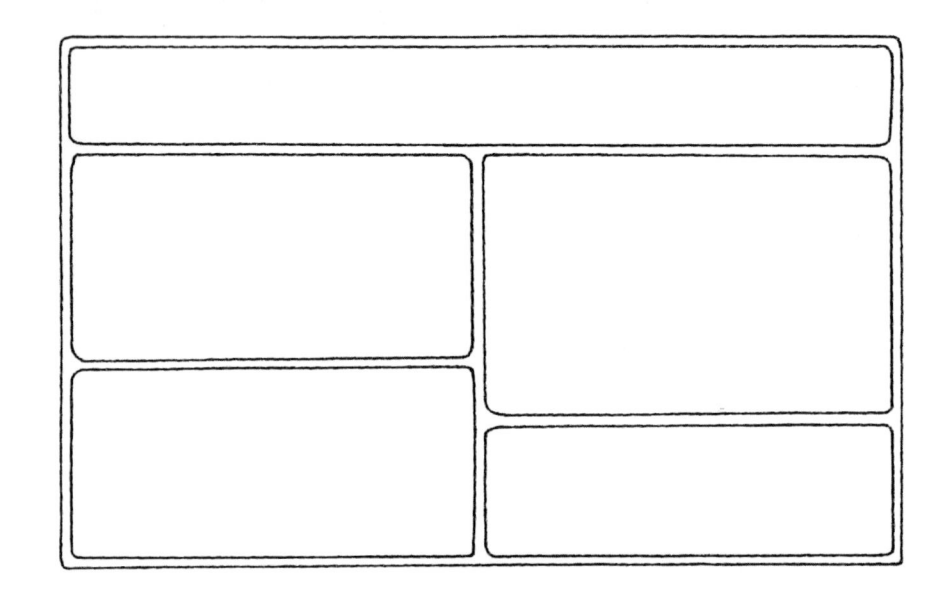

一　时空

奁的下层所盛物品

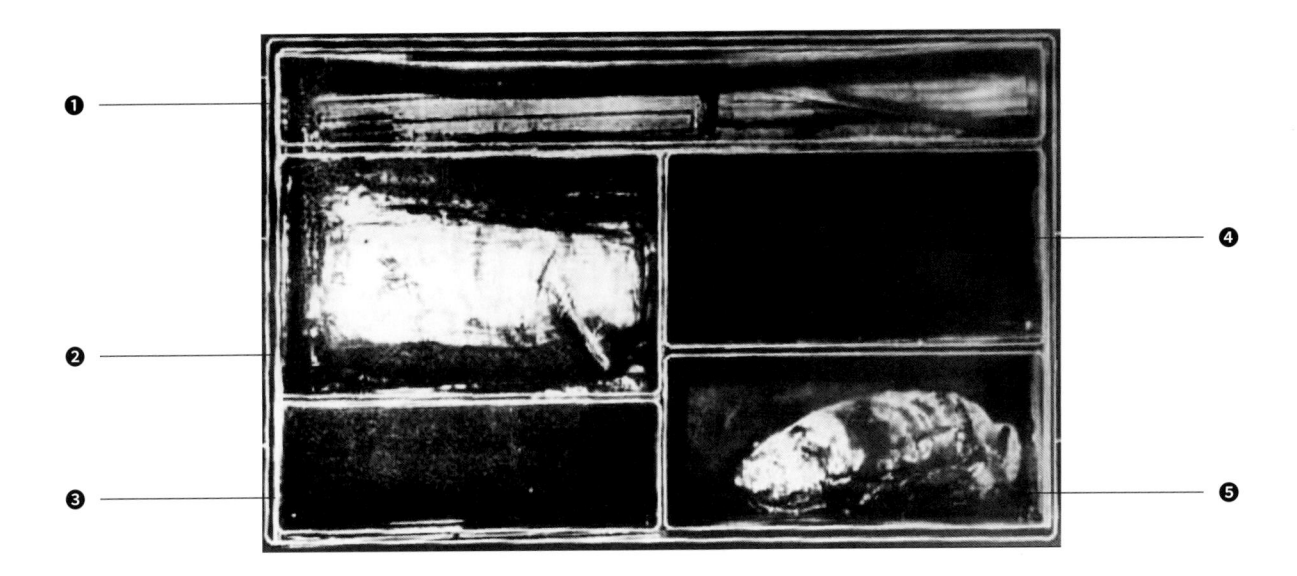

❶ 《导引图》、《却谷食气》《营养十一脉灸经》乙本、《老子》甲本及卷后四篇古佚书、《春秋事语》、医简四篇以及两支竹笛
❷ 其余帛书呈长方形叠在一起，帛书下压一只干瘪青蛙
❸ 空
❹ 空
❺ 牡蛎壳

季节更替・光泽流转・音律振动：
关于马王堆三号墓东 57 号漆奁内置物的讨论

彭雪扬 著
刘晓天 译

在马王堆汉墓出土的众多文物里，三号墓的帛书可谓最珍贵的发现之一。虽然对帛书内容的研究已经成果颇丰，同一漆奁（东57）内发现的其他物品却并未得到同样的关注。[1] 该漆奁外髹黑漆，表面无纹饰，分上下两层。[2] 上层没有分隔层，据考古报告说，出土时这一层放有一些丝织物（东57-1，东57-2）。[3] 下层被隔出了五个格子，靠边的格子窄而长，另外四个是相对小一些的、尺寸不一的长方形格子。狭长的格子里放着写有医书的竹简（东57-4，东57-5），以及卷在医术竹简中间的两支竹笛（东57-9、东57-10，图1）。[4] 其他的帛书和《地形图》《驻军图》则被折叠起来放在另一个长方形的小格子里（东57-6、东57-7、东57-8），下面还压着一只髹漆的青蛙（东57-11，图2）。另外一个小格则放置着一只大蚌壳（东57-3）。（见本书第100—103页）

目前学界的讨论多集中在漆奁里发现的帛书、地图和竹简上。[5] 除了考古报告以外，还有几篇文章简要地讨论了髹漆的青蛙和蚌壳。对于髹漆的青蛙，目前普遍认为它与同样发现于漆奁内的帛画《辟兵图》有关，可能有辟除凶咎的作用，在作战时则不排除有实际的用途。[6] 蚌壳在考古报告分类中被归为药物。[7] 讨论者将其追溯到《神农本草经》这样的最早医学典籍，其中蚌壳被归为"上品"，推荐给希望"轻身""益气"和"延年益寿"的人使用。[8] 本文将从季节变化、光泽特质、与天文相关的乐律三种构建原则出发，试图理解漆奁下层发现的其他物品——髹漆青蛙、蚌壳和两支竹笛——这种物品组合背后的逻辑。但归根结底，这三种组织原则都同样以生命的复苏为目的，只是在表达方式，或者说激发手段上有所不同而已。

一、青蛙和蚌壳：季节变化中的转化

在漆奁里放置青蛙和蚌壳似乎是种奇怪的行为。但这种组合并非随意为之，更不是毫无意义。实际上，在中国早期典籍里，青蛙和蚌壳经常被视为季节变化时从一种状态到另一种状态的理想转变的代表。例如，《墨子》在解释"化"的概念时说："化，徵易也。说化，若鼃为鹑。"[9]《月令》和《吕氏春秋》对这种"化"作了进一步的诠释，并一致认为这种转化发生在一年中特定的时刻——季春，即春天的最后一个月。[10] 不过，也有一些典籍说，转化为鹌鹑的不是青蛙，而是鼹鼠。但鼹鼠和青蛙皆为生活习性与地下世界紧密相关的生物，

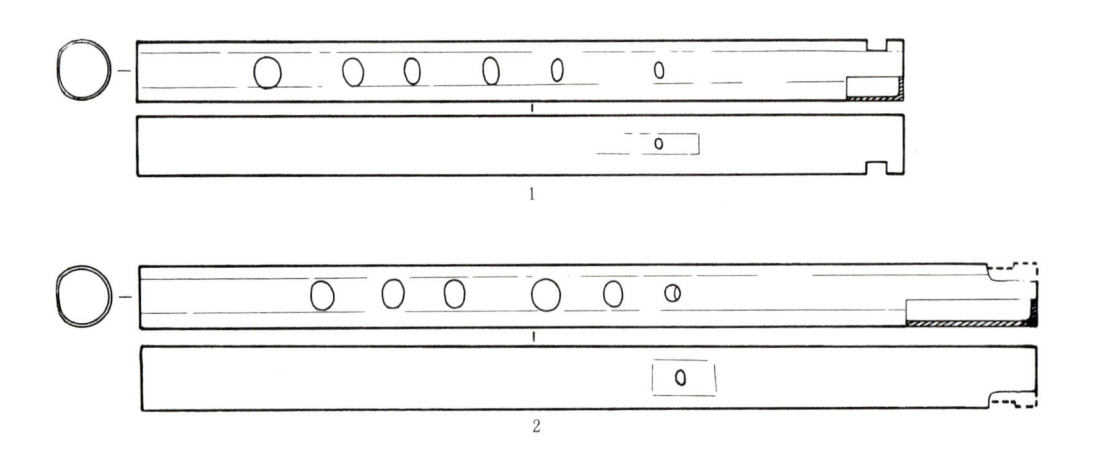

图1 发现于东57号漆奁下层的竹笛（采自湖南省博物馆、湖南省文物考古研究所：《长沙马王堆二、三号汉墓》，文物出版社，2004年，第187页）

图2 发现于东57号漆奁下层的髹漆青蛙（采自陈建明、聂菲主编：《马王堆汉墓漆器整理与研究（下）》，中华书局，2019年，388页）

因此，鼹鼠和青蛙都是季春时节状态变化的物候代表。蚌壳所代表的贝壳类生物也在季节更替中扮演类似的角色。《礼记·月令》说："季秋之月……鸿雁来宾，爵入大水为蛤。……孟冬之月……雉入大水为蜃。虹藏不见。"[11] 即在秋冬季节更替时节，鸟类会转化为贝壳类生物。从这个意义上讲，青蛙和蚌壳分别是从春至夏、从秋至冬的季节变化的理想的物候代表。

上述的转化通常被认为是早期中国对同类阴阳/五行动物可以互相转化的一种观念。这种观念在《荀子·正名》里有详细的解释："状变而实无别而为异者，谓之化。"[12] 也就是说，只要两种生物的气的类型相同，不同的生物就可以互相转化，这就解释了看似匪夷所思的青蛙变成鹌鹑、鸟类变成贝类的说法。

那么，参与这两种转化的气分别是什么类型的呢？根据两者发生的时间，即前者发生在春夏之际，后者发生在秋冬之交，合理的解释是前者代表阳，后者代表阴。这个假设可以在其他早期典籍中得到印证。《鹖冠子》说凤凰为"鹑火之禽，阳之精。"[13] 另一方面，蚌壳则与代表阴的月亮息息相关。如《吕氏春秋·季秋纪·精通》所言："月也者，群阴之本也。月望则蚌蛤实，群阴盈；月晦则蚌蛤虚，群阴亏。"[14] 换而言之，鹌鹑与蚌壳分别与阳气和阴气相关。因此，与鹌鹑和蚌壳相关的这两种转化，也可以理解为阳与阴分别达到顶峰状态的过程。此外，蛙与蚌壳的组合也能让我们更好地确定漆奁中物品所处的状态：蚌壳已经转化完成，而青蛙尚未变为鹌鹑。由此可见，这种组合暗含对青蛙变为鹌鹑，即春季到夏季变化的期待。

二、光泽之奁

除了季节变化，青蛙和蚌壳的组合还可能与"光泽"这种特质有关。[15] 正如笔者在其他文章里论述的那样，"光泽"这种特质既是一个超越单一物质边界的理论化概念，也有清晰的视觉意义，其重要性来自于它与"精气"的密切关系。而漆即为拥有"泽"这种特质的材质之一。[16] "泽"在本文有着举足轻重的地位，因为可以解释为何髹漆青蛙、蚌壳和帛书被放置在同一漆奁中。

髹漆青蛙无疑是奁中最值得关注的物品之一。有意思的是，虽然青蛙有髹漆，蚌壳却没有，而且至今没有其他墓葬出土类似的髹漆动物。[17] 因此，分析东57号漆奁中的青蛙被髹

图3 绵阳双包山汉墓经脉漆俑，绵阳市博物馆藏（图片来源：绵阳市博物馆）

漆的原因显得尤为重要。

在早期中国对于漆的物质想象中，漆被认为是一种可以引导并塑造代表生命力的气的材料。[18] 最明确的例子见于王充对《吕氏春秋》中已有记载的文挚与齐王故事的评论。"文挚因出辞以重怒王，王叱而起，疾乃遂已。王大怒不说，将生烹文挚。太子与王后急争之而不能得，果以鼎生烹文挚。爨之三日三夜，颜色不变。文挚曰：'诚欲杀我，则胡不覆之，以绝阴阳之气。'王使覆之，文挚乃死。"王充认为："此虚言也。夫文挚而烹三日三夜，颜色不变，为一覆之故，绝气而死，非得道之验也。"但最重要的是王充接下来的补充："致生息之物密器之中，覆盖其口，漆涂其隙，中外气隔，息不得泄，有顷死也。"[19] 这个故事突显了漆出色的密封能力——它甚至连气这样的细微物质都能封住。

对于漆的这种物质想象，可能源于漆器的制作过程。液态的漆被涂到某种胎上，干燥后形成覆盖胎体的固态膜。再将这一过程重复多次，最后就能得到一个质量极轻、防腐防潮、极为耐用的漆器。而且漆的密封能力是双向的。它既可以封住并断绝气的循环，将生物杀死，也可以用以维持生机。实际上，后者似乎才是漆的密封性能最重要的运用。例如，《太玄经》

中提到了漆出色的密封能力，却不作切断气息的循环来使用。恰恰相反，这里的漆是专门用来与"藏心"和"存神"所需的密封性相对应的。[20]

漆的"藏心""存神"能力在老官山与双包山西汉墓葬出土的经脉漆俑（图3）里得到了进一步的证实。目前学界普遍将这两件漆人视为最早的经脉模型，正是这种经脉模型为针灸和艾灸提供了实践的基础。[21] 经脉类似人体暗藏的生命力之流，流动为最重要的特点之一：生命力在其中不停流淌、循环、往复。[22] 至于为何选用漆来制造这种模型，学界普遍认为是出于性能的考虑——漆器轻便且极其耐用。[23] 不过，考虑到漆人医学上的意义，加上对于漆为保存生命力的理想密封剂的想象，选用漆似乎就不仅仅是因为持久耐用了，更出于漆与生命关联的考量。耐人寻味的是，双包山漆人展示出来的经脉是不完整的，缺少足三阴脉。这固然可能因为当时的经脉理论仍处于发展阶段，但对这个现象还有另一种解释，缺失的足三阴恰好是与死亡息息相关的经脉。[24] 按照后者的说法，双包山经脉漆人呈现的就是一具远离死亡的身体，其经脉处于永久的循环运动当中，生命力则通过一层层的漆得以保存。

对于漆密封能力的想象也有助于对马王堆三号墓出土的髹漆青蛙的理解。如前文所述，蚌壳的转化已经完成，而青蛙尚未化为鹌鹑。由此可推断，将青蛙髹漆可能是为了保存其生机，以确保未来的转化能够发生。也就是说，髹漆青蛙应被理解为一种胚胎般的存在，其生命能量是通过漆的层层密封而得以保存的。而蚌壳因为已经完成了转化，所以不需要这种处理。

蚌壳不髹漆的另一个原因可能与它与生俱来的光泽特质有关。蚌壳被视为光泽之所，因为珍珠产于蚌。例如，在提及珠玉时，《淮南子》直接将两者都描述为具有"润泽"特质的材料。[25]《史记》也同样用"润泽之所"来形容出产珍珠的河渊："故玉处于山而木润，渊生珠而岸不枯者，润泽之所加也。"[26] 蚌壳的光泽特质尤为重要的另一原因，是它与丝质帛书一起被放置在漆奁中。据《周礼》记载，制作丝绸的过程需要用到"泽器"，即光滑/光泽之器。[27] 这道工序是将蚌壳烧成灰后涂抹在置于"泽器"中的丝帛上，由此赋予丝帛光泽。[28] 值得一提的是，从春秋时期开始，丝帛就被认为蕴含着至关重要的精气，这使得它和玉一样成为祭礼中的重要材料，即《国语》中提到的"玉帛为二精"。[29] 由此可见，丝帛也是一种具有光泽特质的材料。就马王堆三号墓出土的东57号漆奁而言，蚌壳的存在可能与维持帛书的光泽的目的有关。

更重要的是，青蛙和蚌壳的组合还出现在《庄子》里，其语境是生命循环的理论以及人在其中的位置：

种有几，得水则为继，得水土之际则为蛙蠙之衣，生于陵屯则为陵舄，陵舄得郁栖则为乌足，乌足之根为蛴螬，其叶为蝴蝶。胡蝶，胥也化而为虫，生于灶下，其状若脱，其名为鸲掇。鸲掇千日为鸟，其名曰乾余骨。乾余骨之沫为斯弥，斯弥为食醯。颐辂生乎食醯，黄軦生乎九猷，瞀芮生乎腐蠸。羊奚比乎不笋，久竹生青宁，青宁生程，程生马，马生人，人又反入于机。万物皆出于机，皆入于机。[30]

如上文所示，万物的初始状态是微细的种子，经过多个阶段的发展之后，最终衍生出了人类。种子是从水面的膜状物，变成"蛙蠙之衣"的。单独来看，"蛙蠙之衣"一词的含义相当晦涩，之前曾被解读为苔藓或地衣。[31] 但东57号漆奁的内置物让其含义变得清晰起来。东57号漆奁里青蛙的"衣服"，就是它身上的漆。如前文所述，漆是一种备受重视的材料，因为它蕴含着能够保存青蛙生机的光泽之质。而蚌壳也同样具有光泽之质，只不过它拥有的是不同类型的光泽。[32]这么说来，《庄子》里所谓的"蛙蠙之衣"无异于光泽特质本身，因为光泽既与"精气"概念有着密切关系，也是一种有清晰定义的可见的特质，即物体细腻的表面。换而言之，"蛙蠙之衣"应指光泽的物理维度，即细腻的、抛光的物体表面。因此，《庄子》里概述的生命循环也就可以被认为是围绕光泽之质而展开的，青蛙和蚌壳的组合在其中扮演着重要的角色。《列子》在引用《庄子》有关生命循环的这段讨论时，耐人寻味地插入了一段来自《墨子》的文字："若蛙为鹑。"[33] 不过，它多被视为衍文而被忽略。如果考虑到《庄子》提到的"蛙蠙之衣"与早期中国同气的生物可以相互转化的观念的话，此处插入《墨子》中有关青蛙化为鹑鹑的文字，其实很合适。因为这个生命循环里的所有生物都享有同样的气，所以它们可以相互转化，而这种气最重要的特质之一即为"光泽"。

简而言之，青蛙的髹漆处理极有可能是为了保存其生命力，以确保其未来的转化能力。漆的这种用法也让我们意识到，光泽可能是东57号漆奁物品组合背后重要的构建原则之一，其重要性在蚌壳在丝绸制作过程中、青蛙和蚌壳的光泽在《庄子》生命循环里起的关键作用中可以得到证实。因此，这些物品在东57号漆奁中的组合不仅预示了对于青蛙的转化的期许，也通过青蛙和蚌壳的光泽之质预示了生命的复苏。

三、生命如何复苏：音律振动与天象天文

如果说青蛙和蚌壳的组合及其处理方式都在预示转化以及生命的复苏，那么如何实现这种复苏呢？笔者认为，触发这种转化的机制可能与音律有关，奁中蚌壳的存在便是重要的线索。

郭沫若先生在研究中指出，"辰与蜃在古当系一字"且"农事之字每多从辰"即指代蚌壳的"蜄/蜃"字，与作为日、月、星总称的"辰"字相同。[34] 两者之间的关联可能源于农业活动：在农业生产中会用到削尖的蚌壳，而天象则在制订历法和确定农事活动的时间上起到了不可或缺的作用。[35] 不过，在天象方面，"辰"既可指大火（心宿二）、房宿，也可泛指整个东方星空的苍龙，并由此与十二生肖中的龙相关。[36] 东 57 号漆奁中的蚌壳因而蕴含了天文方面的意义。然而如上所述，"辰"对于天象的指代似乎并不固定。笔者认为"辰"其实并非某种具体的天象，应被理解为某种状态在天象中的反映。这也就能够解释为何"辰"指代的天象似乎总在变化。

关于"辰"的研究已经在很大程度上揭示了"辰"代表的天象所体现的状态。例如，张闻玉就发现，带有"辰"字的商周青铜器铭文都指向"朔日"，即每个月的第一天，或月初的新月。[37] 张闻玉的发现在《淮南子·天文训》中得到了印证："帝张四维，运之以斗，月徙一辰，复反其所。"《左传》也说："日月之会是谓辰。"[38] 由于"辰"标记的是月亮再次开始增长的新月，所以"辰"实际应指复苏的状态。这在《说文解字》和《释名》中也得到了印证。[39]

值得注意的是，表示复苏的"辰"也可以用来指代特定天体之间的空间关系。虽说"辰"所指代的事物取决于具体语境，但最终都是以生命复苏这个主题为基础的。例如，日月交会固然标志着每个月份的开始，可北斗七星的斗柄指向同样也可以表示不同月份的开始。而北斗七星的斗柄指向辰时恰是季春，正是青蛙化为鹌鹑的月份。[40] 以"辰"标记季春的做法，也引出了另一个重要线索，即音乐和振动与生命复苏的密切联系。《淮南子·天文训》记载："指辰，辰则振之也，律受姑洗。姑洗者，陈去而新来也。"[41] 换而言之，"辰"和发生于季春的复苏与特定的音律振动息息相关。复苏不仅借由音律来表达，更需通过音乐的振动来实现。这里说的振动是春雷：人们认为春雷会将生物从冬眠中唤醒，因此用它来标志生长和

新周期的开始。八卦中的震卦便取象于雷，雷"为发生之始……为动之主，为生之本"。[42]值得一提的是，"震"字"的下半部分正是"辰"字。"辰"与季春、振动、复苏之间的关联，可以在《史记》[43]和甘肃放马滩出土的秦简中得到进一步的证实。放马滩竹简不仅证实了"辰"与音律"姑洗"的对应关系，更系统性地将音律映射在式盘上，揭示了音乐在古代中国宇宙观中的核心地位。[44]

令人深思的是，北斗七星的斗柄指向辰这一天象，也与中国历史上最著名的事件之一——武王伐纣，有着密切的关系。《国语》记载："王曰：'七律者何？'对曰：'昔武王伐殷，岁在鹑火，月在天驷，日在析木之津，辰在斗柄，星在天鼋。'"[45]如前文所述，"辰在斗柄"的天象实际上指复苏的时刻，即季春的状态。显然，武王伐纣发生在"陈去而新来"（《淮南子·天文训》）的时刻，这对于旨在推翻商代的武王伐纣来说，无疑十分贴切。

将此天象理解为"陈去而新来"的状态，也有助于我们解读出土于曾侯乙墓（图4）东厢的一组衣箱上的图案。这五个衣箱大小相近，皆以黑漆为底，再以朱漆在上面绘制装饰纹样，除东39号衣箱外，都刻有铭文。（图5—9）另外，只有东66号衣箱内髹红漆，其他皆内髹黑漆。[46]这些衣箱一直备受学界关注，尤其是保存着现存最早的二十八星宿图的东66号衣箱。钟守华认为这些衣箱上的铭文和图像，实际展示了《国语》记载的武王伐纣时的星象。[47]他指出曾侯乙与周王室之间的血缘关系，可能是其关注武王伐纣天象的原因。[48]尽管曾侯乙与周王室的血缘关系可能与此有关，却无法解释为何要特别选择武王伐纣这一事件。笔者认为，武王伐纣星象在曾侯乙墓衣箱上的出现，可能与具体的历史事件无关，而是和武王伐纣星象中"辰在斗柄"所体现的状态——"陈去而新来"的时刻有关。它象征着新月和生命的复苏，一个新周期的开始。

更有趣的是，《国语》里关于武王伐纣的天象记录其实出自周景王和乐官伶州鸠对于音律的讨论。David Pankenier认为："对于乐官伶州鸠来说，选择数字七和七音音阶是因为其在星象和数术上的重要地位……武王伐纣的天象之所以重要，是因为它见证了天地之间对周朝有利的感应。"[49]近来对早期中国艺术的研究也证实了音律的重要性，尤其是与天文历法的关系。正如吕晨晨在曾侯乙墓的研究中指出的那样，音乐的重要性源于其与天文历法的对应关系，例如一年的十二个月与十二律对应。[50]而"感应"这个概念，即相同性质的物体

一　时空

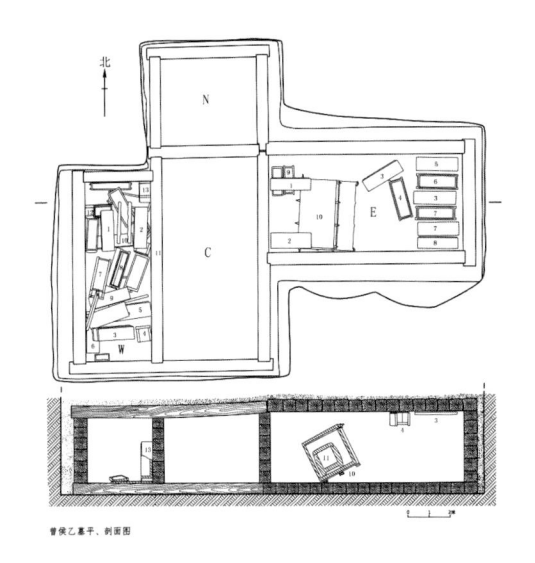

图 4　曾侯乙墓布局图（图片来源：湖北省博物馆）

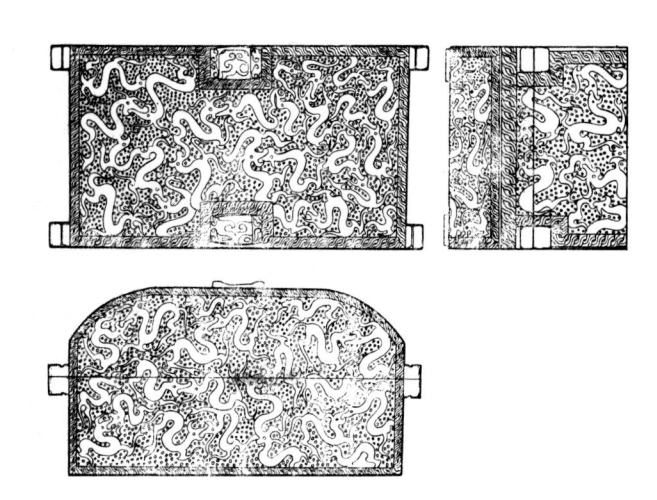

图 5　出土于曾侯乙墓东厢的东 39 号衣箱（采自湖北省博物馆编：《曾侯乙墓》，文物出版社，1989 年，图 218.2）

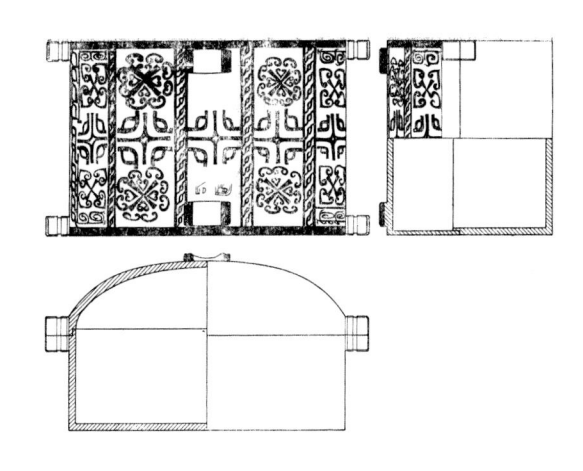

图 6　出土于曾侯乙墓东厢的东 45 号衣箱（采自湖北省博物馆编：《曾侯乙墓》，第 358 页）

图 7　出土于曾侯乙墓东厢的东 61 号衣箱（图片来源：湖北省博物馆）

图 8　出土于曾侯乙墓东厢的东 66 号衣箱（图片来源：湖北省博物馆）

图 9　出土于曾侯乙墓东厢的东 67 号衣箱（图片来源：湖北省博物馆）

和生物会彼此共鸣共振的想法，也同样是基于对共鸣这一现象的观察。[51] 由于《国语》的记录与曾侯乙墓同为战国时期，在曾侯乙墓中又出土了许多乐器，那么，从音律的角度解释曾侯乙墓衣箱上的武王伐纣天象就并不牵强。[52] 也就是说，武王伐纣的天象应为音律"姑洗"在天象上的表达。"姑洗"与季春相关，昭示着"陈去而新来"的振动。

这些衣箱在曾侯乙墓的摆放位置，进一步支持了本文的观点。它们都出土于东厢，而东正是与春天、雷声，还有生命的生长息息相关的方位。有趣的是，墓主人的棺椁同样被放在了东厢，而不是更常见的中厢。中厢则摆放了各式各样的乐器：编钟、磬、瑟和鼓等。（图10）这些乐器与四季之间的对应关系已经在吕晨晨的文章中得到了充分的论证。不仅如此，它们的音准还与基于阴阳、十二月、十二律之间的关系有关。[53]（图11）其中，要数编钟的定音最为有趣，与马王堆三号墓东57号漆奁的内置物关系也最大。最上层的编钟以"无射"为均，对应秋季的最后一个月季秋，而中层和下层的编钟则以"姑洗"为均，对应春季的最后一个月季春。[54]（图11）编钟本身则被认为对应秋季。[55] 以季春和季秋的音律为均，是有深意的：季秋和季春相隔六个月，对应的均律在十二律图中呈对角线，而这种对角关系出现在十二月图式中，被称为"六合"。[56]（图11）《淮南子·时则训》中记载：

　　六合：孟春与孟秋为合，仲春与仲秋为合，季春与季秋为合……

值得一提的是，对角相对、互为六合的月份被认为能够相互感应：如果有不祥、不合时宜的事件发生在三月，那么九月也会发生类似的事件，反之亦然。[57] 曾侯乙墓和马王堆三号墓东57号漆奁这两个案例，进一步诠释了这种月份之间的感应机制是如何作用于生命复苏的。编钟以季春和季秋的"姑洗""无射"为均，分别对应青蛙化为鹌鹑的春夏之交和鸟类化为贝类的秋冬之际。换而言之，编钟的定音和青蛙与蚌壳的组合实际蕴含着同样的逻辑，即一年中标志着复苏和休眠的两个关键时期。而且因为季春与季秋为六合，这两个时期可以相互感应。这便解释了为何本属秋季的编钟会以季春与季秋之律为均。这种安排应是希望编钟以其与复苏相关的振动与东厢进行感应，而东厢正是曾侯乙的棺椁和绘有武王伐纣时"陈去而新来"的天象的衣箱之所在。由于季春和季秋之间的感应关系，东厢所在的位置最适合接收编钟的振动，由此引发生命的复苏。总而言之，曾侯乙墓中的复苏不仅是基于音律来设计的，最终也要通过音律的感应来实现。

一　时空

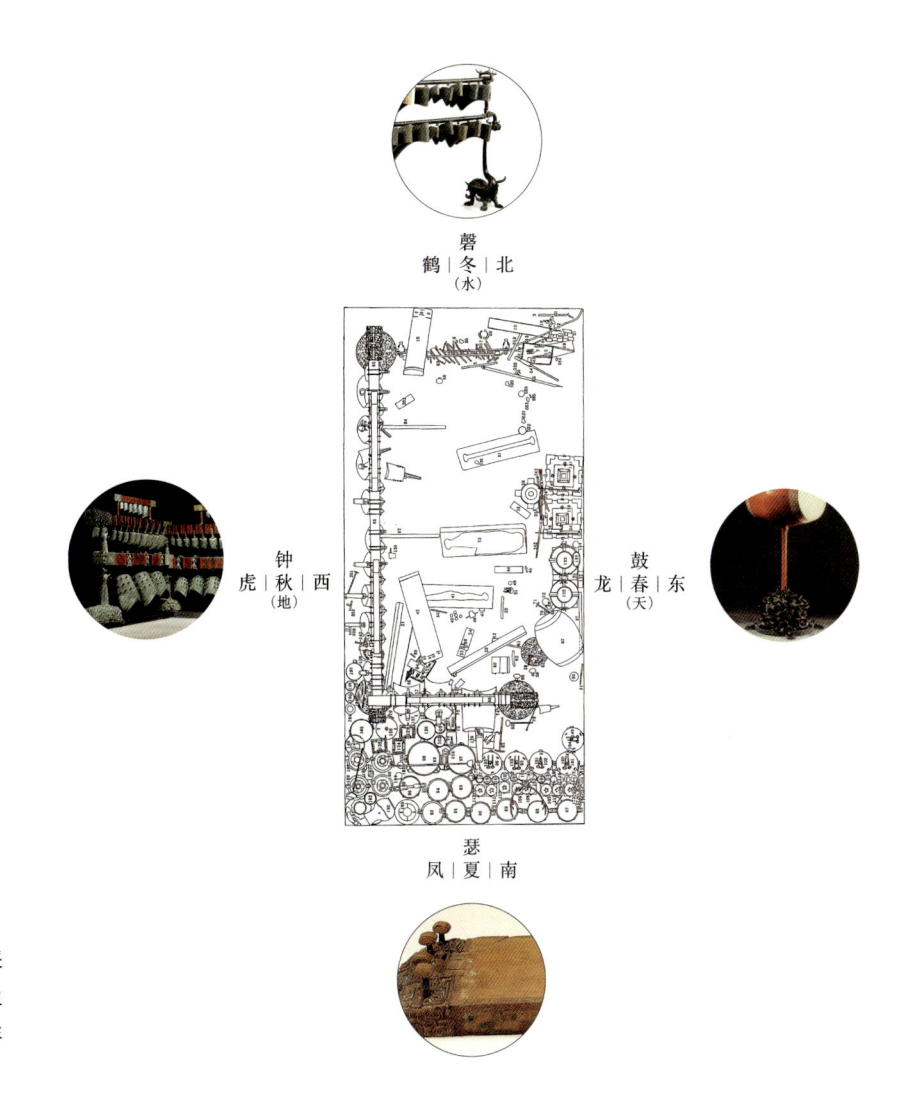

图10　曾侯乙墓乐器与时空结构分析图（采自吕晨晨：《天地之和：曾侯乙墓的音象系统与宇宙想象》，《美术大观》2023年5月刊，第63页，图29）

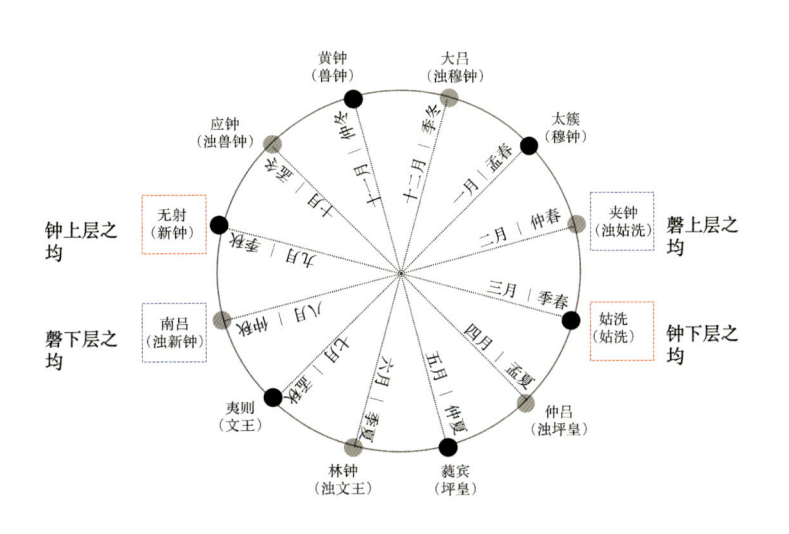

图11　十二律与月份循环图示以及钟、磬均律（采自吕晨晨：《天地之和：曾侯乙墓的音象系统与宇宙想象》，第67页，图40）

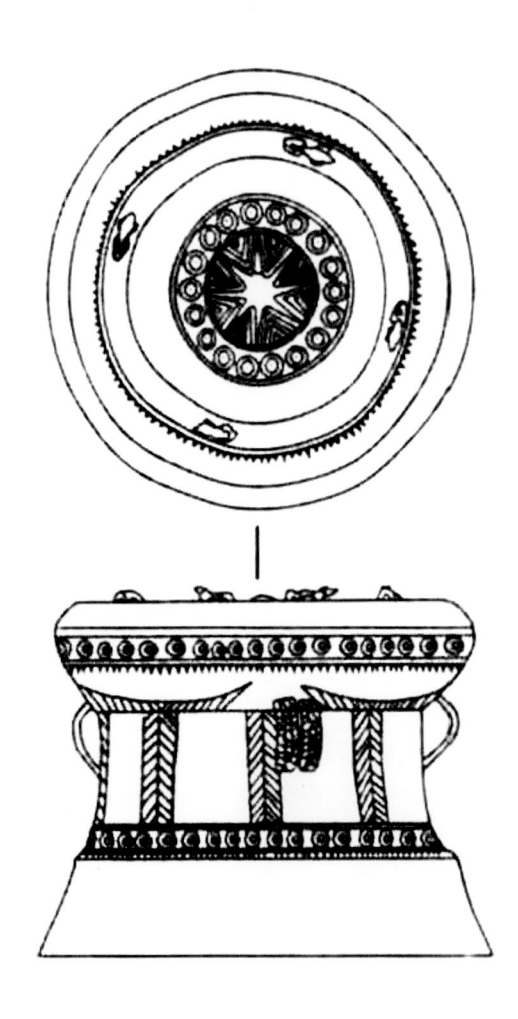

图12 云南晋宁石寨山 M10:3 墓葬出土的四蹲蛙铜鼓（采自彭长林：《石寨山型铜鼓研究》，《南方民族考古》2017 年第 2 期，第 192 页，图 4-1）

六合月份之间的感应，同样可以帮助我们理解漆奁中青蛙和蚌壳的组合。音律的振动不仅与蚌壳（"蜄/蜃"）—辰—姑洗这条线索相关，也与青蛙有关。例如西汉的鼓就常以青蛙为装饰。（图 12）有关古代打击乐器"柷"和"敔"的研究也表明，有些乐器会通过模仿青蛙或蛇交尾时发出的声音，以待滋养生命的春雨春雷的降临。[58] 在西汉时期的《易经》注解里，也表明青蛙和蟾蜍的聚集与即将来临的雷雨之间的关系。[59] 最值得注意的是，马王堆三号墓东 57 号漆奁和曾侯乙墓中的衣箱一样被放置在东厢，似乎在等待着与春天相关的、能带来复苏的振动。在曾侯乙墓中，触发复苏的是编钟，而在马王堆三号墓里，扮演同样角色的是两支竹笛。这两支竹笛大小略有不同，一支略大于另一支。[60] 这导致略小的竹笛在音高上比另一支要高出一个全音。[61] 这种组合表明这两支竹笛可能被设想成了雌/雄或阴/阳的配对。雌/阴笛的音高较低，尺寸较大，而雄/阳笛的音高较高，尺寸较小。将两个同类的物体组成阴/阳或雌/雄配对的传统在剑和鼓等其他器物中也有发现。[62] 现存最早的例子见于春秋晚期或战国早期的云南楚雄万家坝 23 号墓。[63] 马王堆三号墓漆奁内的两支竹笛因为分属阴阳，可能能够产生引发复苏的振动，由此引发包含了生命复苏期许的髹漆青蛙的转化。

总而言之，本文对马王堆三号墓东 57 号漆奁下层的器物进行分析，尤其是髹漆青蛙、蚌壳、两支竹笛的物品组合，提出可以基于四季更替、光泽特质、与天文相关的乐律三种组织原则对此进行释读。归根结底，这三种构建原则都与生命的复苏息息相关，而马王堆三号墓东 57 号漆奁内置物背后的这三种构建原则提供了复苏的不同表达方式，或者说不同的激发手段。

注释

1 湖南省博物馆、湖南省文物考古研究所：《长沙马王堆二、三号汉墓》，文物出版社，2004 年，第 155 页。这些物品都放置在马王堆三号墓东厢出土的编号为东 57 的漆奁内。

2 同上。

3 同上。

4 同上，第 155、184 页。

5 近期关于这批地图的学术著作有 Michelle Wang, *Art of Terrestrial Diagrams in Early China* (Chicago: University of Chicago Press, 2023)。另外 Donald Harper 对帛书内容进行了系统的分析和翻译，参见 Donald Harper, *Early Chinese Medical Literature: The Mawangdui Manuscripts* (London and New York: Kegan Paul International, 1997)。

6 黄儒宣：《马王堆〈辟兵图〉研究》，《中央研究院历史语言研究所集刊》2014 年第 2 期，第 192 页。

7 湖南省博物馆、湖南省文物考古研究所：《长沙马王堆二、三号汉墓》，第 278—279 页。

8 黄儒宣：《马王堆〈辟兵图〉研究》，第 192 页；湖南省博物馆、湖南省文物考古研究所：《长沙马王堆二、三号汉墓》，第 278—279 页。

9 吴毓江撰、孙启治点校：《墨子校注》，中华书局，2006 年，第 466 页。

10 《礼记·月令》记载："季春之月……桐始华，田鼠化为鴽。"（清）孙希旦撰，沈啸寰、王星贤点校，《礼记集解》上册，中华书局，2007 年，第 430—431 页；《吕氏春秋·季春纪·三月纪》记载："季春之月……田鼠化为鴽。"许维遹撰，梁运华整理，《吕氏春秋集释》，中华书局，2017 年，第 58—59 页。

11 （清）孙希旦撰，沈啸寰、王星贤点校：《礼记集解》中册，中华书局，2007 年，第 477—478 页。

12 （清）王先谦撰，沈啸寰、王星贤整理，《荀子集解》，中华书局，2012 年，第 407 页。

13 "凤凰者，鹑火之禽，阳之精也。"黄怀信：《鹖冠子校注》，中华书局，2014年，第145页。

14 许维遹撰，梁运华整理，《吕氏春秋集释》，第212页。

15 关于光泽的本质，以及它对于理解古代中国的物质特性和由物质引发的想象的重要讨论，详见笔者即将发表的文章"Lustrous Jade, Luminous Lacquer: Reapproaching Medium and Materiality in Early China"。

16 同上。

17 青蛙髹漆应发生在青蛙死亡之后，因为在活青蛙的湿滑皮肤上均匀地涂刷上漆，是件非常困难的事。此处感谢湖南博物院聂菲研究员的指导。

18 更多有关漆的物质性及其想象的讨论，详见笔者即将发表的文章"Lustrous Jade, Luminous Lacquer: Reapproaching Medium and Materiality in Early China"。

19 黄晖撰《论衡校释》，中华书局，1990年，第326—328页。

20 "五五为土，为中央，为四维……藏心，存神……为漆。"扬雄著，刘韶军编：《太玄集注》，中华书局，2018年，第231—232页。

21 马继兴：《双包山西汉墓出土经脉漆木人》，《新史学》1997年第2期，第1—57页。另见路崇薪：《绵阳双包山汉墓经脉漆人研究》，中央美术学院硕士论文，2021年；何志国：《西汉人体经脉漆雕再考》，《四川文物》2000年第12期，第10—11页。

22 Shigehisa Kuriyama, *The Expressiveness of the Body and the Divergence of Greek and Chinese Medicine* (Zone Books, 1999), pp.50-51. 关于血管/脉冲和经脉系统差异的讨论，详见Kuriyama, *Expressiveness of the Body*, Chapter 1。

23 裘铮：《丹漆随梦：中国古代漆器艺术》，中国书店，2012年，第16页。更多关于漆器制作工序的讨论，详见聂菲：《湖南楚汉漆木器研究》，岳麓书社，2013年，第216—293页。

24 何志国：《西汉人体经脉漆雕再考》，《四川文物》2000年第12期，第10—11页。

25 《淮南子·俶真训》："古者至德之世，贾便其肆，农乐其业，大夫安其职，而处士修其道。当此之时，风雨不毁折，草木不夭，九鼎重味，珠玉润泽，洛出丹书，河出绿图。"何宁撰，《淮南子集释》上册，中华书局，2021年，第156—157页。

26 "笔玉处于山而木润，渊生珠而岸不枯者，润泽之所加也。明月之珠出于江海，藏于蚌中，蛟龙伏之。"《史记》，中华书局，2013年，第3226—3267页。

27 《周礼·考工记》："筐人：慌氏湅丝，以涗水沤其丝，七日，去地尺，暴之。昼暴诸日，夜宿诸井，七日七夜，是谓水涗。涗帛，以栏为灰，渥淳其帛，实诸泽器，淫之以蜃。清其灰而涗之，而挥之；而沃之，而涗之；而涂之，而宿之。明日，沃而涗之。昼暴诸日，夜宿诸井，七日七夜，是谓水涗。"（清）孙诒让撰，汪少华点校，《周礼正义》第十册，中华书局，2015年，第4002—4007页。

28 同上。

29 "王曰：'所谓一纯、二精、七事者，何也？'对曰：'圣王正端冕，以其不违心，帅其群臣精物以临监享祀，无有苛慝于神者，谓之一纯。玉帛为二精。天、地、民及四时之务为七事。'"徐元诰撰，王树民、沈长云点校：《国语集解》，中华书局，2002年，第520页。

30 感谢汪悦进教授和吴晓璐让笔者注意到了这段文字。斜体部分是笔者用以强调的重点，原文没有斜体。王叔岷：《庄子校诠》，中华书局，2007年，第655页。

31 同上，第658页。

32 对于不同类型的光泽特质的分析，见笔者即将发表的文章"Lustrous Jade, Luminous Lacquer: Reapproaching Medium and Materiality in Early China"。

33 "子列子适卫，食于道，从者见百岁髑髅，攓蓬而指，顾谓弟子百丰曰：唯予与彼知而未尝生未尝死也。此过养乎？此过欢乎？种有几：若蛙为鹑，得水为继，得水土之际，则为蛙蠙之衣。生于陵屯，则为陵舄。陵舄得郁栖，则为乌足。乌足之根为蛴螬，其叶为胡蝶。胡蝶胥也，化而为虫，生竈下，其状若脱，其名曰鸲掇。鸲掇千日，化而为鸟，其名曰干余骨。干余骨之沫为斯弥。斯弥为食醯颐辂。食醯颐辂生乎食醯黄軦，食醯黄軦生乎九猷。九猷生乎瞀芮，瞀芮生乎腐蠸。羊肝化为地皋，马血之为转邻也，人血之为野火也。鹞之为鹯，鹯之为布谷，布谷久复为鹞也，燕之为蛤也，田鼠之为鹑也，朽瓜之为鱼也，老韭之为苋也，老羭之为猨也，鱼卵之为虫。亶爰之兽自孕而生日类。河泽之鸟视而生曰鹢。纯雌其名大，纯雄其名稺蜂。思士不妻而感，思女不夫而孕。后稷生乎巨迹，伊尹生乎空桑。厥昭生乎湿。醯鸡生乎酒。羊奚比乎不笋。久竹生青宁，青宁生程，程生马，马生人。人久入于机。万物皆出于机，皆入于机。"杨伯峻撰：《列子集释》，中华书局，2012年，第11—17页。有关《列子》成书时间的讨论，见T. H. Barrett, "Lieh Tzu," in *Early Chinese Texts: A Bibliographical Guide*, ed. Michael Loewe (Berkeley, CA: Society for the Study of *Early China* and Institute of East Asian Studies, University of California, Berkeley, 1993), pp.299-301；以及A. C. Graham, *The Book of Lieh-tsu: A Classic of Tao* (New York: Columbia University Press, 1990), pp. 11-13.

34 关于"辰"的讨论，参见郭沫若：《释支干》，《甲骨文字研究》考古编第 1 卷，科学出版社，2017 年，第 202—206 页。

35 张闻玉：《释辰》，《贵州大学学报》1994 年第 2 期，第 54 页。

36 同上。

37 同上，第 57—58 页。

38 何宁撰：《淮南子集释》上册，第 238 页；（晋）杜预集解：《春秋经传集解》，中华书局，2014 年，第 1443 页；《汉书》中也记载："辰者，日月之会而建所指也。"《汉书》，中华书局，2013 年，第 1005 页。

39 "朔：月一日始苏也。从月屰声。"《说文解字》，中华书局，1985 年，第 221 页；"朔，苏也，月死复苏生也。"《释名疏证补》，中华书局，2008 年，第 20 页。

40 《吕氏春秋·季春纪·三月纪》记载："季春之月……田鼠化为鴽。"许维遹撰，梁运华整理，《吕氏春秋集释》，第 58—59 页。《礼记·月令》记载："季春之月……桐始华，田鼠化为鴽。"（清）孙希旦撰，沈啸寰、王星贤点校，《礼记集解》上册，第 430—431 页。

41 何宁撰：《淮南子集释》上册，第 239 页。

42 "震：分阴阳交互用事，属于木德，取象为雷，出自东方。《震》有声，故曰雷，雷能警于万物，为发生之始，故取东也。为动之主，为生之本。"（汉）京房撰，（三国）陆绩注，（明）范钦订，郭彧校点，《京氏易传》，《儒藏精华编》第一册，第 11—12 页。

43 "三月也，律中姑洗。姑洗者，言万物洗生。其于十二子为辰。辰者，言万物之蜄也。"《史记》，中华书局，2013 年，第 1246 页。

44 程少轩：《放马滩简式占古书佚书研究》，中西书局，2018 年，第 97 页。

45 "王曰：'七律者何？'对曰：'昔武王伐殷，岁在鹑火，月在天驷，日在析木之津，辰在斗柄，星在天鼋。量与日、辰之位皆在北维，颛顼之所建也，帝喾受之。我姬氏出自天鼋，及析木者，有建星及牵牛焉，则我皇妣大姜之姪、伯陵之后逢公之所凭神也。岁之所在，则我有周之分野也。月之所在，辰马农祥也，我太祖后稷之所经纬也。王欲合是五位三所而用之，自鹑及驷七列也，南北之揆七同也。凡人神以数合之，以声昭之，数合声和，然后可同也。故以七同其数而以律和其声，于是乎有七律。'"徐元诰撰，王树民、沈长云点校，《国语集解》，第 123—126 页。

46 刘信芳：《曾侯乙墓衣箱礼俗试探》，《考古》1992 年第 10 期，第 937 页。

47 钟守华：《曾侯乙墓漆箱"武王伐殷"星象图考》，《江汉考古》2002 年第 2 期，第 69—73 页；钟守华：《曾侯乙墓漆箱铭辞星象与方祀考》，《中国历史文物》2008 年第 1 期，第 4—8 页。

48 钟守华：《曾侯乙墓漆箱"武王伐殷"星象图考》，《江汉考古》2002 年第 2 期，第 73 页。

49 David W. Pankenier, "Early Chinese Astronomy and Cosmology: The 'Mandate of Heaven' As Epiphany," (PhD diss., Stanford University, 1983), p.170.

50 吕晨晨：《天地之和：曾侯乙墓的音象系统与宇宙想象》，《美术大观》2023 年 5 月，第 81 页。

51 同上。

52 关于曾侯乙墓中发现的乐器的意义，详见吕晨晨：《天地之和：曾侯乙墓的音象系统与宇宙想象》。

53 吕晨晨：《天地之和：曾侯乙墓的音象系统与宇宙想象》，第 63 页、66—67 页。

54 同上。

55 同上，第 59—60 页。

56 同上，第 68 页。

57 《淮南子·时则训》记载："六合：孟春与孟秋为合，仲春与仲秋为合，季春与季秋为合，孟夏与孟冬为合，仲夏与仲冬为合，季夏与季冬为合。孟春始嬴，孟秋始缩；仲春始出，仲秋始内；季春大出，季秋大内；孟夏始缓，孟冬始急；仲夏至修，仲冬至短；季夏德毕，季冬刑毕。故正月失政，七月凉风不至；二月失政，八月雷不藏；三月失政，九月不下霜；四月失政，十月不冻；五月失政，十一月蛰虫冬出其乡；六月失政，十二月草木不脱；七月失政，正月大寒不解；八月失政，二月雷不发；九月失政，三月春风不济；十月失政，四月草木不实；十一月失政，五月下雹霜；十二月失政，六月五谷疾狂。"何宁撰，《淮南子集释》上册，第 437—438 页。

58 陇菲：《柷、敔考辨》，《中国音乐》2019 年第 3 期，第 68—76 页。

59 "同人：虾蟆群聚，从天请雨。云雷运集，应时辄下，得其所愿。"《焦氏易林注》，九州出版社，2010 年，第 426 页。

60 《长沙马王堆二、三号墓》，第 185—186 页。

61 王青：《长沙马王堆古笛的复制研究》，《湖北师范学院学报》2013 年第 6 期，第 56—58 页。

62 蒋廷瑜：《铜鼓雌雄论》，《中南民族学院学报》1999 年第 5 期，第 67 页。

63 同上。

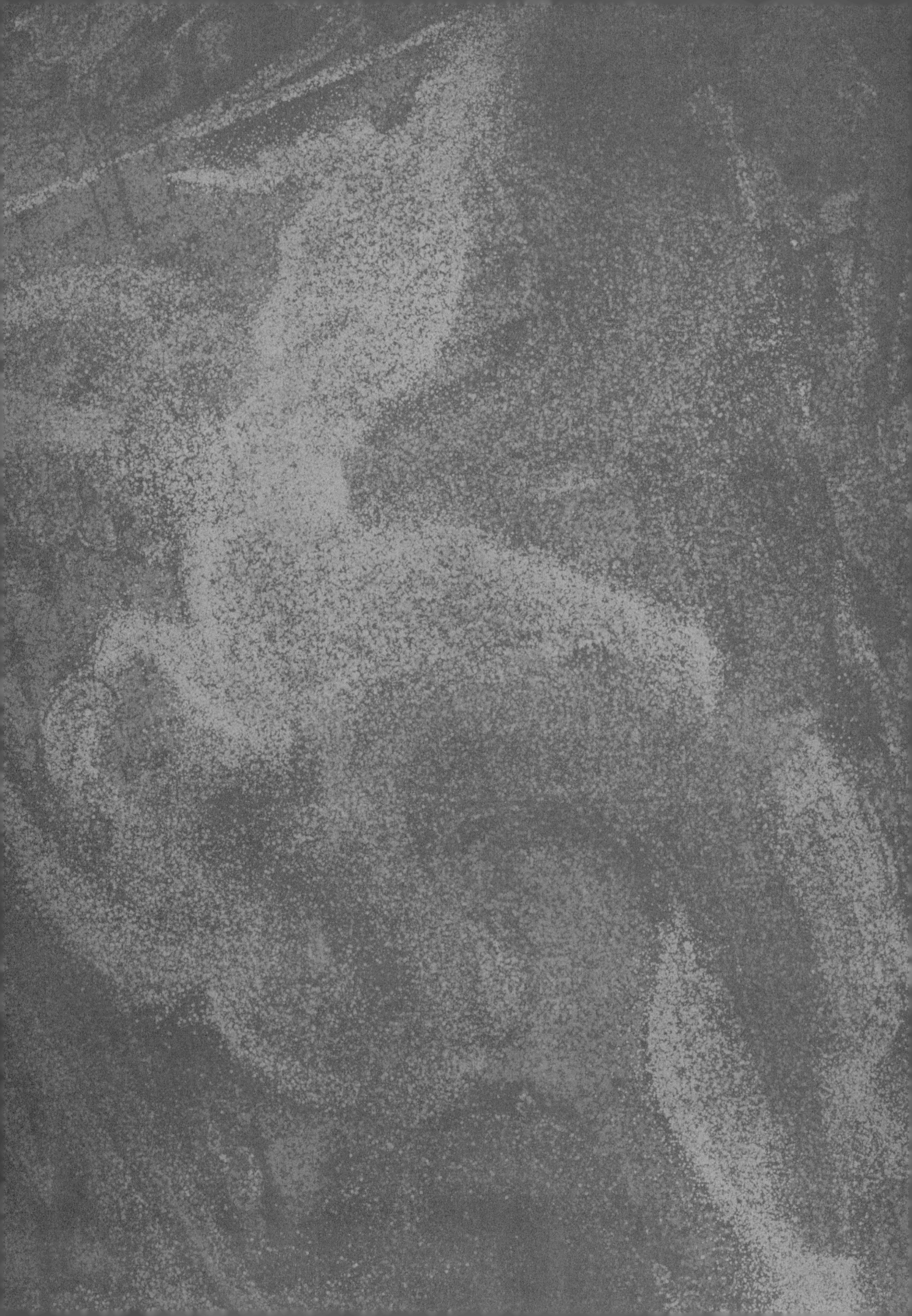

05

马王堆天文数术系列图

1

帛书《刑德》甲篇(局部)

三号墓 东57-6㉙

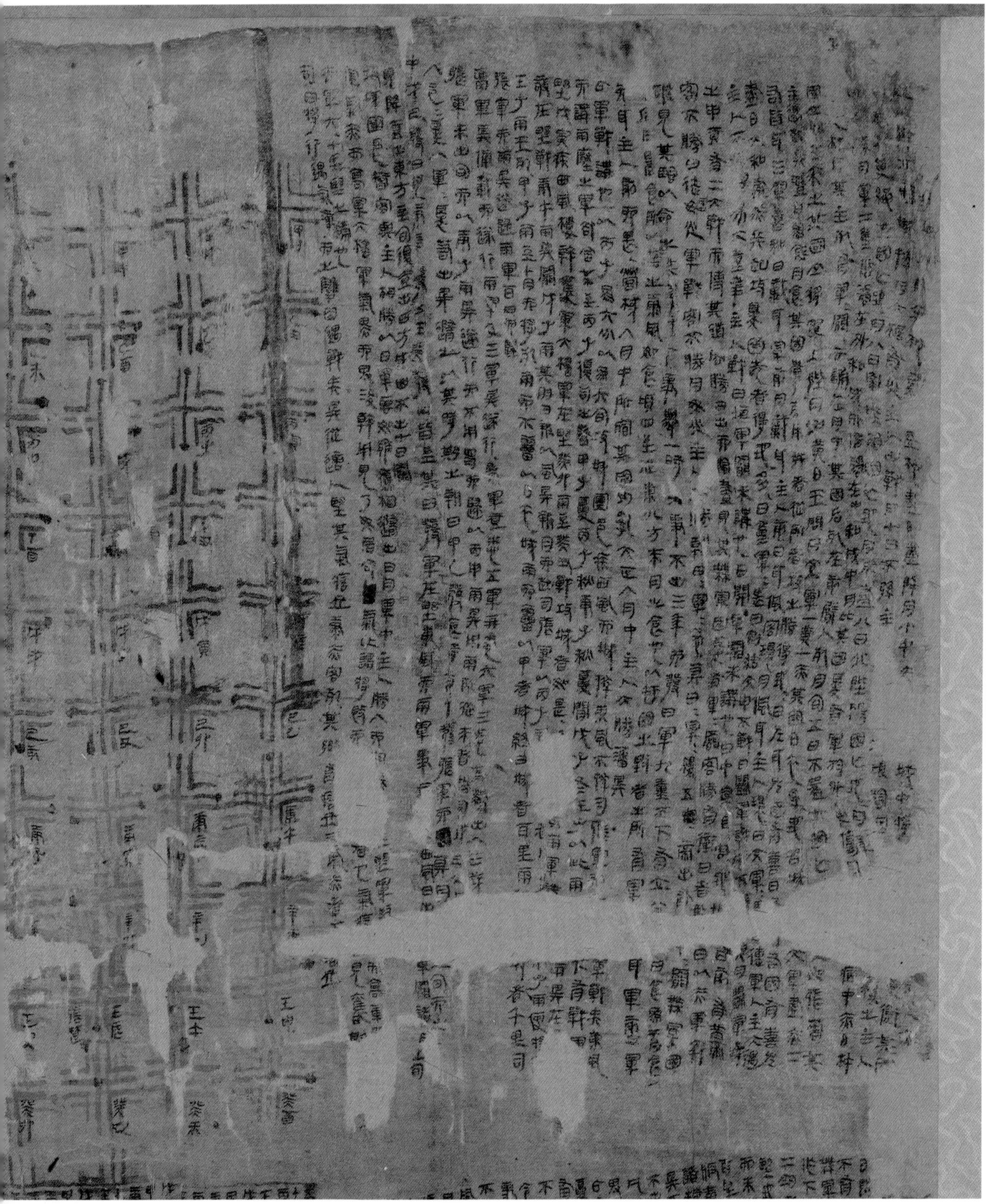

帛书《刑德》甲篇(局部)

一　时空

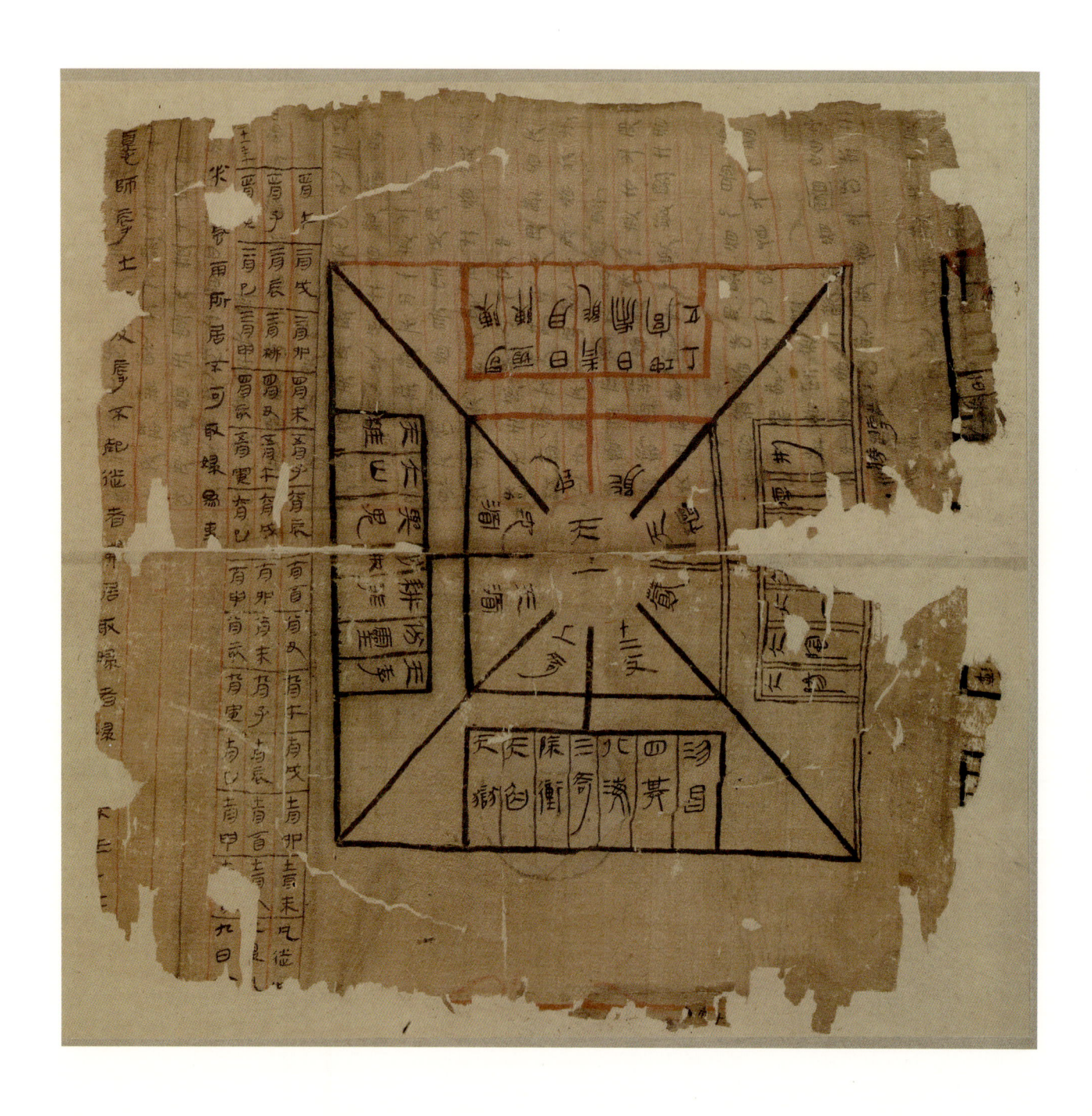

2
帛书《阴阳五行》乙篇(局部)

三号墓 东57-6㉔

(図)

3

《太一祝图》

三号墓 东57-6㉘
长43.5厘米，宽45厘米

井上金鳥矢母攻未

武鬼少男四如取敢放痕行葉

及木百吳母重

更麥持鏡

精畏長畏

马王堆帛书《刑德》《阴阳五行》诸篇图像复原

程少轩

长沙马王堆三号汉墓出土的帛书《刑德》《阴阳五行》诸篇数术文献有不少表示描绘神煞运行的图像。这些图像大多有不止一个版本，可以相互比勘，因此虽然有些图像残损十分严重，却依然可以将它们复原完整。在马王堆帛书资料陆续发表的过程中，有不少学者对其中部分图像做过复原，但或多或少存在一些问题。我们在旧有研究的基础上，尝试对这些图像做尽可能彻底的复原。

一、《太阴刑德大游图》A 式

（一）图像简介

马王堆帛书《刑德》甲、乙两篇各有一幅由许多式图（或称"勾绳图"）组成的图。（图1、图 2）该图中的式图自右向左纵向排为六列，每列十个，共计六十个，配以六十甲子，每个式图上都有标注神煞运行的圆点。傅举有[1]、陈松长[2]、马克[3]、胡文辉[4]等学者都讨论过该图。通过他们的研究可知，该图是用来表示马王堆帛书《刑德》中太阴、德、刑等神煞按照太阴纪年运行之方位的。马克先生称之为《太阴刑德游年表》，陈松长先生称之为《大游甲子表》，胡文辉先生称之为《太阴刑德岁徙表》。该图中神煞的运行在《刑德》甲篇中被称为"大游"，结合三位学者的意见，我们将之命名为《太阴刑德大游图》。

（二）复原说明

由于笔迹漫漶和帛书残损，《太阴刑德大游图》中用以标注神煞运行的圆点已不完整。马克先生最先对这一图像进行了复原，用黑点表示太阴的运行，白点表示德的运行，他的复原方案得到了学界的普遍赞同。（图 3）此后学者引用该图，皆依据马克先生的复原方案。

《刑德》甲篇图旁有如下一段说明文字：

□□□□也。黑者德也。白者【刑】也。

【今皇】帝十一年，大（太）阴在巳，左行，岁居一辰，大（太）阴在所，战，弗敢攻。

说明文字称黑者为德、白者为刑，而图中所见的点则表示太阴和德，且都是黑色，两者并不相合。马克先生指出了这一矛盾：

从《马王堆汉墓文物》的照片看来，代表太阴和德之运行的小点似乎都是黑色的，很难确定其原来的颜色。……刑之方位在甲子表上没有标记，其因不明。但甲篇甲子表旁的文

图1 《刑德》甲篇《太阴刑德大游图》

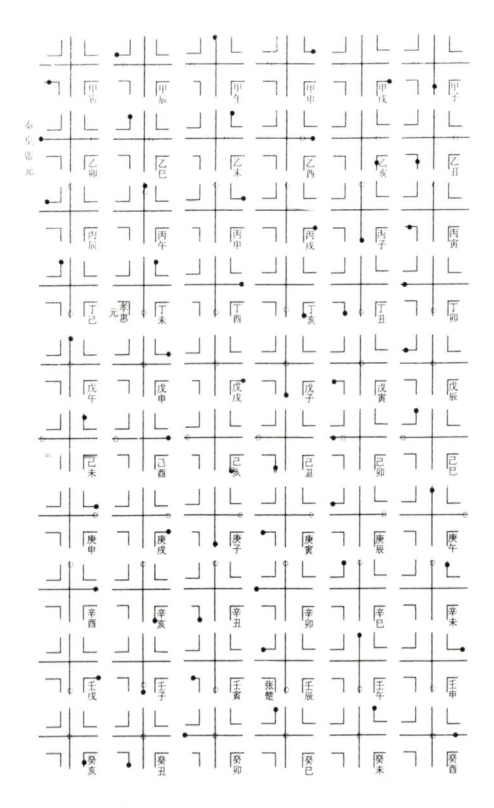

图2 《刑德》乙篇《太阴刑德大游图》

图3 《刑德》乙篇《太阴刑德大游图》复原（马克方案）

图4 《刑德》甲篇《太阴刑德大游图》局部

字暗示这种可能性是存在的。[5]

受当时资料条件的限制，马克先生尚未解决这一矛盾，所以给出的复原方案仅是示意图，图中黑白两种点的颜色并不反映图表的实际状况。

陈松长先生在随后的研究中，认为太阴和刑用同一个点表示，这个点原来应该是白色。但这一观点显然与《刑德》的相关记述矛盾。《刑德》乙篇有对太阴、刑、德三者运行的详细说明：

德始生甲，大（太）阴始生子，刑始生水＝（水。水，）子，故曰刑德始于甲子。刑、德之岁徙也，必以日至之后七日之子、午、卯、酉。德之徙也，子若午；刑之徙也，卯若酉。刑、德之行也，岁徙所不胜（胜），而刑不入宫中〈中宫〉，居四隅。甲子之舍始东南以䮚（驯—顺）行，廿岁而壹＝周＝（壹周，壹周）而刑德四通，六十岁而周＝（周，周）于癸亥而复从甲子始。刑德初行六岁而并于木，四岁而离＝（离，离）十六岁而复并木；大（太）阴十六岁而与德并于木。

"刑始生水"，是说刑最初在水位，按五行理论，水对应北方，所以刑从北方开始。"岁徙所不胜，刑不入中宫"，是说刑每年按五行相克的规律反向运行，但不徙至正中，即土行所主之位，只按北水、东木、西金、南火的顺序在四方循环运行。"居四隅"，指刑不入正位，而处奇位。而太阴则是起于子位，顺时针运行，岁徙一辰，十二年一循环。太阴与刑之运行差别甚大，绝不可能用同一个点表示，因此图中表示太阴运行的圆点也就不可能是白色。

图表上表示太阴和德的圆点都是黑色，而根据图表旁的说明文字"黑者德也"，可以确定表示德的圆点一定是黑色。"黑者德也"上面还有一段缺文，残剩一个"也"字，据书写位置可知残缺四字。不难推知，这句缺文应该是说表示太阴之圆点的颜色。细审图版，我们发现残句"也"字上方尚存"阴"之左半的阜旁。（图4）观察《刑德》乙篇的彩色图版，可以看出，图表中表示太阴和德之运行的点虽然都呈现黑色，但太阴的黑点更显粗重。这种更显粗重的黑点原来应该是什么颜色呢？仔细观察马王堆帛书的相关图片，我们可以断定，太阴原本是用青色的点表示的，这段说明文字原当写作：

青者大（太）阴也。黑者德也。白者刑也。

马王堆帛书《刑德》中还有一种《刑德小游图》，该图在东、西、南、北、中四方各绘有两个宫格，其中中央用黄色，南方用红色，北方用黑色，西方以双钩线条描绘来表现白色，这是古人惯用的五方五色搭配，但理当配以青色的东方两宫却呈现黑色。陈松长先生指出，东方两宫"线条又粗又重"。由于帛书是折叠后下葬的，帛书上有很多渗印的痕迹，较之其余黑色墨迹，东方两宫的渗印痕迹特别明显。这种粗重的黑色与北方宫格的黑色有显著差异，恰如我们所讨论的太阴黑点与德之黑点的差异。

马王堆帛书《天文气象杂占》中有一个呈现黑色的弓形云图，说明文字作：

青云如弓，攻城，入，胜。

《天文气象杂占》中亦有"赤云"，图像皆为红色，可见帛书中云的颜色与文字说明是对应的。

通过对《太阴刑德大游图》太阴圆点、《刑德小游图》东方两宫栏线和《天文气象杂占》青云图案的比较，我们可以断定，这些呈现黑色的图案，原本都应该是青色。古人一般使用含铜矿物如石青、石绿等作为青色颜料，这些铜盐的化学性质多不似红色颜料朱砂和黑色颜料石墨那样稳定。马王堆帛书或即用了这类青色颜料，以致经长期氧化成为黑色。图中太阴点用青色、德之点用黑色、刑之点用白色、式图线条用红色，恰与《刑德小游图》四方颜色一致。

从图表上难以看出表示刑的白色点的痕迹。虽然不排除原图漏绘的可能，不过既然《刑德》甲篇明言"白者刑也"，说明这种点原本应该存在。《刑德小游图》用黑色双钩线来表示白色，然而《太阴刑德大游图》中式图的底色是红色，在红色底纹上不方便用双钩线来表示白色。我们推测，图像的绘制者可能用了某种白色矿物（很可能是石灰粉）作为刑之白点的颜料，这种颜料由于长期在酸性棺液[6]中浸泡而溶解了。

根据《刑德》乙篇对刑之运行的描述，这些白点无疑应按北、东、西、南的顺序在《太阴刑德大游图》上循环十五次，只是具体的位置尚难确定。《刑德》乙篇称刑"居四隅"，说明刑不在四个正方向上，而处在相当于小游图中"奇宫"的位置。在式图上，白点绘于丑、辰、戌、未的可能性相对较大。

综上所论，我们可以在马克先生等学者研究的基础上，对《太阴刑德大游图》做进一步复原。

（三）《刑德》甲篇《太阴刑德大游图》复原（图5）

图左旁文字：

【青者大（太）】阴也﹐[ㄴ]，黑者德也ㄴ，白者【荆（刑）】也。

【今皇】帝十一年，大（太）阴在巳，左行，岁居一辰，大（太）阴在所，战，弗敢攻。

图中文字：

甲子；乙丑；丙寅；丁卯；戊辰；己巳；庚午；辛未；壬申；癸酉；

甲戌；乙亥；丙子；丁丑；戊寅；己卯；庚辰；辛巳；壬午；癸未；

甲申；乙酉；丙戌；丁亥；戊子；己丑；庚寅；辛卯；壬辰，张楚；癸巳；

甲午；乙未；丙申；丁酉；戊戌；己亥；庚子；辛丑；壬寅；癸卯；

甲辰；【乙巳】，今皇帝十一；丙午；丁未；戊申；己酉；庚戌；【辛亥】；壬子；癸丑；

甲寅；乙卯，【秦】皇帝元■；丙辰；丁巳；戊午；己【未；庚申；辛酉；壬戌；癸亥】。

（四）《刑德》乙篇《太阴刑德大游图》复原（图6）

图中文字：

甲子；乙丑；丙寅；丁卯；戊辰；己巳；庚午；辛未；壬申；癸酉；

甲戌；乙亥；丙子；丁丑；戊寅；己卯；庚辰；辛巳；壬午；癸未；

【甲申；乙酉；丙】戌；丁亥；【戊】子；己丑；庚寅；辛卯；壬辰，张楚；癸巳；

【甲午；乙未；丙申；丁酉】；戊戌；己亥；庚子；辛丑；壬寅；癸卯；

甲辰；【乙巳】；丙午；丁未，孝惠元；戊申；己酉；庚戌；辛亥；壬子；癸丑；

甲寅；乙卯，秦皇帝元；丙辰；丁巳；戊午；己未；庚申；【辛酉】；壬戌；癸亥。

二、《太阴刑德大游图》B式

（一）图像简介

《阴阳五行》乙篇之《太阴刑德大游图》（图7）与《刑德》甲篇、乙篇《刑德占》原理一致而形式大不相同。该图以在式图上标注文字的形式对太阴、刑、德的运行和相关占卜作了说明。图的内容可按照书写位置的不同分为三大部分：第一部分抄于式图四周十二辰位及中央；第二部分抄于式图东、西、南、北、中五方；第三部分抄于式图四角。式图十二辰位

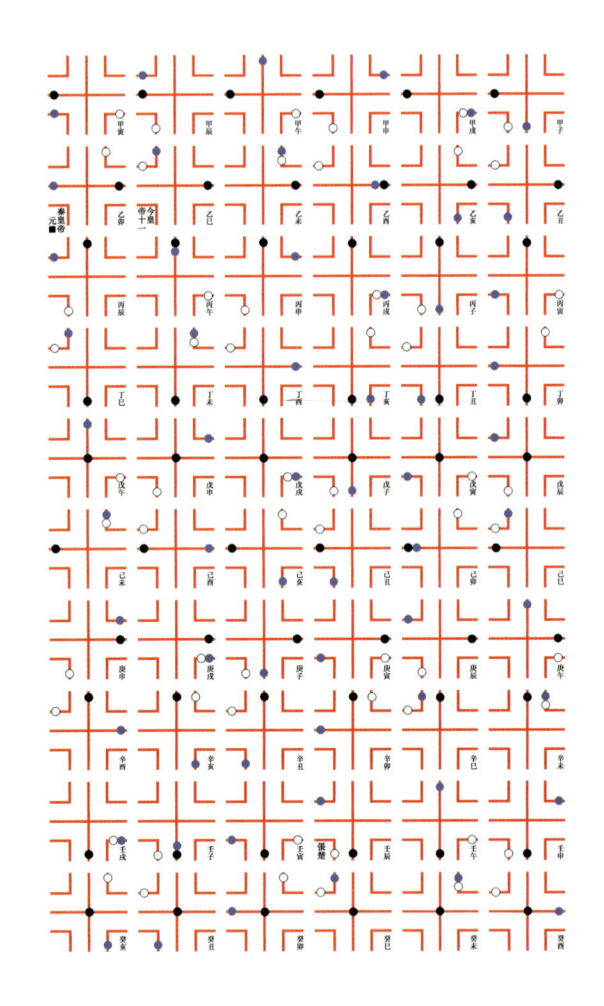

图 5　《刑德》甲篇《太阴刑德大游图》复原图　　　　图 6　《刑德》乙篇《太阴刑德大游图》复原图

线条依四方对应的五行属性配色：东方寅、卯、辰位为青色（由于颜料氧化，呈现浓重的黑色）；南方巳、午、未位为红色；西方申、酉、戌位为白色（用黑色双钩线条表示）；北方亥、子、丑位为黑色。式图四角用红色线条与十二辰位线条围成方形，第三部分文字抄写于方框内。

（二）复原说明

十二辰位文字是《太阴刑德大游图》的主体部分，在式图十二辰位及中央以文字的形式标出太阴纪年、刑之方位和德迁徙之干支日，太阴纪年同时也代表了太阴方位，文字所处位置同时代表了德在该太阴年所处的方位。

图中有两处抄写错误：其一在中央，癸卯年德迁徙之日"戊午"误抄作"戊子"；其二是北方亥、子、丑三位，抄手一开始误将每组四个干支抄为三个，于是抄成亥位"丁卯、

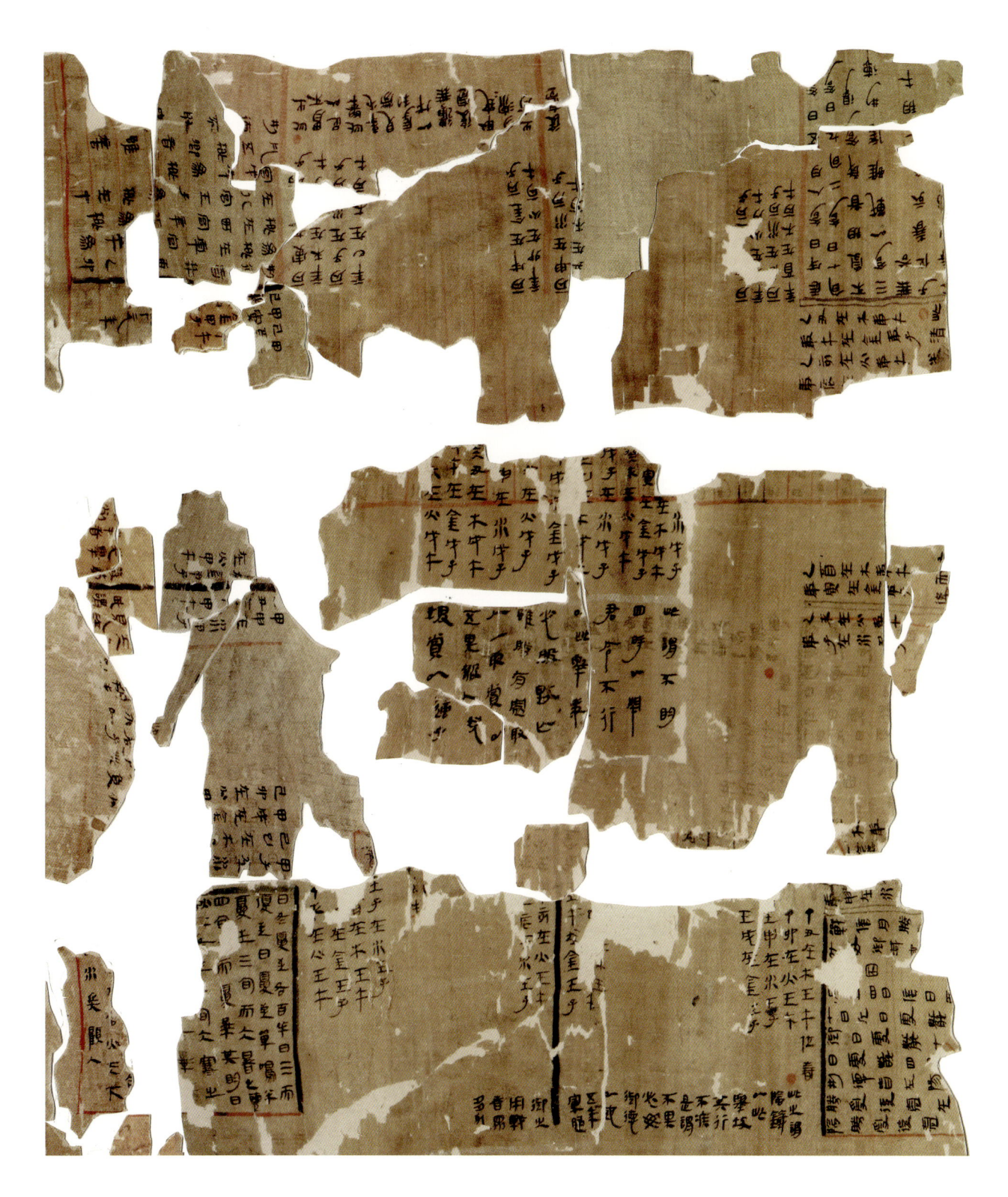

图 7　《阴阳五行》乙篇《太阴刑德大游图》

壬申、丁丑"（丁丑位置亦抄错）、子位"壬午、丁亥、壬辰"、丑位"丁酉、壬寅、丁未"，待抄完发觉漏抄三干支，于是将"壬子""丁巳""壬戌"倒序补抄于丑、子、亥的空白处，遂使北方内容全部错乱。经校改后，正确的文字当如表1所示：

表1　《太阴刑德大游图》十二辰位内容校正表

干支序	太阴纪年	刑方位	德迁徙日	干支序	太阴纪年	刑方位	德迁徙日
1	甲子	在水	甲子	24	丁亥	在火	壬午
2	乙丑	在木	庚午	25	戊子	在水	戊子
3	丙寅	在金	丙子	26	己丑	在木	甲午
4	丁卯	在火	壬午	27	庚寅	在金	庚子
5	戊辰	在水	戊子	28	辛卯	在火	丙午
6	己巳	在木	甲午	29	壬辰	在水	壬子
7	庚午	在金	庚子	30	癸巳	在木	戊午
8	辛未	在火	丙午	31	甲午	在金	甲子
9	壬申	在水	壬子	32	乙未	在火	庚午
10	癸酉	在木	戊午	33	丙申	在水	丙子
11	甲戌	在金	甲子	34	丁酉	在木	壬午
12	乙亥	在火	庚午	35	戊戌	在金	戊子
13	丙子	在水	丙子	36	己亥	在火	甲午
14	丁丑	在木	壬午	37	庚子	在水	庚子
15	戊寅	在金	戊子	38	辛丑	在木	丙午
16	己卯	在火	甲午	39	壬寅	在金	壬子
17	庚辰	在水	庚子	40	癸卯	在火	戊午
18	辛巳	在木	丙午	41	甲辰	在水	甲子
19	壬午	在金	壬子	42	乙巳	在木	庚午
20	癸未	在火	戊午	43	丙午	在金	丙子
21	甲申	在水	甲子	44	丁未	在火	壬午
22	乙酉	在木	庚午	45	戊申	在水	戊子
23	丙戌	在金	丙子	46	己酉	在木	甲午

续表 1

干支序	太阴纪年	刑方位	德迁徙日	干支序	太阴纪年	刑方位	德迁徙日
47	庚戌	在金	庚子	54	丁巳	在木	壬午
48	辛亥	在火	丙午	55	戊午	在金	戊子
49	壬子	在水	壬子	56	己未	在火	甲午
50	癸丑	在木	戊午	57	庚申	在水	庚子
51	甲寅	在金	甲子	58	辛酉	在木	丙午
52	乙卯	在火	庚午	59	壬戌	在金	壬子
53	丙辰	在水	丙子	60	癸亥	在火	戊午

我们的复原图依照表 1 绘制，错误直接改正，缺文径直补出。（图 8）

北方亥位"丁卯"（抄手误抄作"丁丑"）年下抄有"位""春"二字，与式图西南角推定上朔日之文字相关，系提示"子位，春""午位，春"术语之含义。

东方辰位"甲寅"年下有"今元年"，甲寅年为吕后元年，据此可知《阴阳五行》乙篇是吕后年间抄本。

式图五方文字是据德之方位为占。五方之德皆有专名，每句占辞均有韵。这些占辞亦见于《刑德》乙篇，文字略有不同。《刑德》乙篇皆以"德在某方"开头，《阴阳五行》乙篇由于将文字书写在德所处的位置，因此直接以"此谓""此之谓"开头，不再赘述德之方位。

帛书抄写时，应该是在五方靠右的位置先点上红色圆点，标出预设的起始位置之后再行抄写。但在抄写中央"德在土"占辞时，为了与上面太阴、刑、德文字对齐，所以没有从圆点起抄。

中央"德在土"占辞第五行"必服毁亡"，"服"字当是"败"字之讹。[7] 我们在复原图中径写作"败"。

东方"德在木"占辞，"天乃见袄"之"袄"本写作"沃"，《长沙马王堆汉墓简帛集成》（后文径称《集成》）原释文误释[8]；"此谓发箭〈箭〉"之"此"，原释文误作"氏"。另外，"箭"是"箭"之误字，我们在复原图中径写作"箭"。

东北角第一行中"半"系"八十"合文之误，我们在复原图中径写作"八十"之合文。

两处"四旬"之后残字皆可补为"五"或"六",因不能确定究竟是补"五"还是"六",暂作"□"处理。最末三行文字残损严重,且与前七行内容不同,不排除还有完全残去的行,复原图像暂按三行处理。参考前七行之文字,最后三行暂按每行九字绘出缺文之"□"。

西南角关于"三奇"的文字"虽倍荆德无咎"存在抄写错误。我们在《集成》注释中认为:"此处文字有抄误,应作'虽左、迎刑、德,无咎'。"这里的文字和前面东南角关于"五根"的文字"凡五根乡(向)者,虽倍(背)荆(刑)、德,不取地"可能有对应关系。若"三奇"的确是与"五根"相对成文,此处更可能作"虽迎刑德无咎",抄成"倍"系承上而误。为了同时照顾到复原图像文字排列的整齐,暂取"倍"改为"迎"的方案。"子位,春,亥为上朔;午位,春,巳为【上朔】"一句后面不排除仍有其它残缺文字,暂按末句处理。

西北角残缺较严重。第一行行末残缺,第二行行首是"斗",残去的有可能是"毋迎北"三字,现暂按缺三字处理。相应的,第二行行末暂按缺两字处理。第三行行首"困"字前或缺两至三字,暂按缺两字处理。

(三)《阴阳五行》乙篇《太阴刑德大游图》复原(图8)

十二辰位文字:

东方寅位:

甲子,在水,【甲子】;

己巳,在木,甲【午】;

甲戌,在金,【甲子】;

己卯,在火,甲午;

东方卯位:

甲申,在水,甲子;

己丑,在木,甲午;

甲午,在金,甲子;

己亥,在火,甲午;

东方辰位:

甲辰,【在水,甲子】;

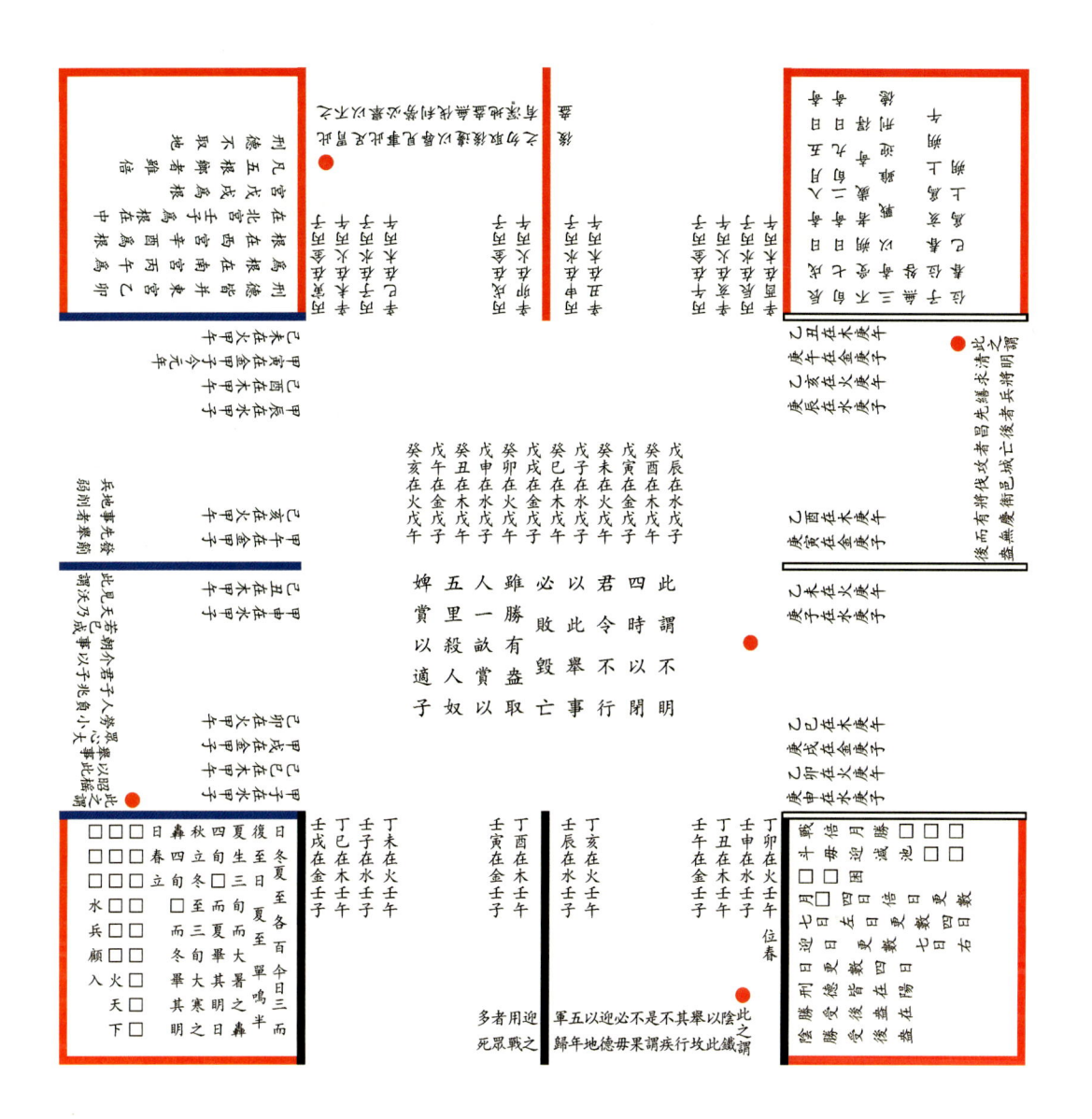

图 8　《阴阳五行》乙篇《太阴刑德大游图》复原图

己酉，【在木】，甲午；

甲寅，【在】金，甲子，今元年；

己未，【在】火，甲午；

南方巳位：

丙寅，在【金】，丙子；

辛未，在【火】，丙午；

丙子，在水，丙子；

辛巳，在木，丙午；

141

南方午位：

丙戌，在金，丙子；

辛卯，在火，丙午；

丙申，在水，丙子；

【辛】丑，在木，丙午；

南方未位：

丙午，【在】金，丙子；

辛亥，在火，丙午；

丙辰，在水，丙子；

辛酉，在木，丙午；

中央右边：

【戊辰，在】水，戊子；

【癸酉】，在木，戊午；

【戊】寅，在金，戊子；

癸未，在火，戊午；

中央中间：

戊子，在水，戊子；

癸巳，在木，戊午；

戊戌，在金，戊子；

【癸】卯，在火，戊子〈午〉；

中央左边：

【戊】申，在水，戊子；

癸丑，在木，戊午；

戊午，在金，戊子；

癸亥，在火，戊午；

西方申位：

乙丑，在木，庚午；

庚午，在金，庚子；

乙亥，在火，庚午；

庚辰，在【水，庚子】；

西方酉位：

乙酉，在木，庚午；

庚寅，在金，庚子；

乙未，在火，庚午；

庚子，在水，庚子；

西方戌位：

【乙巳】，在木，庚【午】；

【庚戌】，在金，【庚子】；

【乙卯，在】火，【庚午】；

庚申，在水，【庚子】；

北方亥位：

丁丑〈卯〉，在木〈火〉，壬午，位，春；

丁〈壬〉卯〈申〉，在火〈水〉，壬午〈子〉；

壬〈丁〉申〈丑〉，在水〈木〉，壬子〈午〉；

壬戌〈午〉，在金，壬子；

北方子位：

【丁巳〈亥〉，在木〈火〉，壬】午；

壬午〈辰〉，在金〈水〉，壬子；

【丁】亥〈酉〉，在火〈木〉，壬午；

壬辰〈寅〉，在水〈金〉，壬子；

北方丑位：

壬〈丁〉子〈未〉，在水〈火〉，壬子〈午〉；

【丁〈壬〉酉〈子〉】，在木〈水〉，壬午〈子〉；

【壬〈丁〉寅〈巳〉】，在金〈木〉，壬子〈午〉；

丁〈壬〉未〈戌〉，在火〈金〉，壬午〈子〉。

五方文字：

中央土位：

●此谓不明（明），四时以闭，君令不行，以此举事，必服〈败〉毁亡，虽胜有盎〈殃〉，取人一亩，赏（偿）以五里，杀人奴婢，赏（偿）以适（嫡）子。

东方木位：

【●此之谓昭榣，以此举事，众心大劳，】小【人】负子兆（逃），君子介以朝，事【若】巳（已）【成】，天乃见祅，此谓发箭〈箭〉，先举事者地削【兵弱】。

西方金位：

●此【之谓】清【明（明）】，求【将缮兵，先者昌，后者亡，攻城伐邑，将衔（帅）】有【庆】，而【无】后【盎（殃）。】

南方火位：

●此之胃（谓）不足，以此举事，必见劳辱，利以伐边，无后盎（殃），取地勿深=（深，深）之有后盎（殃）。

北方水位：

●此之谓阴铁，以此举（仕—事），其行不疾，是谓不果，必毋迎德以地，五年军归，迎之用战者，众多死。

四角文字：

东北角：

日冬、夏至各百半〈伞-八十〉日三而复至日。夏至，单（蝉）鸣，半夏生，三旬而大暑之轰（隆），四旬【□】而夏毕，其明（明）日秋立。冬至，三旬大寒之【轰（隆）】，四旬□而】冬毕，【其明（明）日春立】。

144

☐☐☐☐火天下☐水兵顾入。

东南角：

荆（刑）德皆并东【宫】乙卯为根；在南宫【丙午】为根；在西宫辛酉为根；在北宫壬子为根；在中宫戊戌为根。

凡五根乡（向）者，虽倍（背）荆（刑）、德，不取地。

西南角：

辰戌日奇，入月五日奇，旬七日奇，二旬九日奇，不受朔者岁奇，得三奇以战，虽倍（背）〈迎〉荆（刑）、德，无咎。

子位，春，亥为上朔；午位，春，巳为【上朔】。

西北角：

战倍（背）月，胜；☐斗；毋迎减（咸）池，☐困。

月☐四日，倍（背）日更【数】七日，左日更数【四日】，迎日更数七【日，右】日更数四日。

荆（刑）德皆在阳，胜受后盎（殃）；在阴，胜受后盎（殃）。

三、《刑德小游图》A 式

（一）图像简介

《刑德》甲篇和乙篇各有一幅用来表示刑、德等神煞随日之干支在奇正十宫中运转方位的图像。（图9、图10）傅举有[9]、陈松长[10]、马克[11]、胡文辉[12]等学者都讨论过此图。陈松长、傅举有、马克等先生将其命名为《九宫图》或《刑德九宫图》。胡文辉先生指出该图实际应有奇正十宫，故"九宫"之名不妥，并改命名为《刑德日徙图》。他们讨论该图像时，帛书尚未完整公布。在后来公布的《刑德》甲篇中，刑德的这种运行被称为"小游"，故此图宜命名为《刑德小游图》。

（二）复原说明

陈松长先生对此图像作过复原[13]（图11）：

《刑德》甲篇、乙篇《刑德小游图》形式大体相近，于东、西、南、北、中五个方向，

图9 《刑德》甲篇《刑德小游图》

图10 《刑德》乙篇《刑德小游图》

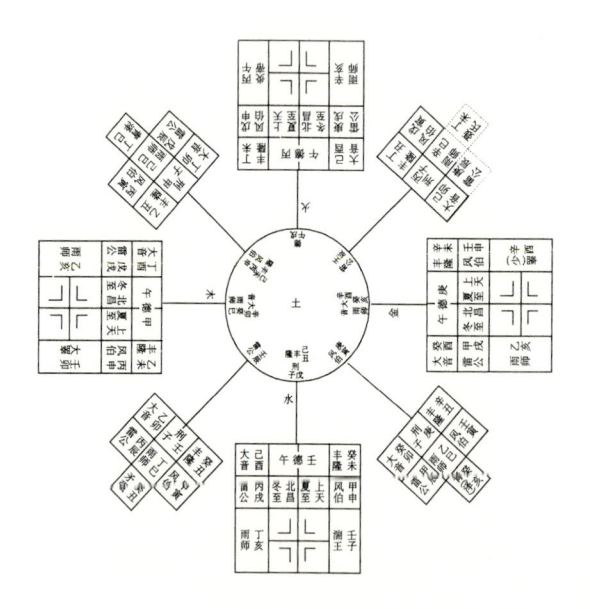

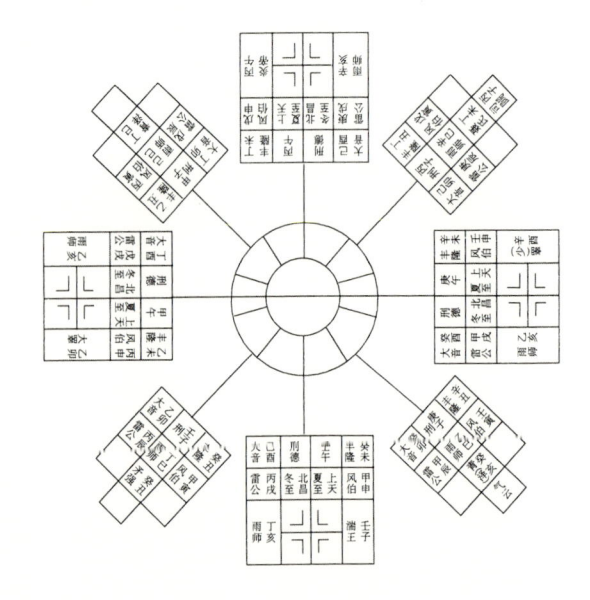

图11 《刑德》甲篇《刑德小游图》复原图（陈松长方案）

图12 《刑德》乙篇《刑德小游图》复原图（陈松长方案）

每个方向绘有两宫，中央两宫绘于同一圆内。四个正方向的四宫与中央的一宫称为"正"，其余五宫称为"奇"。[14] 十宫中写有刑、德、丰隆、风伯、大音、雷公、雨师诸神煞按日迁徙的方位。《刑德》乙篇和《阴阳五行》乙篇《刑德说明》中有对刑、德"小游"的详细说明。《刑德》乙篇相关内容如下：

● 荆（刑）、德六日而并游（游）也，亦各徙所不朕（胜）；[6] 荆（刑）以子游（游）于奇，以午与德合于正，故午而合，子而离。

● 戊子荆（刑）、德不入中[7]宫，径徙东宫；戊午德入，荆（刑）不入，径徙东南宫。亓（其）初发也，荆（刑）起（起）甲子，德[8]起（起）甲午。皆徙庚午，居庚午各六日。荆（刑）徙丙子，德徙丙午，居各六日。皆[9]并壬午，各六日。荆（刑）、德不入，径徙甲午，各十二日。荆（刑）徙庚子，德徙庚午，各六[10]日。皆徙丙午，各六日。荆（刑）徙壬子，德徙壬午，各六日。德徙戊午，荆（刑）不入[11]中宫，径徙甲子。德居中六日，徙甲午。荆（刑）【从因甲】子十二日。德居甲午六[12]日，荆（刑）德皆并，复徙庚午。单（战）欲倍（背）【之右之，勿迎勿左】。[13]

上引文第一句是讲刑德按日运转于的法则。奇，指四隅之宫；正，指四正之宫。其后一段是以一个周期为例，具体说明刑德小游运行的方式。文中的干支，皆指宫格中的位置，而非日期。刑、德小游的运行方式如表2：

表2 《刑德小游图》神煞运行一览表[15]

日期	刑德离合	刑方位	方位干支	值神	德方位	方位干支	值日神	说明
1	子而离	东方奇宫	甲子	刑	东方正宫	甲午	德	刑起甲子东方奇宫，德起甲午东方正宫，居六日
2			乙丑	丰隆		乙未	丰隆	
3			丙寅	风伯		丙申	风伯	
4			丁卯	大音		丁酉	大音	
5			戊辰	雷公		戊戌	雷公	
6			己巳	雨师		己亥	雨师	

续表2

日期	刑德离合	刑方位	方位干支	值神	德方位	方位干支	值日神	说明
7	午而合	西方正宫	庚午	刑德	西方正宫	庚午	刑德	刑德皆徙庚午西方正宫,居六日
8			辛未	丰隆		辛未	丰隆	
9			壬申	风伯		壬申	风伯	
10			癸酉	大音		癸酉	大音	
11			甲戌	雷公		甲戌	雷公	
12			乙亥	雨师		乙亥	雨师	
13	子而离	南方奇宫	丙子	刑	南方正宫	丙午	德	刑徙丙子南方奇宫,德徙丙午南方正宫,居六日
14			丁丑	丰隆		丁未	丰隆	
15			戊寅	风伯		戊申	风伯	
16			己卯	大音		己酉	大音	
17			庚辰	雷公		庚戌	雷公	
18			辛巳	雨师		辛亥	雨师	
19	午而合	北方正宫	壬午	刑德	北方正宫	壬午	刑德	刑德皆徙壬午北方正宫,居六日
20			癸未	丰隆		癸未	丰隆	
21			甲申	风伯		甲申	风伯	
22			乙酉	大音		乙酉	大音	
23			丙戌	雷公		丙戌	雷公	
24			丁亥	雨师		丁亥	雨师	
25	刑不入中宫,午而合	东方正宫	甲午	刑德	东方正宫	甲午	刑德	刑德皆不入中宫,径徙甲午东方正宫,居十二日
26			乙未	丰隆		乙未	丰隆	
27			丙申	风伯		丙申	风伯	
28			丁酉	大音		丁酉	大音	
29			戊戌	雷公		戊戌	雷公	
30			己亥	雨师		己亥	雨师	
31			甲午	刑德		甲午	刑德	
32			乙未	丰隆		乙未	丰隆	
33			丙申	风伯		丙申	风伯	
34			丁酉	大音		丁酉	大音	
35			戊戌	雷公		戊戌	雷公	
36			己亥	雨师		己亥	雨师	

续表2

日期	刑德离合	刑方位	方位干支	值神	德方位	方位干支	值日神	说明
37	子而离	西方奇宫	庚子	刑	西方正宫	庚午	德	刑徙庚子西方奇宫，德徙庚午西方正宫，居六日
38			辛丑	丰隆		辛未	丰隆	
39			壬寅	风伯		壬申	风伯	
40			癸卯	大音		癸酉	大音	
41			甲辰	雷公		甲戌	雷公	
42			乙巳	雨师		乙亥	雨师	
43	午而合	南方正宫	丙午	刑德	南方正宫	丙午	刑德	刑德皆徙丙午南方正宫，居六日
44			丁未	丰隆		丁未	丰隆	
45			戊申	风伯		戊申	风伯	
46			己酉	大音		己酉	大音	
47			庚戌	雷公		庚戌	雷公	
48			辛亥	雨师		辛亥	雨师	
49	子而离	北方奇宫	壬子	刑	北方正宫	壬午	德	刑徙壬子北方奇宫，德徙壬午北方正宫，居六日
50			癸丑	丰隆		癸未	丰隆	
51			甲寅	风伯		甲申	风伯	
52			乙卯	大音		乙酉	大音	
53			丙辰	雷公		丙戌	雷公	
54			丁巳	雨师		丁亥	雨师	
55	刑不入中宫，子而离	东方奇宫	甲子	刑	中央正宫	戊午	德	刑不入中宫，径徙甲子东方奇宫居十二日。德徙戊午中央正宫，居六日，徙甲午东方正宫，居六日
56			乙丑	丰隆		己未	丰隆	
57			丙寅	风伯		庚申	风伯	
58			丁卯	大音		辛酉	大音	
59			戊辰	雷公		壬戌	雷公	
60			己巳	雨师		癸亥	雨师	
61			甲子	刑	东方正宫	甲午	德	
62			乙丑	丰隆		乙未	丰隆	
63			丙寅	风伯		丙申	风伯	
64			丁卯	大音		丁酉	大音	
65			戊辰	雷公		戊戌	雷公	
66			己巳	雨师		己亥	雨师	

图中所缺神煞及对应的干支，可据《刑德》甲篇、乙篇、丙篇和《阴阳五行》乙篇相关图文补足。

丰隆、风伯、大音、雷公、雨师五种神煞分别对应云、风、雷声、电光、雨五种气象现象，刑和德则对应阴阳二气，这些神煞应是源自中国传统历法中将一年分为若干等分，每特定日数必"应之以风雨"的候节观念。

《刑德》甲篇与乙篇图像亦有一些不同。甲篇诸正宫皆无"刑"，而乙篇有之。甲篇北方正奇宫边栏为红色、南方正奇宫为黑色，而乙篇则相反，当以乙篇为是，甲篇疑是误绘。甲篇奇宫皆七格，而乙篇则是十格，乙篇应是受正宫十格影响而多绘。

较之《刑德》丙篇与《阴阳五行》乙篇另一种形式的《刑德小游图》，《刑德》甲篇与乙篇还多出以下一些内容：

1. 四方正宫均写有"大天夏至""北昌冬至"。

2. 四方正宫分别写有四个与干支搭配的神名。东方为"乙卯大皋"[16]，"大皋"即"太昊"[17]；南方为"丙午炎帝"；西方《刑德》甲篇为"【辛酉】小皋"，《刑德》乙篇为"辛酉大皋"，乙篇"大"为"小"之误，"小皋"即"少昊"[18]；北方《刑德》乙篇为"湍玉"[19]，即"颛顼"[20]。《刑德》甲篇残，今据《刑德》丙篇《天地阴阳》章补为"湍玉"。四正宫神名与传世文献的五方帝中的四方之帝一致。[21] 五方帝名亦见于《刑德》丙篇《天地阴阳》章，《刑德》甲篇、乙篇当是据该章"黄帝四战四克"的内容改写入图像的。

3. 四方奇宫亦分别写有与干支搭配的神名，胡文辉先生认为或许和文献中与五帝相配的"五臣"有关，[22] 饶宗颐先生疑或为风名。[23] 东方为"乙卯青绎"（"绎"乙篇作"泽"）；南方为"丁未聂氏"（甲篇缺，此据乙篇）；西方为"癸亥青泽"（甲篇缺，此据乙篇）；北方为"癸丑矛强"。饶宗颐先生指出"聂氏"即"摄提"，"矛强"即"禺强"。[24] 东、西两奇宫神名一致，或有抄讹。

甲篇西方奇宫外、乙篇西方奇宫内皆写有"气云"二字，陈松长先生认为是刑德运行的一种辅助的观测依据。[25] 我们在对比了《刑德》丙篇的相关内容后认为，"气云"皆标注在西北方宫格，系与《刑德》丙篇《地刚占》据戊戌日从西北方来之风气云雨占军事的占辞密切相关，这些占辞有一部分经改写后亦出现在《刑德》甲篇、乙篇。

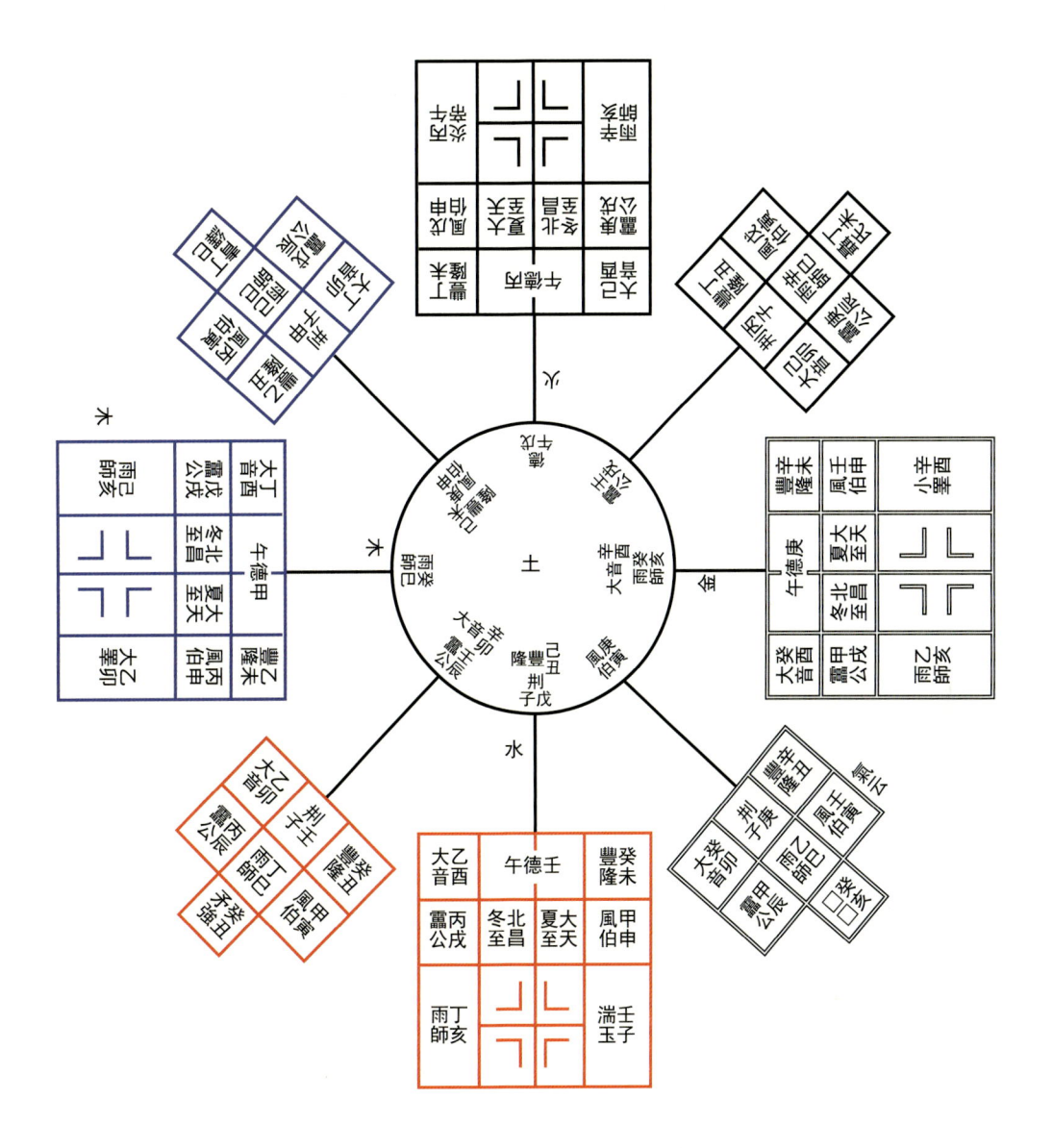

图 13 《刑德》甲篇《刑德小游图》复原图

乙篇奇宫内还写有"丙丁司鬮",旧多认为是神名。"丙丁"并非干支日,疑"丙丁司鬮"并非神名或神煞名,而是对南方宫格或相应之神相配的日干和职掌的注解。

(三)《刑德》甲篇《刑德小游图》复原(图13)

中央正宫:

戊午德　己未丰隆　庚申风伯　辛酉大音　壬戌鬮(雷)公　癸亥雨师

中央奇宫:

戊子荆(刑)　己丑丰隆　庚寅风伯　辛卯大音　壬辰鬮(雷)公　癸巳雨师

151

中宫内外：

土　木　火　金　水

东方正宫：

乙卯大（太）睪（昊）

大天夏至　北昌冬至

甲午德　乙未丰隆　丙申风伯　丁酉大音　戊戌矗（雷）公　己亥雨师

东方奇宫：

丁巳青绎

甲子荆（刑）　乙丑丰隆　丙寅风伯　丁卯大音　戊辰矗（雷）公　己巳雨师

东方宫外：

木

南方正宫：

丙午炎帝

大天夏至　北昌冬至

丙午德　丁未丰隆　戊申风伯　己酉大音　庚戌矗（雷）公　辛亥雨师

南方奇宫：

【丁未聂（摄）氏（提）】

丙子荆（刑）　丁丑丰隆　戊寅风伯　己卯大音　【庚辰矗（雷）公】　辛巳雨【师】

西方正宫：

【辛酉】小（少）睪（昊）

【大天】夏至　【北昌冬至】

庚午德　【辛】未丰隆　【壬申风】伯　癸酉大音　甲戌矗（雷）公　乙亥雨师

西方奇宫：

【癸亥□□】

庚子荆（刑）　辛丑丰隆　壬寅风【伯】　癸【卯】大音　甲辰矗（雷）公　乙【巳】雨师

西方奇宫外：

气云

北方正宫：

【壬子諯（颛）玉（顼）】

【大天夏至】　【北昌冬至】

【壬午德】　【癸未丰隆】　【甲申风伯】　乙酉大音　丙【戌】䨻（雷）【公】　【丁亥雨师】

北方奇宫：

癸【丑】矛〈禹〉强

壬子【荆（刑）】　癸丑【丰】隆　壬〈甲〉寅风伯　乙卯大音　丙辰䨻（雷）公　丁巳雨师

（四）《刑德》乙篇《刑德小游图》复原（图14）

中央正宫：

【戊午荆（刑）】德　【己未丰隆】　【庚申风柏（伯）】　辛酉大音　壬戌【䨻（雷）公】　【癸亥雨师】

中央奇宫：

戊子荆（刑）　【己】丑丰隆　庚寅风柏（伯）　辛【卯】大音　壬辰䨻（雷）公　【癸】巳雨师

东方正宫：

【乙】卯大（太）睪（昊）

大天夏至　北昌【冬】至

甲午荆（刑）德　乙未丰隆　丙申风柏（伯）　丁酉大音　戊【戌】䨻（雷）【公】　己亥雨师

东方奇宫：

丁巳青泽

甲子荆（刑）　乙丑丰隆　丙寅风柏（伯）　丁卯大音　戊辰䨻（雷）公　己巳雨师

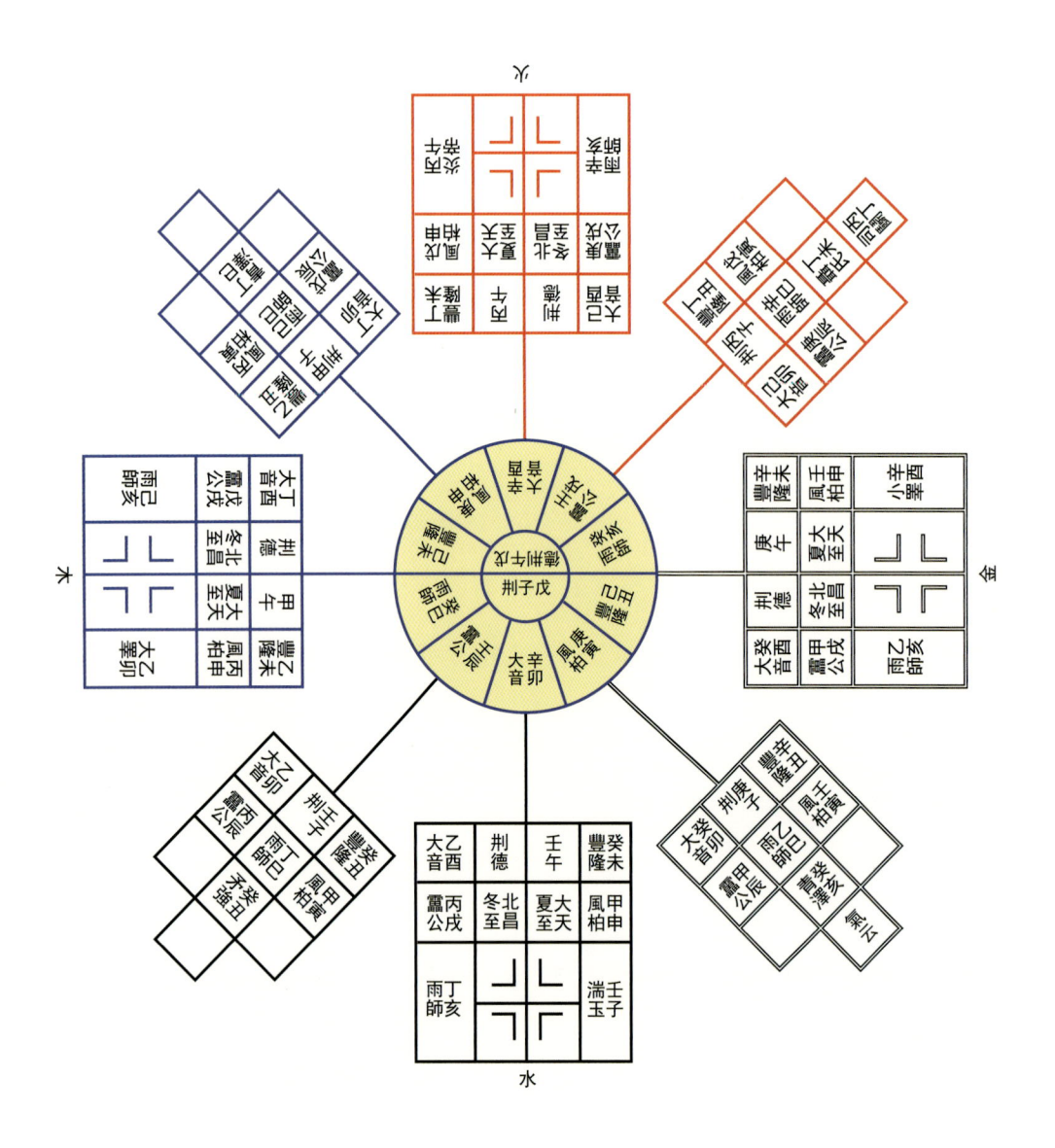

图14 《刑德》乙篇《刑德小游图》复原图

东方宫外：

木

南方正宫：

丙午炎帝

大天夏至　【北昌冬至】

丙午荆（刑）德　丁未丰隆　戊申风柏（伯）【己酉大音】【庚戌霝（雷）公】【辛亥雨师】

南方奇宫：

丁未聂（摄）氏（提）

丙子荆（刑）　【丁丑丰】隆　【戊寅】风柏（伯）　己卯大音　庚辰霝（雷）公　辛巳雨师

丙丁司嘼

南方宫外：

火

西方正宫：

辛酉大〈小（少）〉羄（昊）

大天夏至　北昌冬至

庚午荆（刑）德　辛未丰隆　壬申风柏（伯）　癸酉大音　甲戌霝（雷）公　乙亥雨师

西方奇宫：

癸亥青泽

庚子【荆（刑）】　辛丑丰隆　壬寅风柏（伯）　癸【卯大音】　甲辰【霝（雷）公】乙巳雨师

气云（云）

西方宫外：

金

北方正宫：

壬子湍（颛）玉（顼）

大天夏至　北昌冬至

壬【午】荆（刑）德　癸未丰隆　甲申风柏（伯）　乙酉大音　丙戌霝（雷）公　丁亥雨师

北方奇宫：

癸丑矛〈禹〉强

壬子荆（刑）　癸丑丰隆　【甲】寅风柏（伯）　乙卯大音　丙辰霝（雷）公　丁巳

雨师

　　北方宫外：

水

四、《刑德小游图》B 式

（一）图像简介

《刑德》丙篇和《阴阳五行》乙篇各有一幅该图用来表示刑、德等神煞随日之干支在奇正十宫中运转方位的图像。（图 15、图 16）这种图像与《刑德》甲篇、乙篇的《刑德小游图》联系紧密，也可称为《刑德小游图》。但这两幅图像仅反映刑、德、丰隆、风伯、大音、雷公、雨师等神煞的运行，其余见于《刑德》甲篇、乙篇《刑德小游图》的信息皆不见。

（二）复原说明

饶宗颐先生曾对《阴阳五行》乙篇的《刑德小游图》作过复原。[26]（图 17）但由于《阴阳五行》乙篇图像残损极为严重，而当时《刑德》丙篇并未发表，因此以上复原存在不少问题，图中的神煞位置和干支推定均有错误。

现在，对照《刑德》甲篇、乙篇的《刑德小游图》，可知这种图像也是分成十个宫室，方形四边为四方向的正宫，四角为奇宫。每宫的神煞按照刑德、丰隆、风伯、大音、雷公、雨师的顺序顺时针排列，神煞对应的干支与《刑德》甲篇、乙篇完全相同。

《刑德》丙篇四方还书写有十二干支，干支分布与常见的式图十二干支一致。由于《刑德》丙篇用粗重的青色栏线划分章节，干扰到了图像的绘制，因此四个方向上干支文字书写位置并不相同。北方"亥、子、丑"书写于青色栏线外、《刑德解说》乌丝栏内，东方、西方"寅、卯、辰""申、酉、戌"书写于青色栏线外，南方"巳、午、未"书写于刑德诸神煞方格内。我们的复原图对十二地支的位置作了简化处理，依照一般式图的样式将它们写在图像四周的宫格外。

《阴阳五行》乙篇《刑德小游图》与《刑德》丙篇图像略有不同之处在于缺少了四周表十二辰的文字。另外，由于该图的绘制者未能弄清图像四周奇宫的位置，因此绘色有误。

图 15　《刑德》丙篇《刑德小游图》

图 16　《阴阳五行》乙篇《刑德小游图》

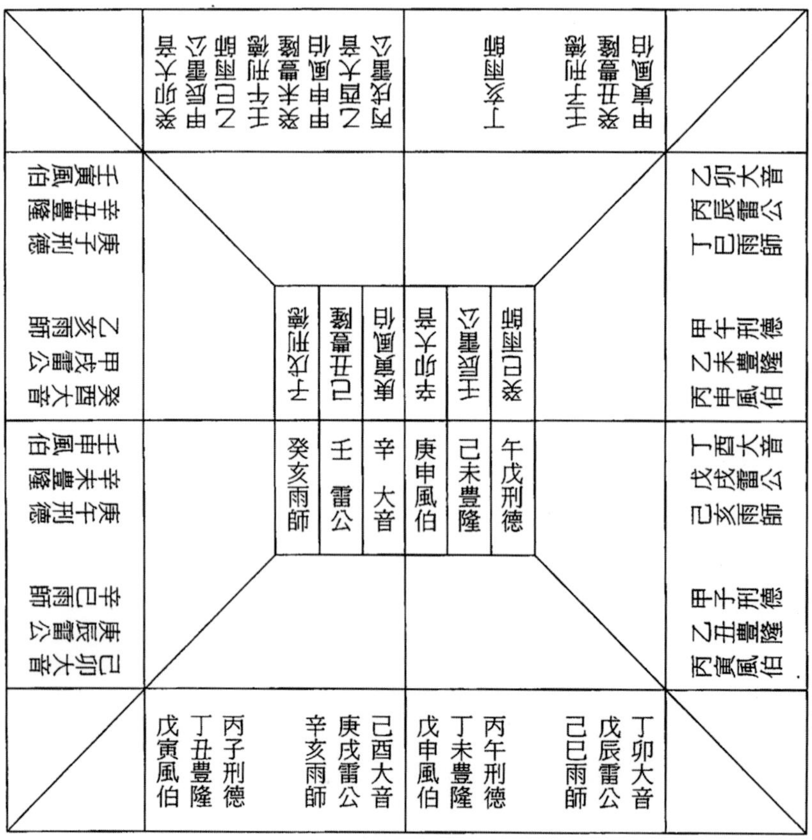

图 17 《阴阳五行》乙篇《刑德小游图》（饶宗颐方案）

（三）《刑德》丙篇《刑德小游图》复原（图 18）

中央正宫：

【戊】午枊〈荆（刑）〉德　己未丰降（隆）　庚【申风】柏（伯）　辛酉【大音】　壬戌雷【公】　癸【亥】雨师

中央奇宫：

【戊子】枊〈荆（刑）〉德　己丑丰降（隆）　【庚】寅风柏（伯）　辛卯大音　【壬】辰雷公　癸巳雨师

东方正宫：

【甲午枊〈荆（刑）〉德】　乙未丰降（隆）　【丙申风】柏（伯）　丁酉大音　戊【戌】雷公　己【亥】雨师

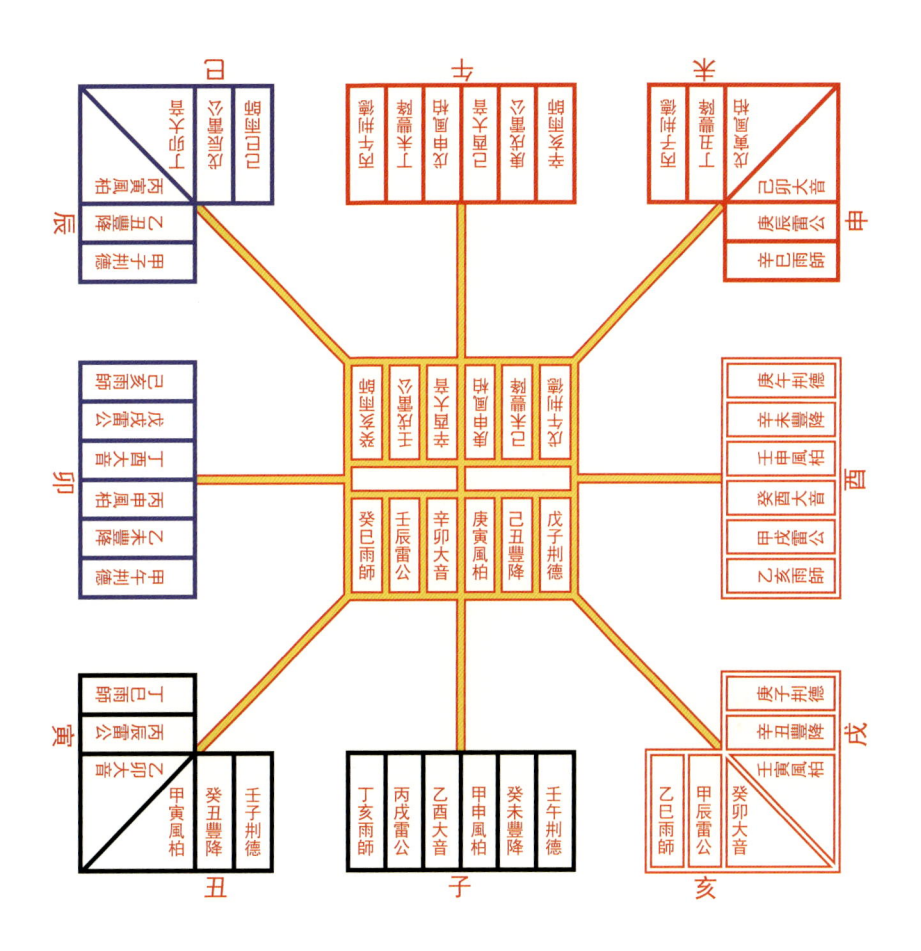

图 18 《刑德》丙篇《刑德小游图》复原图

东方奇宫：

【甲】子枡〈荆（刑）〉德　【乙】丑丰降（隆）　丙寅风柏（伯）　【丁】卯【大】音　戊辰雷公　己巳雨师

南方正宫：

丙午枡〈荆（刑）〉德　丁未丰降（隆）　戊申风柏（伯）　【己】酉大音　庚【戌】雷公　【辛亥雨师】

南方奇宫：

丙子【枡〈荆（刑）〉】德　丁丑丰降（隆）　戊寅风柏（伯）　己卯大音　庚辰雷【公】辛巳【雨】师

159

西方正宫：

庚午【刌〈荆（刑）〉】德　辛未丰降（隆）　壬申风柏（伯）　癸酉大音　甲戌雷公　【乙亥】雨师

西方奇宫：

庚子刌〈荆（刑）〉德　辛丑丰降（隆）　壬寅风柏（伯）　癸卯大音　【甲】辰雷公　【乙】巳雨师

北方正宫：

壬午刌〈荆（刑）〉德　癸【未】丰降（隆）　【甲申】风柏（伯）　乙酉大音　丙戌雷公　【丁亥雨师】

北方奇宫：

壬子刌〈荆（刑）〉德　癸丑丰【降（隆）】　甲寅风柏（伯）　乙卯大音　丙辰雷公　丁巳【雨师】

图像四周：

子　丑　寅　【卯】　【辰】　【巳】　午　未　申　【酉】　【戌】　亥

（四）《阴阳五行》乙篇《刑德小游图》复原（图19）

中央正宫：

【戊午荆（刑）德　己未丰降（隆）　庚申风柏（伯）　辛酉大音　壬戌雷公　癸亥雨师】

中央奇宫：

【戊子荆（刑）德　己丑丰降（隆）　庚寅风柏（伯）　辛卯大】音　【壬辰雷】公　【癸巳雨】师

东方正宫：

【甲午荆（刑）】德　【乙未丰降（隆）　丙申风柏（伯）　丁酉大音　戊戌雷公　己亥雨师】

东方奇宫：

【甲子荆（刑）德　乙丑丰】降（隆）　【丙寅风】柏（伯）　【丁卯大音　戊辰雷公　己巳雨师】

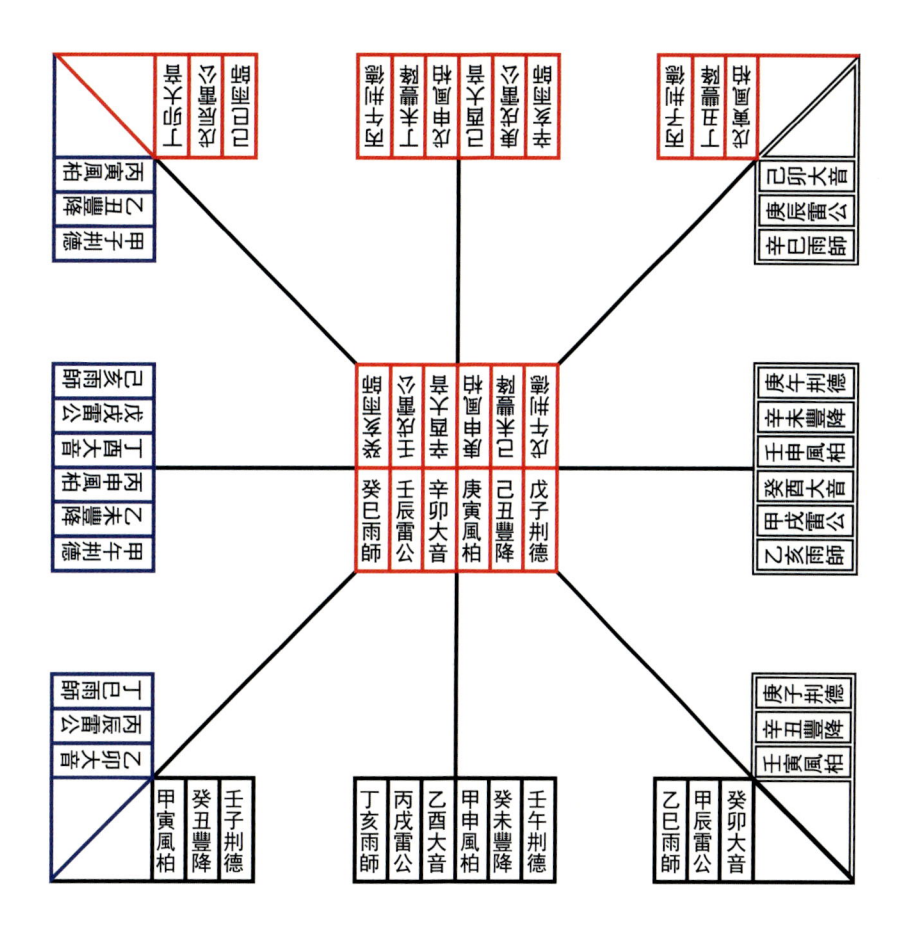

图 19 《阴阳五行》乙篇《刑德小游图》复原图

南方正宫：

【丙午荆（刑）德　丁未丰降（隆）　戊申】风【柏（伯）　己】酉大音　庚戌雷公　辛亥雨师

南方奇宫：

丙子荆（刑）德　丁丑丰降（隆）　戊寅风柏（伯）　己【卯大】音　【庚辰雷公　辛巳雨师】

西方正宫：

【庚午荆（刑）德　辛未丰降（隆）　壬申风柏（伯）　癸酉大音　甲戌雷公　乙亥雨师】

西方奇宫：

【庚子】荆（刑）【德】　【辛】丑丰降（隆）　【壬】寅【风】柏（伯）　【癸卯大音　甲辰雷公　乙巳雨师】

北方正宫：

【壬午荆（刑）德　癸未丰降（隆）】　甲申风【柏（伯）　乙】酉大【音】　丙戌雷公　丁亥雨师

北方奇宫：

壬子荆（刑）德　【癸】丑丰降（隆）　【甲】寅风柏（伯）　【乙卯大音　丙辰雷公　丁巳雨师】

五、《传胜图》

（一）图像简介

《刑德》丙篇和《阴阳五行》乙篇各有一幅写有很多神煞名的正方形图像。（图20、图21）图像正中圆圈写有神煞"天一"。天一圈外有一小正方形，四方各写有两个神煞名。小正方形每边中点各伸出一直线，连接一矩形，每矩形内写有四个神煞名。图像上共有神煞名37个。饶宗颐先生依中心圆圈内神煞将该图命名为《天一图》[27]，李零先生[28]、陈松长先生[29]等从之。《刑德》丙篇该图像配有一段占文，占文对"传胜之群神"的运行有详细说明。"传胜之群神"显然指的就是图像上这些神煞。《阴阳五行》乙篇该图旁也写有"传胜"二字，应该是用来标注图像名称的。因此我们此次整理时将图像改命名为《传胜图》。陈松长先生认为，六壬十二神有"传送"和"胜光"，它们分别是金神和火神的专称，但不知"传胜"是不是"传送""胜光"的简称。[30] 我们认为，"送"与"胜"声符相同，音近可通，"传胜"更有可能与"传送"相关。

（二）复原说明

《刑德》丙篇《传胜图》残损较严重，《阴阳五行》乙篇图像较完整。《阴阳五行》乙篇仅残缺两个神煞，这两个神煞《刑德》丙篇恰又幸存。因此这两幅传胜图可完全复原。

（三）《刑德》丙篇《传胜图》复原（图22）

中宫：

【天一】

一 时空

图 20 《刑德》丙篇《传胜图》

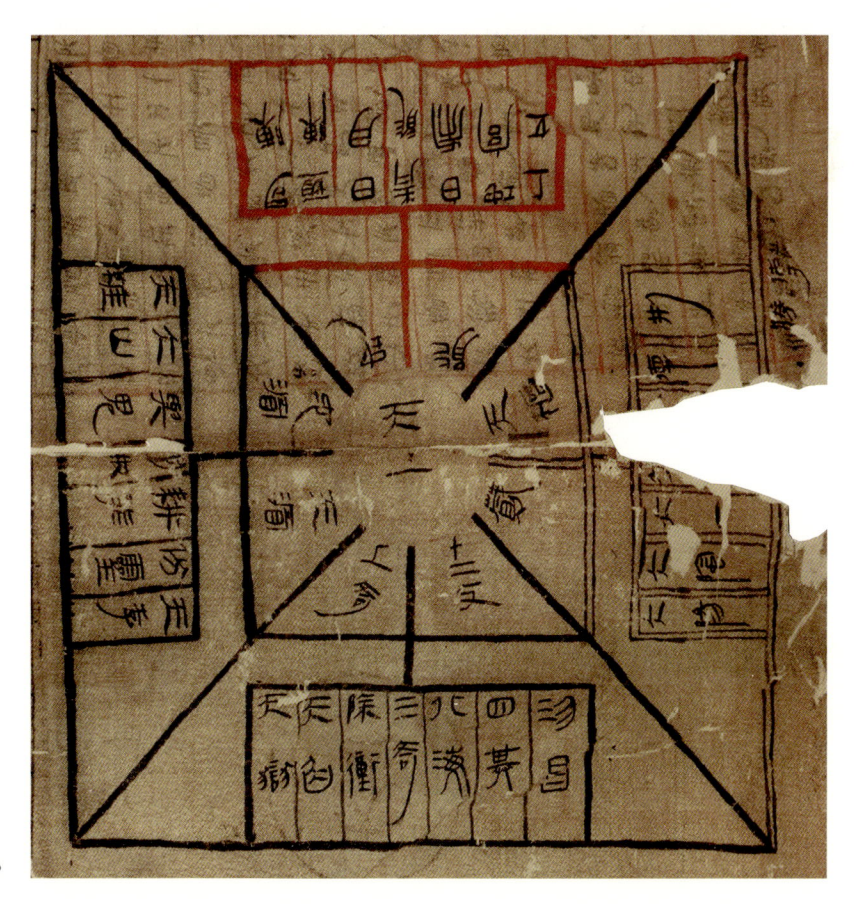

图 21 《阴阳五行》乙篇《传胜图》

163

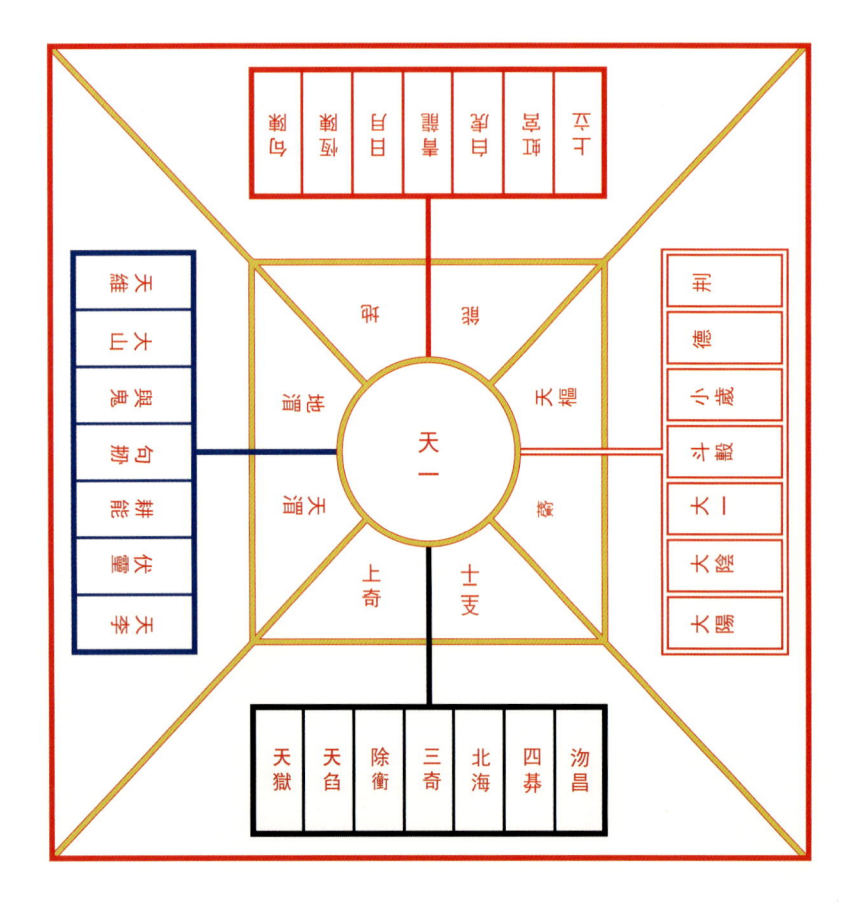

图 22　《刑德》丙篇《传胜图》复原图

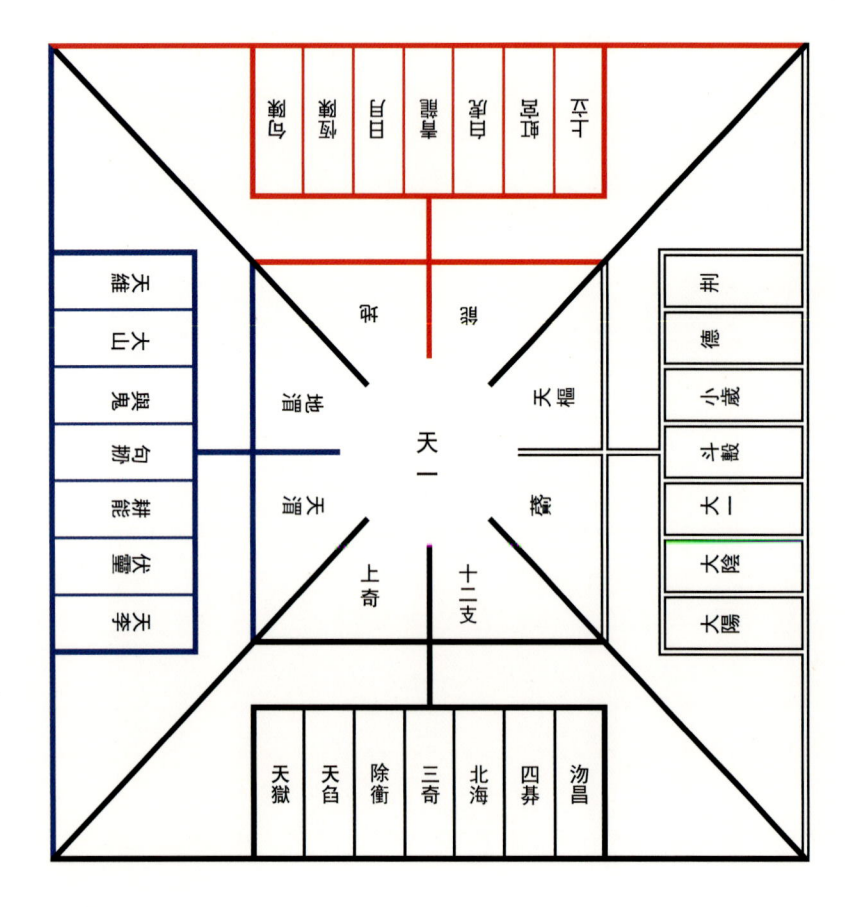

图 23　《阴阳五行》乙篇《传胜图》复原图

【十二支　上奇　天】湄（纲）　地湄（纲）　地　【能　天枢　蘸】

北宫：

【汤（文）昌　四萁　北海　三奇　除蕳（冲）　天臽（陷）　天狱】

东宫：

天李　伏靈（灵）　耕能　句柳　与（舆）鬼　大（泰）山　【天维】

南宫：

【句】陈　【恒陈　日月　青龙　白虎　虹宫　上立】

西宫：

荆（刑）　德　小岁　斗毄（击）　大（太）一　大（太）阴　大（太）阳

（四）《阴阳五行》乙篇《传胜图》复原（图23）

标题：

传胜

中宫：

天一

十二支　上奇　天湄（纲）　地湄（纲）　地　能　天枢　蘸

北宫：

汤（文）昌　四萁　北海　三奇　除蕳（冲）　天臽（陷）　天狱

东宫：

天李　伏靈（灵）　耕能　句柳　与（舆）鬼　大（泰）山　天维

南宫：

句陈　恒陈　日月　青龙　白虎　虹宫　上立

西宫：

荆（刑）　德　【小岁】　斗【击】　大（太）一　大（太）阴　大（太）阳

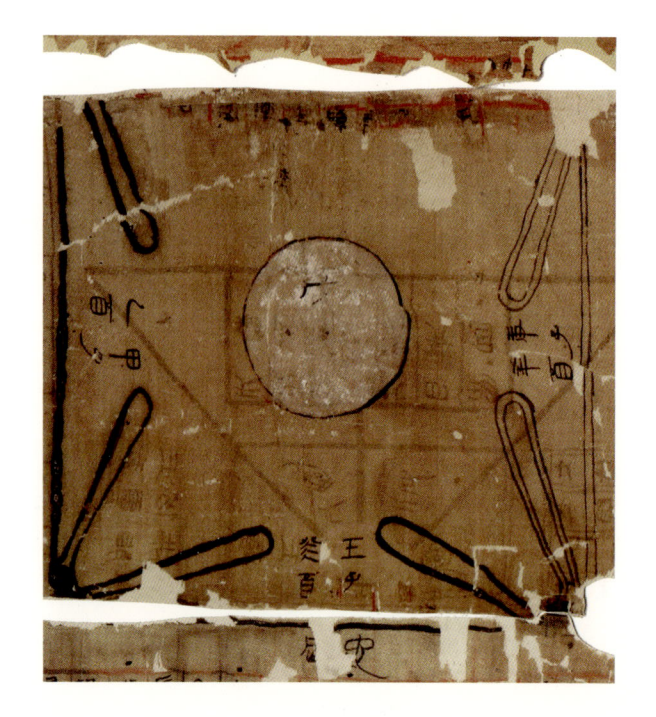

图 24 《刑德》丙篇《地刚图》　　　　　　　图 25 《阴阳五行》乙篇《地刚图》

六、《地刚图》

（一）图像简介

《刑德》丙篇和《阴阳五行》乙篇各有一幅中间绘有圆圈，四面分别绘有圈形图案的图像。（图 24、图 25）其中《刑德》丙篇的图像在四方分别标有"东门""南门""西门""北门"。在马王堆帛书前期整理的未公布方案中，这种图像被称为《五门图》。《阴阳五行》乙篇该图下写有"地刚"二字，参照前述《传胜图》，"地刚"应是该图题名，据此我们将之改命名为《地刚图》。"地刚"似应读为"地纲"，后世文献亦作"地罡"，义同"地网"。该图像四面圈形应是表示张网之形，网之间的空隙被称为"门"。

（二）复原说明

这两幅《地刚图》结构很简单，复原较容易。《阴阳五行》乙篇与《刑德》丙篇《地刚图》不同之处在于，图像中没有"东门""南门""西门""北门"等文字。《刑德》丙篇《地刚图》中部残损，不能确定是否有"中门"二字。

（三）《刑德》丙篇《地刚图》复原（图26）

东：

甲子　【乙】酉　【东门】

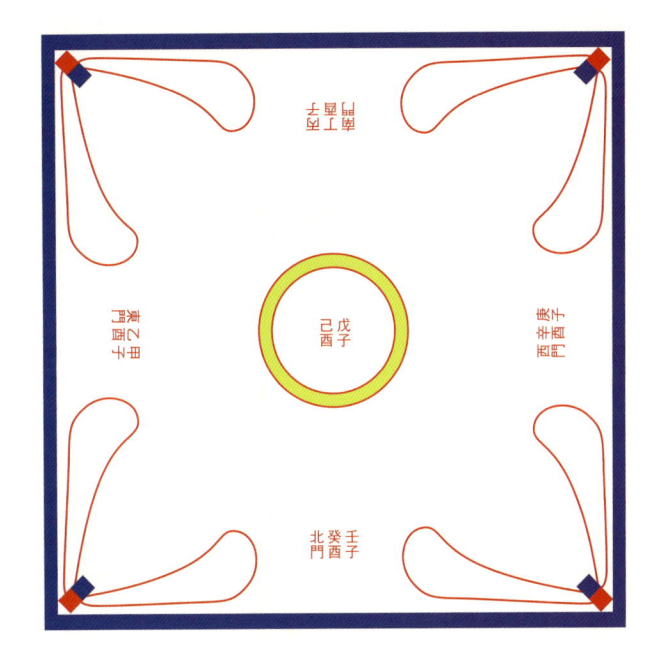

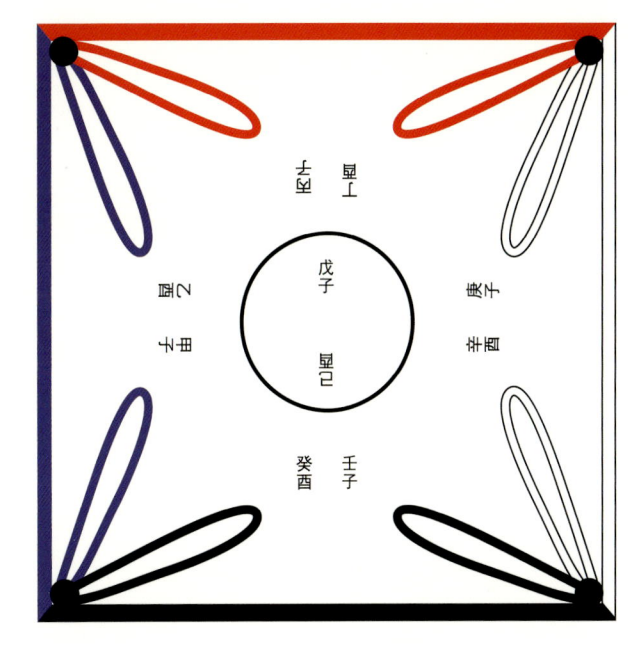

图 26　《刑德》丙篇《地刚图》复原图　　　　图 27　《阴阳五行》乙篇《地刚图》复原图

南：

丙子　丁酉　南门

中：

【戊子】　【己酉】

西：

庚子　辛酉　西门

北：

【壬子】　【癸酉】　【北门】

（四）《阴阳五行》乙篇《地刚图》复原（图 27）

标题：

地刚（纲）

东：

甲子　乙酉

南：

【丙子】　【丁酉】

167

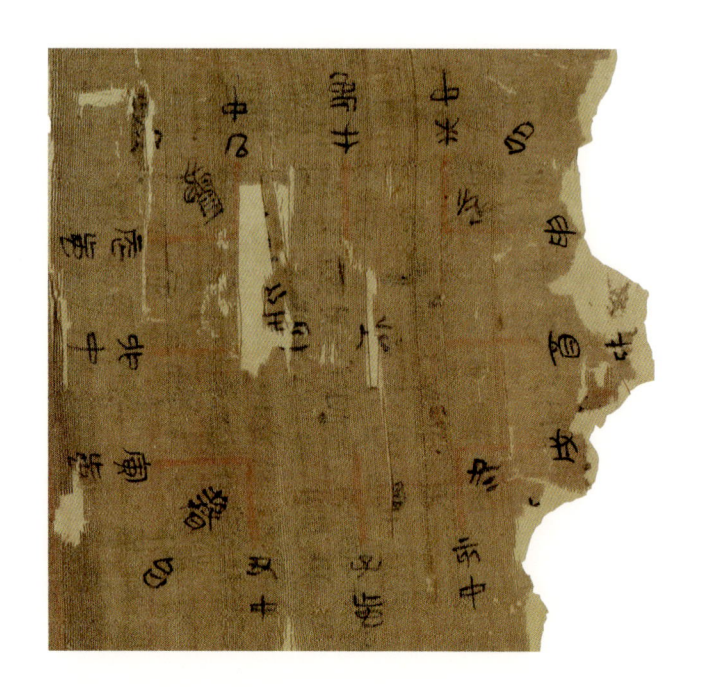

图 28　《阴阳五行》甲篇《刑日图》　　　　图 29　《阴阳五行》乙篇《刑日图》

中：

戊【子】　【己酉】

西：

庚子　辛酉

北：

壬子　癸酉

七、《刑日图》

（一）图像简介

《阴阳五行》甲篇和乙篇各有一幅用以辅助推算神煞"大刑"和"小刑"的图像。（图 28、图 29）马王堆汉墓帛书整理小组[31]将该段占文命名为《刑日》，因此我们将该图像命名为《刑日图》。

（二）复原说明

《阴阳五行》甲篇和乙篇两幅图像除用字和线条颜色有一些差别外并无本质不同，且所缺文字可通过对勘补足，因此图像很容易复原。

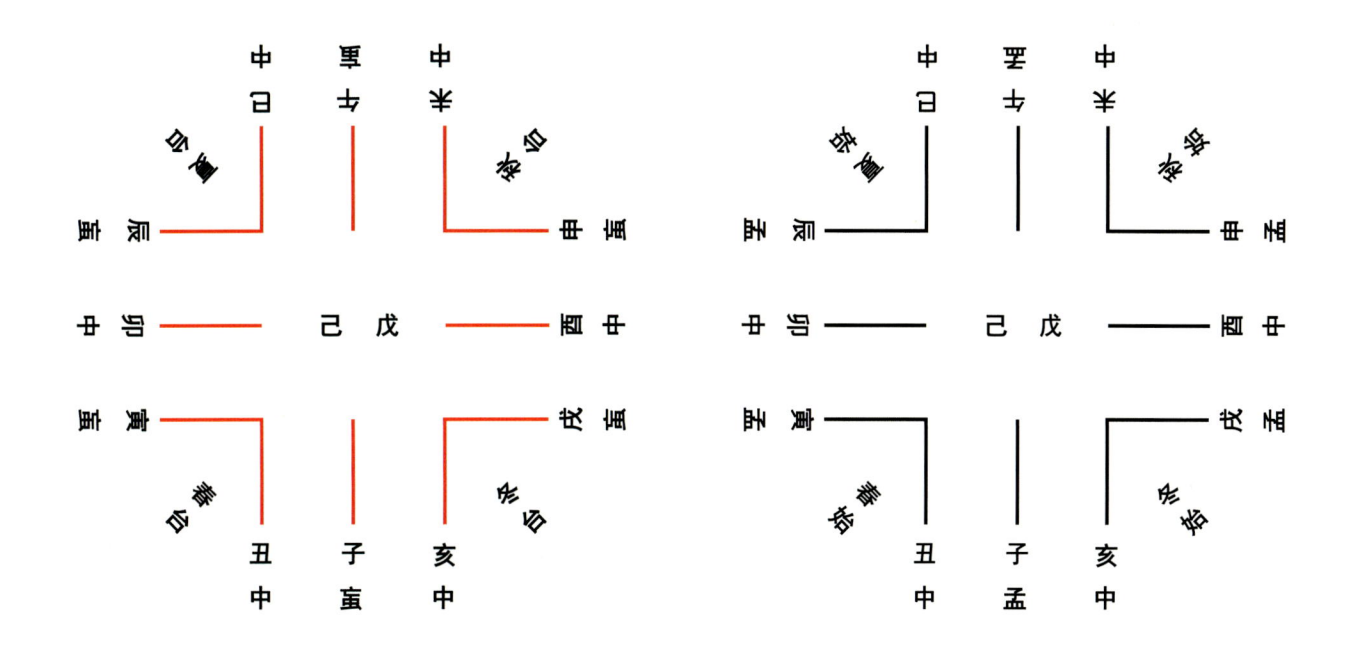

图 30 《阴阳五行》甲篇《刑日图》复原图　　　　图 31 《阴阳五行》乙篇《刑日图》复原图

（三）《阴阳五行》甲篇《刑日图》复原（图 30）

春台（始）：寅蚩（孟）、卯中（仲）、辰蚩（孟）；

夏台（始）：巳中（仲）、午蚩（孟）、未中（仲）；

秋台（始）：申【蚩（孟）】、酉中（仲）、戌【蚩（孟）】；

冬台（始）：亥中（仲）、子蚩（孟）、丑中（仲）。

（四）《阴阳五行》乙篇《刑日图》复原（图 31）

春始：寅孟、卯中（仲）、辰【孟】；

夏【始：巳中（仲）、午孟】、未【中（仲）】；

秋始：申孟、酉中（仲）、戌孟；

冬始：亥中（仲）、子孟、丑【中（仲）】。

八、《堪舆图》

（一）图像简介

《阴阳五行》甲篇《堪舆》章配有一幅图像，写有二十八宿、十天干、十二地支和十二月等。

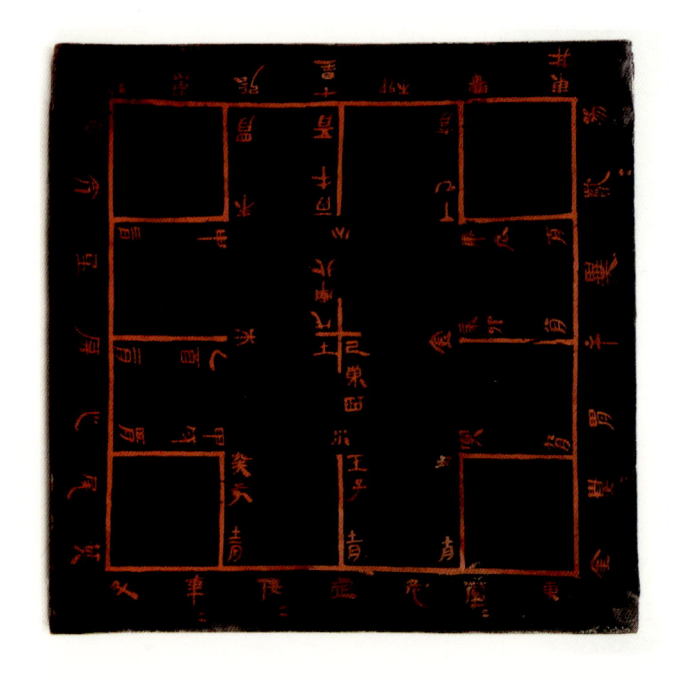

图 32 《阴阳五行》甲篇《堪舆图》　　　　　　　　　　图 33 江苏仪征刘集镇联营十号汉墓出土占卜漆盘

(图 32) 马王堆汉墓帛书整理小组[32]将该图命名为《式图》，我们在《集成》中从之。其实，该图像专门用于"堪舆"这种特殊的占卜，还是称之为《堪舆图》更为妥当。

（二）复原说明

堪舆图中十二月、二十八宿排布与一般式图相同，但十二辰为逆行，十天干中位于四方的天干分别置于四孟、四仲位，四季位空缺。这一文字排布形式与江苏仪征刘集镇联营十号汉墓出土之占卜漆盘（图 33）[33]基本一致，而与其它秦汉墓所出六壬式盘有显著区别，恐是堪舆家专用。

马王堆汉墓帛书整理小组曾对该图像作过复原。[34]（图 34）整理小组的复原图像大体正确，在文字方面仅遗漏了北方七宿中"紧（牵）牛"的"紧"字。但该复原图未能如实表现原始图像的线条框架。

（三）《阴阳五行》甲篇《堪舆图》复原（图 35）

二十八宿：

【角】　堾（亢）　舡（氐）　房　心　尾　箕

斗　紧（牵）牛　【须女　去（虚）　危　茭（营）】室　东辟（壁）

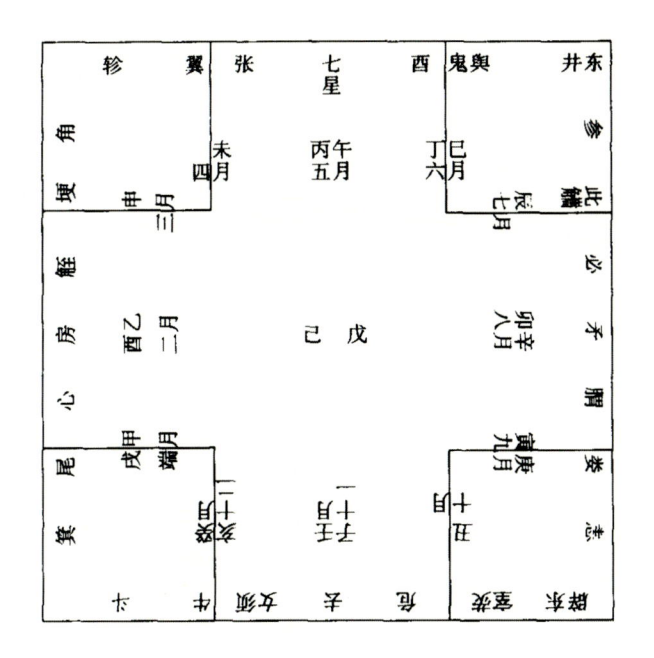

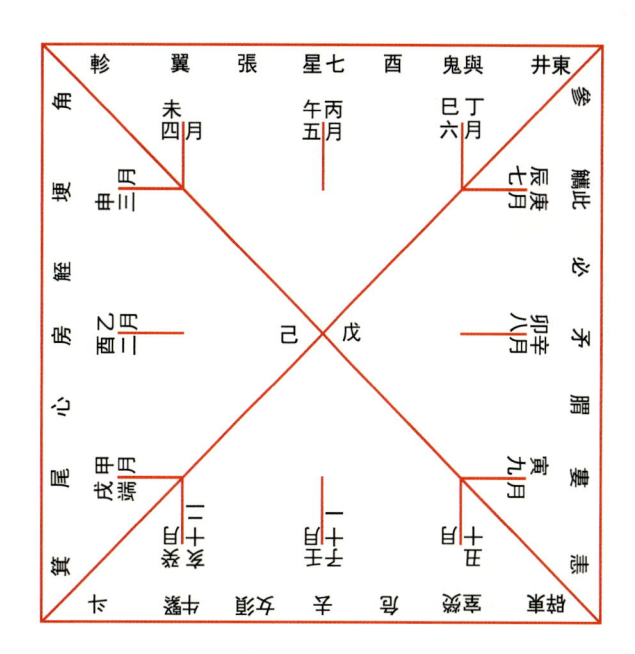

图 34　《阴阳五行》甲篇《堪舆图》复原图（整理小组方案）　　图 35　《阴阳五行》甲篇《堪舆图》复原图

恚（奎）　【娄　胃（胃）　矛（昴）　必（毕）　此（觜）　觿　参】

【东井】　与（舆）鬼　西（柳）　【七】星　【张　翼　轸】

十天干：

【甲】乙　丙　丁　戊　己　【庚】辛　壬　癸

十二地支：

【子】丑　寅　卯　【辰】巳　午　【未】申　酉　【戌　亥】

十二月：

【端月　二月　三月　四月　五月】　六月　【七月】　八月　九月　十月　十一月　【十二月】

说明：本文所述马王堆帛书诸图像复原成果，除《阴阳五行》乙篇《太阴刑德大游图》为新绘制外，其它各图均已收入《长沙马王堆汉墓简帛集成》（以下简称《集成》）一书。但在《集成》中，这些复原图像散见于不同篇章，无法对存在密切关系的图像作集中讨论。而且，囿于《集成》注释体例，亦无法对复原思路作详尽阐述。为系统介绍复原图像的方法和过程，揭示这批图像的逻辑关系，我们特撰此文，以利读者更直接、更具体、更深入地了解这些数术图像。

《集成》出版后，又陆续发现一些绘图方面的细节问题。《刑德》乙篇《刑德小游图》八方宫格与中央宫格的连线，当与八方宫格颜色一致，为青、赤、白、黑四色；中间圆形宫格线条，看似黑色，然色泽厚重，当与东方宫格颜色相同，为青色。《集成》图像将这些线条均绘成黑色。《阴阳五行》乙篇《刑德小游图》西北维斜线当为黑色，《集成》图像误绘成双钩白线。这些错误在本文发表的新复原图像中均已更正。

《阴阳五行》乙篇《传胜图》的四维交叉线，我们绘为黑色，但细审图像，此线条也存在青色的可能。另外，我们没有在复原图中央的"天一"外绘出《刑德》丙篇《传胜图》那样的圆圈，但其实在图中仍能看见一圈浅痕。帛书抄手绘图时可能对此处做过特殊处理，或许用黑笔轻轻勾勒了一个圆形。《阴阳五行》乙篇《地刚图》四角的黑点，与同篇《传胜图》一样，不能排除为青色的可能。这些细节虽然存在疑问，但并不能断定《集成》已刊图像必然错绘，因此暂仍其旧。

《集成》刊布的复原图像中，所有的青色图案，均选用浅绿色绘制。这是因为在我们更早时候复原的马王堆帛图《丧服图》中，有在涂满青色的方块中用黑墨书写文字的情况。为了让复原图像在黑白印刷条件下仍能清楚地看见方块中的文字，我们选择了色泽较浅的浅绿色代表青色。后来绘制数术类图像的复原图时，为求体例统一，我们继续使用了与《丧服图》一致的颜色。不过，这一色调的使用并不十分贴切。虽然中国传统颜色概念中"青"的范围较广，从浅绿色至深蓝色皆可视为与五行属"木"的东方相配的"青"，但就习惯而言，"五色"中的"青"仍以偏蓝的色调居多。例如，文献记载和考古发现的五色石，代表东方的青色石常使用偏蓝色的曾青。曾作为中国国旗的"五色旗"，其中的青色也更偏蓝色。尽管选用浅绿色代表青色不能算错误，但为了使复原图像更为准确，我们仍将全部的青色线条改用蓝色绘制。

以上马王堆数术图像的修订重绘图版均已收入 2024 年《集成》修订版。

致谢：论文曾于 2015 年 6 月 14 日在首都师范大学历史学院主办的"古文献复原与整理"学术沙龙宣读，有幸得到与会师友的审阅指正。作者还曾就文中涉及的颜色和颜料诸问题，先后与孙沛阳先生和范常喜先生讨论，得到他们的赐教，获益甚多。

注释

1 傅举有、陈松长：《马王堆汉墓文物》，湖南出版社，1992年。
2 陈松长：《马王堆帛书〈刑德〉甲、乙本的比较研究》，《文物》2000年第3期；陈松长：《马王堆帛书〈刑德〉研究论稿》，台湾古籍出版社，2000年。
3 马克：《马王堆帛书〈刑德〉试探》，《华学》第一期，中山大学出版社，1995年（原署名M·卡林诺斯基）。
4 胡文辉：《马王堆帛书〈刑德〉乙篇研究》，氏著：《中国早期方术与文献丛考》，中山大学出版社，2000年。
5 马克：《马王堆帛书〈刑德〉试探》。
6 本文初稿曾怀疑白色颜料如石灰粉等系因附着力差而脱落。承孙沛阳先生提示，酸性棺液可溶解石灰粉等碱性颜料，我们认为孙先生的推测更有道理。
7 《刑德》乙篇该句作"必破毁亡"，"破"字似是据"服"之形进一步改写而成。
8 邬可晶：《读马王堆帛书〈刑德〉〈阴阳五行〉等篇琐记》，"《长沙马王堆汉墓简帛集成》修订国际会议研讨会"论文，复旦大学，2015年6月。
9 傅举有、陈松长：《马王堆汉墓文物》。
10 陈松长：《马王堆帛书〈刑德〉甲、乙本的比较研究》；陈松长：《马王堆帛书〈刑德〉研究论稿》。
11 马克：《马王堆帛书〈刑德〉试探》。
12 胡文辉：《马王堆帛书〈刑德〉乙篇研究》。
13 陈松长：《马王堆帛书〈刑德〉研究论稿》。
14 马克：《马王堆帛书〈刑德〉试探》；胡文辉：《马王堆帛书〈刑德〉乙篇研究》。
15 该表据胡文辉《马王堆帛书〈刑德〉乙篇研究》表格改制。
16 "翠"字之释据胡文辉：《马王堆帛书〈刑德〉乙篇研究》。
17 饶宗颐：《马王堆〈刑德〉乙本九宫图诸神释——兼论出土文献中的颛顼与摄提》，李学勤主编：《简帛研究》第1辑，法律出版社，1993年10月，第89—95页。
18 饶宗颐：《马王堆〈刑德〉乙本九宫图诸神释——兼论出土文献中的颛顼与摄提》，第89—95页。
19 "玉"字之释据胡文辉：《马王堆帛书〈刑德〉乙篇研究》。
20 饶宗颐：《马王堆〈刑德〉乙本九宫图诸神释——兼论出土文献中的颛顼与摄提》，第89—95页。
21 同上。
22 胡文辉：《马王堆帛书〈刑德〉乙篇研究》。
23 饶宗颐：《马王堆〈刑德〉乙本九宫图诸神释——兼论出土文献中的颛顼与摄提》，第89—95页。
24 同上。"矛"与"禺"的关系，可参看邬可晶：《读马王堆帛书〈刑德〉〈阴阳五行〉等篇琐记》。
25 同上。
26 饶宗颐：《马王堆〈刑德〉乙本九宫图诸神释——兼论出土文献中的颛顼与摄提》，第89—95页。
27 饶宗颐：《马王堆〈阴阳五行〉之〈天一图〉——汉初天一家遗说考》，《燕京学报》1999年第7期，收入氏著《饶宗颐二十世纪学术文集》卷三，台北新文丰出版股份有限公司，2003年10月，第137—155页。
28 李零：《参加"新出简帛国际学术研讨会"的几点感想》，简帛研究网，2000年12月30日，http://www.bamboosilk.org/Wssf/Liling3-01.htm。
29 陈松长：《马王堆帛书〈刑德〉研究论稿》。
30 同上。
31 马王堆汉墓帛书整理小组：《马王堆帛书〈式法〉释文摘要》，《文物》2000第7期，第85—94页。
32 同上。
33 仪征博物馆：《江苏仪征刘集联营西汉墓出土占卜漆盘》，《东南文化》2007年第6期，图像又见于仪征市博物馆编：《仪征出土文物集萃》，文物出版社，2008年，第52页。
34 马王堆汉墓帛书整理小组：《马王堆帛书〈式法〉释文摘要》，第85—94页。

造化流形：
马王堆《镕炉图》与早期中国的生命炼铸理论

吕晨晨

引子：猫头鹰的启示

公元前 173 年，一只猫头鹰飞入时任长沙王太傅贾谊（前 200—前 168）的居舍，猫头鹰入室为异兆，占卜之后，谶言预示主人即将离开。贾谊追问猫头鹰这个异兆的吉凶内涵，而猫头鹰"举首奋翼，口不能言"。猫头鹰之兆无疑为贾谊带来了死亡的恐慌，然而在记录这件异事时，贾谊在《鵩鸟赋》（猫头鹰古称"鵩鸟"）中忽然笔锋一转，从自己的惊慌立场切换入猫头鹰的心灵视角，抒发出一段宏大浪漫的宇宙生命理论：

> 且夫天地为炉兮，造化为工；阴阳为炭兮，万物为铜。合散消息兮，安有常则？千变万化兮，未始有极！忽然为人兮，何足控抟；化为异物兮，又何足患！[1]

贾谊借猫头鹰之口，将宇宙天地描绘为一个巨大的镕炉，在阴阳之气的推动下，万物的生成犹如熔化的铜液铸造器物的过程；而死亡则如器物回归到镕炉中重新散化为流动无形的铜液，从而生命千变万化、没有尽头。在这样天行不息、生死转续的宇宙流变中，通达有德之人将与道同化，从而无累不忧，由此化解了《鵩鸟赋》开篇铺垫的对死亡凶兆的焦虑。

作为西汉长沙王太傅，贾谊写下的《鵩鸟赋》成为千古名篇；同时，贾谊为我们勾勒出西汉时期一种转续流变的宇宙生命想象。在猫头鹰降临的五年之后，贾谊亡故；[2]巧合的是，就在同一年（前 168），曾与贾谊同侍长沙王的第二代轪侯利豨亡故。利豨之墓也就是今天震惊世界的西汉长沙马王堆汉墓群中的三号墓，[3]在其墓中出土了一个装满了简帛的黑色双层方奁。（见本书第 100—103 页）更令人惊奇的是，奁中有一张被现代学者称为《神祇图》（又名《太一祝图》或《太一将行图》等，见本书第 128、129 页）的神秘帛画，画的内容正是贾谊借猫头鹰之口阐述的天地镕炉、炼铸生命的独特观念。而这张帛画将使我们进一步认识马王堆汉墓的设计逻辑以及西汉时期的宇宙生命观念。

一、镕炉：马王堆《神祇图》帛画与冶炼文学

在 20 世纪 70 年代发掘的西汉马王堆汉墓群中，三号墓的东边厢出土了一个方形黑色素面漆奁。奁中装有大量简帛，涵盖了中国早期天文、数术、哲学、医学、军事等多方面的

内容。[4] 基于墓中的纪年木牍和封泥，三号墓被确认为第二代轪侯利豨之墓，下葬时间在汉文帝前元十二年（前168）。利豨之墓中简帛的发现，可以说打开了中国公元前2世纪左右时空生命等理论的一扇窗户。

在这些简帛中有一幅被称为《神祇图》的帛画，[5] 绘制了一系列充满艺术想像力的神灵，残损的题记更是让这些神灵的身份与绘画的主题变得神秘莫测。自公布以来，这幅神秘的《神祇图》受到极大的学术关注，诸多名家对之展开解读，提出了出行、辟兵、用兵、护魂等等不同的阐释、并给出不同定名，[6] 使得这幅帛画的主题以及在墓葬体系中的意义依然是一个扑朔难解的谜题。

本文试图从西汉宇宙观与生命观的文化语境出发，对帛画《神祇图》与同一漆盒中出土的其他简帛、以及同墓的内棺T形帛画进行对比，对《神祇图》提出全新的解读。笔者认为这幅帛画其实是一幅《镕炉图》，描绘了天地神灵以冶炼为原型的生命创造过程。

这幅图不但与贾谊借猫头鹰之口阐述的"天地之炉"生命观念极其吻合，而且与马王堆三号墓出土的其他简帛记述的"流形"生命理论相互呼应，与内棺上的T形帛画描绘了同样的生命重生过程。本文不但会分析这幅《镕炉图》帛画所代表的早期中国"镕炉炼铸"生命的思想传统，同时会进一步分析其"炼铸"生命的理论如何在汉代以降的道教修行中逐步系统化和仪式化，成为道教"炼形"理论与实践的基石。

马王堆汉墓里的《镕炉图》帛画可以说是中国早期生命想像最重要的材料。《镕炉图》描绘了生命再造的原理和蓝图，代表着全墓设计的核心生命理论，是解开马王堆汉墓设计逻辑的一把钥匙。从更宏观的历史视角来看，这幅《镕炉图》不但总结了中国早期的生命理论，而且揭示了后世道教长生修行体系的基本原型。

（一）帛画释读

这幅被称为《神祇图》的帛画被折叠数次装入漆盒，在出土时已经成碎片状，而且由于浸泡水中，许多图像渗入折叠的不同层面，从而形成了许多印痕。湖南博物院的研究人员进行了修复拼合，之后李凇[7]、喻燕娇[8]等学者根据摺痕和印痕对拼合方式提出了局部的修正意见。不同的拼接方案虽然存在细微不同，但并不影响本文对其主题的分析，故围绕湖南博物院提供的最初拼合图像展开讨论。

图 1　马王堆三号墓《神祇图》帛画局部
（图片来源：湖南博物院）

这幅帛画描绘了许多神灵，在构图上大致可以分为三层；全图右边存有部分题记、各位神灵旁边也有残存的注文。

在帛画的右上角，注文可辨识为："雨币（师），光、风、雨、雷。从者死，当（者有咎）。左弇其，右□□。"[9] 在帛画的上层还有一个残损的"雷"字。可见帛画的上层应该为风、雨、雷、电等天神。

上层的中部为一个双腿张开、著青色短裤的主神。（图 1）在其左臂与身体之间有一个圆圈，内写"社"字。在中央神的胯下有一圆形，下有一条黄首青身的龙。复原图中该神的头部形象，学界有不同的看法。李淞先生根据印痕，认为很可能并不属于该神，而是上层天神中的某一位之首；[10] 其左侧有一行注文："大一将行，何日，神从之，以……"

在画面的第二层，即中央神的两侧略低的位置有四位神祇（图 2），其中三位身旁有文字，分别为：

177

图2 马王堆三号墓《神祇图》帛画局部（图片来源：湖南博物院）

图3 马王堆三号墓《神祇图》帛画局部，描绘"奉容""持炉"的黄青双龙（图片来源：湖南博物院）

武弟子，百刃毋敢起，独行莫理。我口百兵，毋童（动），口禁。我簏裘，弓矢毋敢来。[11] 这些注文都与护卫有关，而且他们大多手持兵器，似为护卫之意。

画面下部的双龙则是解开画面内容的关键。（图3）左侧黑色黄首之龙标注"青龙奉容"，面前画有一个黑色物体；右侧黄色赤首则标注"黄龙持炉"，身前则画一红色物体。[12] "黄龙持炉"，容易理解，那么红色梨形物也应该代表"炉"，而且是烧红的炉。

什么是"奉容"？根据两文的关系，可以确定，"奉容"即"捧镕"，"捧"与"持"相对，"镕"与"炉"相对。炉即是炼化金属的炉子；镕，即是铸造器物的模子。如《汉书·董仲舒传》说："犹金之在镕，唯冶者之所铸。"唐成玄英言："镕金曰铸，范土曰陶。"镕为炼铸所用之模范。也就是说，青龙所捧之黑色物体就是铸造器物的模型。

镕与炉也吻合青龙、黄龙的阴阳之分。炉为高温炼化之器、红色、为阳；镕为低温凝固之器、黑色、为阴。也就是说黄龙所持为冶炼销化之具，青龙所持是凝固成形之具，两龙配合、炼铸器物。

中央主神、主神胯下的圆形、青龙形成画面的中央轴线正好延续入"镕"，使得冶炼的两器成为全图的焦点。故而，全图描绘了中央主神"太一"主导、阴阳双龙操作的镕炉冶炼场景，由风雨雷电及保护神共同拱卫辅助。

（二）冶炼想象

从文献角度分析这幅《镕炉图》，便能发现最契合这幅帛画的文本就是中国历代的冶炼文学。正如许多学者已经注意到，画面与东汉时期的《越绝书·外传记·宝剑》关于冶炼宝剑的文本极为契合。[13]

当造此剑之时，赤堇之山，破而出锡；若耶之溪，涸而出铜；雨师扫洒，雷公击橐；蛟龙捧炉，天帝装炭；太一下观，天精下之。[14]

《越绝书》所描绘的冶炼场面正是一个众神合力的宇宙事件。诸神都承担不同的职责，雨师洒扫场地、雷公鼓动烧炉之风橐，蛟龙捧镕炉，天帝装送冶炼之炭火，最高神太一、居高临下的指挥，赐下天精，融入冶炼器中。这样的天地大冶场面，与马王堆的《镕炉图》帛画中风雨雷电等诸神拱卫、双龙手持镕炉、太一下观的场景几乎同构，而且太一胯下之圆以及青龙也与"天精下之"相呼应，仿佛正是太一神将"天精"融入镕炉大冶的进程中。

事实上，中国冶炼有一个悠久的文学传统，并且有较为统一的书写模式。除了《越绝书》描绘的炼剑场景，还有西晋傅咸（239—294）所著的《镜赋》，同样描绘了一个神灵与名匠共同大冶的场面：

从阴位于清商，采秋金之刚精。醮祝融以制度，命欧冶而是营。炽火垆以陶铸，飞光采于天庭。[15]

唐睿宗同样有冶炼文字《景龙观钟铭》：

广召鲸工，远征凫匠，耶溪集宝，丽壑收珍。警风雨之辰，节昏明之候。飞廉扇炭，屏翳营炉，焘鹤呈姿，蹲熊发状。[16]

唐睿宗在钟铭书写上，延续了类似的天地诸神的大冶模式：作为风神的飞廉和作为雨神的屏翳展开扇炭、营炉的工作，鲸、凫等神兽则成为冶炼的工匠。

从这些不同时期的文学作品来看，天地众神的大冶场景是中国冶炼文学的一个重要想像模式。马王堆帛画《镕炉图》正是与冶炼文学中的天地众神大冶想像模式完全同构。在冶炼的画面中，太一无意是操控全局的主神，而风雨雷电等诸天神负责洒扫营炉、击橐扇炭的职责，四位"武弟子"则承担着护卫、辟邪的责任，双龙负责将炉中金水倒入镕中的铸器核心工作。

为什么在中国会存在天地诸神大冶的文学传统？马王堆汉墓为什么要放置《镕炉图》？马王堆《镕炉图》众神冶炼的器物是什么呢？要解开《镕炉图》的内涵，我们必须考察冶炼在早期中国宇宙观与生命观中的重要意义。事实上，正如与马王堆汉墓同时的贾谊《鹏鸟赋》所描绘的那样，在早期中国的宇宙观中，天地被想像成一个巨大的镕炉，而生命的诞生则被想像成一个陶铸的过程。马王堆《镕炉图》中的冶炼并不是炼铸某种特定的器物，而是天地创造生命的过程。

二、大冶：《镕炉图》与早期中国的造化想象

（一）天地大冶

《庄子·大宗师》中有这样一段论述生命本质的文字：

俄而子来有病，喘喘然将死，其妻子环而泣之。子犁往问之，曰："叱！避！无怛化！"

倚其户与之语曰:"伟哉造化!又将奚以汝为,将奚以汝适?以汝为鼠肝乎?以汝为虫臂乎?"

子来曰:"父母于子,东西南北,唯命之从。阴阳于人,不翅于父母;彼近吾死而我不听,我则悍矣,彼何罪焉!夫大块载我以形,劳我以生,佚我以老,息我以死。故善吾生者,乃所以善吾死也。今(之)大冶铸金,金踊跃曰:'我且必为镆铘',大冶必以为不祥之金。今一犯人之形,而曰'人耳人耳',夫造化者必以为不祥之人。今一以天地为大炉,以造化为大冶,恶乎往而不可哉!"成然寐,蘧然觉。[17]

这段话描述了子来在病重将死之时,与子犁的一段关于生死的对话,揭示了早期中国的生命观。"以天地为大炉,以造化为大冶,恶乎往而不可哉",天地如同镕炉,造化如同冶炼,生命的诞生、死亡、再造,如同在炉中炼铸、销融、再铸的冶金过程,生生不息、不断转化。

庄子的镕炉造化生命理论,无疑被谪居长沙的贾谊在《鵩鸟赋》里延续。在面对生死异兆的时刻,《鵩鸟赋》中那只似乎洞见了万物生死奥秘的猫头鹰,同样指出天地为镕炉、造化为工匠,阴阳为炭火,而万物生灵就如同其中的铜液,在镕炉之中凝固销解、千变万化。铸造成人形即为人,而死亡重铸又变化为其他的生灵形体。如此,在天地间的创生过程,就像镕炉制造器皿一样,可以销熔重铸、形气转续、变化无极。

由此可见,早期中国高度发达的冶炼技术,被做为了一种理解生命诞生过程的认知模型。以器皿制造理解生物诞育的思维方式,也导致早期文学中将身体喻为"形器"。正如西汉时期的《淮南子·精神训》所说:

夫造化者既以我为坏矣,将无所违之矣。……吾生之比于有形之类,犹吾死之沦于无形之中也。……夫造化者之攫援物也,譬犹陶人之埏埴也,其取之地而已为盆盎也,与其未离于地也无以异,其已成器而破碎漫澜而复归其故也,与其为盆盎亦无以异矣。[18]

人类与其他生灵的身体形成过程,就像冶炼、陶埏等技术中,用金属或泥土制造器皿的过程,器皿破碎则重归铜铁、泥土等原材料,等待新的再造。

《庄子》以及这两篇与马王堆汉墓基本同时的文献,揭示了在西汉时期人们将冶炼铸器的过程理解为宇宙间生命形体的创造诞生的一个认知模型。更值得注意的是,《庄子》《鵩鸟赋》以及《淮南子》对生命陶铸理论的论述,都发生在生死转化的语境之下。《庄子》中子来对"天地大炉、造化大冶"的论说是在病危临死时的对话中展开;《淮南子》中"造化攫援、陶人埏埴"的感慨，同样是在讨论死亡如同形器"破碎漫澜而复归其故"的情境下展开。而《鵩鸟赋》中"天地为炉，造化为工"是贾谊在鵩鸟带来死亡之兆时、追思生命本质的内心独白。更巧的是，贾谊死于公元前168年，正是马王堆三号墓的《镕炉图》随着轪侯利豨入葬的那一年。

由此可见，从《庄子》的时代到西汉时期，在生命面临生死大限的关口，这种对于生命大冶的感慨已经成为与死亡文化相关的一种思维模式。面对生命终结的永恒焦虑，天地陶冶成为一种对于生死的终极叩问和本质解释。

（二）诸神陶铸

1. 阴阳双龙

在生死转化面前、在生命形态濒临瓦解之时，生命的本质成为墓葬文化与心理世界的焦点，更是预测死后世界未来情境的依据。马王堆《镕炉图》中的天地大冶图像正是在这样的生死想像中产生。正如贾谊指出的"阴阳为炭，万物为铜"创生理论，马王堆《镕炉图》中的双龙图像通过颜色的设计，展现了阴阳二气化生生命的过程。（图3）青龙与黄龙的色彩极有可能对应着天青与地黄，代表着天与地的属性。饶宗颐先生亦论证了青龙、黄龙恰好蕴含天、地之意，他们与中央太一神组成了"天一、地一、太一"的"三一"组合。[19]

如《庄子·田子方》中所说的"至阴肃肃，至阳赫赫；肃肃出乎天，赫赫发乎地，两者交通成和而物生焉"。[20]阴阳两气的交合化生过程，被投射进陶铸过程中，成为《镕炉图》黄青双龙的"镕"（阳）、"炉"（阴）相配合而造化万物的画面。

自《庄子》以降，这种阴阳陶铸的思想影响深远，如晋慧远在其《答何镇南书》中明确阐述了汉代以降的宇宙观和生死观：

原夫形之化也，阴阳陶铸，受左右之体，昏明代运，有死生之说。[21]

又如隋代萧吉所撰《五行大义》中同样写到：

是故易有太极，是生两仪，两仪生四序，四序生之所生也。有万物滋繁，然后万物生成也，皆由阴阳二气，鼓舞陶铸，互相交感。[22]

从西汉贾谊到隋代萧吉，都指出天地阴阳两仪是"陶铸"生命的核心，阴阳之"陶铸"，即是阴阳之"交感"。这些关于生命的文字，进一步解释了马王堆《镕炉图》中双龙镕铸的重

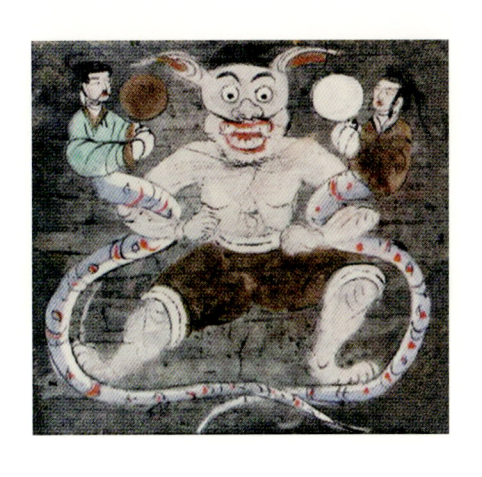

图4 洛阳出土的西汉中晚期至新莽时期的壁画砖（采自曹建强：《洛阳新发现一组汉代壁画砖》，《文博》2009年第4期）

图5 安徽萧县圣村M1前室北壁门楣正面画像（采自周水利、朱青生主编：《汉画总录41·萧县》，广西师范大学出版社，2019年）

要文化意义，即相互交合、产生生命的天地阴阳两气。

2. 太一创生

马王堆《鎔炉图》帛画题记和注文中所反复提及的"太一"神，正如文字中所强调的"大一"将行、众神从之，是天地大冶的主导者。在早期中国的宇宙想像中，太一为宇宙混沌原初之神，是产生阴阳两气、创造世间生灵的本源。《吕氏春秋·大乐》有言："万物所出，造于太一。"[23]《礼记·礼运》指出："必本于大一，分而为天地，转而为阴阳，变而为四时，列而为鬼神。"[24]人格化的太一神，不但是天地、阴阳、四时、诸神的创造者，更是天地造化的主导者。

不但早期文献里有大量对"太一"创生说的论述，早期图像同样有对"太一"合阴阳而造生命的大量描绘。[25]例如洛阳出土的西汉中晚期至新莽时期的壁画砖中，有一块绘制太一神拥抱伏羲、女娲的彩绘方砖。[26]（图4）太一神短裤赤膊，蹲踞与中，与马王堆《鎔炉图》中的中央主神太一相似。手捧日月、人首蛇身的伏羲女娲代表着宇宙的阴阳两气。而作蹲踞姿势的主神太一对两者的拥抱，象征着阴阳合气而产生生命的过程。[27]与之类似，安徽萧县圣村M1东汉墓里也描绘了一个蹲踞的太一神拥抱伏羲、女娲的场面，位于前室北壁门楣正面。[28]（图5）太一拥抱伏羲、女娲的图像，与汉墓中极为常见的伏羲、女娲交尾图一样，都是对阴阳交合、化生生命的表达。

正如前文分析的那样，《鎔炉图》中阴阳双龙炼铸生命的过程，是对阴阳交感、生命产生的一种表达。可见，《鎔炉图》中太一神与阴阳双龙的组合，事实上与汉墓中常见的太一拥抱人首蛇身的伏羲、女娲的构图，拥有一致的内涵：阴阳合气、诞生生命。[29]

《镕炉图》中间"太一"神胯下之圆形，极有可能正是"天精下之"赋予陶铸生命以精魂的过程。（图1）正如隋代萧吉《五行大义》所描述的：

> 故孤阳不能独生，单阴不能独成，必须配合以炉冶。尔乃万物化通，是则天有其象，精气下流；地道含化，以资形始。[30]

生命形体的诞生，是炉冶阴阳、万物化通的过程。这个过程也是"天"的"精气下流"，以及"地"的"以资形始"，即天地的阴阳力量合气交融的过程。所以马王堆《镕炉图》中，太一胯下的圆形或有可能是对"天精下之"的表达。

在太一的腋下，还有一个写着"社"字的圆形。圆中这个"社"字并不是"太一"神的注名，而是与其胯下的圆一样，很可能是太一神的另一个创造。作为图中唯一的两个圆形，它们之间无疑具有极大的关联性；腋下之圆，与胯下之圆相对，笔者认为"社"字代表的是与"天精"相对的"地气／地魄"。"社"为土地之意。《淮南子·主术训》说："天气为魂，地气为魄，反之玄房，各处其宅，守而勿失，上通太一。"两个圆形恰好与"天精"之"魂"与"地形"之"魄"呼应，共同作用于冶铸生命的过程，从而完成了天地阴阳的合气。如《管子》所言："天出其精，地出其形，合此以为人。"

天、地由原始混沌之神"太一"而来，在图中绘制成人格神诞生出来的两个圆形，代表天与地的精气陶铸而成的生命。如青龙（青／天）、黄龙（黄／地）一样，意味着宇宙大冶的本质，以及天地阴阳的交合化生。也正是这样的生命观，使得中国早期对于生命的解析有天魂、地魄之说：死是魂归天、魄归地的解散分离，而生则是"天魂"和"地魄"的冶炼融合。

3. 风雨雷电与春夏秋冬

马王堆《镕炉图》上层与中层的诸神，无疑都是助力与护卫这个冶炼过程的辅助者。（图2）事实上，他们在陶炼生命的想像中，也都有各自的重要象征意义。如风、雨、雷、电，他们带来的洒扫、鼓风等，在早期中国的生命想像中，如同《周易·系辞上》所言："鼓之以雷霆，润之以风雨，日月运行，一寒一暑，乾道成男，坤道成女。"也就是说天界的风、雨、雷、电都是生命造化的鼓动者、滋润者。

《镕炉图》中层的四位"武弟子",根据李零先生的解析,分别与春夏秋冬四时有关。[31] 汪悦进先生同样认为他们是四季之神,而且富有洞见地指出四季之神担任着创生过程中"动之以四时"的职责,[32] 恰如《乐记》中的描述:"地气上齐,天气下降,阴阳相摩,天地相荡,鼓之以雷霆,奋之以风雨,动之以四时,煖之以日月,而百化兴焉"。[33] 四时的运转,带来了阴阳的运动变化,无疑是生命化育、兴盛的驱动力。四位代表四时的"武弟子"同样具有驱动阴阳之气转化、诞育生命的重要功能。

故而,马王堆《镕炉图》描绘了西汉时期生死哲学里最重要的生命理论:生命的产生与消亡被理解和想像成一个由太一主导的、天地阴阳融合的、风雨雷电滋养的、四季神灵驱动的镕炉陶冶过程。事实上,在前文讨论大冶神器的文学传统里,剑、鼎之类的炼铸,都是"炼铸"生命的宇宙想象在文学中的延伸;而在马王堆汉墓的墓葬文化语境里,《镕炉图》勾勒的程序所镕铸的正是生命本身。

三、流形:《镕炉图》与马王堆简帛中的生命理论

(一)阴阳流形

马王堆三号墓的《镕炉图》出土于墓椁东厢一个黑色的方奁里,而方奁里出土的其他简帛文献,与《镕炉图》勾勒的"天地大冶"生命理论有着千丝万缕的关联。墓葬简帛对墓主人死后生命的转化,无疑有着重要的作用。值得注意的是,许多文献提及生命诞生以及生死转化问题,核心都是"溜刑"。事实上,"溜刑"正是对冶铸创生理论的一种表达。

与帛画《镕炉图》一起出土的竹简《十问》(图6),记录了一段关于生死的叩问:

黄帝问于容成曰:"民始蒲淳溜刑,何得而生?溜刑成体,何失而死?……"[34]

竹简《十问》是有关养生长生的理论。在这段话中,黄帝对生死的叩问揭示了"溜刑成体"的生命观。在同奁出土的另一份关于生命孕育和生产技术的帛书《胎产书》(图7)中,同样指出:

故人之产也,入于冥冥,出于冥冥,乃始为人。一月名曰留(流)刑。[35]

"溜刑"与"留刑",即"流形"的通假。[36]《淮南子·缪称训》中有:"金锡不消释,则不流刑。""刑"是铸造器物的陶范。《周易·乾》象传曰"云行雨施,品物流形",同样

图6 马王堆三号墓竹简《十问》(采自裘锡圭主编:《长沙马王堆汉墓简帛集成》第二册,中华书局,2014年,第203页)

图7 马王堆三号墓帛书《胎产书》(采自裘锡圭主编:《长沙马王堆汉墓简帛集成》第二册,第141页)

以"流形"炼铸描述万物的诞生。"溜刑/流刑/流形"一词,正是以金属高温液体倒入模范冷凝成器,比喻生命胚胎的孕育。

所以在中国传统文学里,对宇宙的描述,往往陶铸与"流形"并举。如东晋《抱朴子》言:"且夫洪陶范物,大象流形。"又如晋《女史箴》开篇的宇宙总论说:"茫茫造化,二仪既分,散气流形,既陶既甄。"[37] 隋李德林亦有句:"五气陶铸,万物流形。"[38] 可见马王堆竹简《十问》所说的"溜刑成体",与帛画《镕炉图》中生命陶铸理论的描绘完全一致。

与《镕炉图》一起出土的另一篇重要文献,同样出现了"流形"的概念。马王堆帛书《衷》篇云:

天地相率,气味相取,阴阳流形,刚柔成(体),万物莫不欲长生而恶死。[39]

《衷》篇的"阴阳流形"同样是对宇宙陶铸化生理论的描述,进一步呼应了帛画《镕炉图》中的青黄双龙熔炼阴阳而铸造生命的场景。

值得一提的是,在上海博物馆所藏的楚简《凡物流形》(图8)对生命有极为类似的叩问:

图 8 《凡物流形》楚简甲本（采自《上海博物馆藏战国楚竹书》，上海古籍出版社，2008 年，第 75 页）

  凡物流形，奚得而成？流形成体，奚得而不死？既成既生，奚顾而鸣？既拔既根，奚后奚先？阴阳之处，奚得而固？水火之和，奚得而不危？[40]

《凡物流形》中反复提到的生命"流形成体"的孕育过程，是盛行于早期中国，特别是楚文化的一种生命理论。王连成先生认为《凡物流形》竹简首字"凡"，乃"咸"字，本意"是古人铸造铜钟所用的模具"，整字在此"表示'铸造'的含义"。[41]

  马王堆简帛文献以及楚简《凡物流形》中处处可见的"流形"观念，让我们进一步认识到：马王堆《镕炉图》中描绘的"流形"炼铸场景，事实上是早期中国最重要的一个化生观念，这个观念深入到楚墓与汉墓的深层逻辑中。

（二）易形增寿

  作为墓葬系统的一个部分，马王堆《镕炉图》与其他简帛描述的"阴阳流形"原理，显然不仅仅为简单地阐述当时的世界观与生命观，它们真正的功能无疑和墓主人死后的生命转化有着重要的联系。

  事实上，在两汉时期，"阴阳流形"的创生理论被作为死后重生、易形增寿等方术的理论原型。在东汉王充（27—97）的《论衡》中，记录了汉代方术之士"易形""延年"的修行理论。虽然作者对修行持怀疑和反对的态度，但在他的批判中，可以看到东汉修道者发展的"易形""延年"理论，是基于"生命陶冶"的模型展开的。《论衡》中指出："人禀元气于天，各受寿夭之命，以立长短之形，犹陶者用土为簋廉，冶者用铜为桦杅矣。"[42] 即生命的孕育、形体的诞生，就如同陶甄、冶炼。于是，修行长生变化之术的术士进而推演出"若夫冶者用铜为柈杅，柈杅虽已成器，犹可复烁。……人禀气于天，虽各受寿夭之命，立以形体，如得善道神药，形可变化，命可加增"[43]。

也就是说，在汉代的方术理论中，由于在炼铸的过程中金属制品可以在镕炉里反复销烁、重铸，器形可以无尽变化；而人之形体为天地镕铸而成，如果有正确的修行方法和神药，那么形体也可以如同铜器再铸一般更新变幻、延年益寿，甚至如器物打破后可以通过炉火重新熔化铸造一般、实现起死回生的效果。文中进一步阐明这种理论："冶者变更成器，须先以火燔烁，乃可大小短长。人冀延年，欲比于铜器，宜有若炉炭之化，乃易形；形易，寿亦可增。"[44]

《论衡》虽然抨击这种以炉炭铸器为原型的"易形""增寿"方术，但是也从侧面证明了这种方术在汉代的盛行。事实上，出土于马王堆三号墓的大量养生医学简帛，都是基于"阴阳流形"的基本逻辑，展开导引、食气、接阴等等操纵阴阳、长生起死之术的。从《论衡》所描述的"炉炭之化"来看，马王堆《镕炉图》的功能正是将墓中的亡者想象为铜器的"复烁"，也就是身体消亡之后的重新制造，企图以阴阳两气的"炉炭之化"带来生命的重生、增寿和长生。

四、重生：《镕炉图》与马王堆汉墓的图像程序

作为楚汉墓葬里一个重要的生命理论，马王堆《镕炉图》同样是我们理解马王堆墓葬图像系统的一把钥匙。《镕炉图》帛画绘制的阴阳陶铸、"流形成体"创生原理，与马王堆一号墓与三号墓中的T形帛画和彩棺上的图像有紧密的关联。

马王堆的二号墓与 号墓都出土了T形帛画，均出土于内棺之上。两幅T形帛画是对墓主人死后转化程序最直观、详细的描绘，为学术界所关注。[45] 事实上，T形帛画的构图与《镕炉图》有极多相似的元素。

《镕炉图》帛画与两幅T形帛画的核心结构都是代表阴阳二气的双龙。（两幅T形帛画见本书第454—461页）在《镕炉图》中，青黄双龙代表的阴阳二气通过"镕""炉"的

图 9 马王堆三号墓 T 形帛画局部（图片来源：湖南博物院）

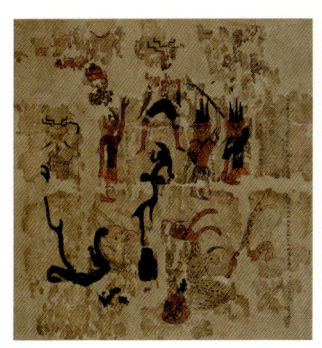

图 10 太一与双龙图像组合对比（作者自制图）

想象进行结合，从而创造生命。而 T 形帛画中赤白双龙则穿璧交结以表达阴阳二气的结合创生。T 形帛画双龙穿璧后形成了一个向上腾飞的銮舆，而其中出现的正是墓主人的形象，代表着墓主人的生命通过阴阳合气而获得再造。[46]

《镕炉图》与 T 形帛画都把太一神作为结合阴阳、再造生命的主导者。在三号墓 T 形帛画中，赤膊短裤、双腿蹲踞的太一神手执双龙所代表的阴阳二气，立于正在交媾的阴阳大鱼上，其交合阴阳而创造生命的功能非常明显。[47]（图 9）《镕炉图》中的太一神同样赤膊短裤、双腿蹲踞，在冶炼过程中赋予天地阴阳之精。（图 1）这样的太一合阴阳图像，与前文分析的西汉至新莽时期的洛阳太一壁画砖（图 4）异曲同工。这种太一与阴阳双龙

189

的图像组合（图10），无论描绘的是炼铸还是合气，都反映了再造生命的相同原理。

由此可见，《镕炉图》帛画描绘的太一主导、阴阳大冶的过程，同样是一种对墓主人生命转化与再造的程序。在造化陶铸的过程中，希冀墓主人通过天地神灵的熔冶、融合天精地气而获得超凡之躯。

"阴阳流形"再铸生命的原理，同样是马王堆一号墓四重套棺的设计逻辑。正如汪悦进、贺西林等先生所论述的，马王堆一号墓的套棺从外层向内层，逐步表现了天地阴阳二气由氤氲萌发、交和缠结、凝结升华的创生过程。尤其值得注意的是，第三层朱地彩棺着重表现阴阳二气交合缠结的过程，在足挡（见本书第241页）与头挡（见本书第239页）上以双龙、双鹿图案来表现阴阳汇聚；在棺盖（见本书第254—256页）上，则以龙虎来表现阴阳交合。

更值注意的是，在东汉《周易参同契》中，这种龙虎相交合气的主题，同样被想像成一个冶炼的过程。[48]《周易参同契》中所谓"火计不虚作，演易以明之。偃月法炉鼎，白虎为熬枢；汞日为流珠，青龙与之俱。举东以合西，魂魄自相拘"，即在汉代的方术理论中，龙与虎所代表的"阳/东/春"之气与"阴/西/秋"之气的互动交融，被想像为一个炉鼎冶炼过程。可以说，龙虎合气与阴阳冶炼恰如硬币的两面；生命再造的本质都是阴阳交合、魂魄重聚，从而起死回生、易形增寿。

五、炼形：从生命理论到道教修行

马王堆《镕炉图》帛画承接了《庄子》天地镕炉的想像，可以说是最早直接表达"陶铸"化生理论的视觉遗存。这种以"陶铸"为原型的宇宙想像与生命理论，对中国文化无疑产生了深远的影响。

一方面，对天地镕炉、陶铸生命的想像贯穿于中国文学，曹魏时期的嵇康《明胆论》写到"元气陶铄，众生禀焉"，其《太师箴》中也提道"浩浩太素，阳曜阴凝。二仪陶化，人伦肇兴"。《晋书·成公绥传》记载了《天地赋》，系统地论述了蚑行蠕动、鳞族羽群等天下生灵的诞生，都是在精气的镕冶过程中、在不同的陶钧模范中形成千变万化的形体。而这就是所谓天地的滋育和造化的神伟。

覆载无方，流形品物。鼓以雷霆，润以庆云，八风翱翔，六气氤氲。蚑行蠕动，方聚类分，鳞殊族别，羽毛异群，各含精而镕冶，咸受范于陶钧，何滋育之罔极兮，伟造化之至神！

这种对天地大冶的宏大想像，一直到中古时期依然占据着人们的头脑。晚唐李德裕在《黄冶赋》中对"天地镕范""造化为冶"还有这样的弘论：

至如圆方为炉，造化为冶，鼓风为橐，炽阳为火。元黄之气，细缊和粹，禀而生者，为仁为智。是以生宝实繁，终古不匮。天地之镕范，鼓铸也如是。

正是在冶炼化生的宇宙想像中，两汉以降，出现了大量天地镕炉、造化大冶的修辞，用以歌咏剑、镜、钟等物品，以及它们非凡的冶炼过程。

除了文学上的影响，以镕炉冶炼为模型的生命理论在汉代以降被系统化地发展成道教生命修行的种种理论与实践。道教中所谓"炼形"的修行理论与方法大都是以冶炼技术为模型展开思考与设计。在道教文化中，冶炼制造的鼎、剑等器物，则成为身体的隐喻；塑造不死之驱被想像成炼鼎、炼剑的铸造过程；同时，冶炼技术的术语也被发展成道教的修行术语。[49]可以说，无论是道教的内丹还是外丹，阴阳冶炼都成为根本的生命转化模式。

如前文引用的《论衡》，清晰地揭示了两汉时期的长生修行方术是基于"易形"与"冶器"的类比逻辑。"冶炼"理论在东汉的《周易参同契》中更是无处不在，得到了系统化的发展。《周易参同契》言："惟昔圣贤，怀玄抱真，伏炼九鼎……变形而仙。"[50] 以身体为鼎器，以变形成仙的过程为炼铸鼎器的过程。在修炼的过程中，《周易参同契·君子好述章》亦出现"黄帝临炉，太公执火，八公捣炼，淮南调合"的神灵大冶和炼铸仙药与仙身的想像。

在后世的道教修炼理论里，除了把身体转化譬喻为"炼鼎"之外，更有以"炼剑"作为"炼形"理论的。例如《道枢》有言："神仙之剑，何谓也？先收日月之精华，后起心火锻之。日月者，肾也。于是肺为风鞴，肝为炉炭，脾为土模，胆为砺石。一息气中，为法自成矣。"[51]炼铸仙剑即炼铸身体；冶炼生命过程中的日月精华、鼓风橐龠，还有炉炭、土模、砺石，都与人体内部"肾肺肝脾胆"的五脏相对应。这种"炼形"与"炼剑""炼鼎"的相互对等，无疑有着深远的传统。这也就解释了为何《镕炉图》中所描绘的太一、蛟龙、风雨雷电等诸神大冶生命的场景，与《越绝书·外传记·宝剑》中"雨师扫洒，雷公击橐；蛟龙捧炉，天帝装炭；太一下观，天精下之"的炼剑想像如此同构。

更加值得注意的是，马王堆墓葬中蕴含的死后通过"冶炼"获得仙体的想像，与后世道教中针对死亡发展出来的"太阴炼形"理论紧密相关。《老子想尔注》中说："培胎练形，当如土为瓦时。"对于死亡，修行者在死后可以进入"太阴道积练形之宫""太阴道积，练形之宫也。世有不可处，贤者避去，托死过太阴中；而复一边生像，没而不殆也"。[52] 可见，这种死后在太阴境地"炼形"重生的观念同样是以陶铸器物、由土复为瓦的技术原理为基础。

结语：陶铸形器与早期中国的生命想像

马王堆三号墓《镕炉图》勾勒了早期中国对生命孕育过程的重要想像：生命形体的诞生被想像为冶炼铸造器物的过程；冶炼技术成为人们思考生命过程的一个认知框架。自《庄子》以来，这样的想像就成为早期中国养生延寿理论的基础，更是汉代以降道教修炼理论的模型。而在中国历代文献中，更是处处可以看见"形"与"器"的类比、创生与陶铸造器的互喻。可以说，《镕炉图》给了我们深度解析马王堆汉墓生命思想与设计逻辑的一把钥匙。正是这种通过天地大冶、阴阳流形，从而在死后再造生命的思想，贯穿了马王堆汉墓设计的始终。

贾谊在长沙写下的《鵩鸟赋》，也为同时期长沙軑侯利豨墓中的《镕炉图》做了最好的注脚：天地为镕炉，造化为铸工，万物在冶炼的过程中流变无极，随着阴阳的合散而生死转续。这种宏大而浪漫的宇宙理念，为死亡的永恒焦虑提供了潇洒旷达的抚慰，并在早期中国物质体系的营造中变成了意境宏大、飘逸流动、精妙有序的生命艺术。

致谢：本文为哈佛大学中国艺术实验室（Harvard FAS CAMLab）与湖南博物院联合展开的"生命艺术"马王堆汉墓研究的学术成果之一。在写作过程中，特别鸣谢哈佛大学汪悦进教授的殷切指导，感谢中央美术学院文韬教授的校阅，最后由衷感谢湖南博物院为本课题提供马王堆汉墓文物的高清图片，并对马王堆文物的现场考察提供大力支持和慷慨帮助。

注释

1 吴云、李春台校注：《贾谊集校注》，天津古籍出版社，2010年，第335页。

2 贾谊的生平，以及与长沙马王堆利豨之墓的关联，详见刘跃进：《贾谊的学术背景及其文章风格的形成》，《文史哲》2006年第2期，第94—101页。

3 关于墓葬的断代以及墓主的推断，参见湖南省博物馆、湖南省文物考古研究所：《长沙马王堆二、三号汉墓》，文物出版社，2004年，第237页。

4 湖南省博物馆、湖南省文物考古研究所：《长沙马王堆二、三号汉墓》，文物出版社，2004年，第43—111页。

5 《长沙马王堆汉墓简帛集成》第2册图版，第6册释文注释，中华书局，2014年，第144—148、103—105页。

6 主要的学术观点详见周世荣：《马王堆汉墓的"神祇图"帛画》，《考古》1990年第10期，第928页；陈松长：《马王堆汉墓帛画"神祇图"辨正》，《江汉考古》1993年第1期，第88—92页；杨琳：《马王堆帛画〈社神护魂图〉阐释》，《考古与文物》2000年第2期，第74页；李零：《马王堆汉墓"神祇图"应属辟兵图》，《考古》1991年第10期；陈锽：《〈太一避兵图〉图像与内涵析辩》，《新美术》2013年第9期，第68页；饶宗颐：《图诗与辞赋——马王堆新出〈大一出行图〉研究》，《新美术》1997年第2期，第4—6页；李建毛：《马王堆汉墓"神祇图"与原始护身符箓》，湖南省博物馆编：《马王堆汉墓研究文集——1992年马王堆汉墓国际学术讨论会论文选》，湖南出版社，1994年，第308页；胡文辉：《马王堆〈太一出行图〉与秦简〈日书·出邦门〉》，《江汉考古》1997年第3期，第83页。

7 李淞：《依据叠印痕迹寻证马王堆3号汉墓〈"大一将行"图〉的原貌》，《美术研究》2009年第2期，第45页。

8 喻燕姣：《马王堆汉墓帛画〈神祇图〉研究二则》，《湖南省博物馆馆刊》2012年第九辑，第37—43页。

9 陈松长：《马王堆汉墓帛画"神祇图"辨正》，《江汉考古》1993年第1期，第89页。

10 李淞：《依据叠印痕迹寻证马王堆3号汉墓〈"大一将行"图〉的原貌》，第45页。

11 陈松长：《马王堆汉墓帛画"神祇图"辨正》，第91页。

12 裘锡圭主编：《长沙马王堆汉墓简帛集成》第六册，中华书局，2014年，第104页。

13 饶宗颐：《图诗与辞赋——马王堆新出〈大一出行图〉研究》，第4—6页。

14 （汉）袁康撰，李步嘉校释：《越绝书校释》，中华书局，2013年，第302页。

15 （清）严可均辑，《全上古三代秦汉三国六朝文》晋文卷五十一，民国十九年丁福保影印清光绪二十年黄冈王氏刻本。

16 （清）董诰等辑：《钦定全唐文》卷十九，清嘉庆十九年武英殿刻本。

17 （清）郭庆藩撰，王孝鱼校点：《庄子集释》中华书局，1985年，第261—262页。

18 何宁：《淮南子集释》卷七《精神训》，中华书局，1998年，第515—518页。

19 饶宗颐：《图诗与辞赋——马王堆新出〈大一出行图〉私见》，《湖南省博物馆四十周年纪念论文集》，湖南教育出版社，1996年，第79—82页。

20 （清）郭庆藩撰，王孝鱼校点：《庄子集释》，第712页。

21 （南朝梁）僧祐撰，李小荣校笺：《弘明集校笺》，上海古籍出版社，2013年，第280页。

22 （隋）萧吉撰：《五行大义》卷一，日本宽政至文化间活字印佚存丛书本，第30页。

23 许维遹撰：《吕氏春秋集释》，中华书局，2009年，第109页。

24 （汉）郑玄注，（唐）孔颖达疏：《礼记正义》卷二十二，《十三经注疏》，中华书局，1980年，第1426页。

25 庞政《汉代太一手拥伏羲、女娲图像及相关问题》，《南方文物》2020年第1期，第78—88页。

26 曹建强：《洛阳新发现一组汉代壁画砖》，《文博》2009年第4期。

27 汪悦进先生指出太一的蹲踞姿势与生育新生有关，参见《入地如何再升天?——马王堆美术时空论》,《文艺研究》2015年第12期,第144页。

28 周水利、朱青生主编:《汉画总录41·萧县》,广西师范大学出版社,2019年,第34—35页。

29 汪悦进先生已指出马王堆《镕炉图》中太一神的核心内涵为天地阴阳化合,详见汪悦进:《入地如何再升天?——马王堆美术时空论》,第144页。

30 (隋)萧吉撰:《五行大义》卷一,第30页。

31 李零:《马王堆汉墓"神祇图"应属辟兵图》,《考古》1991年第10期,第940页。

32 汪悦进:《入地如何再升天?——马王堆美术时空论》,第144页。

33 (清)孙希旦撰,沈啸寰、王星贤点校:《礼记集解》,中华书局,1989年,第993页。

34 裘锡圭主编:《长沙马王堆汉墓简帛集成》第六册,第143页。

35 同上,第93—94页。

36 Donald Harper 先生指出"留刑"即"流形",并引用《管子》"男女精气合,而水流形"来指出"流形"的意思就是胎儿的孕育如同水注入容器中而成形。Donald John Harper, *Early Chinese Medical Literature : the Mawangdui Medical Manuscripts*(Kegan Paul International, 1998), p. 378.

37 《六臣注文选》卷五十六,民国八年上海商务印书馆《四部丛刊》景宋刻本。

38 《李怀州集·隋王九锡册文》卷一,明末刻七十二家集本。

39 丁四新:《马王堆帛书〈易传〉的哲学思想》,《江汉论坛》2013年第1期,第42页;廖名春:《帛书〈周易〉论集》,上海古籍出版社,2008年,第359—400页。

40 译文参见顾史考:《上博简〈凡物流形〉初探》,《台湾大学哲学评论》,第38期,第1—32页。

41 王连成:《〈上博七·同物流形〉:开篇释义》,简帛研究网,2009年01月06日;以及其《〈上博七·戚(同)物流形〉天地人篇释义》,简帛研究网,2009年01月31日;参见顾史考:《上博简〈凡物流形〉初探》,第8页。

42 黄晖撰:《论衡校释》,中华书局,1990年,第59页。

43 同上,第59页。

44 同上,第60页。

45 马王堆T形帛画的研究有诸多先贤已有深入论证。代表性观点参见巫鸿:《礼仪中的美术——马王堆再思》,载《礼仪中的美术》,第112—115页,生活·读书·新知 三联书店,2005年;汪悦进:《入地如何再升天?——马王堆美术时空论》,第136—155页;贺西林:《从长沙楚墓帛画到马王堆一号汉墓漆棺画与帛画——早期中国墓葬绘画的图像理路》,《中国汉画学会第九届年会论文集》,中国社会出版社,2004年,第449—472页。

46 详见上注,以及姜生:《马王堆帛画与汉初"道者"的信仰》,《中国社会科学》2014年第12期,第189页。

47 详见汪悦进:《入地如何再升天?——马王堆美术时空论》,第144页。

48 汉代龙虎阴阳合气的图像学分析,详见 Eugene Wang,"What Happened to the First Emperor's Afterlife Spirit?" in *China's Terracotta Warriors: The First Emperor's Legacy,* by Liu Yang, ed. Elisabeth Sövik and Laura Silver. Minneapolis (MN: Minneapolis Institute of Arts. 2012);姜生:《汉墓龙虎交媾图考——〈参同契〉和丹田说在汉代的形成》,《历史研究》2016年第4期,第4—27页。

49 冯渝杰:《铸剑、剑解与道教身体观——"人剑合一"的知识考古》,《人文杂志》2019年第2期,第85—93页。

50 《周易参同契·圣贤伏炼章第三十一》,《正统道藏》第623册。

51 《道枢》卷三十一《九仙》,《中华道藏》,第23册,第528页。

52 饶宗颐:《老子想尔注校证》,上海古籍出版社,1991年,第21页;参见姜生:《汉墓龙虎交媾图考——〈参同契〉和丹田说在汉代的形成》,第4—27页。

06

马王堆乐器系列图

| 生命时空 —— 马王堆汉墓新论

竽律实测管长与
三分损益律应有管长比较图

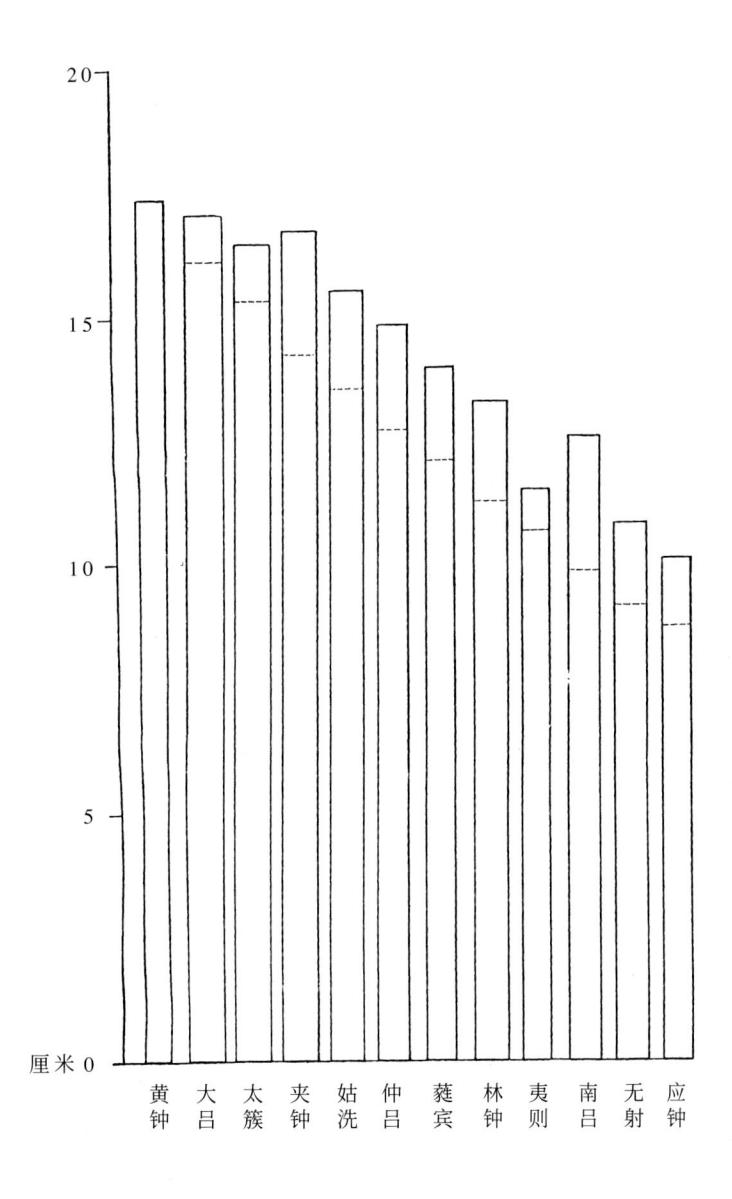

2

对鸟菱形纹绮地"乘云绣"竿律衣 6353

一号墓 东78-1
长28厘米，上宽19厘米，下宽15.5厘米
绮、绢、绮地刺绣

一 时空

3
深褐色鹿纹锦瑟套 6319

一号墓 西334-1
长133厘米,宽45厘米
锦、绢

199

4

彩绘乐俑 6098

一号墓（吹竽俑 北413、北411，鼓瑟俑 北412、北414、北403）
高32.5厘米—38厘米

一 时空

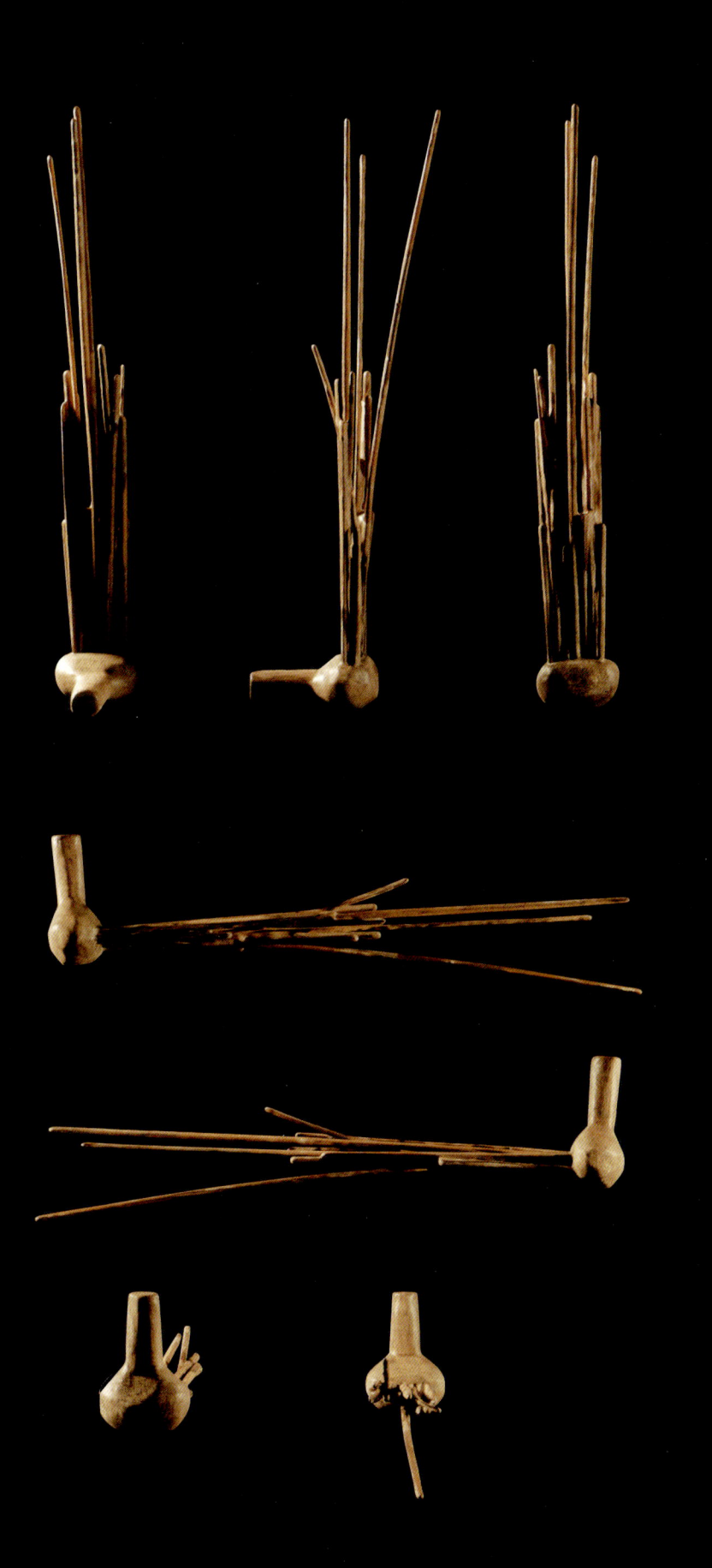

彩绘乐俑乐器细节

201

| 生命时空 —— 马王堆汉墓新论

5
竹竽 6114

一号墓 西334-2
通长78厘米，斗长5厘米，斗宽2.7厘米

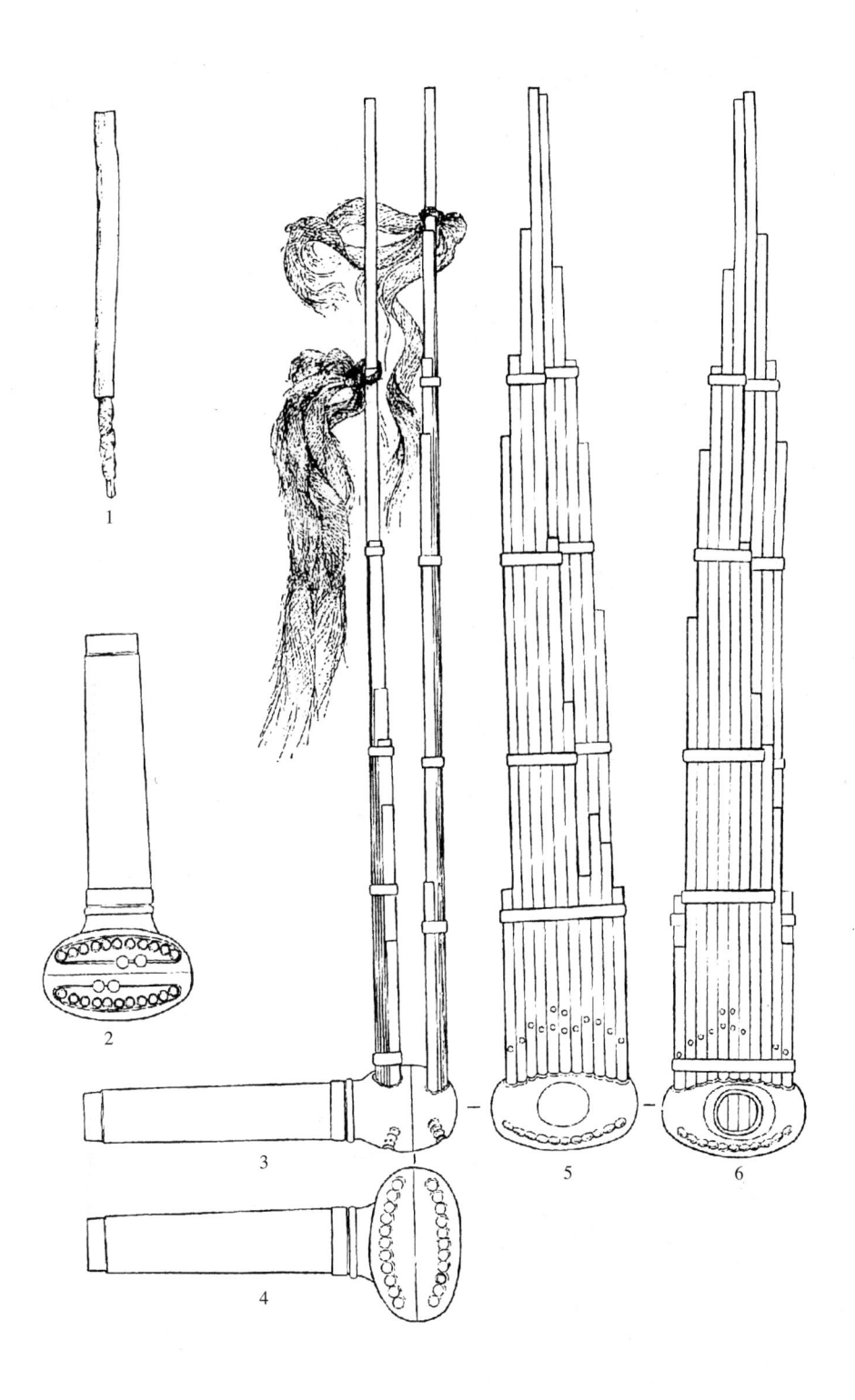

竹竽线描图

6
七弦木琴 6112

三号墓 北173
通高13.3厘米，长81.5厘米，宽12厘米—12.6厘米

线描图

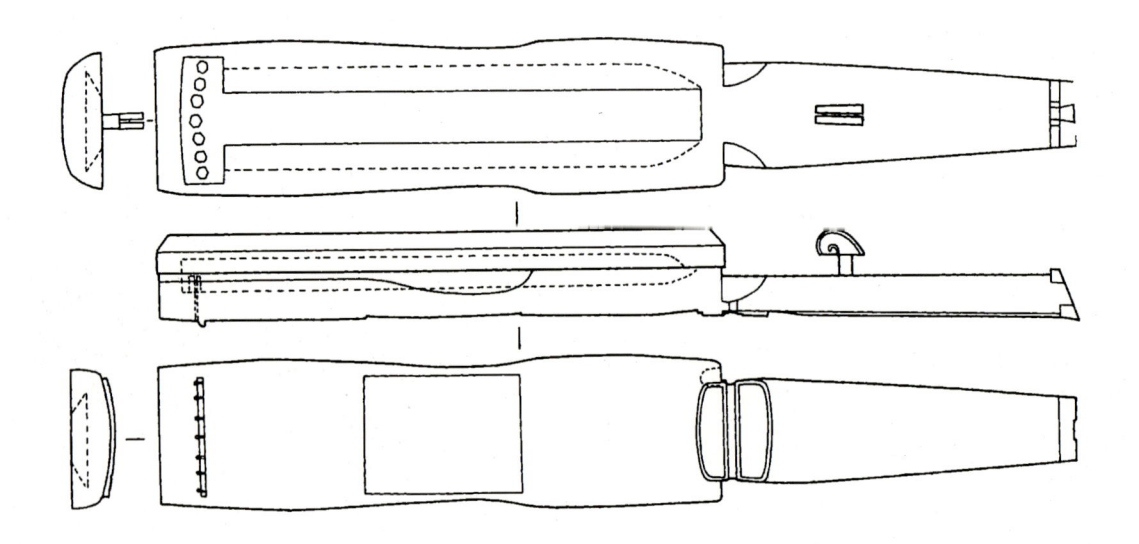

七弦木琴拆解图

时间的声音:
关于马王堆一号汉墓出土的"十二律管"

刘子亮

1972年发掘的马王堆一号汉墓出土了数件乐器，包括瑟、竽各一具，以及一套"竽律"。[1]这套"竽律"由十二根长短不一的竹管构成，竹管中空无底，出土时分别插在竽律衣的十二个筒中。（见本书第196、198页）根据竹管下部墨书的十二律吕名称可知，这套竽律即文献中所记载的古时用来定音的"律管"，为考古实物的首出。虽然这套十二律管的发现为我国的早期律制提供了重要的物证，但是这些律管的尺寸和音高的实测数据却与汉制律管的标准不符。[2]再加上竹管的制作较为粗糙，以及在放入律衣的过程中有误装等现象，发掘报告判断这套律管并非实用乐器，而是为随葬制作的明器。[3]或许是因为"明器"这个标签，马王堆的十二律管除了在讨论早期中国古代音乐史的意义之外，鲜有学者提及。[4]

但是"乐器"并不是这套律管的唯一功能属性。如果仔细观察墓葬内部物件的出土位置，我们会发现这套律管与墓中其他与音乐相关的物件之间似乎并没有那么紧密的联系。首先，尽管发掘报告将瑟、竽以及律管统一归类在"乐器"之下，但是实际上在墓室中律管并没有和瑟、竽摆放在一起——瑟、竽同出于墓葬的西边厢第三层的南侧，而律管则出于东边厢第二层的北侧。[5]再者，除了前述的瑟和竽之外，墓葬中还包含了一些与音乐表演相关的"着衣歌舞俑"和"彩绘乐俑"以及配套的明器竽、瑟等，但是这些也全部出土于北边厢内，而不是律管所在的东边厢。[6]（图1）最后，当我们聚焦于律管所在的东边厢时，又发现该箱内除了律管以外没有任何一件与音乐相关的物件。这不禁让人发问：这套律管为什么没有和墓内其他的乐器放在一起？除了音乐，这套律管还可能被赋予了什么其他的功能？

马王堆一号汉墓中的律管和其他音乐相关物件的脱离把我们的注意力转移到了律管的另一个重要的属性，即十二律管本身的时间性。由传世文献可知，"十二律吕"的概念自古与历法的制定紧密相连，与一年中的十二个月份一一对应。[7]律历合一的概念在武帝年间直接影响了太初历的设立，而《汉书·律历志》则较为完整地记载了西汉时期完成的以乐律为基础的历法及度量衡的理论统一。[8]有趣的是，在这套西汉时期的律历—度量衡理论体系中，"十二律管"这一物件占据着至关重要的位置。早期的文献告诉我们十二律吕源自黄帝时期伶伦以竹子制作的十二根管子。[9]西汉刘歆"考定历律"、统一度量衡时也是以十二律管中的"黄钟之管"为所有度量的标准器的。[10]然而这套理论中还有另一个耐人寻味的细节，那就是十二律管和时间乃至宇宙间阴阳转化的感应关系，即律管作为"候气"工具的一面。在

| 生命时空 —— 马王堆汉墓新论

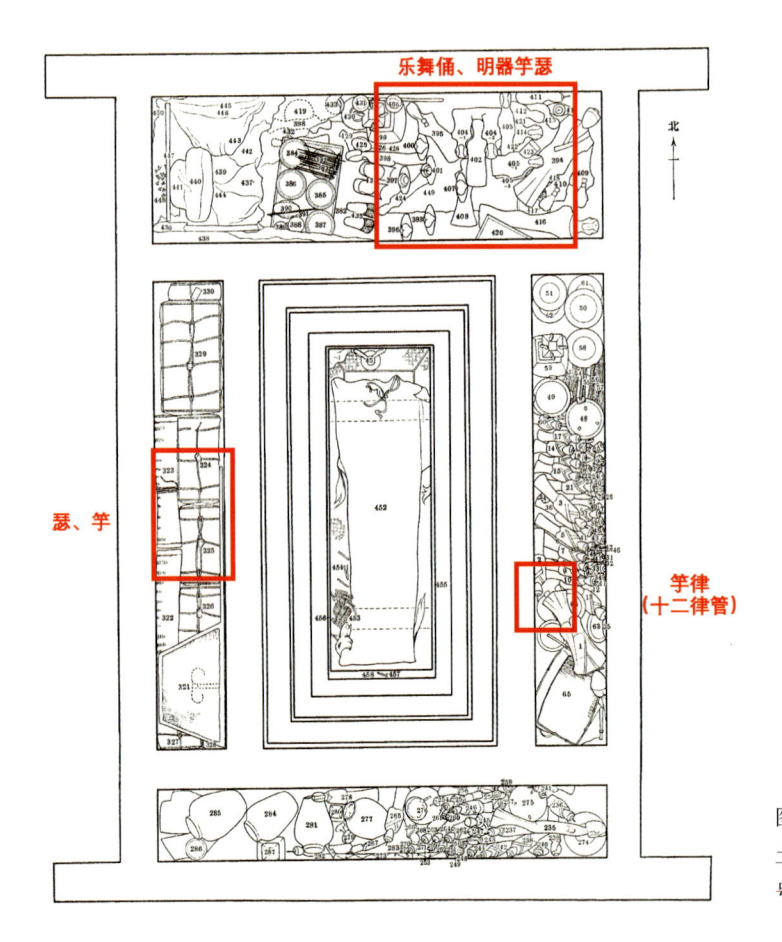

图1 马王堆一号汉墓中乐器、乐舞俑、以及律管出土位置示意图（随葬器物分布图采自《长沙马王堆一号汉墓》上集，第36页，红色标记为本文作者添加）

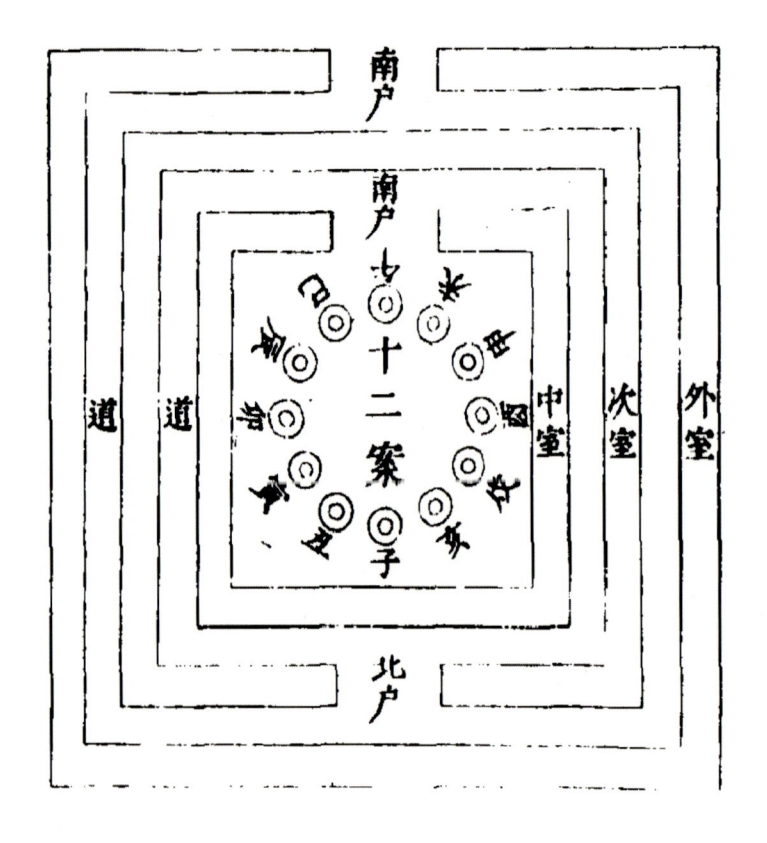

图2 唐《乐书要录》中的"汉律室图"

传世文献中，关于用十二律管来观测一年十二个月变化的方法的完整记录最早见于《后汉书·律历志》：

> 候气之法，为室三重，户闭，涂衅必周，密布缇缦。室中以木为案，每律各一，内庳外高，从其方位，加律其上，以葭莩灰抑其内端，案历而候之。气至者灰动。[11]

依照这段记载，所谓"候气之法"即在一个被三重墙围绕的密室内，将十二根内部装有"葭灰"（一种由芦苇茎中的薄膜烧制而成）的律管按照音律的顺序和对应的方位斜置（内庳外高）于木案上。由于十二律与一年的十二个月份相对应，每当某一月的气到来时，与其对应的律管内的葭灰就会飞散，由此便可以通过十二律管来"实测"和"验证"一年周期内自然造化之气的转化。这一套以律管为核心的候气法作为验证律历正统性的"实验"在古代中国代代相传，在唐武则天敕撰的《乐书要录》中甚至可见图画其法的"汉律室图"（图2），其可行性直到明清还在被讨论。[12]虽然《后汉书》成书于5世纪，但是与律管候气相关的片段记载的确见于汉代文献之中，如杨雄《太玄经》所云"冷竹为管，室灰为候"，可知以十二律管候气的做法至晚在西汉晚期已经有所流行。[13]

那么，马王堆一号墓东边厢出土的十二律管会不会也是一套用来观测时间和一年中阴阳转化的"候气仪器"呢？马王堆一号墓主软侯夫人辛追的下葬年代为公元前2世纪前半叶，在时间上早于前述文献中关于"律管候气"的最早记载超过一个世纪。尽管如此，我们也知道至迟到公元前3世纪末，十二律和一年十二个月阴阳之气的变化关系已经形成，如《吕氏春秋·音律》：

> 大圣至理之世，天地之气，合而生风，日至则月钟其风，以生十二律。仲冬日短至，则生黄钟。季冬生大吕。孟春生太蔟。仲春生夹钟。季春生姑洗。孟夏生仲吕。仲夏日长至，则生蕤宾。季夏生林钟。孟秋生夷则。仲秋生南吕。季秋生无射。孟冬生应钟。天地之风气正，则十二律定矣。[14]

此外，在成书年代与辛追下葬时间相差不远的《淮南子》中，我们也已经可以看到较为完整的一年节气与十二音律相对应的记载。[15]由此看来，马王堆一号墓出土的十二律管被放入墓室，目的在用于"候气"也并非绝无可能。

最后，我们重新回到十二律管与音乐的关系上。实际上，律管作为调节"音律"和"候气"的功能并不是相互排斥的关系。相反，这套律管可能是同时兼有这两种功能的。文献载西汉晚期宫廷的乐师中曾设有"听工"一职，如《汉书·礼乐志》："听工以律知日冬夏至。"[16] 听工在西汉皇家的乐团内通过音律观测一年时间和阴阳之气的变化，想必在现实中也担当着根据季节的寒暑、湿燥矫正乐器音律的职能。虽然我们今天已无从得知马王堆一号墓东边厢内，与这套律管同出的六十件木俑中是否也存在着这样一位既候气又矫音的"听工"，但是我们至少有足够的理由相信，这套十二律管为探索马王堆一号汉墓的设计程序中所隐含的时间性提供了另一个重要的线索。

注释

1 湖南省博物馆、中国科学院考古研究所编：《长沙马王堆一号汉墓》上集，文物出版社，1973年，102—110页。"竽律"定名的根据为同墓所出竹简遗册上所载"竽律印熏衣"（简278），见《长沙马王堆一号汉墓》上集，151页。

2 同上，第109页。

3 同上，第110页。

4 对马王堆一号汉墓出土十二律管在中国古代音乐史上的意义的早期讨论，见陈万鼐：《中国古代音乐的基准—谈长沙马王堆出土的竽律》，《故宫文物月刊》1984年第10期，第49—55页；吕林岚：《长沙马王堆一号汉墓出土十二律管考释》，《音乐研究》1985年第3期，第71—75页等。

5 《长沙马王堆一号汉墓》上册，第102页。

6 同上，第97—100页。

7 唐继凯：《中国古代的律历合一说》，见刘勇、唐继凯：《律历融通校注》，中国文联出版社，2006年，第1—35页。

8 戴念祖、王洪见：《论乐律与历法、度量衡相和合的古代观念》，《自然科学史研究》2013年第2期，第191—202页。

9 见《吕氏春秋·古乐》："昔黄帝令伶伦作为律。伶伦自大夏之西，乃之阮隃之阴，取竹于嶰溪之谷，以生空窍厚钧者、断两节间、其长三寸九分而吹之，以为黄钟之宫，吹曰'舍少'。次制十二筒，以之阮隃之下，听凤皇之鸣，以别十二律。其雄鸣为六，雌鸣亦六，以比黄钟之宫，适合。黄钟之宫，皆可以生之，故曰黄钟之宫，律吕之本。"《吕氏春秋集释》，中华书局，2009年，第120—122页。

10 见《汉书·律历志上》，《汉书》，中华书局，1962年，第955—989页。

11 见《后汉书·律历上》，《后汉书》，中华书局，1965年，第3016页。

12 戴念祖、王洪见：《论乐律与历法、度量衡相和合的古代观念》，第199—201页。

13 戴念祖根据《后汉书·律历志》的记载认为律管候气是京房（前77—前37）所创。戴念祖，王洪见，第199—200页。

14 见《吕氏春秋·音律》，《吕氏春秋集释》，中华书局，2009年，第136页。

15 见《淮南子·天文训》，《淮南鸿烈集解》，中华书局，2013年，第99—102页。

16 见《汉书·礼乐志第二》，《汉书》，中华书局，1962年，第1073页。

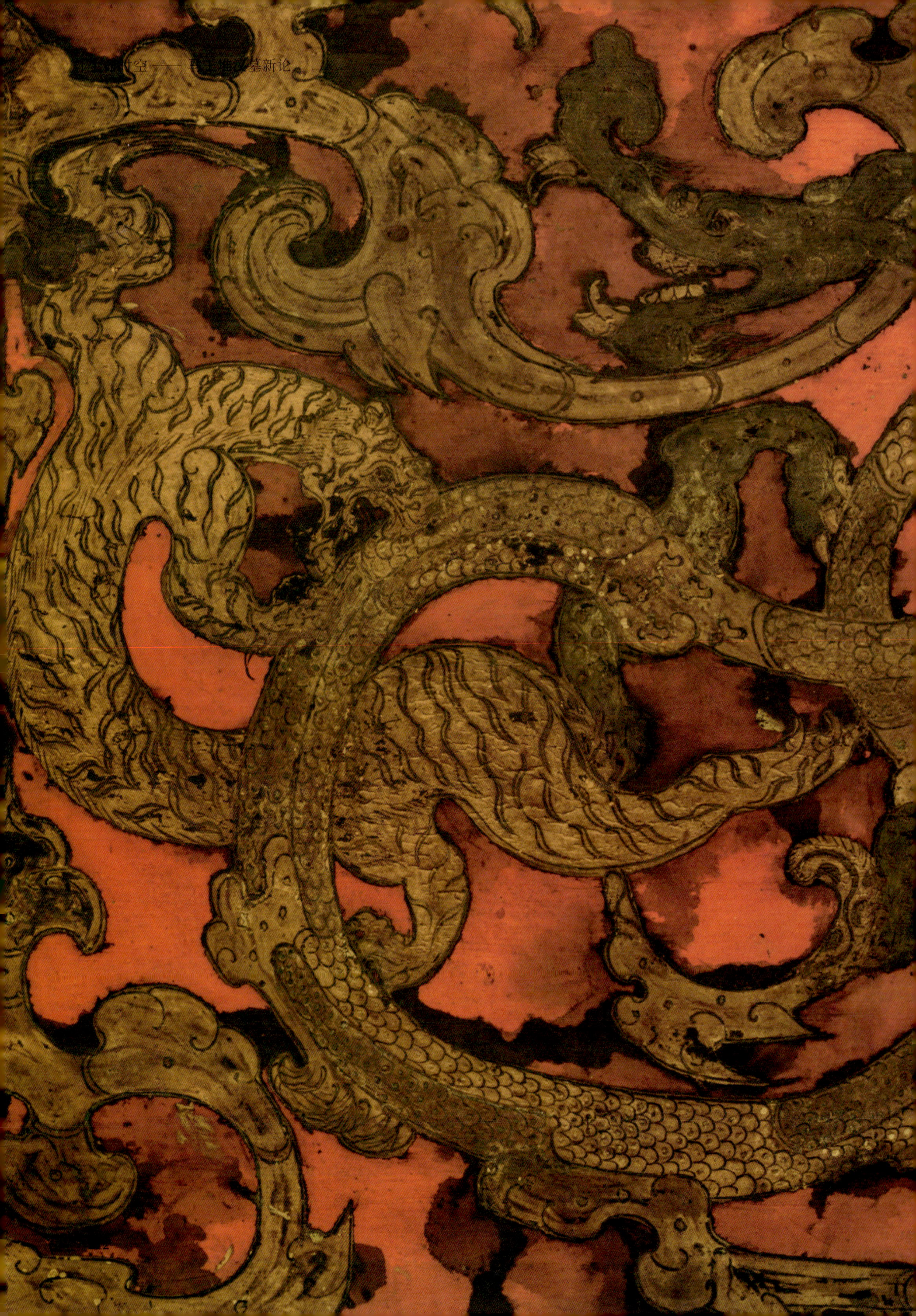

2

陰陽

chapter 2

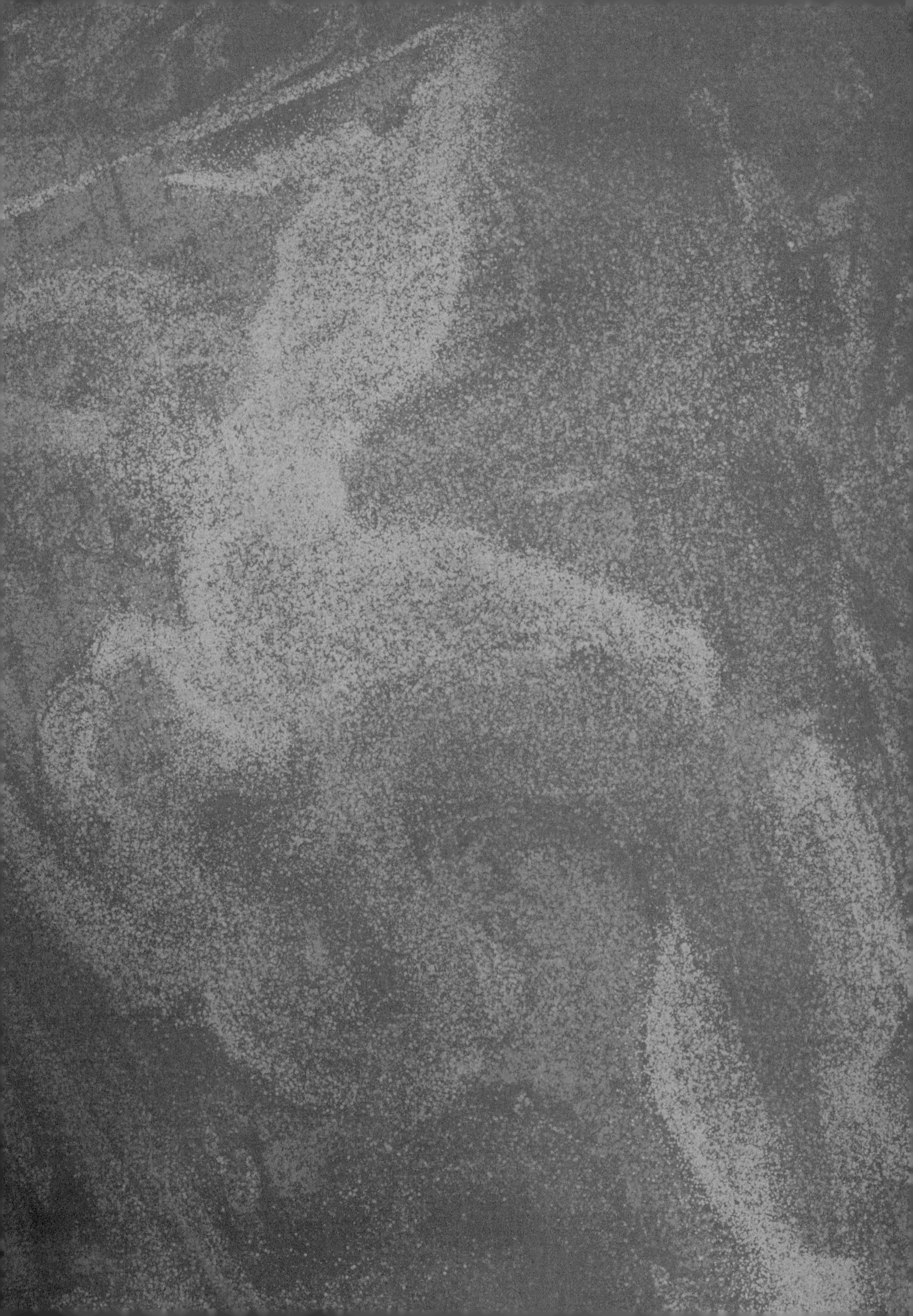

马王堆四重套棺系列图

07

黑地彩绘漆棺头挡线描图

黑地彩绘棺头挡升仙图

黑地彩绘漆棺头挡

1
黑地彩绘漆棺

一号墓
长256厘米，宽118厘米，高114厘米

黑地彩绘漆棺足挡线描图

黑漆彩绘棺及棺盖线描图

二　阴阳

黑地彩绘漆棺足挡

|生命时空——马王堆汉墓新论

黑地彩绘漆棺左侧面

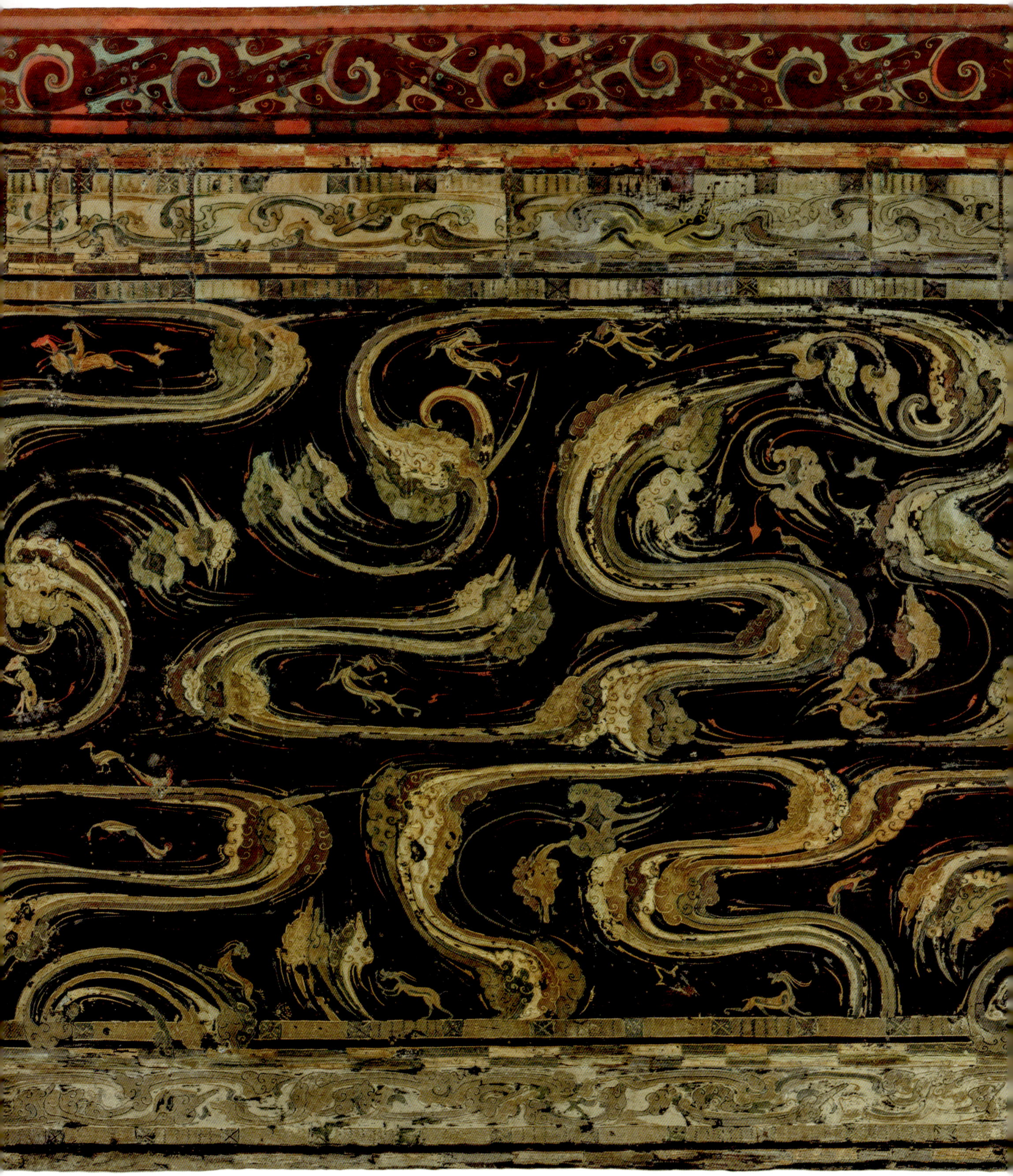

二　阴阳

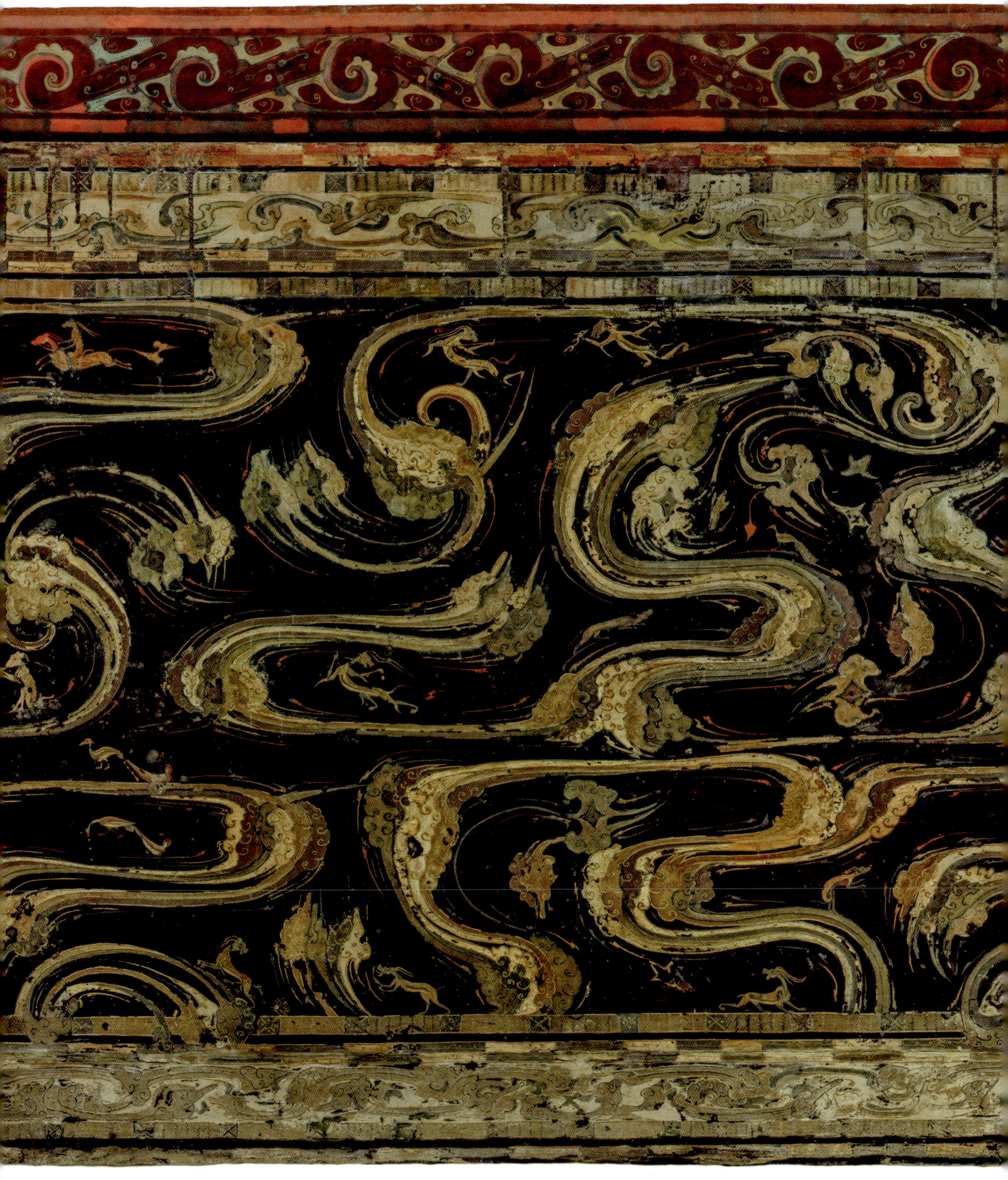

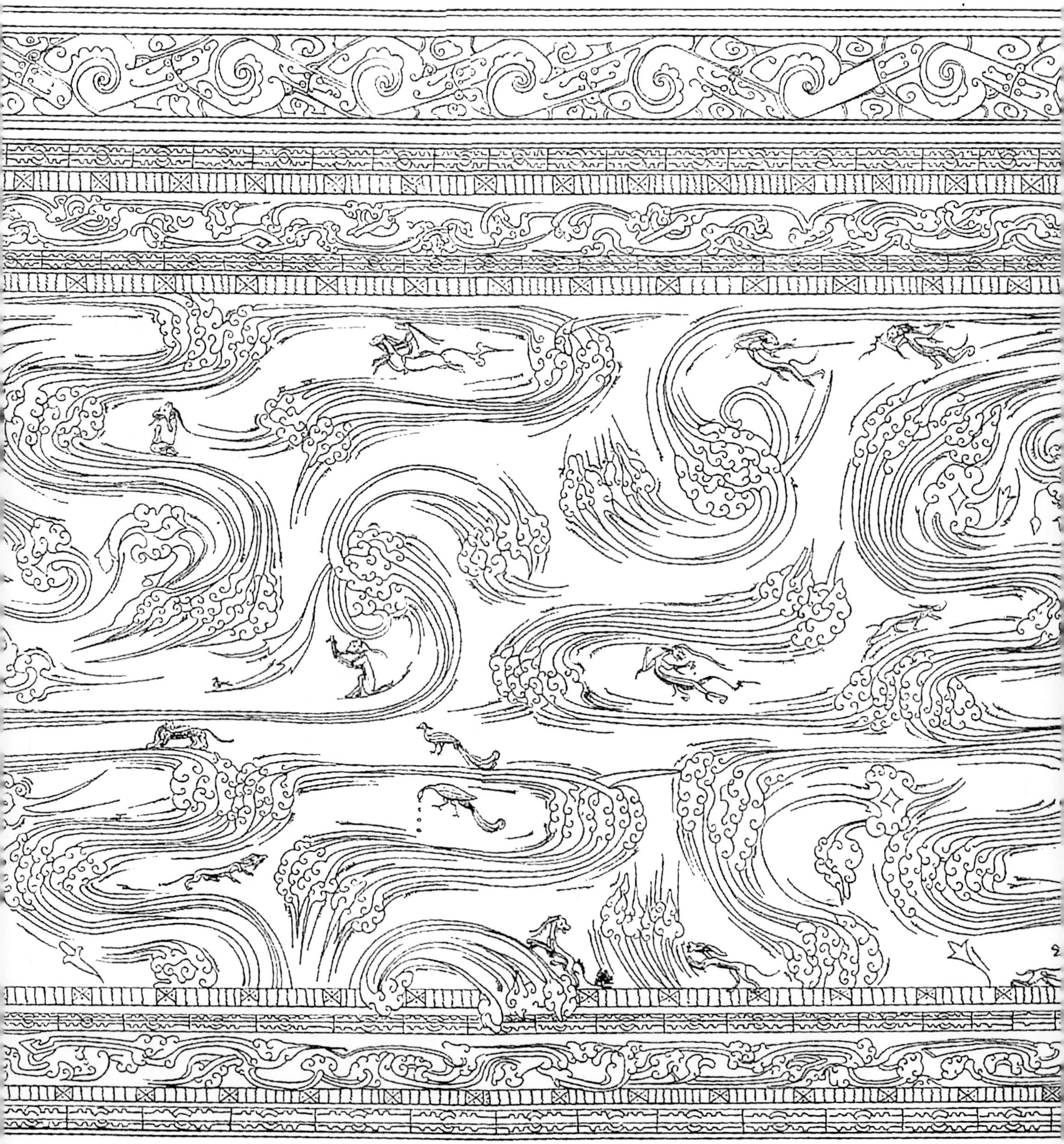

黑地彩绘漆棺左侧面线描图

二　阴阳

二 阴阳

黑地彩绘漆棺右侧面

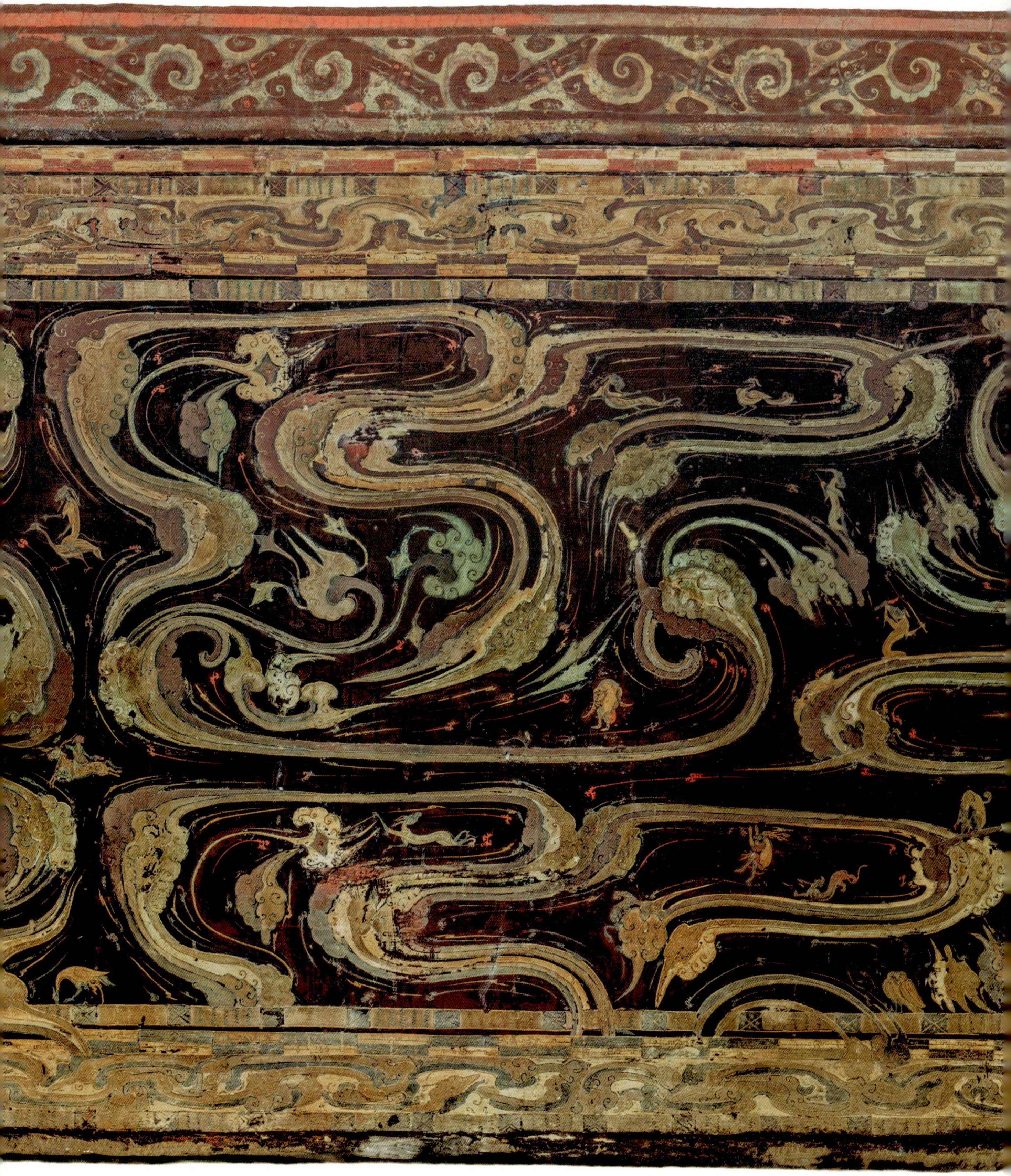

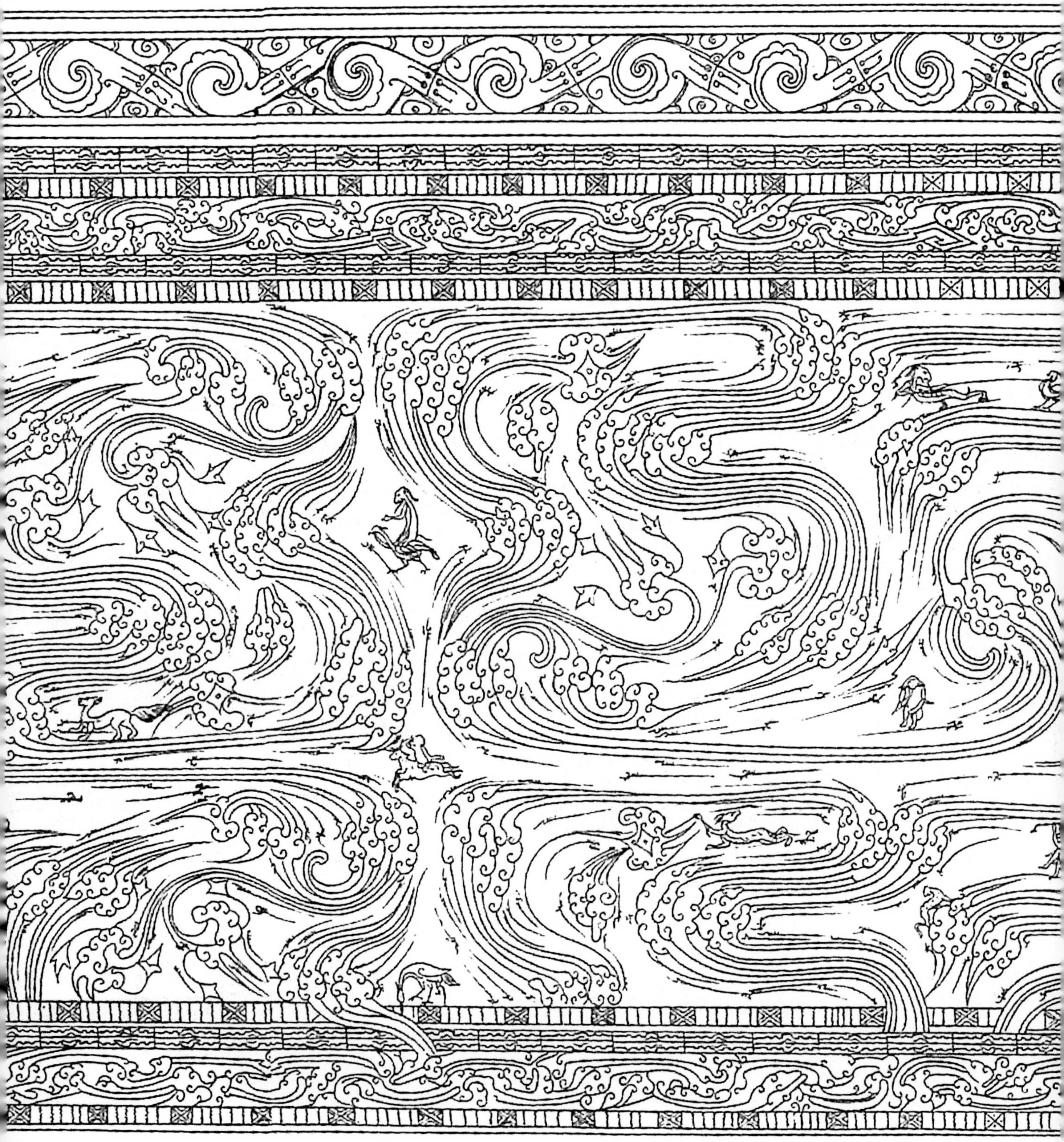

黑地彩绘漆棺右侧面线描图

二 阴阳

二 阴阳

黑地彩绘漆棺盖板

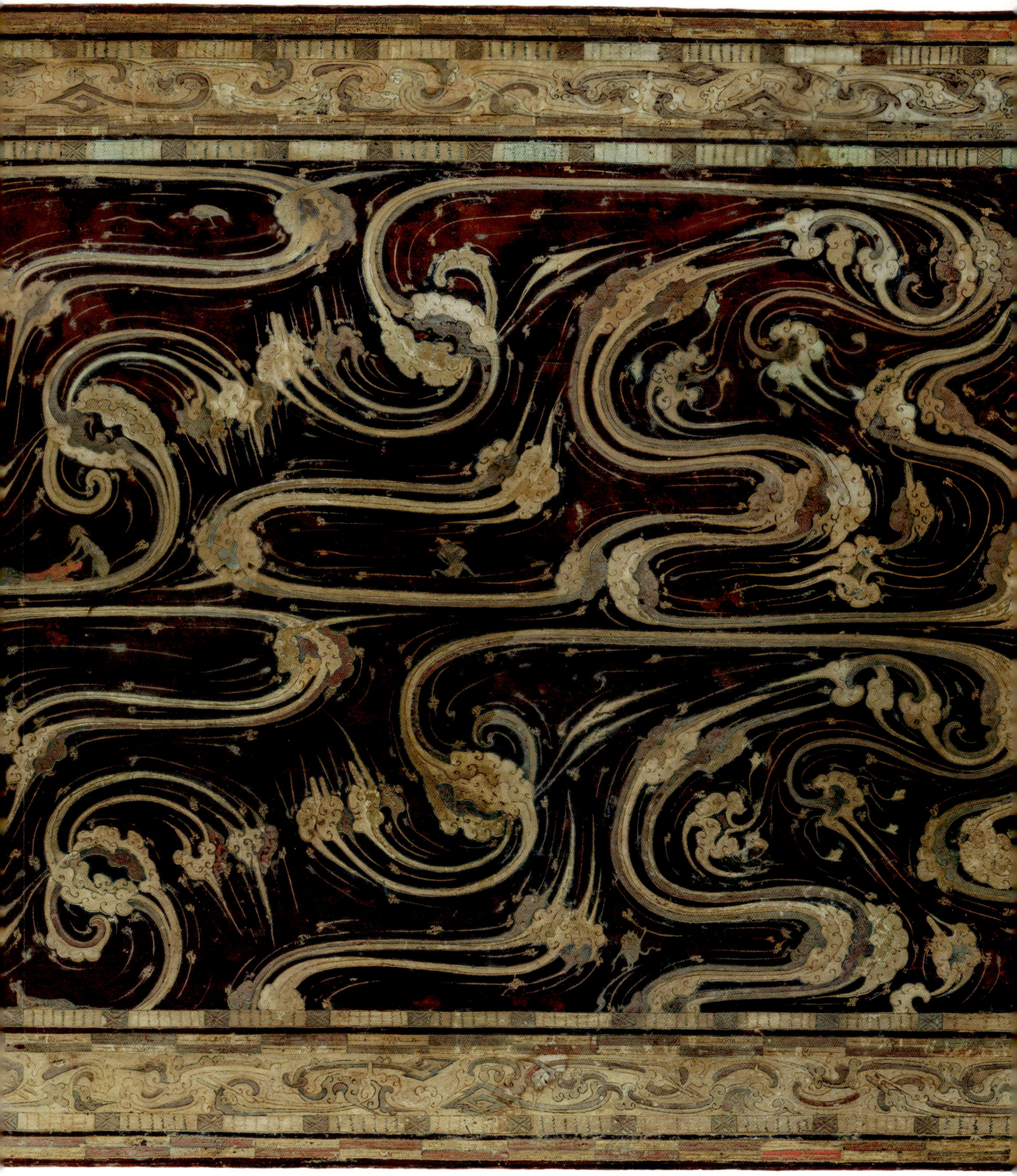

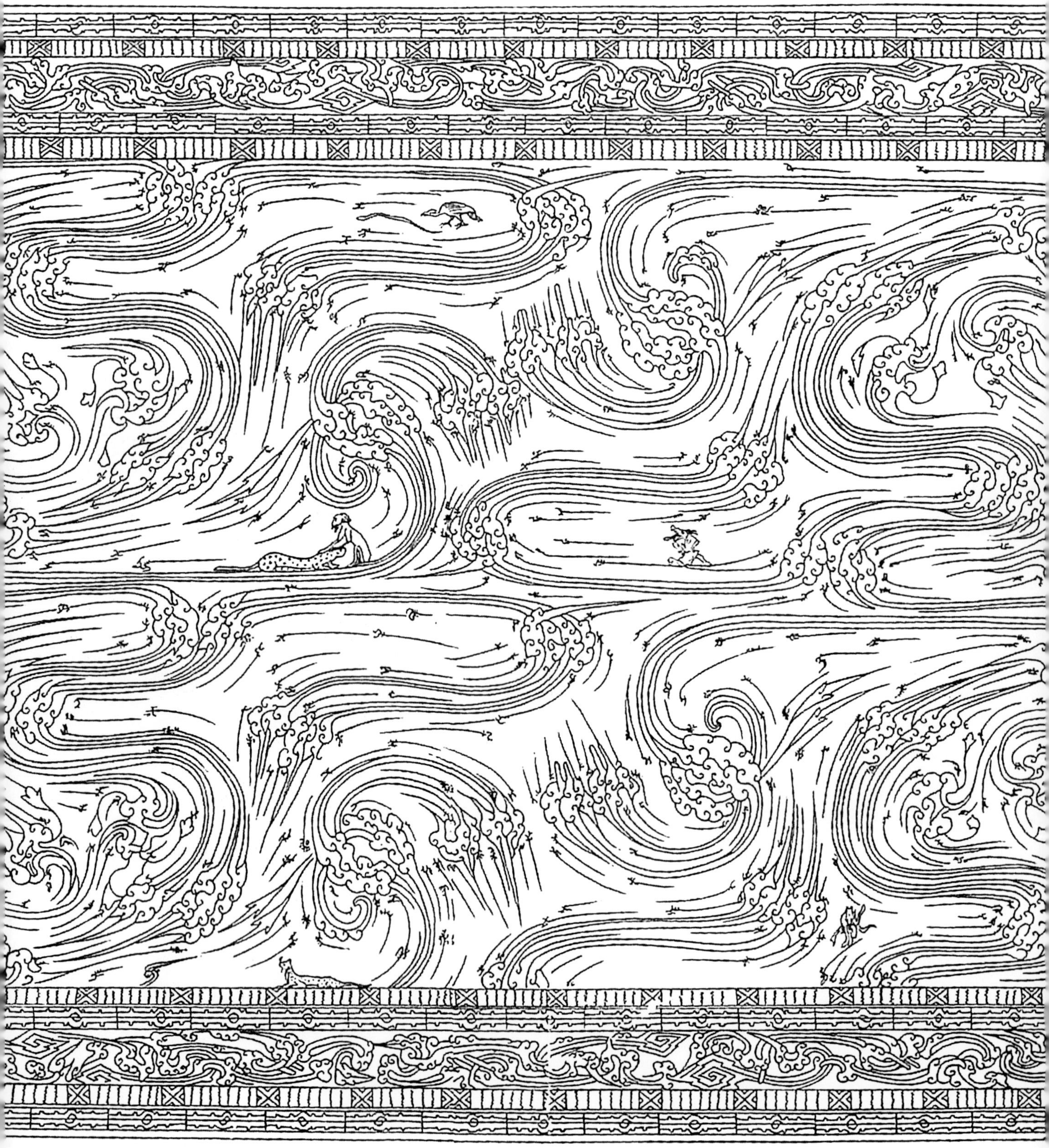

黑地彩绘漆棺盖板线描图

二 阴阳

二 阴阳

| 生命时空 —— 马王堆汉墓新论

朱地彩绘漆棺头挡线描图

朱地彩绘漆棺头挡

2

朱地彩绘漆棺

一号墓
长230厘米，宽92厘米，高89厘米

朱地彩绘漆棺足挡线描图

二 阴阳

朱地彩绘漆棺足挡

| 生命时空 —— 马王堆汉墓新论

朱地彩绘漆棺左侧面

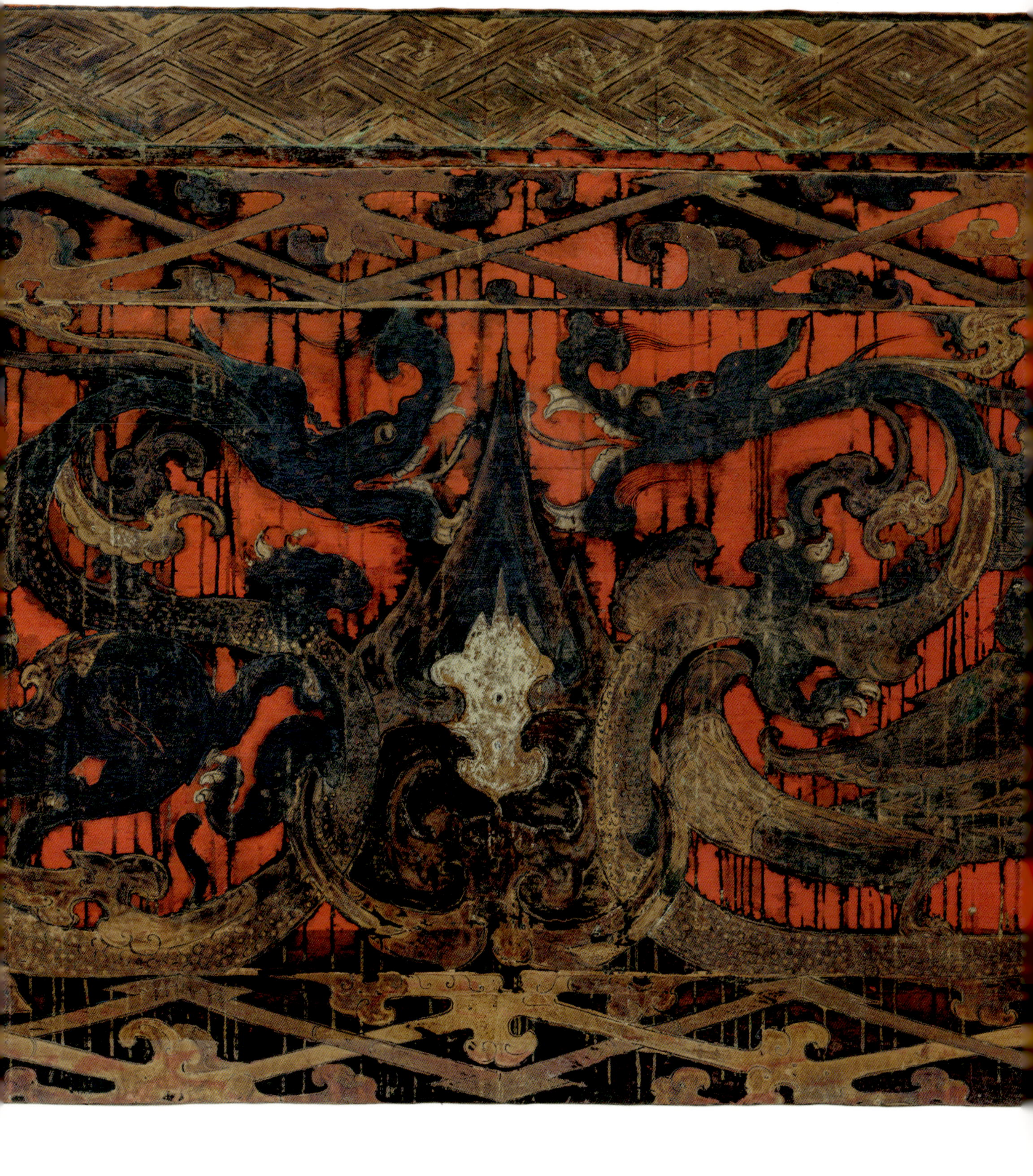

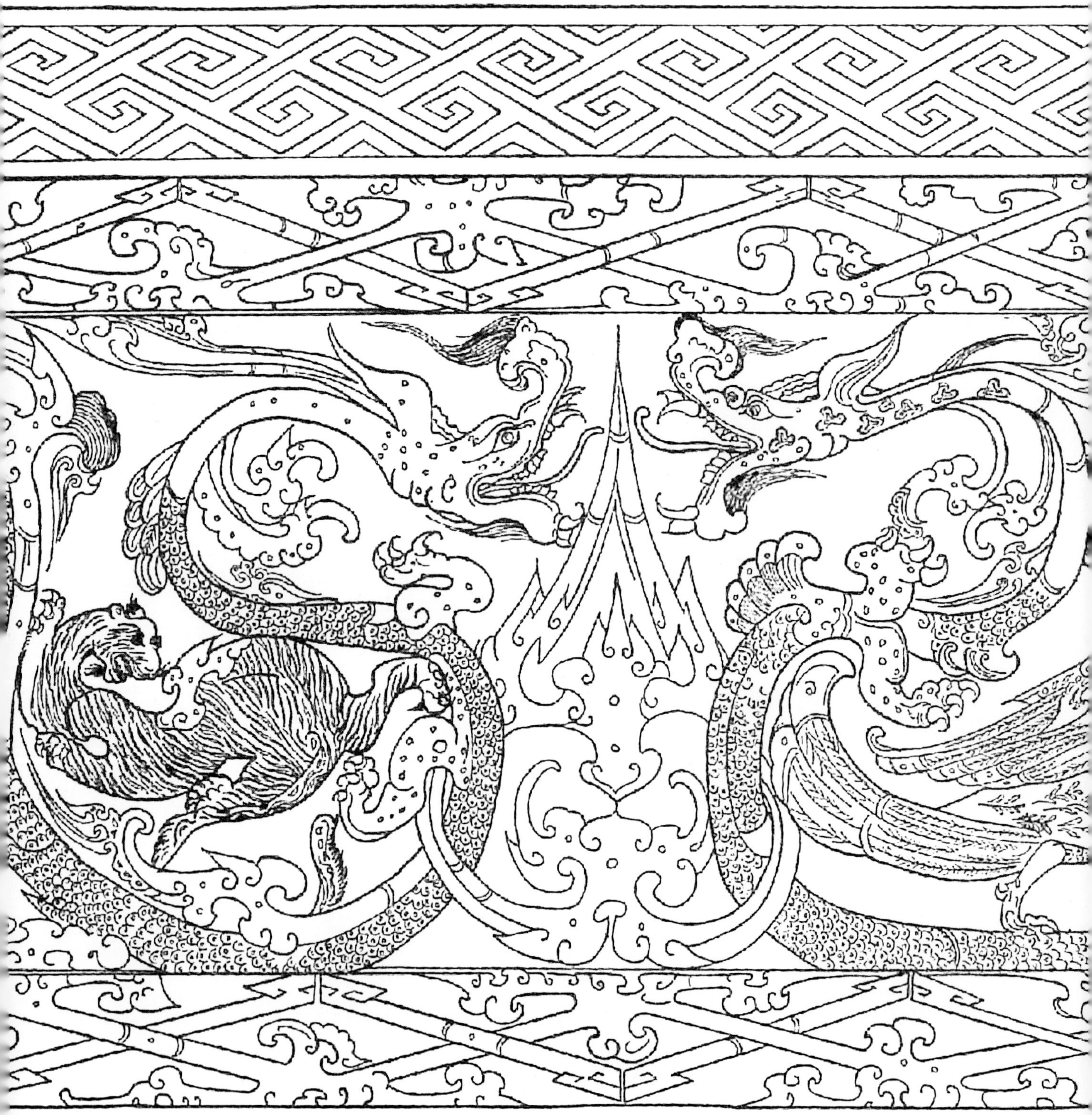

| 生命时空 —— 马王堆汉墓新论

朱地彩绘漆棺左侧面线描图

二 阴阳

二 阴阳

| 生命时空 —— 马王堆汉墓新论

朱地彩绘漆棺右侧面

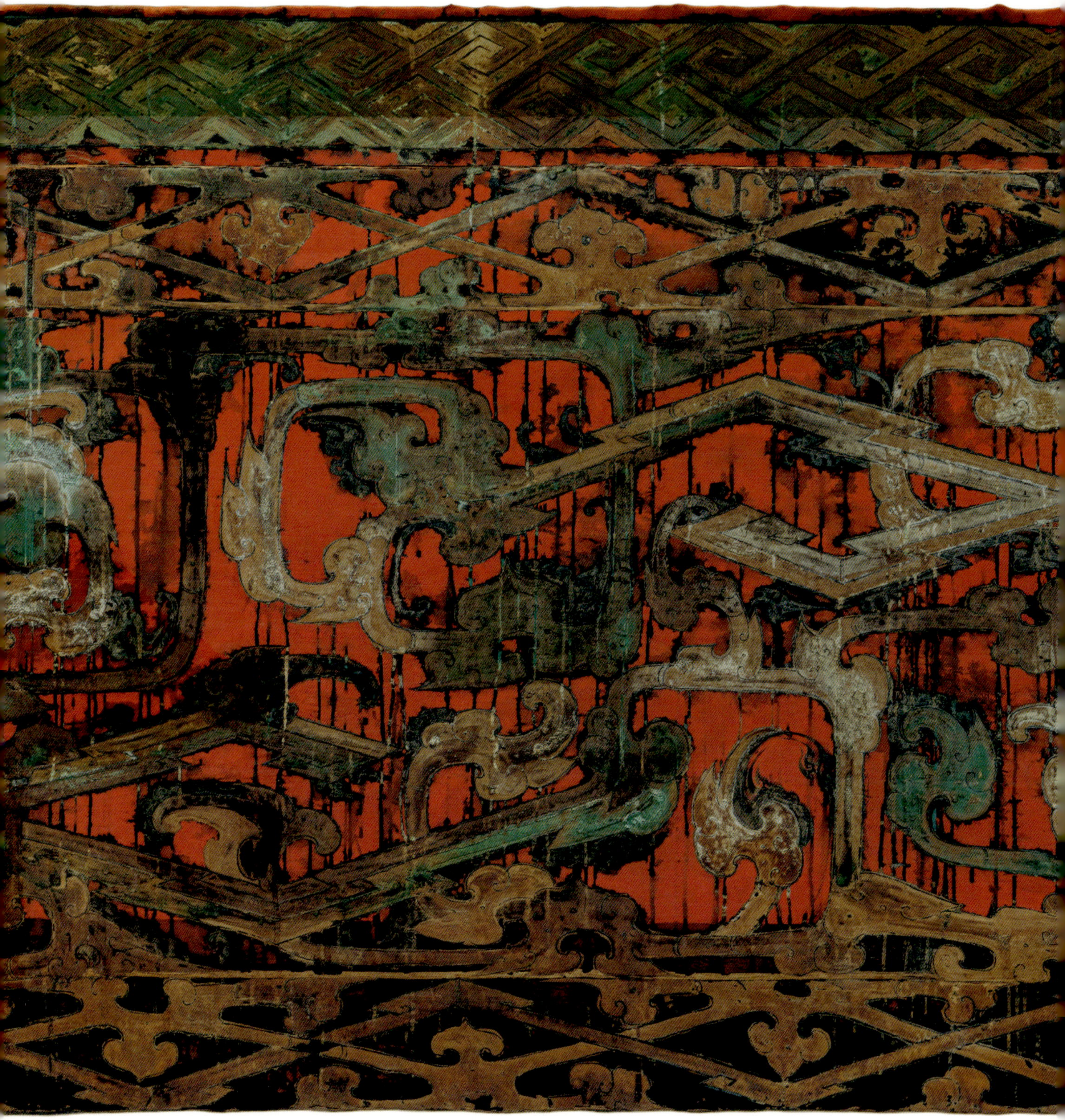

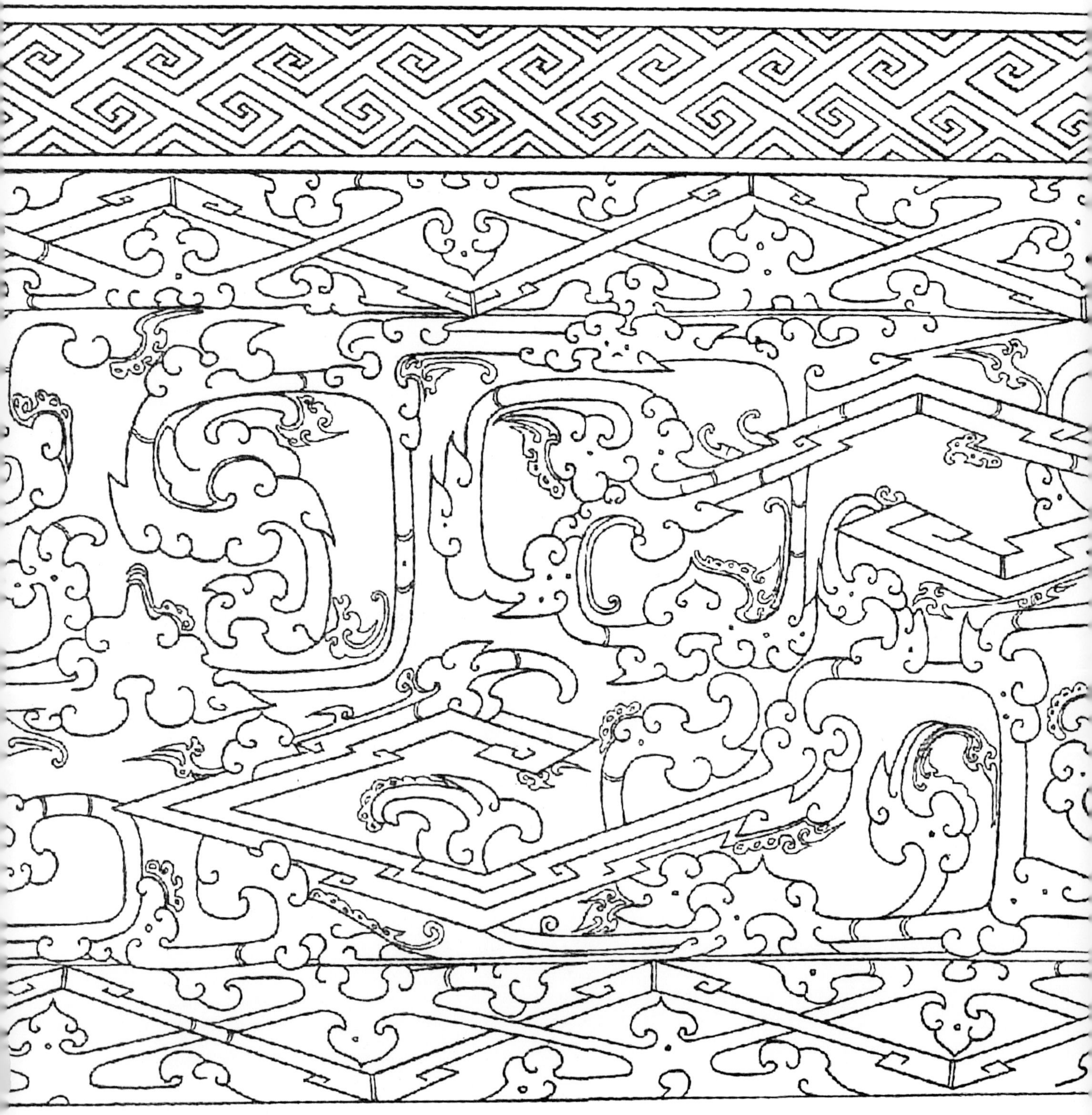

| 生命时空 —— 马王堆汉墓新论

朱地彩绘漆棺右侧面线描图

二 阴阳

二 阴阳

| 生命时空 —— 马王堆汉墓新论

朱地彩绘漆棺盖板

朱地彩绘漆棺盖板

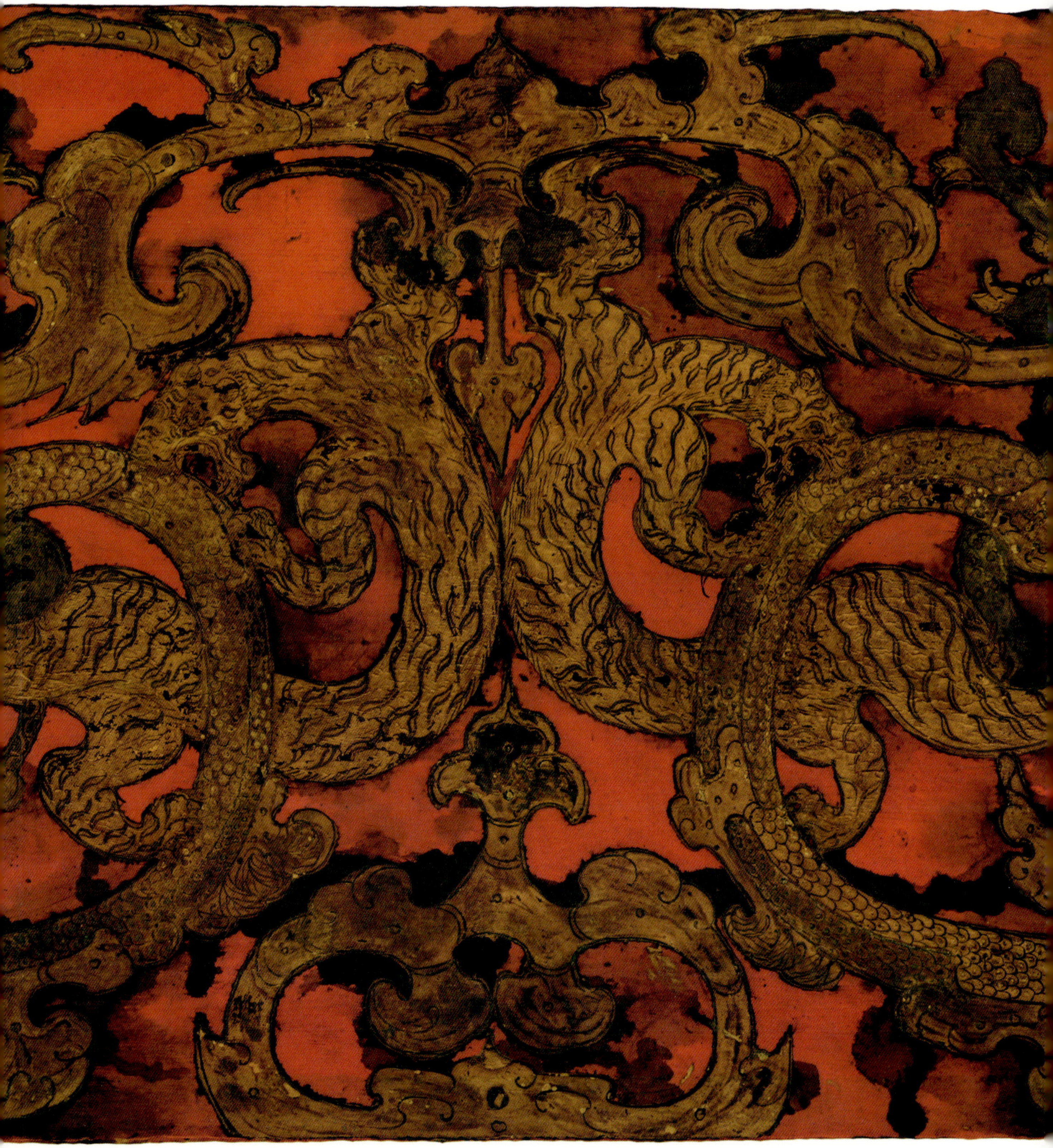

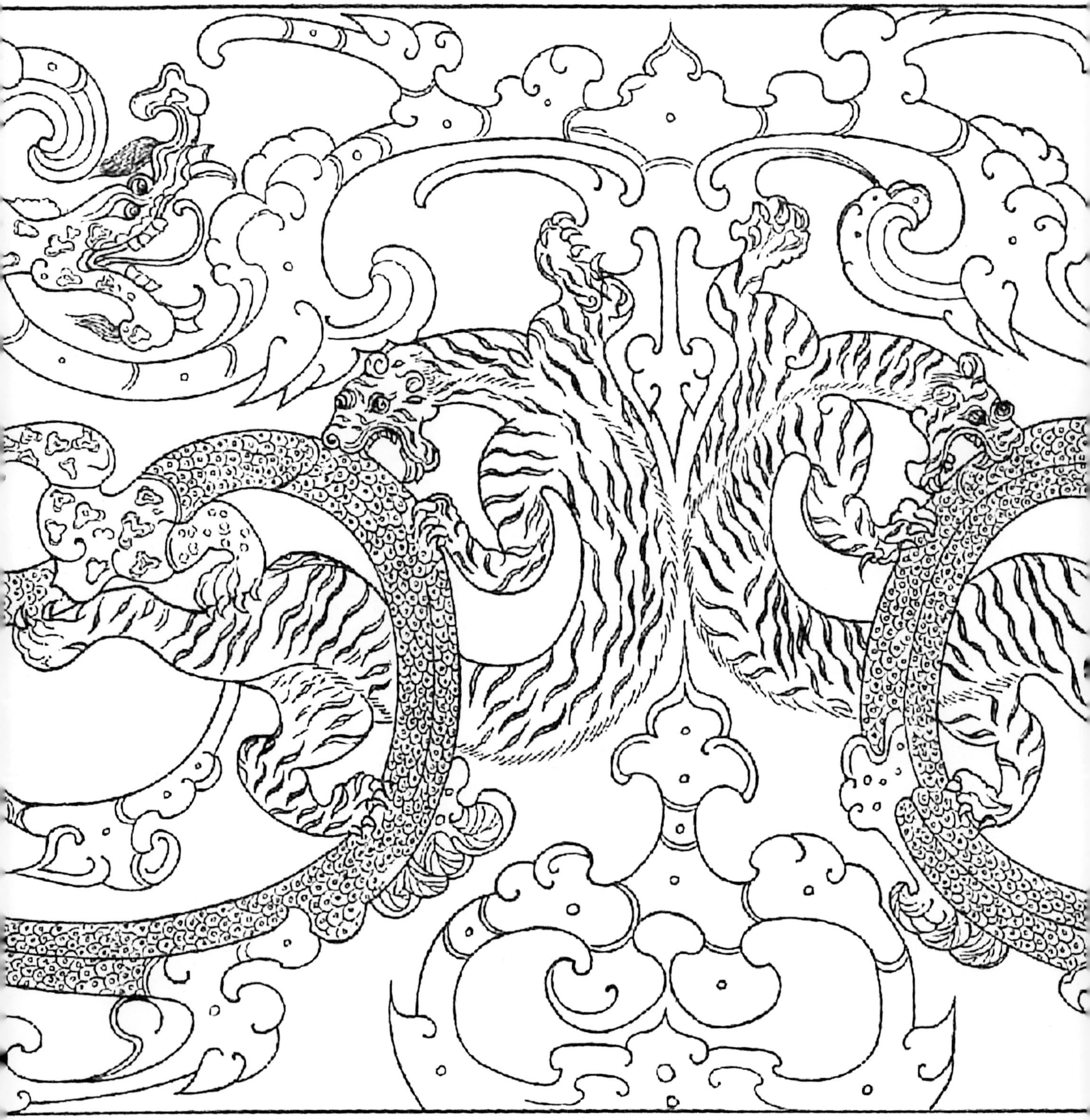

| 生命时空 —— 马王堆汉墓新论

朱地彩绘漆棺盖板线描图

二 阴阳

二 阴阳

锦饰内棺现状

锦饰内棺复原图

3
锦饰内棺

一号墓
长202厘米，宽69厘米，通高63厘米

二 阴阳

锦饰内棺复原图及线描图

何为"藏象"？
——马王堆之谜解密

汪悦进

一、从"引魂升天"见古人生死空间观

"升天还是入地？"[1]这是马王堆汉墓问题中耐人寻味之处。问题缘起于同一墓葬所揭示的不同空间。[2]简单说来：墓椁边厢内置家居侍俑等实物，展示了一个稳定的日常起居实用空间（图1），棺饰及覆棺帛画则呈现出一个渐次升天的虚拟空间。一实一虚，一静一动，一地一天，南辕北辙。三维椁室陈设似劝死者长留地下，二维绘画则"引魂升天"。究竟让死者何去何从？这似乎很矛盾。权宜的解释为：人死后魂魄分离，魂升天，魄入地。[3]因此，绘事似乎依升天之魂而规划，葬具及椁内起居环境俨然为入地之魄而陈设。魂魄便各得其所，矛盾似乎迎刃而解。但实际问题并不这么简单——棺绘帛画内容着力表现的是魂魄之合而不是分。这里首先得弄清古人对生死观念及空间想象与今人的不同之处。古人对生与死的判断并非单以生理机能的停止来界定，更主要是将其理解为精气的聚合与离散："人之生，气之聚也；聚则为生，散则为死。"[4]精气聚散既然决定人的生死，生人若要干预墓主死后归宿，力所能及便是设法聚合死者的精气，在墓葬图绘中预先经营一些阴阳合气的场景，期冀墓主由此能"出死入生"[5]。由此，图像的编排便是为死者设计的一套最佳程序。就西汉马王堆墓葬而言，T形帛画及棺绘中所表现的场景，无不以此为转移。[6]

因此，精气的活动场所在何处，这一问题也不难找到答案。气被视为天地与人体存在的基本载体。我们常用现代思维的习惯分类法来取代古人经验方式，将人体与天地、墓内与墓外、主体与客观决然二分。由此，天界便成了客观外在，人体便是绝对的自我存在。而楚地流行的观念是太一生水、成阴阳、气聚成精、继生万物。人体只不过是阴阳二气的活动场所。

二、藏象与生命流程

如此说来，马王堆T形帛画展现空间既是宇宙图景，又是人身内脏图，古人称其为"藏象"。《淮南子·精神训》中"故头之圆也象天，足之方也象地"等论述便是其经典释义：

夫精神者，所受于天也；而形体者，所禀于地也。故曰：一生二，二生三，三生万物。万物背阴而抱阳，冲气以为和。故曰：一月而膏，二月而胅，三月而胎，四月而肌，五月而

图1 马王堆一号墓的庞大椁室结构及随葬器物出土情形

筋，六月而骨，七月而成，八月而动，九月而躁，十月而生。形体以成，五脏乃形。是故肺主目，肾主鼻，胆主口，肝主耳，外为表而内为里，开闭张歙，各有经纪。天有风雨寒暑，人亦有取与喜怒。故胆为云，肺为气，肝为风，肾为雨，脾为雷，以与天地相参也，而心为之主。是故耳目者，日月也；血气者，风雨也。日中有踆乌，而月中有蟾蜍。[7]

藏象体系在早期医书文献中有过充分体现。其框架是实际经验观察加理论推测。先是解剖人体："夫八尺之士，皮肉在此，外可度量切循而得之，其死而解剖而视之。"[8] 然后引进五行类比，用五行之气定五藏（肝心脾肺肾）之气。这个体系一旦形成，由经验观察得来的解剖意义上的五脏（肝心脾肺肾）便淡出视野，取而代之的是一个观念体系。在这一体系中，肝心脾肺肾的物质性完全忽略不计，其注重的是整体互动与自然状态的比附，"并以此状态之间的生克乘侮关系来说明人体生理功能和病理变化"[9]。藏象体系是非线性的理想模型。其底层逻辑是整体思维和综合思维。比如说，肾并不是内脏，而是功能性状态的代码，其与水、冬等状态相关。

很长一段时间，藏象体系因被视为不够科学而在医学以外的领域备受冷落。近年来，西方学界通过对生命现象的反思，诞生出"系统生物学"（systems biology），并注重整体

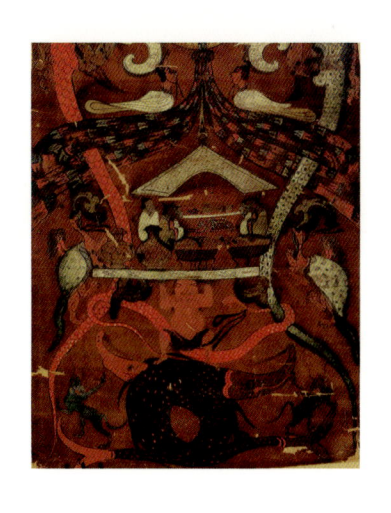

图 2　非衣帛画（底部细节），西汉，湖南长沙马王堆一号墓出土，湖南博物院藏（绘图：梁以伊、林朵朵）

图 3　夔神鼓，商代后期，青铜，高 82 厘米，日本泉屋博古馆藏（采自吕章申主编：《海外藏中国古代文物精粹·日本泉屋博古馆卷》，安徽美术出版社，2016 年，第 188—189 页）

系统思维和非线性模型的搭建，人们惊奇地发现，21 世纪的系统生物学竟然与藏象体系的思维方式非常接近。

藏象体系打破了我们近代以来形成的时空观。它所表现的既是天地间四季的变换，又是人身内阴阳的升降。

三、T 形帛画的藏象流程

马王堆汉墓一号墓覆棺帛画（见本书第 454—457 页）由下到上表现了一个死后成仙的流程。其大致可分以下几个阶段：（1）合气；（2）治气；（3）抟精；（4）流形；（5）形解。

首先是合气。画面底部表现的是地下黄泉。（图 2）对此场面的理解要看画匠如何承袭改变旧有的图像成规，其创作资源从现存的文献和图像来看，有两个：

一是战国晚期楚人对幽都的想象图景："魂兮归来！君无下此幽都些。土伯九约，其角鬐鬐些。敦脄血拇，逐人伾駓些。参目虎首，其身若牛些。此皆甘人。"[10]

二是合阴阳的图像范式。这个"自然巨神合阴阳"的形象思维源远流长，最远可以追溯到商代的铜鼓纹饰：一巨神顶天立地，其阴部男根有二鱼相戏，渐至生机萌动，巨人便双臂生羽，头生鹿角，意味生机勃然。（图3）这显然是以人体范式来表现自然万物阴阳交媾所导致的生机萌发。马王堆三号墓帛画的《太一图》也是如此：以水中阴阳媾和开始，渐至四季万物生意盎然（头部鹿角为证）。[11]（见本书第128页）若按太一左右举兵器的四神为春秋与冬夏，[12]则《太一图》所绘场面则符合郭店楚简中描绘的"太一生水，成天地阴阳，四时湿燥"的情景。[13] T形帛画中的水神（图2）与《太一图》中的太一姿态相仿，胯下同样有一水族动物：《太一图》为一顶日的黄首青龙，[14] T形帛画中赤蛇青鱼相叠（图2）。两帛画同有阴阳相交场面：一是黄龙与青龙相对，一是赤嘴与青嘴的双鱼相交。[15]

对照上述两个传统，西汉帛画作了两个处理：

一是对战国以来流行的幽都想象恐怖图景加以改造。汉代 T 形帛画的阴冥幽都完全是另一景象："其角觺觺"的"土伯"退居一边，居主位的是一个半裸水神在撮合阴阳。（图2）阴冥幽都在帛画中与其说是一种空间所指，不如说是墓主死后在初始的昏昏长夜中懵懂状态的形象化。因此，帛画将生理空间化，身体宇宙化。空间在此中表述过程，黄泉成了阴阳之变的处所与契机。

二是将"太一生水成阴阳"的传统移入地下黄泉，将幽都黄泉化为一个阴阳交配、创世创生的滋生地，"太一生水，水反辅太一""太一藏于水""以己为万物母"，[16]继成天地神明阴阳。至于 T 形帛画底部的裸神是不是太一并不重要，重要的是其要"合阴阳"。这正是《山海经》中的"天乃大水泉，蛇乃化为鱼……死即复苏"[17]与黑地漆棺盖板上的蛇鱼之变（图11）遥相呼应。

人死气散，需聚气才有生机。对此，马王堆三号墓 T 形帛画底部有充分表现。双鱼交配为阴阳合气，底部的云气纹壶似为聚气之用。（图4）

合气要吐故纳新。按方术家言，吐故纳新的最佳时辰是日暮拂晓。这是通过水神所擎大地平台两侧的鸱龟来表现的。（图2）鸱枭为太阳内阳鸟入夜的变形，阳鸟入夜（或过冬），得靠水族的神龟背负以渡阴溟。右边鸱龟与白（或青）龙（代表阴气或地气）相近，标志太阳将入西方汤谷，由此作悬浮状。左侧鸱龟近赤龙（代表阳气或天气），标志太阳将从东方咸池升起，作攀登状。[18]若帛画底部是阴阳合气的发端，此处标示的便是凌晨与黄昏临界点的吐故纳新。"朝息……合于天"，可让"陈气日尽，而新气日盈"。[19]这也不难解释二龟

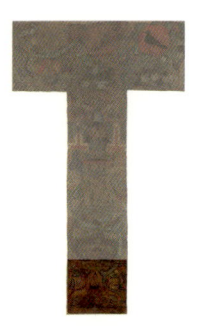

图4　非衣帛画（底部细节），西汉，湖南长沙马王堆三号墓出土，湖南博物院藏
（绘图：梁以伊，林朵朵）

为何口中吐气。[20]

"合气"后便要"治气"。帛画往上接着出现的似乎是"鼎食钟鸣"的场面（图2），过去这一般被认为是对死者的祭祀场面，但现在看恐怕不尽然。三号墓男墓主的T形帛画中，参加"祭祀"是八位女子（图5）；一号墓女墓主的帛画对应场面出场的都是男子（图2）。[21] 就此来看，若只有女子祭男性死者、男子祭女性死者，则很难说得通。因此，其意义恐怕还是在于阴阳合气治气。一、三号墓的T形帛画都各有壶鼎（图2、图5），[22] 似有治气炼丹的象征意味。就三号墓帛画来看，画面底部的云纹壶聚气（图4），并被置于阴冥，以示人死气散。往上则进入人间，壶又一次出现（图5），显然是指人死气散后经聚气进入的另一状况。颇有意味的是，壶是众人注目的焦点——这显然是死者精气之所在。[23]

在求长寿的方术家看来，"饮夫天浆，致之五藏"[24]，便会生"龙息"、致"神风"。"饮夫天浆"是方术语汇，就生人而言，则指食气房中之类。墓中帛画借用这种方术隐喻具象，在"朝息"与"暮息"间的白昼阳间，酒肴陈列，以"天浆"来"饮食宾体"[25]，注入"五藏"。"酒食五味"能"治气"，使"百脉充盈"，于是"龙登能高……可以远行，故能寿长"[26]。

267

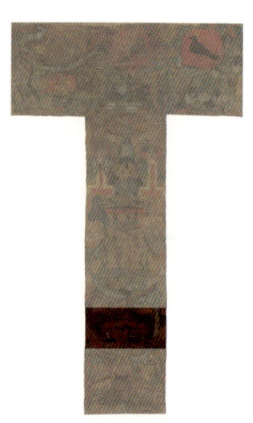

图5 非衣帛画（祭祀场面细节），西汉，湖南长沙马王堆三号墓出土，湖南博物院藏（绘图：梁以伊，林朵朵）

帛画中双龙（即"龙息"）由此呈"龙升"或"龙登"之状。身着"素服"，并且"鸟身人面乘双龙"，象征春风荡漾的句芒作飞扬状（图2），[27] 可应"食之贵静而神风，距而两（峙）……神风乃生"[28]的说法。

接着往上是"抟精"[29]。马王堆医书也在谆谆告诫着借行方术求长生者们："玉闭坚精，必使玉泉毋倾……故能长生。"合气治气之后需用"玉闭"，可以"坚精"，并导致"神明来积"。[30] 帛画中的玉璧便是"玉闭"的具象图解。[31]（图6）玉璧形象在一号墓内多次重复出现，如朱地漆棺的足挡（图12）等。"玉闭/玉璧"的象征功能在于"坚精"，并导致"神明来积"。

再往上，便是"流形"。古人称形状无定的散气凝聚成有形的生命体的现象为"流形"。以管子的说法，"人，水也。男女精气合。而水流形。……五月而成，十月而坐"[32]。墓主死后，先是形散，经一番象征性的合气抟精之后，散气聚合"流形"，墓主形象便出现在昆仑的倾宫悬圃之上（图6）。[33] 这便是前面说到的借"饮夫天浆"来治气的结果。昆仑登仙，貌似客观外象，其实也可隐喻一种生理状态："故善治气抟精者……精神泉溢，吸甘露以为积，饮瑶泉灵尊以为经。"[34] "瑶泉"常与昆仑相联系。[35] 就生人而言，饮"瑶泉"（食气房中的方术隐语）便可造成"登高"（释义）的亢奋升华。这里所谓的"高"原本指的是一种生理体验，而在图像中则常化为对空间中的"高"的想象：穆天子登昆仑，"觞西王母于瑶池上"[36]。《淮南子》言及登昆仑前，先饮"丹水"，又要服药："帝之神泉，以和百药，以

二 阴阳

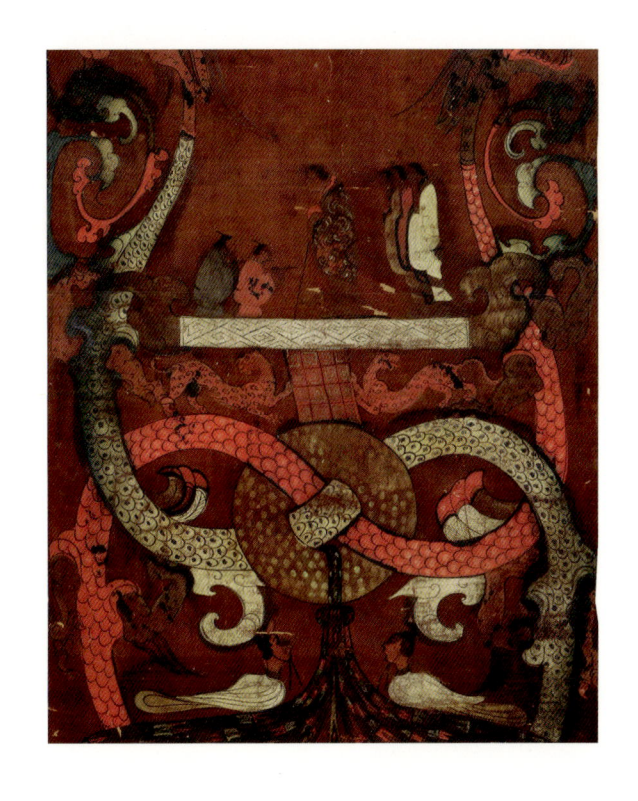

图 6 非衣帛画（画面中部细节），西汉，湖南长沙马王堆一号墓出土，湖南博物院藏（绘图：梁以伊，林朵朵）

润万物。"然后才是登"昆仑之丘""凉风之山""悬圃""上天"，越登越高，终极状态便是成仙成神。[37] 帛画所绘的实际是一阴阳治气后的精神腾飞状态。"治气抟精"，而后"饮瑶泉灵尊"，导致"精神泉溢"，最终"神乃溜（同流）形"[38]。墓主辛追的魂像也在此出现（图6），显示了墓主精气经过阴阳合气，玉璧抟精，神已成形，开始升腾踟蹰于天地之间。不过，这并不是最终的境界。

最终的境界是"形解"。古代的墓葬设计者也知道，人死之后，形骸与精神不免分离，孜孜追求保持死者形骸的完整不是长久之计或终极目标，其最高境界是形解升仙，进入某种永恒理想状态。死后能够达到的最终的永恒是"死而不亡"。按老子说法，"死而不亡者寿"[39]。对"何处而寿可长？"这一问题，方术的答案是："朝日月""吸精光""饮走兽泉英""灵露内藏，饮夫天浆，致之五藏，欲其深藏。龙息以晨，气形乃刚"，最终达到"玉色重光，寿参日月，为天地英"。[40] 这是对生人而言；帛画则将这一形像的逻辑移入阴冥。这里的"寿"和"英"是同一状态，有两种表述："寿"极言天长日久、永垂不朽，"英"极言天地阴阳之气的凝聚精华。帛画中的人身蛇尾像便是"寿"和"英"的形象凝聚。[41] 人首蛇身像置身于日月之间（图7），正是"寿参日月，为天地英"——这是从空间层面上讲。从时间层面

图7 非衣帛画（画面顶部细节），西汉，湖南长沙马王堆一号墓出土，湖南博物院藏（绘图：梁以伊，林朵朵）

图8 马王堆一号墓四层套棺，西汉，湖南长沙马王堆一号墓出土，湖南博物院藏（绘图：吕晨晨，梁以伊，林朵朵）

上来看，人首蛇身传达了古往今来的永恒，因为人类始祖庖羲氏、女娲氏、神农氏、夏后氏，都是被想象为人首蛇身。[42] 按整个画面由下而上的理路流程来看，人首蛇身的形象是"太一生水"，"成阴阳"，"致神明"全过程的终结。画面本身也作出了暗示：黄泉下的赤蛇与天界的人首蛇身像的赤蛇遥相首尾呼应，[43] 一始一终。（图2、图7）

整个过程始于"太一生水""成阴阳"；终于"阴阳聚合""神明生"，因而"寿参日月，为天地英"。综观全图：底部阴冥的赤蛇与左方赤色升龙（"龙息"），一气呵成，继而赤龙穿玉璧（"玉闭坚精，必使玉泉毋倾……故能长生"[44]）。后又与右边太阳相近的升龙呼应。并在颇有意味的八星中穿行，"八至勿星（泻），可以寿长"[45]。最后，龙口吐出人身蛇尾的形象（图7），终于达到了"寿参日月，为天地英"的境界。

古代养生方术强调："君必察天地之情，而行之以身。"[46] 天地是人身的图式榜样。个

二 阴阳

图9 黑地漆棺(头挡细节),西汉,木彩画,湖南长沙马王堆一号墓出土,湖南博物院藏(绘图:梁以伊,林朵朵)

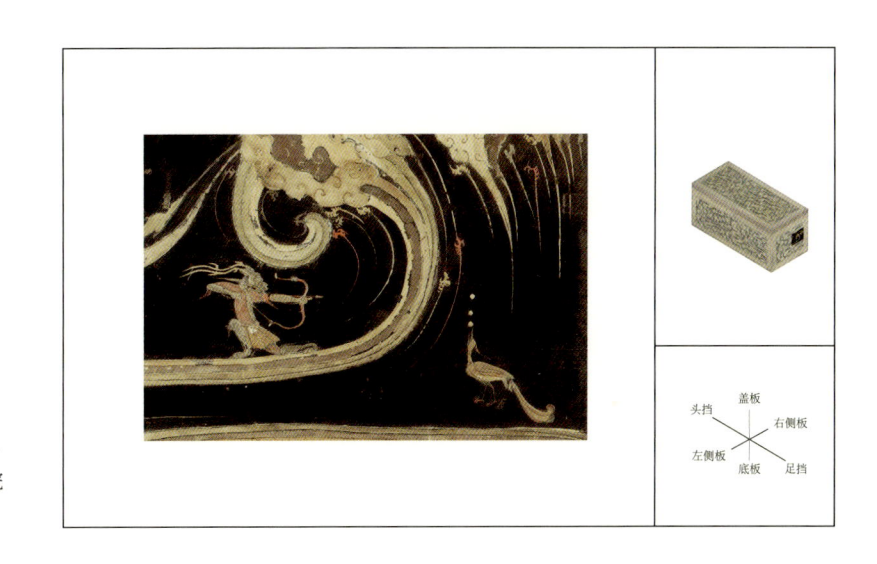

图10 黑地漆棺(足挡细节),西汉,木彩画,湖南长沙马王堆一号墓出土,湖南博物院藏(绘图:梁以伊,林朵朵)

图11-1 黑地漆棺盖板上怪物形象集粹,西汉,木彩画,湖南长沙马王堆一号墓出土,湖南博物院藏(图片来源:湖南博物院;绘图:梁以伊,林朵朵)

图11-2 黑地漆棺盖板上怪物形象集粹线描图,西汉,木彩画,湖南长沙马王堆一号墓出土,湖南博物院藏(采自《中国考古文物之美》卷8,文物出版社,1994年,第149页)

图12 朱地漆棺足挡，西汉，木彩画，湖南长沙马王堆一号墓出土，湖南博物院藏（绘图：梁以伊，林朵朵）

图13 朱地漆棺头挡，西汉，木彩画，湖南长沙马王堆一号墓出土，湖南博物院藏（绘图：梁以伊，林朵朵）

人吸气养神与自然万物周始运行同步，且相依相存。帛画显然未将两者截然分开。这种天地与人身内外互相包容的空间，便是古医书所说的"藏象"[47]。其空间所指模棱两可。但与其说是特指空间，不如说是特定过程。其着重点在于其阴阳变化。就墓葬情景而言，"藏象"的展开与其说是图示天上或地下的空间归属，不如说是更关注墓主死后状态变化，并能否达到某种另类的"长寿"。怎样才能"长寿"？方士有言："君若欲寿，则顺察天地之道。天气月尽月盈，故能长生。地气岁有寒暑，险易相取，故地久而不腐。君必察天地之情，而行之以身。"[48] 一号墓帛画被置于内棺盖上，面对墓主，意味深长，似乎是借帛画谆谆叮咛死者："必朝日月而吸其精光""饮走兽泉英""灵露内藏""饮夫天浆""龙息以晨"，方能"精

图14 朱地漆棺左侧面（双龙升仙），西汉，木彩画，湖南长沙马王堆一号墓出土，湖南博物院藏（绘图：梁以伊，林朵朵）

图15 朱地漆棺右侧面（云气勾连纹），西汉，木彩画，湖南长沙马王堆一号墓出土，湖南博物院藏（绘图：梁以伊，林朵朵）

气凌健久长""寿参日月，为天地英"。但若要细究这一空间，显然很难将天地人身截然分离。由此，帛画究竟是"引魂升天"还是"导魂入冥"，问题已变得似是而非。[49] 这里的"天"已非客观外在自然界的天，而是生人想象中墓主身体由阴还阳过程中的所能祈求的最高境界。

四、漆棺纹饰的藏象流程

一号墓四层套棺（图8），由外棺向内棺的纹饰变化意味着象征空间的转换及死者精气变化的流程，与T形帛画由下向上的升仙过程大致同步。第二层黑地彩绘棺表现合气治气流形。向内第三层的朱地绘棺表现抟精治气。最内层为羽化成仙。

最外两层黑地漆棺皆外黑内朱。第二层黑地棺头挡纹饰（图9）最有意味。墓主形象初次出现在底部，偻身遁入精气缭绕的冥界。墓主的出场很快便为精气间踟蹰而行的鸢鸟所替代。一鸟曲颈向上，喙上呈一气泡。类似场景亦见于同棺足挡（图10），这显然可解作"呴吹"或"吹呴呼吸，吐故纳新"[50]，其目的在于"出死入生"。鸟兽百姿常作为行气方法的科目："熊经鸟伸，凫浴猿躩，鸱视虎顾。"[51] 棺绘中以引颈之鸟演示"鸟伸"，顺理成章。况且鸟近天，为阳。由此不难揣度头挡中部和上部分别出现的鸱枭的意义。鸱枭为夜间阳鸟。[52] 从整体结构安排来看，图9所示的棺绘以下为暮、上为晨，二者都是食气时辰，即所谓"暮息"与"朝息"。足挡中部带有鹿角的神物（图10）（鹿角象征阳[53]）张弓射击的与其说是鸟，不如说是在射击"鸟伸"吹呴而出的夜间阴气或"宿气"。回到头挡（图9），按位置论，上为天/阳，下为地/阴。顶端的鸱枭便代表凌晨。"朝息之志，其出也务合于天"，可让"陈气日尽，而新气日盈，则形有云光。以精为充，故能久长"。[54] 由此，头挡顶部鸱枭右侧，一阳兽引导一散发长袖人形（疑为渡过阴冥长夜的墓主形象）作弓步或舞步状（或为"鹓"步），正合古代《引书》："春日，早起之后……披发，游堂下，迎露之清，受天地之精。"[55] 显然，随着吐故纳新，"受天地之精"，墓主的身体状况已接近"出死入生"阶段了。

棺盖板漆画将此变化过程推向高潮。鸟兽衔蛇是此处重复出现的母题。（图11）蛇为阴，鸟兽吞蛇便是"阴阳合气"的形象化。尤有意味的是，在众多吞蛇场景中突然出现一飞鸟衔鱼景象，[56] 是为阴阳合气导致"复苏"："……死即复苏。风道北来，天乃大水泉，蛇乃化为鱼，是为鱼妇。……死即复苏。"[57] 棺绘与《山海经》的描述的对应揭示出古代形象思维逻辑：阴间死者通过合阴阳（为蛇/鱼/水结合鸟/天），便有死生之变（蛇变鱼），得以复苏，精气流形。

第三层朱地漆棺进入抟精升仙阶段。"善治气抟精者……精神泉溢，吸甘露以为积，饮瑶泉灵尊。"[58] 瑶泉在昆仑境内。所以棺足挡为玉璧（玉闭）抟精（图12），头挡为鹿（阳气）登昆仑（图13）。朱地漆棺两侧一是双龙升仙（图14），与帛画顶相呼应（图7）；一是云气勾连纹（图15），超绝寰尘，已不再有万物走兽的具象。两侧相呼应，示意死者精气已进入形解升仙的状态。

进入最里一层的锦饰内棺，粘贴在棺盖板及四壁板上的是一层菱形勾连纹的贴毛锦。[59]（见本书第 260、261 页）贴毛锦有羽化意味；菱形勾连纹常与玉华仙界相连，[60] 示意散气经聚合抟精流形后在此进入"玉色重光"的永恒稳定状态。

结语

马王堆棺绘帛画的首要功能可能并不限于在丧葬时向生人的展示，更主要是为死者形象地规划出一个"出死入生"的步骤与过程。其图像程序完成"出死入生"的过程，起到入葬后永久的仪式象征功用。这一过程究竟归集于"引魂升天"还是"导魂入冥"？弄清了"天"与"地"只不过是一个聚气成精、"出死入生"的生理状态的空间比附，也就不难理解为何套棺的"升天"序列是由外向内的演进，越往内越接近虚拟的"天界"，尽管这一切阴阳变化都发生在地下。

注释

1 长期以来，学者多持"引魂升天"说。九十年代起，新一代学者对此提出异议。见颜新元：《长沙马王对汉墓 T 形帛画主题思想辩正》，《楚文艺论集》，湖北美术出版社，1991 年，第 130—149 页；又见李建毛：《也谈马王堆汉墓 T 形帛画的主题思想—兼质疑"引魂入天"说》，《美术史论》1992 年第 3 期，第 97—100 页；刘晓路：《帛画诸问题—兼谈帛画学构想》，《美术史论》1992 年第 3 期，第 80—88 页。
2 巫鸿将该墓葬表现空间化为四部分：（1）天地宇宙（2）地府（3）仙界（4）地下家居。由此认为其墓葬并无一挈领全局的总纲，而是融当时流行的对死后世界的不同观念于一体。See Wu Hung, "Art in a Ritual Context: Rethinking Mawangdui," *Early China* vol. 17 (1992), pp. 1-24.
3 参见张光直：《古代墓葬的魂魄观念》，《中国文物报》1990 年 6 月 28 日；Ying-Shi Yu, "'O Soul, Come Back!' A Study in the Changing Conceptions of the Soul and Afterlife in Pre-Buddhist China," *Harvard Journal of Asiatic Studies*, vol.47, no.2(1987), pp. 363-

395；陈锽：《楚汉覆棺帛画性质辨析》，《中国汉画学会第九届年会论文集》，中国社会出版社，2004年，第435—438页。

4 郭庆藩辑，王孝鱼整理：《庄子集释》，中华书局，1995年，第733页。又见《黄帝内经》："不能极于天地之精气，则死矣。"张志聪：《黄帝内经集注》，浙江古籍出版社，2002年，第79页；周凤梧等编：《黄帝内经素问语释》，山东科技出版社，1985年，第109页。

5 语出《十问》，见湖南省博物馆、复旦大学出土文献与古文字研究中心编：《长沙马王堆汉墓简帛集成》卷六，中华书局，2014年，第143页。"出死入生"主要是指食气时吐故纳新。见李零：《中国方术考》，东方出版社，2001年，第355页。

6 有关论述甚丰，无法一一列举。近年较全面探讨棺绘帛画的论文有：贺西林：《从长沙楚墓帛画到马王堆一号汉墓漆棺画与帛画》，《艺术史研究》2003年第5期；陈锽：《楚汉覆棺帛画性质辨析》，《中国汉画学会第九届年会论文集》，中国社会出版社，2004年，第424—448页。Lillian Lan-ying Tseng, *Picturing Heaven in Early China* (Cambridge: Harvard University Asia Center, 2011), 179-208.

7 （汉）刘安编，何宁撰：《淮南子集释》卷七《精神训》，中华书局，1998年，第527页。

8 王祖雄、周汉秀编：《内经选释》，贵州人民出版社，1980年，第27页。

9 刘可勋：《中医五行藏象体系的形成及其方法论意义》，《中医研究》1991年第4卷第2期，第4页。

10 《招魂》，见（宋）洪兴祖撰，白化文、许德楠、李如鸾、方进点校：《楚辞补注》，中华书局，1983年，第201页。

11 关于此图的最新研究，详见李凇：《依据叠印痕迹寻证马王堆3号汉墓〈"大一将行"图〉的原貌》，《美术研究》2009年第2期，第44—50页。

12 李零：《马王堆汉墓神祇图应属辟兵图》，《考古》1991年第10期，第942页。陈松长认为帛画中四神掌管四方。四季与四方说并不矛盾，二者常等同互换。见陈松长：《马王堆汉墓帛画"太一将行"图浅论》，《美术史论》1992年第3期，第89—96页。

13 荆州市博物馆：《郭店楚墓竹简》，文物出版社，1998年，第125页。有关《太一图》的详细分析参见汪悦进：《入地如何再升天？——马王堆美术时空论》，《文艺研究》2015年第12期，第144页。《太一将行图》图像的这一天地生成的宇宙观应为当时人所熟知的常识，无需借题记一一标出。题记强调的是太一的神威，借咒语赋予图像以魔力。

14 此从陈松长：《马王堆汉墓帛画"太一将行"图浅论》，第90页。

15 启良等学者早已注意其交阴阳以达长生不老的隐喻所在。启良：《马王堆汉墓非衣帛画主题破揭》，《求索》1994年第2期，第118—124页。但启良一旦将帛画主题限于"生殖崇拜"，便与帛画中其它内容脱节。

16 荆州市博物馆：《郭店楚墓竹简》，文物出版社，1998年，第125页。关于太一生水的阐释，参照 Sarah Allan, "The Great One, Water, and the Laozi: New Light from Guodian," *T'oung Pao* LXXXIX (2003), pp. 237-285。

17 袁珂：《山海经校注》，巴蜀书社，1996年，第476页。

18 详见王昆吾：《楚宗庙壁画鸱龟曳衔衔图》，《中国早期艺术与宗教》，东方出版社，1998年，第41—64页。

19 湖南省博物馆、复旦大学出土文献与古文字研究中心编：《长沙马王堆汉墓简帛集成》卷六，中华书局，2014年，第143页。

20 《天问》中被误识为"曳衔"。（宋）洪兴祖撰，白化文、许德楠、李如鸾、方进点校：《楚辞补注》，中华书局，1983年，第89页。

21 李建毛首先注意到这一现象。详见李建毛：《马王堆两幅T形帛画之比较研究》，《美术史论》1993年第4期，第60页。

22 一号墓出四鼎，其中三鼎分盛鸭雁鸡肉，与墓中帛画互成参照，颇耐人寻味。

23 详见 Eugene Wang, "The Hu Vessel: Encapsulating Life and the Cosmos," in *Dialogue with the Ancients: 100 bronzes of the Shang, Zhou, and Han Dynasties: the Shen Zhai Collection* (Singapore: Select Books, 2018), pp. 52-71.

24 湖南省博物馆、复旦大学出土文献与古文字研究中心编：《长沙马王堆汉墓简帛集成》卷六，中华书局，2014年，第150页。

25 湖南省博物馆、复旦大学出土文献与古文字研究中心编：《长沙马王堆汉墓简帛集成》卷六，第139页。马继兴：《马王堆古医书考释》，湖南科学技术出版社，1992年，第876页。

26 湖南省博物馆、复旦大学出土文献与古文字研究中心编：《长沙马王堆汉墓简帛集成》卷六，第143页。

27 飞廉（风伯）说，详见郭学仁：《马王堆一号汉墓帛画内容新探》，《美术史研究》1993年第2期，第65页。或作句芒，句芒与东方联系，又乘双龙，可理解为春之使者。见袁珂：《山海经校注》，第314页。

28 湖南省博物馆、复旦大学出土文献与古文字研究中心编：《长沙马王堆汉墓简帛集成》卷六，第139页。

29 湖南省博物馆、复旦大学出土文献与古文字研究中心编：《长沙马王堆汉墓简帛集成》卷六，第142页。并参见李零：《中国方术考》，第355页。

30 湖南省博物馆、复旦大学出土文献与古文字研究中心编：《长沙马王堆汉墓简帛集成》卷六，第142页。

31 学者很早就注意到穿壁的阴阳相交的象征含义。见陈锽：《楚汉覆棺帛画性质辨析》，第439页。启良：《马王堆汉墓非衣帛画主题破揭》，第119—121页。

32 黎翔凤撰，梁运华整理：《管子校注》卷十四《水地第三十九》，中华书局，2004年，第815页。

33 从贺西林：《从长沙楚墓帛画到马王堆一号汉墓漆棺画与帛画》，《艺术史研究》2003年第5期，第156—157页。

34 湖南省博物馆、复旦大学出土文献与古文字研究中心编：《长沙马王堆汉墓简帛集成》卷六，第143页。

35 见马继兴：《马王堆古医书考释》，第904页，注3。

36 《穆天子传》卷三有"觞西王母于瑶池上"说，将瑶池与昆仑相连。见《汉魏六朝笔记小说大观》，上海古籍出版社，1999年，第14页。

37 刘文典撰，冯逸、乔华点校：《淮南鸿烈集解》，中华书局，1989年，第134—135页。

38 湖南省博物馆、复旦大学出土文献与古文字研究中心编：《长沙马王堆汉墓简帛集成》卷六，第143页。"溜"，Harper作"流"解。

39 王弼注，楼宇烈校释：《老子道德经注校释》第三十三章，中华书局，2008年，第84页。

40 湖南省博物馆、复旦大学出土文献与古文字研究中心编：《长沙马王堆汉墓简帛集成》卷六，第150页。

41 不管是从图像还是从文献来看，这个人首蛇身的形象似乎都应该是亡者在升仙后在天界的魂。Michael Loewe, *Ways to Paradise: The Chinese Quest for Immortality* (London: Routledge, 1979), pp. 57-59.

42 Anneliese Gutkind Bulling, "The Guide of the Souls Picture in the West- ern Han Tomb in Ma-Wang-Tui Near Ch'ang Sha," *Oriental Art* 20, no. 2, 1974, pp. 169-170. 杨伯峻：《列子集释》，中华书局，1979年，第83页。

43 亦可与黑地漆棺盖板上重复出现的蛇鱼之变相互参照。

44 湖南省博物馆、复旦大学出土文献与古文字研究中心编：《长沙马王堆汉墓简帛集成》卷六，第142页。

45 同上注。

46 湖南省博物馆、复旦大学出土文献与古文字研究中心编：《长沙马王堆汉墓简帛集成》卷六，第143页。

47 "臟象"，又作"藏象"。（清）张志聪注为："象者，像也。论藏府之形象，以应天地之阴阳也。"（清）张志聪集注，方春阳点校：《黄帝内经集注》，浙江古籍出版社，2002年，第77页。又参阅周凤梧，张灿珅编：《黄帝内经素问语释》，山东科学技术出版社，1985年，第106页。

48 同注45。

49 详见汪悦进：《入地如何再升天？——马王堆美术时空论》，《文艺研究》2015年第12期，第136—155页。

50 刘文典撰，冯逸、乔华点校：《淮南鸿烈集解》，中华书局，1989年，第230页。马继兴：《马王堆古医书考释》，第866页。

51 刘文典撰，冯逸、乔华点校：《淮南鸿烈集解》第230页。

52 详见王昆吾：《楚宗庙壁画鸱龟曳衔图》，《中国早期艺术与宗教》东方出版社，1998年，第41—64页。

53 参见 Constance Cook and John Major, eds, *Defining Chu: Image and Reality in Ancient China*(Honolulu: University of Hawaii Press, 1999), 第44—45, 137页。

54 湖南省博物馆、复旦大学出土文献与古文字研究中心编：《长沙马王堆汉墓简帛集成》卷六，第143页。马继兴：《马王堆古医书考释》，第908页。

55 张家山汉简整理组：《张家山汉简〈引书〉释文》，《文物》1990年第10期。

56 郑慧生首先注意到这一细节并指出蛇鱼之变的意义。郑慧生：《人蛇斗争与马王堆一号汉墓漆棺画斗蛇图》，《中原文物》1993年第3期, 第72—76页。

57 袁珂：《山海经校注》，巴蜀书社，1993年，第476页。

58 湖南省博物馆、复旦大学出土文献与古文字研究中心编：《长沙马王堆汉墓简帛集成》卷六，中华书局2014年，第143页。

59 参见《长沙马王堆一号汉墓》上集，第27、62页；周志元：《马王堆一号汉墓锦饰内棺装潢研究》，《中国历史博物馆馆刊》2000年第1期。

60 详见汪悦进：《入地如何再升天？——马王堆美术时空论》，第150—151页。

08

马王堆神兽系列图

1
黑地彩绘漆棺头挡

二 阴阳

281

2
黑地彩绘漆棺足挡

二 阴阳

❶

❷

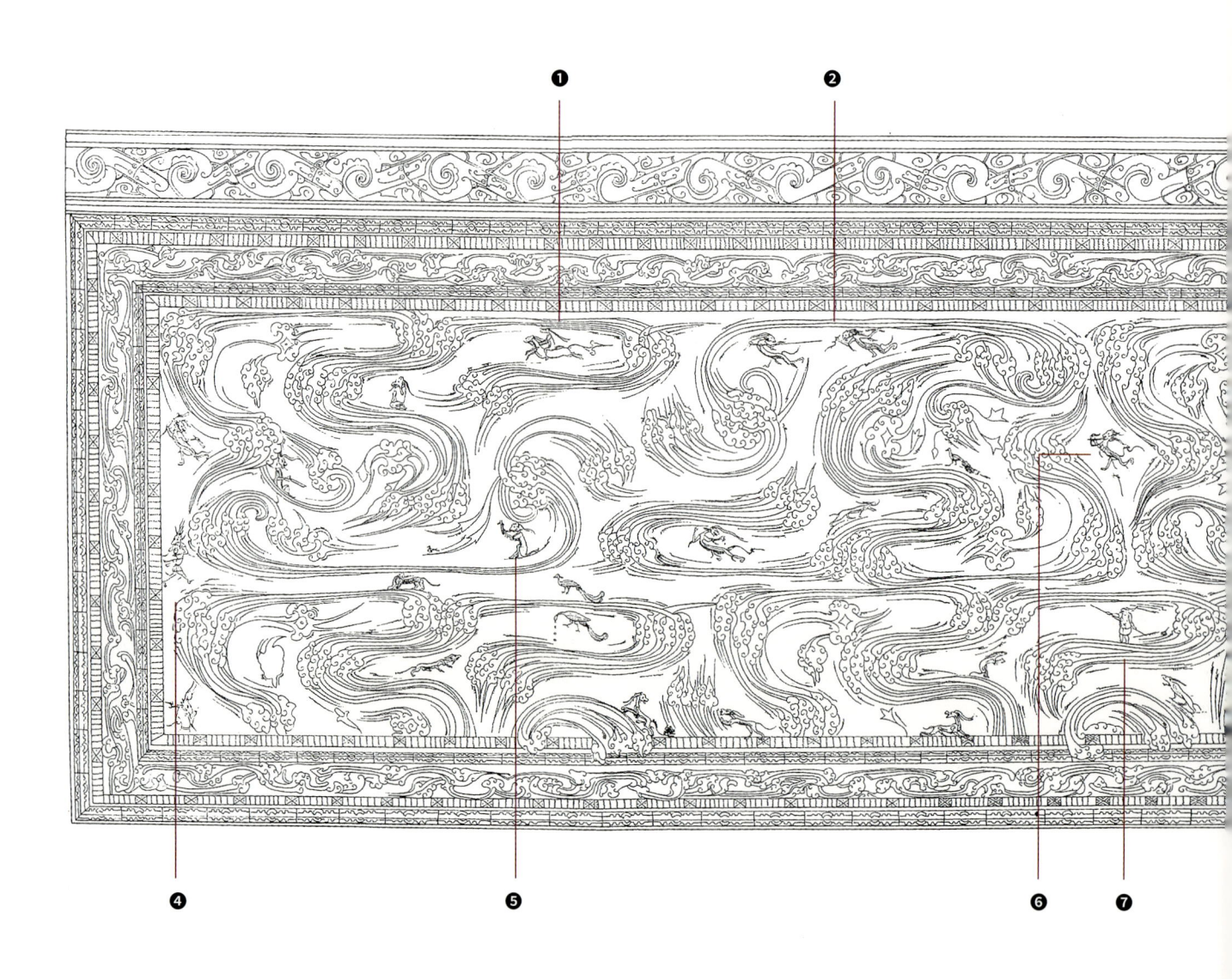

3
黑地彩绘漆棺左侧面

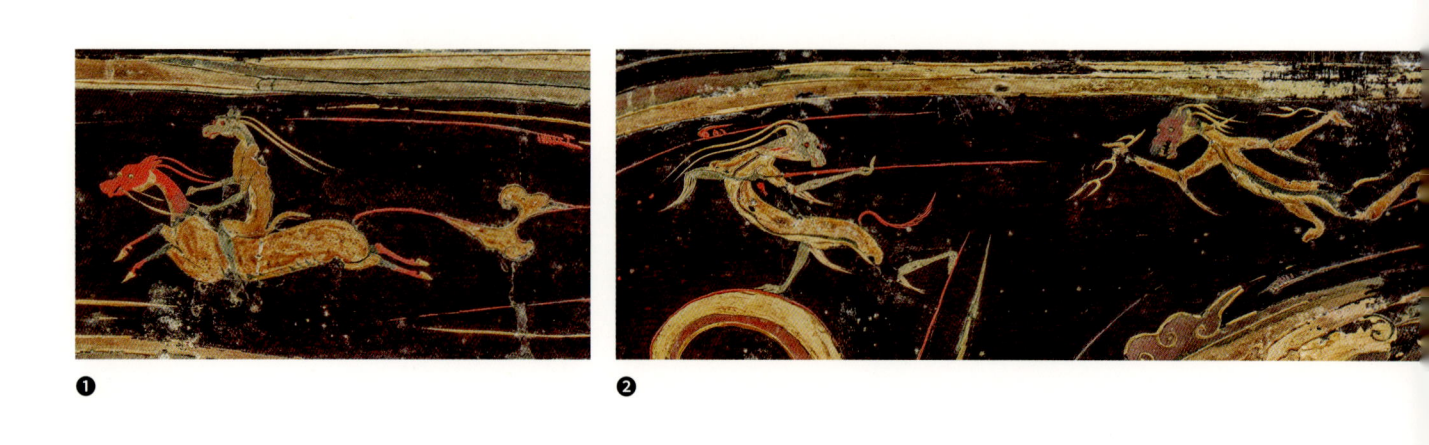

二　阴阳

285

| 生命时空 —— 马王堆汉墓新论

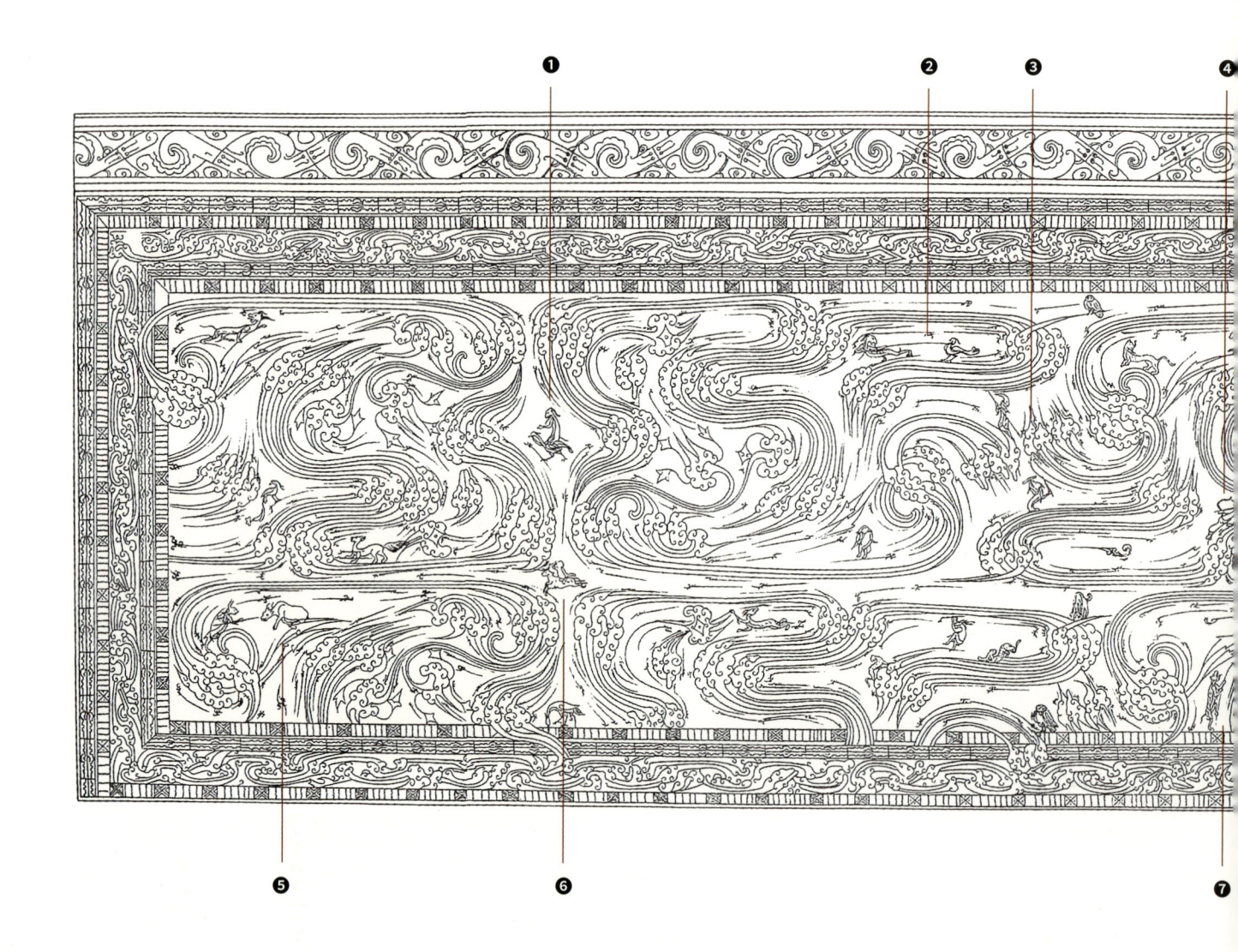

4
黑地彩绘漆棺右侧面

286

二 阴阳

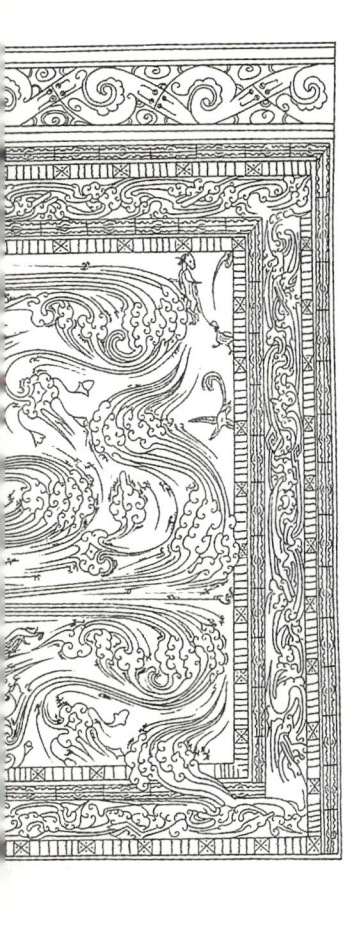

287

| 生命时空 —— 马王堆汉墓新论

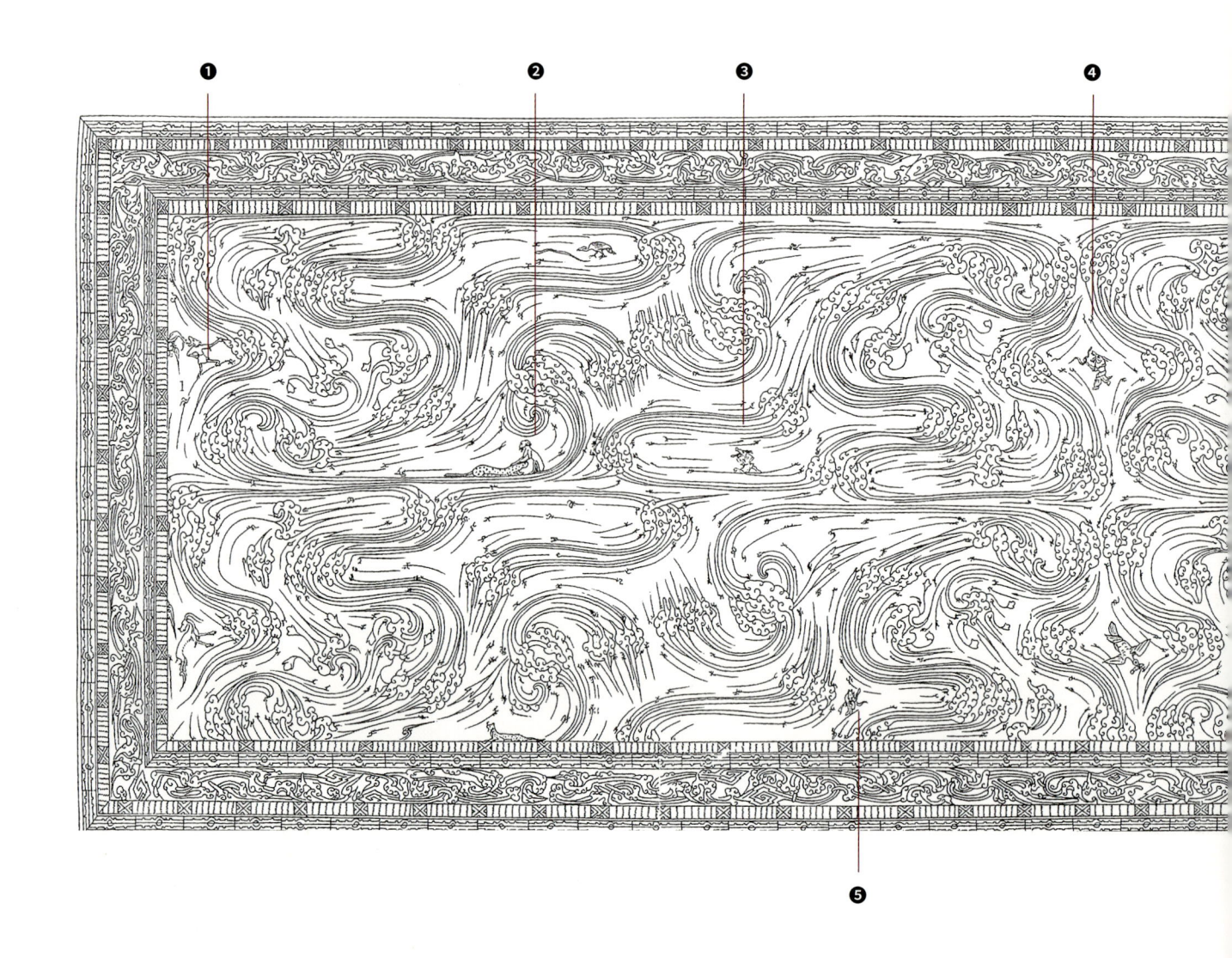

5
—
黑地彩绘漆棺盖板

288

二 阴阳

289

鹿角与长舌：
楚国镇墓兽研究的考古新证据

［意］戴蓓岚（Paola Demattè） 著
蔡小婉 译

引言

楚镇墓兽[1]是兽形的木头雕像[2]，舌头突出，带有鹿角。最初于20世纪30年代初，发现于湖南省长沙地区的战国时期陵墓中。后来，更多的楚镇墓兽陆续在湖北、湖南和河南等省的战国陵墓中被发现。战国时期，这些地区是古代楚国的所在。（图1）所有出土了镇墓兽的陵墓已被证实属于楚国贵族。迄今为止，湖北、湖南和河南省以外的地区还没有发现此类陪葬品。因此，镇墓兽主要被视为楚国陪葬品。

这些雕像在中国古典礼仪文献中没有任何记载，首次发现时被命名为"镇墓兽"。之所以如此命名，是因为它们在墓葬的整体布局中占据着至关重要的位置。以及它们被认为具有防卫功能，这种功能和后世的镇墓兽相同。[3]

这些不同寻常的雕塑头上的鹿角、口中伸出的舌头以及它们通常所具有的可怕外表，已被学者们解释为一种超自然生物的代表性特征，作用是驱赶可能打扰逝者安息的邪灵。尽管上述解释或许是正确的，但是对这些器物的含义、风格流变及用途进行更全面的解释，将有助于更深入地了解东周时期中国的殡葬习俗和地方宗教信仰，这些在流传至今的礼仪典籍中没有记载。

尽管中外学者[4]研究了镇墓兽的重要性、象征意义及其与楚文化的关系，但是仍然有许多问题有待进一步的探究。在本文中，为了更好地解释镇墓兽的含义，我将对雕塑进行类型学分类，分析它们的风格演变，并对相关的考古证据予以解读。

一、镇墓兽的形态类型分析

镇墓兽是木制的陪葬雕像，通常是涂漆的，带有鹿角和突出的舌头。它们一般至少由三部分组成：座、身、鹿角。[5]尽管这些雕像千差万别，但都有着相当"原始"的外观。大多数雕像都是用木头粗略地雕刻而成，如此一来它们就保留了方块状的外观。有些雕像雕刻成曲面，因此风格更为复杂。从现有的大量考古证据来看，尽管楚人有高超的制作木器或漆器的技术，[6]但他们很少将其用于制造镇墓兽。也许这些雕像被认为是专门供逝者使用的，因此不值得为其做太多的精细工作。[7]

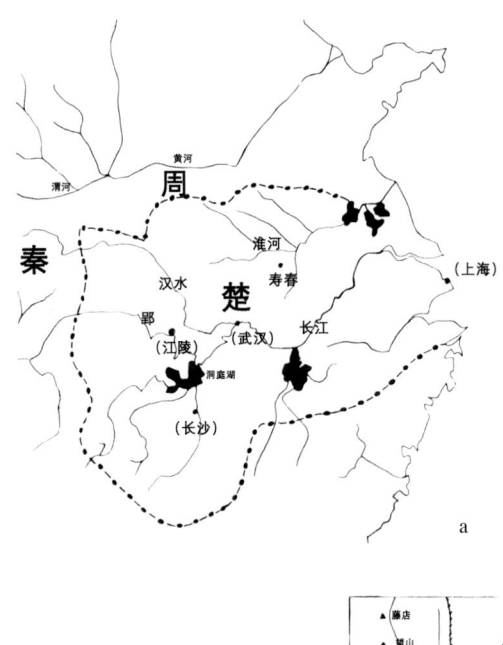

图1 a.战国时期的楚国（公元前5世纪—前3世纪）；b.郢都（公元前689年—前278年的楚国国都）及湖北江陵墓群遗址

镇墓兽最显著的部件是鹿角，[8]已被确认为多种斑点鹿的鹿角。[9]不过，有一尊镇墓兽用形似鹿角的树皮作为替代。[10]（图8）在将鹿角放置在雕像的头部之前，必须做好下述的准备工作：首先，鹿角的表面会被刮平，以提供一个可供装饰的平面。然后将鹿角的下部末端削成适合雕像顶部凿孔的形状。最后，再在上面雕刻或绘制图案。（或两者兼而有之）这些纹样覆盖了全部或部分鹿角的表面，呈环状排列，通常都是几何图案和抽象图案（卷曲状、直线和虚线相间状、菱形螺旋状等）。而主鹿角和分枝的尖端则涂成均匀的深色。[11]（图4c和7a）

镇墓兽器身和底座在形式和装饰上各不相同。这些差异不仅与制造的时间有关，还与出土陵墓墓主的财富和陵墓的地理位置有关。

镇墓兽底座的下半部分一般呈立方体状，上半部分则像一个截顶的金字塔。基座中间有一个孔，雕像的器身就插入这个孔里。基座的大小和形状随着时间的不同而有所变化。早期截顶的金字塔形似乎较高，后来变矮了。在某些情况下，一些晚期的作品金字塔形部分几乎是平的，而立方体部分则逐渐成为底座的主要组成部分。[12]最后，基座或雕有高浮雕，绘制精美的方形图案；或是光滑的，并覆以漆绘图案。[13]

插入基座的雕像上部有器身、头部，有时还有手臂和其他生物部件（如舌头）。大多数镇墓兽的器身造型似乎经历了三个主要发展阶段：（1）最初是直的；（2）然后是弯曲形或方形的；（3）最后又回到几乎是直的状态。

彩绘装饰或雕刻装饰（或两者兼而有之）[14]是另一个可以在各种镇墓兽之间进行类型和风格区分的要素。彩绘装饰在一些非常简单和古老的镇墓兽上也很明显，包括鹿角在内的整个雕像都覆盖着五颜六色的图画。（图2）一些相当古老的镇墓兽装饰有几何图案或抽象图案（卷曲状、交错状、分割线；图2）。另一些可能年代较晚的镇墓兽则展示了许多复杂的图画，但这些图画往往都是几何抽象类型的，即风格化的龙凤纹、简化的饕餮纹、螺旋菱形纹、水滴纹、小双圆纹、雷纹、云纹或圈纹以及卷状纹。（图7a）这两类纹样都被楚人广泛用于其他漆器的装饰，因此似乎不是镇墓兽的独有特征。[15]

虽然在某些情况下彩绘也被用于描绘面部特征，但大多数情况下彩绘只用于装饰已经刻好的特征（如眼睛、牙齿、舌头）。在雕像的木制部件上，是在黑漆基座上用（漆制的）黄色、红色和金色进行绘制。鹿角上的装饰没有漆底，而是直接涂在表面上。

镇墓兽上出现的雕刻装饰可能略晚于彩绘装饰，并且在雕像基座和"面部"的较小部位[16]上才会明显。在雕有装饰的雕像中，基座上覆有方形浮雕图案，"面部"上则呈现立体的面部特征（即眼睛、嘴巴、牙齿）。

上述形式风格上的差异不能作为断代的绝对标准，因为不同的形状和装饰取决于各种因素，如雕像的来源或墓主的身份地位。这些因素导致了各种类型的混杂和重叠。不过，在下文中，我将根据风格和形式，对已知的主要镇墓兽进行分类。这些标准也能显示年代和地理的意义。

二、类型划分

过去，中国学者曾对现有的镇墓兽进行过多种分类。[17]但由于研究的数量有限或所采用的分析标准存在不足，现有的分类方法都难以使人信服。

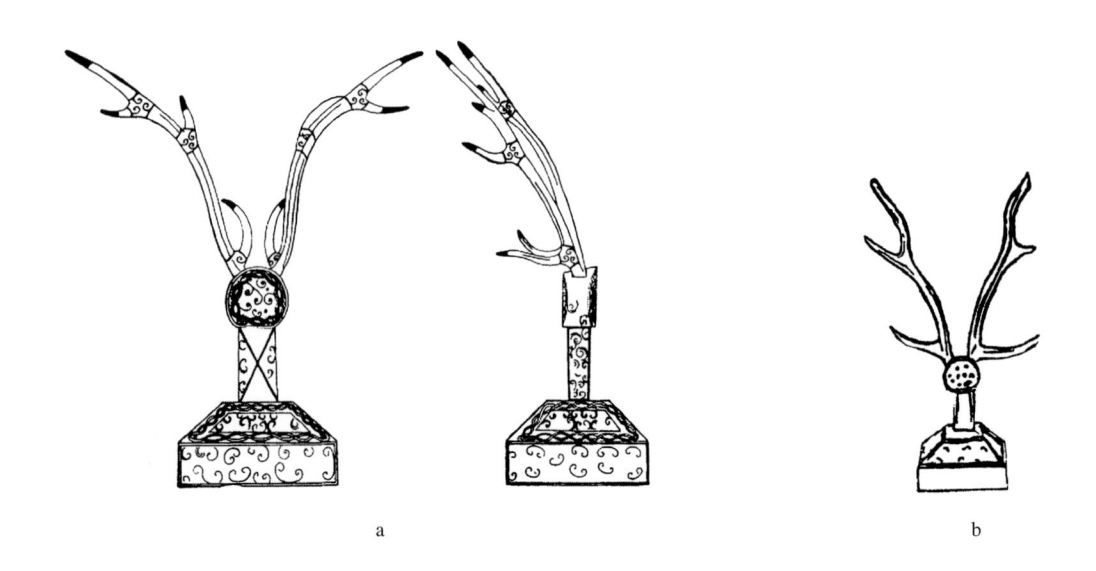

图2 第一类镇墓兽：a.湖北江陵雨台山142号墓出土（《江陵雨台山楚墓》，图88.1）；b.出处不详，可能出土自江陵（《"镇墓兽"略考》，图2）

这一分类主要基于湖北江陵雨台山楚墓考古发掘报告（以下简称雨台山报告）中的数据。[18] 在总共发掘的558座陵墓中，出土了156件镇墓兽。由于雨台山报告只研究了少量类型的镇墓兽，所以我们的研究还将包括其他楚墓案例[19]，以及20世纪30年代和40年代在长沙地区的陵墓中发现的镇墓兽。[20]（现藏于西方国家）

通过形态分析，我们可以将镇墓兽分为三种不同类型：（1）没有面部特征和舌头的雕像；（2）动物雕像；（3）拟人雕像。

1. 第一类

镇墓兽在上文中被描述为带有鹿角和舌伸口外的雕像。但在类型一中，我们发现一些镇墓兽没有舌头[21]和轮廓分明的"面部"特征。这类案例用相对简单的彩绘图案进行装饰，没有雕刻。鹿角固定在圆盘状的头部。器身是直的，插入到一个低矮而光滑的基座中，基座的显著特征是它有一个截顶金字塔。（图2）

目前我们知道有九座这样的雕像，其中七件出土于雨台山墓群，其余两件（图15）出土于湖北潜江小黄家台的一座双人合葬墓[22]。所有这些都可以追溯到战国早期。

2. 第二类

第二类包括所有总是展示鹿角和舌头的兽形外观的镇墓兽。根据装饰、器身形状和各

图 3　第二类 A 组镇墓兽：a.雨台山 516 号墓出土（《江陵雨台山楚墓》，图 88.5）；
b.出处不详，可能出土自江陵（《"镇墓兽"略考》，图 4）

种次要标志[23]，可细分为六个（A—F）子类。楚国周边地区出土的一些奇形怪状的雕像就属于这一类。（第二类 E、F 组）

第二类 A 组（图 3）：这组雕像的主要特征是：器身上部呈弯曲状，[24]基座底座相当低，带有一个低矮的截顶金字塔状的部件。整个雕像覆以非常简单的波浪线图案，按几何状排列，仅通过彩绘装饰而已。除了这些装饰图案，头部也绘有面部特征。目前已知至少有 12 例此类雕像，均出土于雨台山墓地。[25]这种类型的镇墓兽从战国早期开始，一直沿用到战国末年。

第二类 B 组（图 4）：该组雕像主体的上半部外观呈蜿蜒状，饰有绘画和雕刻。因此，与前一组相比，它们可视为一种更复杂的形式。从基座可以看出进一步的发展，基座表面和侧面覆有方形的雕刻浮雕图案，几乎完全遮盖了金字塔的形状。雕刻也用于塑造雕像面部双眼外突和其他特征。[26]

除图 4 的雕像完整并保存完好外，另外两件战国中期的镇墓兽可归入 B 组。[27]（图 5）它们的整体结构与 B 组其他镇墓兽相同。虽然它们有弯曲的器身和刻雕基座，但没有鹿角

| 生命时空 —— 马王堆汉墓新论

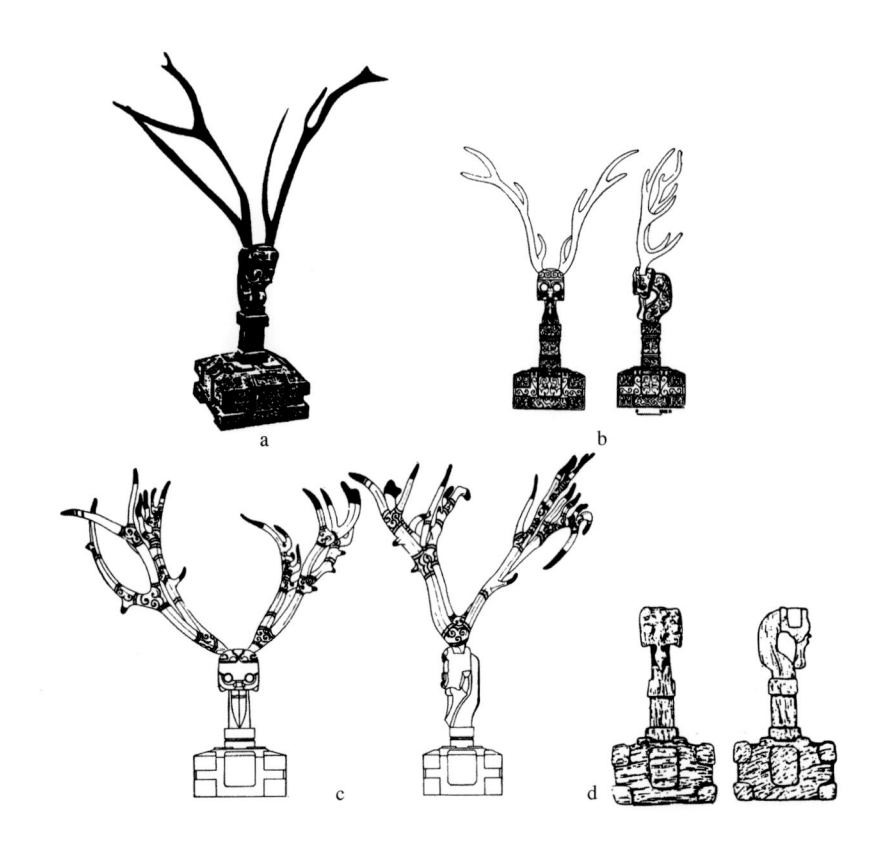

图4 第二类B组镇墓兽：a. 雨台山墓葬出土（《楚文化史》，第13页）；b. 雨台山264号墓出土（《江陵雨台山楚墓》，图88.2）；c. 雨台山354号墓出土（《江陵雨台山楚墓》，图89.1）；d. 湖北江陵太晖观6号墓出土（湖北省博物馆：《湖北江陵太晖观楚墓清理简报》，《考古》1973年第6期，第343页，图9）

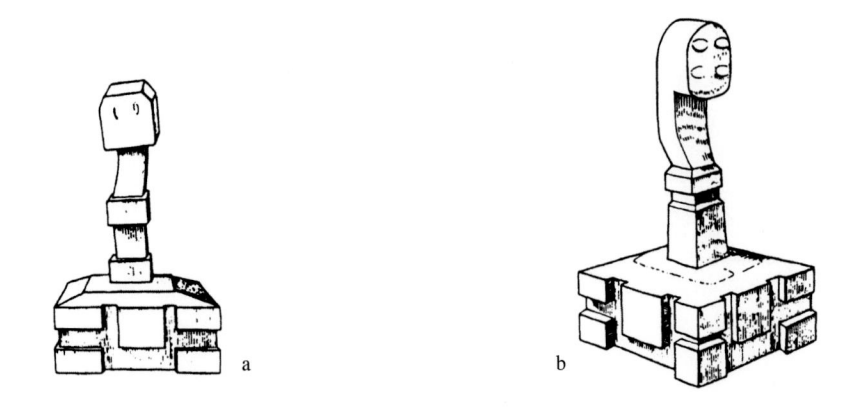

图5 两件保存程度较差的第二类B组镇墓兽：a. 湖北江陵拍马山4号墓出土（Barnard, *Early Chinese Art and Its Possible Influence in the Pacific Basin*, 图8.12）；b. 湖北江陵葛陂寺34号墓出土（同上，图8.13）

和舌头，面部特征也很模糊。很可能这是由于保存不善而造成的。遗憾的是，该出版物中的图形复制效果不佳，因此鹿角、舌头和面部特征最初是否是该作品的一部分，无从可知。

迄今为止发现的绝大多数镇墓兽都可以归入 B 组。雨台山墓群已出土了 38 件镇墓兽，两湖其他楚墓也出土了大量此类文物，时间跨度涵盖了整个战国时期。因此，这种风格在楚国非常流行，[28] 而且很有可能在两百多年的战国时期经历了自身风格的演变。我认为，追溯 B 组雕像的风格变化并按照年代排列，最有用的特征如下：

（1）身体的弯曲程度（从较直到较曲）

（2）基座高度（从低到高）

（3）基座上雕刻的复杂程度（从少到多）

为了验证上述观点，我们需要迄今为止发现的所有 B 组镇墓兽的复制品以及墓葬年代。遗憾的是，这些材料并不齐全。[29]

第二类 C 组（图 6）：该组镇墓兽的共同特征是雕像的方形器身是由怪兽的头部、颈部、手臂（或舌头）和背部连接而成。在这些镇墓兽中，器身从低矮的基座上升，并形成一个倒金字塔形。

这些作品饰有雕刻和绘画。雕刻装饰更多出现在雕像的主体上，而非基座上。精细的雕刻在生物面部尤为明显，先雕刻出五官，再进行绘制。其中一些雕像（图 6a、b、d）还雕有手臂和獠牙等部位，这些在大多数镇墓兽中都没有。

目前已知至少有四件此类雕像，均出自湖南省。其中只有两件可以确定可靠的年代：（1）图 6a 所示标本出土于长沙留芳岭 3 号墓，可追溯至战国晚期；[30]（2）图 6d 中从湘乡县牛心山 1 号墓出土的样本，可追溯至战国中期初。[31] 另外两件（图 6b、c）是 1949 年之前出土的，其发掘缺乏科学准确性，无法确定年代。[32]

双身镇墓兽，第二类 B1 型和 C1 型

在两湖一些最富有的楚墓中，出土了少量的双身镇墓兽。（图 7）它们有着精致的结构和装饰，但造型仍然植根于上文所述 B 组和 C 组的单身镇墓兽。这些镇墓兽可细分为两组：

B1 型（图 7a—c）：双身镇墓兽是对第二类 B 组单身镇墓兽的发展；

C1 型（图 7d）：双身镇墓兽是第二类 C 组单身镇墓兽的发展。

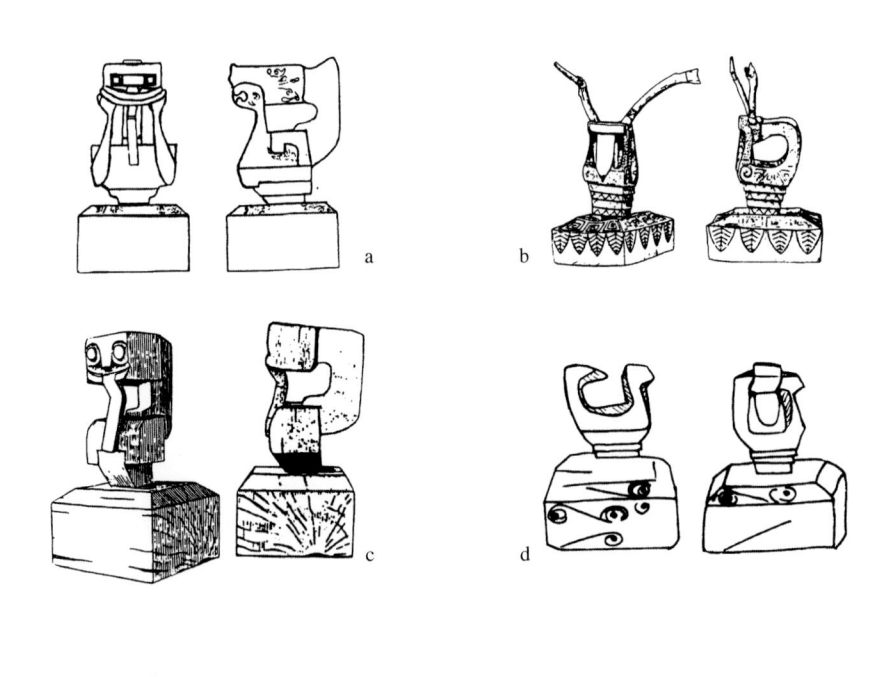

图6 第二类C组镇墓兽：a. 湖南长沙留芳岭3号墓出土（《长沙留芳岭战国墓发掘简报》，第63页，图7）；b. 出土自1930年代发掘的长沙某墓群（Barnard, *Early Chinese Art and Its Possible Influence in the Pacific Basin*, 图8.3）；c. 出土于1930年代发掘的长沙某墓群（同上，图8.9）；d. 湖南湘乡牛形山1号墓出土（《湖南湘乡牛形山一、二号墓大型战国木椁墓》，第112页，图42.10）

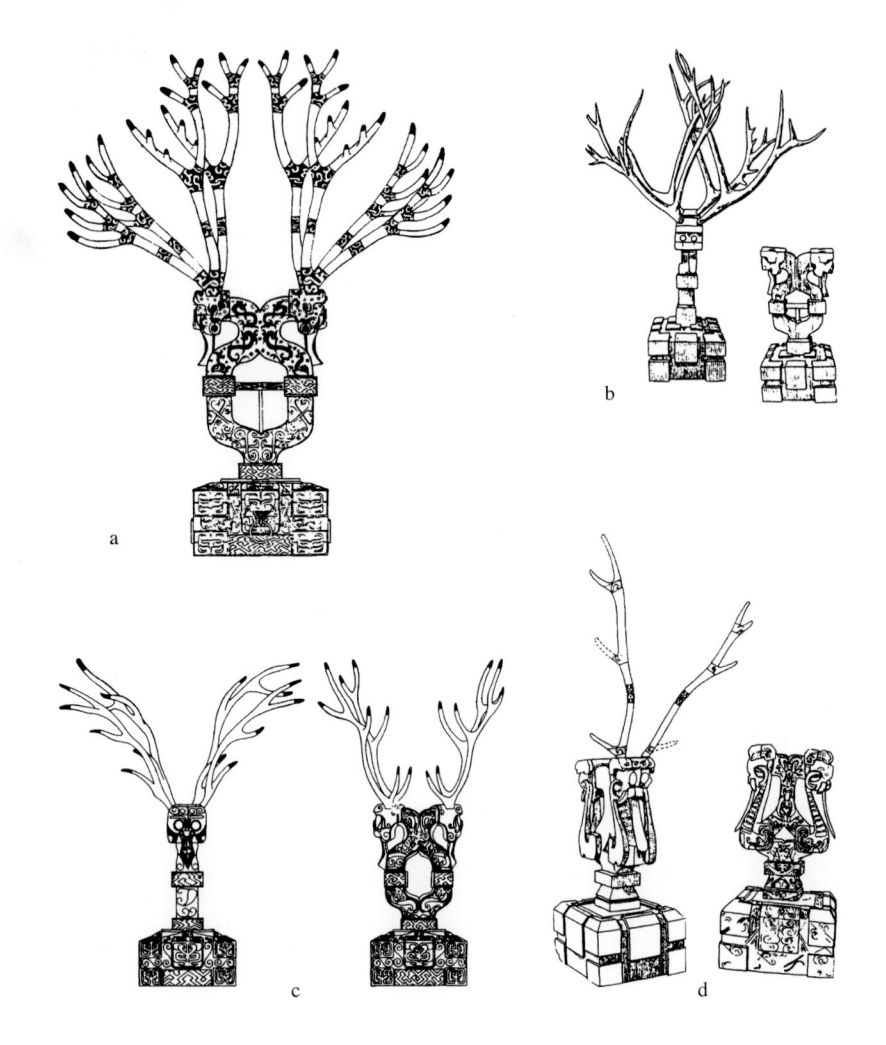

图7 双身镇墓兽：a. 第二类B1型，湖北江陵天星观1号墓出土（湖北省荆州地区博物馆：《江陵天星观1号楚墓》，《考古学报》1982年第1期，第102页，图28）；b. 第二类B1型，湖北江陵望山1号墓出土（Barnard, *Early Chinese Art and Its Possible Influence in the Pacific Basin*, 图8.1）；c. 第二类B1型，湖北江陵雨台山174号墓出土（《江陵雨台山楚墓》，图88.3）；d. 第二类C1型，出土自长沙某墓群（Barnard, *Early Chinese Art and Its Possible Influence in the Pacific Basin*, 图8.2）

与第二类 B 组和 C 组子类的样本一样，这两组可以通过器身的形状和附加元素（如第二类 C1 型的手臂和獠牙）的存在来相互区分。这两种类型都有两个器身，从同一个基座伸出来，在基座上部分开，呈十字形，最后形成朝向相反的两个头部。不过，这两种类型结构的不同之处在于，第二类 B1 型是由两个 S 形器身背靠背连接而成的，而第二类 C1 型则是由两个方形器身背靠背连接而成。

这类镇墓兽在战国中期使用得尤为普遍。不过，至少有一尊雕像可以追溯到战国早期。[33] 第二类 B1 型和 B 组一样，常见于湖北地区，而 C1 型和 C 组一样，似乎对于湖南地区而言很特殊。

第二类 D 组（图 8）：该组雕像中唯一一尊雕像有着坚固而弯曲的器身，巨大的基座上覆有简单的雕刻图案。不同的是，雕像的一对角不是鹿角，而是公羊角。这些现在看来的小公羊角，最初要大得多，小公羊角与雕像的强大结构形成了鲜明的对比。然而，由于这些雕像埋葬的时间很长，它们已经腐烂和缩小了。雕像顶部的两个孔是这一腐烂过程的证据，对于鹿角当前的大小而言，这两个孔显然太宽了。这尊镇墓兽既无彩绘又无雕刻的面部特征。不过，整个雕像上残留的为数不多的彩绘装饰表明，它们最初可能是存在的。

由于形状奇特，而且是公羊角而不是鹿角，这种镇墓兽可以说是我们迄今为止研究的常见类型的区域变体，也可能是常见的第二类 B 组的地区性变体。遗憾的是，我们对它的出处和年代知之甚少。有理由相信，这件作品（现为某西方馆藏）是 1949 年前在湖南长沙地区的一次非正式考古发掘中出土的。

第二类 E 组（图 9）：这些镇墓兽是曲面的全兽形雕像，饰有非常精细的彩绘和雕刻图案。它们表现的是一种合体动物，后腿直立，前肢抓着一条挂在嘴里的蛇。[34] 除了突出的舌头和鹿角之外，这些雕像长着猫科动物的耳朵和又大又圆的昆虫眼睛。身体上遍布鳞纹。

目前已知的此类镇墓兽只有两件。它们出土于河南信阳长台关 1 号墓和 2 号墓，均可追溯到战国早期。[35] 或许可以从地域传统的角度来解释这些镇墓兽的不同寻常：现在的河南地区更靠近中原，与位于湖北的传统楚文化中心相距甚远。[36] 长台关的这两尊雕像是迄今为止已知的唯一嘴里叼着蛇的镇墓兽。[37]

第二类 F 组（图 10）：与其他已知的镇墓兽相比，F 组的一件器物的形状相当不同寻常。

| 生命时空 —— 马王堆汉墓新论

图 8　第二类 D 组镇墓兽，出土自长沙某墓群（Barnard, *Early Chinese Art and Its Possible Influence in the Pacific Basin*, 图 8.4）

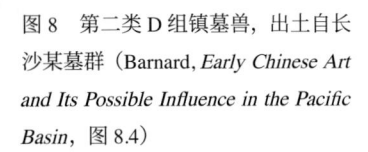

图 9　第二类 E 组镇墓兽，河南信阳长台关一号墓出土（Barnard, *Early Chinese Art and Its Possible Influence in the Pacific Basin*, 图 8.6）

图 10　第二类 F 组镇墓兽，湖南益阳羊舞岭 3 号墓出土（《益阳羊舞岭战国东汉墓清理简报》，图 15.3）

虽然该雕像的照片复制效果不佳，[38] 但仍可看出拱形的器身和面部特征，以及雕刻精细的狗头。除此之外，雕像似乎饰有彩绘或雕刻。只有对该雕像进行一手调查，才能发现以前是否有装饰画或雕刻的痕迹。[39]

这尊镇墓兽的两个主要特征，即鹿角和舌头，位置与众不同。舌头像武器一样向前伸展，而不是从口中沿着身体向下悬垂。从雕像器身的两个孔，我们可以推断，已不复存在的鹿角是固定在怪兽的肩膀上而非头上。该雕像出土于湖南省最近发掘的一座陵墓中，可追溯到战国晚期。[40] 湖南地区似乎再次提供了最引人入胜的镇墓兽类型。

3. 第三类

第三类将具有拟人化面部特征的镇墓兽进行分组。（图 11）这些镇墓兽有着高度程式化和略微弯曲的器身，但配有高度逼真的人头。其面部细节除长舌吐垂外，非常像楚国贵族陵墓中常见的一些礼仪上的仆人雕像，这些雕像具有代替贵族生前仆人的作用。[41]（图 12）

即使这些雕像有着拟人的面孔，但它们仍然具备其他镇墓兽恐怖的一面。之所以会产生这种效果，是因为它们有一条极长的舌头，从口中顺着身体垂下，而且没有眼睛。如果说有眼睛的话，那也只能用一条细长的眉毛来描述它。

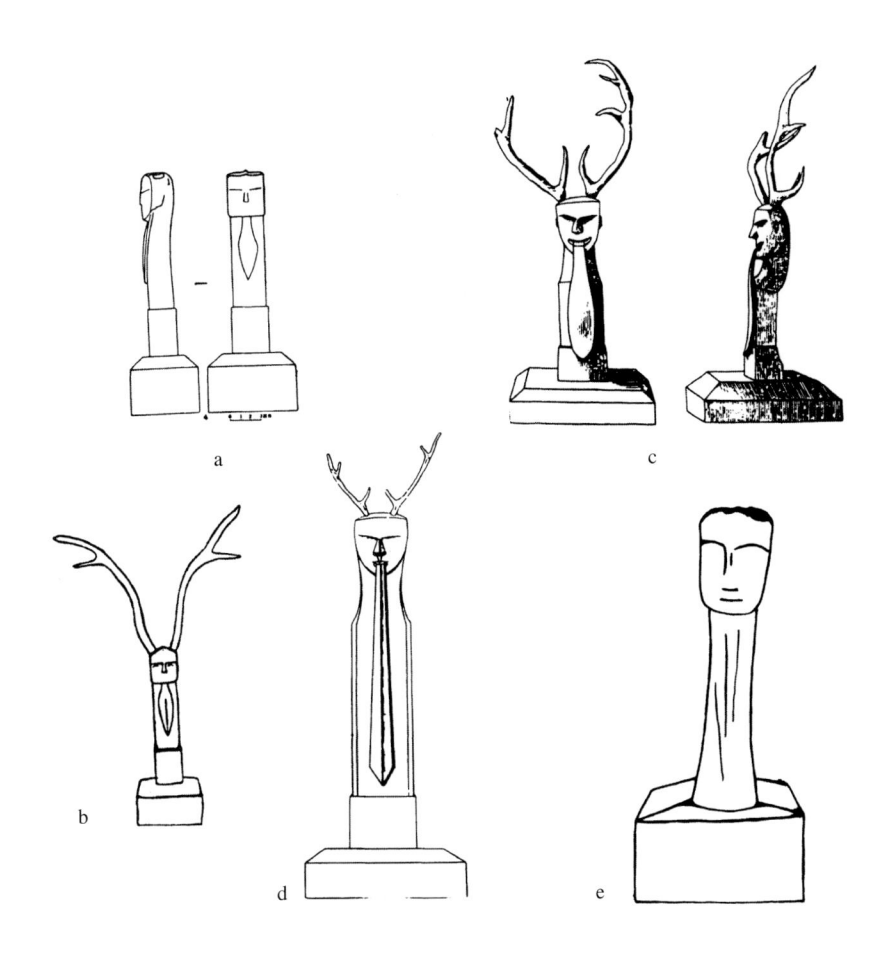

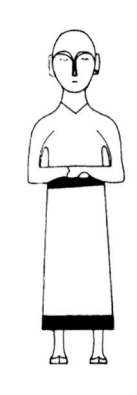

图 11　第三类镇墓兽：a. 雨台山 555 号墓出土（《江陵雨台山楚墓》，图 88.4）；b. 未知墓群出土（《"镇墓兽"略考》，第 65 页，图 6）；c. 长沙某墓群出土，现藏于大英博物馆（Barnard, *Early Chinese Art and Its Possible Influence in the Pacific Basin*, 65, 图 8.5）；d. 长沙某墓群出土（同上，65, 图 8.7）；e. 湖南湘乡牛形山 2 号墓出土（《湖南湘乡牛形山一、二号墓大型战国木椁墓》，第 112 页，图 42.5）

图 12　替代性仪式仆人雕像，雨台山 186 号墓出土（《江陵雨台山楚墓》，图 91.3）

这些简单的雕像属于镇墓兽正式发展的最后阶段。我们知道有五尊雕像来自两湖，可追溯到战国中晚期。[42] 这五尊雕像的性质各不相同。因此，它们可能代表了第三类雕像的不同发展阶段。图 11d 中那尊身体笔直、面部略有雕刻的标本可视为最古老的样本，而大英博物馆的样本（图 11c），颈部弯曲，头部几乎雕刻成圆形，可以追溯到较晚的时期。

三、类型使用分析

为了分析上述雕像的风格发展，非常重要的一点是要掌握所有镇墓兽的确切出处和清晰的照片或复制品，以及完整的考古出土信息（如日期、死者性别、方位、陵墓类型等）。然而，由于有些陵墓是在早期不太科学的发掘中发现的，而且有几座陵墓遭到了严重破坏，因此我们的信息并不完整。为了弥补这些不足，以下分析将以湖北省雨台山楚墓发掘成果为基础。[43] 在这里，大多数墓穴都有可靠的日期和其他信息，其中有些墓穴还各出土了一尊镇墓兽。[44]

在雨台山遗址发掘的558座墓葬中，中国考古学家已经能够根据随葬品和陶器序列法确定年代并进行分类，将其中423座陵墓[45]的年代划分为六个时期[46]。剩下的135座墓葬，由于保存不善，无法确切断代，被统称为"东周"。上述镇墓兽的类型划分即根据这六个时期列出。（表1）

虽然这张表罗列的范围仅限于雨台山，但它仍然为解读镇墓兽的风格演变提供了基础。从以上内容可以看出，雨台山镇墓兽在不同时期的使用频率及其特点。这一模式似乎也适用于其他楚墓。尽管从雨台山出土了大量形状不明的镇墓兽，但掌握的样本似乎仍具有一定的代表性。

在雨台山报告中，春秋墓中未发现镇墓兽，[47]在随后的战国墓中则大量出现。第三期（战国早期）的镇墓兽主要是第一类，其特征是形状简单且无舌头，出现频率稍低的镇墓兽是兽形镇墓兽（第二类B组的子类）。在雨台山报告的第四和第五期（战国中期），第一类和第二类（拟兽形），尤其是第二类B组（雕刻装饰）占主导地位。在雨台山报告的最后一个时期（战国晚期），第二类镇墓兽以及总体镇墓兽数量和雨台山陵墓数量都呈垂直下降趋势（也就是说，仅出土一个彩绘装饰的镇墓兽，而没有雕刻装饰的镇墓兽），而第一个也是唯一一个第三类镇墓兽（拟人形）出现了。

表中所示的最后一个时期（战国晚期）的演变，作用是有限的，因为在战国晚期楚国首都郢都的区域，即雨台山墓区的所在地，几乎被楚人遗弃了，他们向南（向湖南以至长沙）迁移，并最终向东迁移至安徽省的寿春。那里是楚国面临秦国入侵威胁时的最后一个都城。

因此，湖南（特别是长沙地区）战国中后期的考古发现对研究镇墓兽的最后发展阶段具有特别重要的意义。五尊第三类拟人形镇墓兽有三尊来自湖南。虽然它们出土的墓葬通常

表1

时期	墓葬数量	在墓葬总数中占比*	有镇墓兽的墓葬数	有镇墓兽的墓葬占比**	镇墓兽类型
第一期 春秋中期	9	1.61%	—	—	—
第二期 春秋晚期	65	11.65%	—	—	—
第三期 战国早期	115	20.61%	33	28.69%	18 uc*** 7 第 I 类 2 第 II 类 A 组 5 第 II 类 B 组 1 第 II 类 B 组 1 型
第四期 战国中早期	139	24.91%	89	64.02%	53 uc 5 第 II 类 A 组 26 第 II 类 B 组 5 第 II 类 B 组 1 型
第五期 战国中晚期	56	10.04%	16	28.57%	4 uc 4 第 II 类 A 组 7 第 II 类 B 组 1 第 II 类 B 组 1 型
第六期 战国晚期	39	6.99%	3	7.69%	1 uc 1 第 II 类 A 组 1 第 III 类
共计	423	75.81%	141	33.33%	76 uc 7 第 I 类 12 第 II 类 A 组 38 第 II 类 B 组 7 第 II 类 B 组 1 型 1 第 III 类
"东周"	135	24.19%	15	11.11%	
总计	558	100%	156	27.95%	

* 按墓葬总数 558 座计算
** 占该时期墓葬总数的百分比
*** 指"形制不明确"（unclear shape）

被认为是战国时期的，但众所周知，湘中的墓葬通常可以追溯到战国中晚期[48]。那么，这似乎证实了雨台山报告中镇墓兽显示的类型化发展。

总之，上述分析可以勾勒出雨台山地区镇墓兽类型发展的三个阶段，这同样适用于其他楚墓：

第 1 阶段，战国初期：

第一类占主导地位。

雕像的特征为：（1）身体直立；（2）形式和装饰简约；（3）抽象化倾向；（4）有鹿角，但无舌头和面部特征。

第 2 阶段，战国中期：

子类第二类 B 组占主导地位。

雕像的特征为：（1）身体弯曲；（2）通过广泛使用绘画和雕刻装饰，完全发展出了兽形外观；（3）有鹿角、舌头和面部特征。

第 3 阶段，战国晚期：

第三类占主导地位。

雕像的特征为：（1）简单的拟人面部；（2）有鹿角和舌头；（3）装饰不足；（4）简单雕刻的面部特征。

在这个序列中，每个时期仅考虑雕像数量最多的类别，可以想象出镇墓兽发展的理想脉络：从没有舌头和面部特征的"原始"雕像，发展到复杂的怪兽形态，最终发展出具有人类基本特征的形态。这一发展的基础在于，镇墓兽的外观是面部表现，而面部表现在早期的镇墓兽中是不确定的，后来才得到精心呈现。

这一发展可以从品味变化的视角来予以考虑。这导致楚人在每个特定时期都喜欢一种镇墓兽而不是其他种类的镇墓兽。形式上的发展也在每个类型组内发生。[49]

以上提出的三个阶段的发展方案，提示了辨别楚中地区（湖北）雕像形式发展的关键。虽然三阶段发展方案具有解释价值，但很明显，每个阶段的情况都更为复杂。（见表 1）在战国早期，尽管没有舌头和面部特征的非常简单的雕像占主导地位，但拟兽形的镇墓兽已经以其完全发展好的结构出现了。在河南（长台关 1 号和 2 号墓），我们还发现了一个雕刻成圆形的拟兽形镇墓兽（图 9）。到了战国中期，似乎所有雕像都属于第二类（拟兽形镇墓兽）。在湖北，这些雕像呈现经典的弯曲状；而在湖南则采用方形器身或其他典型的本地区域风格的新形式。最后，在战国晚期，随着大量拟人形镇墓兽（第三类）的出现，尤其是在湖南地区出现了一些奇特的镇墓兽，形状不同寻常。接下来，让我们对之前提出的镇墓兽的意义和功能的各种解释予以总结。

四、以往的解释

过去，许多学者试图确定镇墓兽代表了什么，以及意义如何。Salmony 将镇墓兽描述为饕餮主题，但奇怪地视其起源为印度。[50] 林巳奈夫则将镇墓兽与《山海经》中描述的怪物"疆良"联系在一起。[51] 然而，他的这一解释难以让人接受，因为《山海经》中描述的疆良是虎首人身，[52] 但镇墓兽的外观并非如此。水野清一[53] 以及王瑞明[54] 认为镇墓兽是山神。这一解释也源于《山海经》对一系列山神外观的描述，但其中没有一种与镇墓兽的形状真正匹配。[55] 另一种解释视镇墓兽为龙的三维表现。[56] 然而镇墓兽的外观与中国龙的外观之间的微弱关系难以令人信服。

最近，陈跃均和院文清提出，镇墓兽代表地神"土伯"，因为土伯在墓葬头厢的位置及其可怕外观。[57] 在古代中国，陵墓被视为死者的地下住所，[58] 其结构被认为是世俗住所的造象[59]。木椁内各室因此被陈跃均和院文清（他们根据雨台山报告中的证据进行解释）等同于贵族别墅内的房间。[60] 墓的头厢即前堂，是这些宅第的前堂，乃祭天之所。既然坟墓被视为冥界的房屋，那么堂屋所对应的头厢应该用于供奉土伯。土伯是亡灵世界的天堂对应物，正是镇墓兽理当要代表的东西。

陈跃均和院文清还引用了《楚辞·招魂》中对土伯的描述来支持他们的解释：

魂兮归来！君无下此幽都些。

土伯九约，其角鬐鬐些。

敦脄血拇，逐人伾伾些。

参[61]目虎首，其身若牛些。

此皆甘人，归来！恐自遗灾些。

陈跃均和院文清认为，上述描述是对实际的楚镇墓兽非常接近的解释。但事实并非如此。虽然有些镇墓兽可能可以说是有虎首，但没有哪尊镇墓兽像公牛一样有九曲的躯体。此外，这

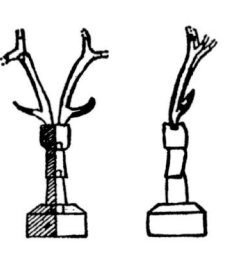

图 13 雨台山 354 号墓的木制椁室，镇墓兽位于前室中部（《江陵雨台山楚墓》，图 40）

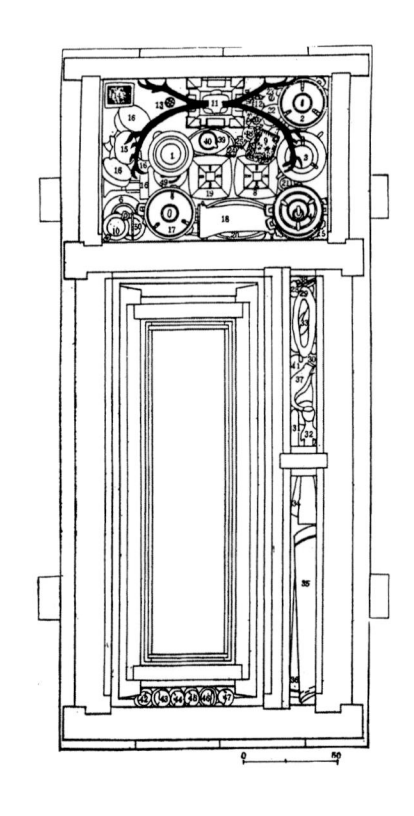

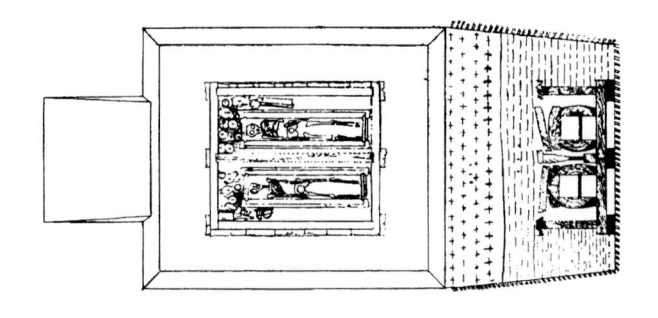

图 14 湖北潜江小黄家台六号合葬墓（《潜江龙湾小黄家台楚墓》，第 36 页，图 4）

图 15 湖北潜江小黄家台六号墓中的两尊第一类镇墓兽复原图，左图位于女性墓葬，右图位于男性墓葬（《潜江龙湾小黄家台楚墓》，第 39 页，图 7.9—10）

个描述没有提及突出的舌头。而且，像土伯这样的地神，人们认为明显对魂灵有害，不可能被选择用来保护墓地和死者。因此，应另寻新解。

为了对镇墓兽提出新的释读，仔细地研究镇墓兽及其出土的墓葬考古证据，至关重要。

五、镇墓兽与坟墓：考古证据

雨台山出土的 156 尊镇墓兽均是从同等数量的 156 座战国墓葬中发掘出来的。除一例外，[62]其余都是在椁室头厢被发现的，通常在头厢的中部，面向里，朝向棺材。[63]（图 13）

雨台山配有镇墓兽 156 座墓葬具有非常特殊的特征，这将它们与墓地中的其他墓葬区分开来。这些墓葬常常采用木椁结构，其中至少包括一个椁室和一个棺材，以及一套青铜礼器，或替代性的陶器。[64]雨台山配有镇墓兽的墓葬特征也出现在其他楚墓中，[65]通过对它们的分析，我们可以得出以下结论：

数量：每座墓中只能有一尊镇墓兽，或在合葬情况下，每人只配不超过一尊镇墓兽；

位置：通过将其置于头厢正中，镇墓兽占据墓葬体系内举足轻重的位置；

社会价值：镇墓兽是专为贵族墓葬设置的礼器；

时间：根据现有的知识判断，典型的楚镇墓兽在战国早期或春秋晚期形制初显，并且主要在战国时期使用。

这四条信息为解释镇墓兽的意义提供了支点。

每座楚墓只有一尊镇墓兽，这个事实很重要，也是研究这些雕像象征意义的出发点。雨台山楚墓[66]表明，楚镇墓兽一般一墓出一件。同样值得注意的是，在数量上，楚人并未在同一墓葬中放置两个独立的镇墓兽，而是在最富有的墓中使用了更复杂的双身雕像。在湖北的其他地点也发现了有殉葬或是合葬[67]的墓，在这些墓中，镇墓兽不止一尊，说明镇墓兽数量与每座墓中尸体的数量有关。

潜江小黄家台六号墓为夫妇合葬，有两尊镇墓兽。[68]两具尺寸大致相同的棺材并排放置在分为两个同等大小的椁中，每个部分都有大量陪葬品。（图14）由于骸骨保存良好，可以确定东侧的一具为女性，西侧则为男性。尽管男性一侧的陪葬品更多（十五件与十一件），但在两椁室内各有一尊镇墓兽。六号墓出土的两尊镇墓兽（图15）年代均可追溯到战国早期，[69]属于第一类，因此与我们从雨台山发掘推断出的类型演变模式一致。

从小黄家台六号墓的证据中也可以明确看出，镇墓兽在男性和女性墓中都有使用。女人和男人都喜欢在他们的墓中有这些保护性的雕像陪伴。男女墓中使用的雕像类型也同样复杂。例如，江陵县太晖观五十号的一座富人墓经鉴定，墓主的骸骨为女性，墓中出土了一尊双身镇墓兽。[70]

相反，湖北另一座墓，即鄂城百子畈五号墓，却是一座带有陪葬礼器的殉葬墓。（图16）依据是三具棺材和木制椁室内陪葬品的布置。主室（一个外棺加一个内棺）位于椁室中央，椁室分六室，两个较小的棺材分别位于东侧和北侧。由于墓中只有两尊镇墓兽（在西室内），我们不得不假设殉葬者之一并未配备镇墓兽。考古证据表明，镇墓兽只与上层阶级相关。因此我们可以推断，这两名陪葬者之一可能没有贵族身份。然而，这仅是一个初步假设，因为我们知道也有贵族阶级的墓葬未配镇墓兽。

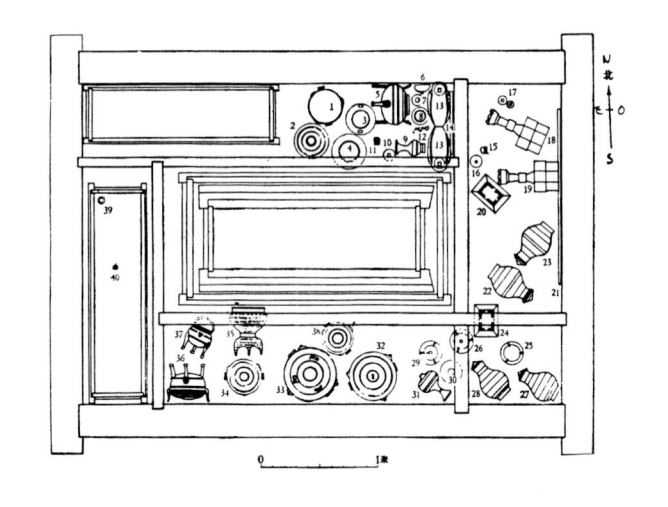

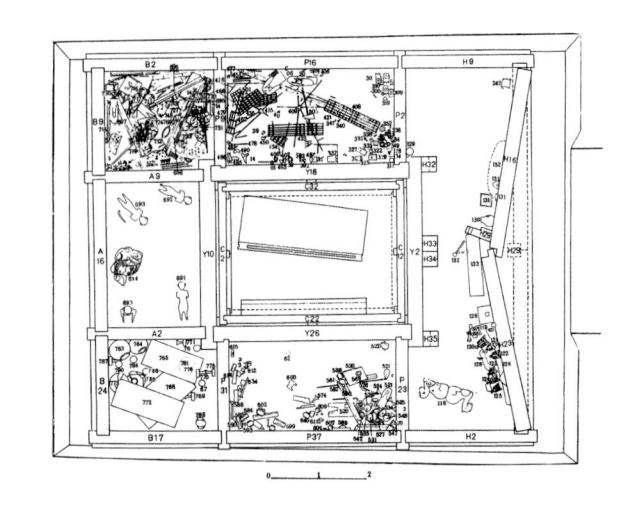

图16 湖北鄂城百子畈五号殉葬墓，镇墓兽位于右上墓室，18、19号（湖北省鄂城县博物馆：《鄂城楚墓》，《考古学报》1983年第2期，第226页，图4）

图17 长台关一号墓椁室，后部墓室附近有四个仪式雕像（《信阳楚墓》，插页）

百子畈五号墓的年代可追溯到战国中期初（对应雨台山时期的第三类）。那里出土的两个镇墓兽复原情况很差，具体类别不明。它们看起来有直立的身体和方形截面，基座和头部有一些浮雕。可以被视为受区域影响（鄂城距离江陵古典楚文化中心相对较远）而形成的第二类B组的变体。

雨台山354号墓的布局（图13）提供了镇墓兽在墓室结构中占经典位置的一个保存完好的例子。从这个平面图很容易看出，镇墓兽的鹿角从中心延伸到头厢的大部分，似乎确实是为了保护墓穴，成为随葬品的核心。

虽然这种布局在雨台山这种中等规模的墓中似乎相当常见（头厢是唯一足够宽敞的空间，适合放置镇墓兽），但在比雨台山大的墓葬中（即三室以上），镇墓兽的位置可能会有所不同。雕像有时放置在前室，[71] 有时在后室，如百子畈五号墓（图16）和长台关一号墓[72]（图17）。尽管放置在后室，长台关一号墓的镇墓兽始终位于中心位置，被四尊随从木像所包围；东边两名女性，西边两名男性。

如前文（第5节）所示，两位中国学者根据镇墓兽居大多数楚墓前室后边厢的关键位置来解释这些雕像的意义和功能。[73] 虽然他们的解释很有趣，但重要的是要意识到这样一个事实，镇墓兽在雨台山墓椁和其他中等规模墓葬中的位置，似乎不仅是象征性的原因所致，也有实际的原因。（见前文第6节）

图 18　河南淮阳汉墓入口处的泥塑女像（图片由河南省文物考古研究院曹桂岑教授提供）

镇墓兽与墓葬具备以下条件：（1）至少一个木椁和一具棺材；（2）有一套或多套青铜礼器或陶礼器，明确表明镇墓兽墓应属于贵族阶层。[74] 相关典籍[75] 对墓葬结构的规则描述得非常明确。它们规定了墓中的棺材和椁室的确切数量，以及根据死者的社会地位可以入葬的礼器类型。通过将相关典籍的规定与已知墓主身份的考古证据相比较，证实了相关典籍的可靠性。[76]

最后一点涉及镇墓兽使用的年代。从考古证据来看，镇墓兽雕像几乎只在战国时期得到使用。随着秦国灭楚（公元前 223 年），以及随后秦国统一中国（公元前 221 年），使用镇墓兽的传统逐渐式微。秦汉时期，两湖地区实际上没有古典的楚木制镇墓兽的痕迹。[77]

在前楚地区的西汉墓中，确实发现了一些奇怪的鹿角雕像，尽管有一些重要的区别，但它们似乎脱胎于楚镇墓兽。[78] 与前楚的镇墓兽不同，前者是拟兽形或部分拟人形的，在墓中总是单一的实体，这些雕像是人类（男性和女性）的代表，没有突出的舌头，时不时地成对出现。它们在墓中的位置也与楚镇墓兽不同：它们不在墓内的随葬品中，而是被置于通往墓穴的墓道中。尽管镇墓兽雕像从墓内移到墓外，部分是由于墓葬结构的演变，开始赋予墓道更大的作用，[79] 但是从这一发展可以看出，镇墓兽不是一个简单的随葬品，而是具有特定的守墓功能。

当我们观察河南淮阳汉墓出土的一尊跪姿泥塑女像（图 18）时，这一功能尤其明显。[80]

309

这尊女性塑像身材丰满，但造型怪异，她的胸部丰满，腹部圆润，头顶一整套鹿角。这个塑像放置在墓道入口的中间，面对外面，双臂张开，以身体象征性地阻止人们进入死者的安息之所。除了位置之外，这个生物邪辟的外观似乎也对进入墓穴的企图起到了威慑作用。

一对保存完好的、头插鹿角的跪姿偶人也为这个解释提供了生动的例证，它们分别出土于湖南长沙马王堆二号和三号墓，可以追溯到西汉时期。这一对木骨泥胎偶人做工精细，是用木块作骨架，再用草绳缠绕，外敷草泥土。[81] 而在位于湖南省长沙市附近的咸家湖西汉曹女巽墓[82]和象鼻嘴一号汉墓[83]的墓道中也发现了类似雕像的存在痕迹。

上述汉代镇墓兽的特点之一，即它们总是成对出现在墓穴入口处，同时也是南北朝、隋唐时期"镇墓生物"的典型特征。[84] 尽管后期这些成对出现的镇墓兽大多是带有狮身人面，或狮身狮面（图19），但也有像图20这种外观比较接近人形的例子，尽管它没有鹿角，但至少与河南淮阳平粮台汉墓镇墓俑（图18）有些许共同之处。上述这些元素使得晚周楚国的镇墓兽传统能够与后来中古时期的传统联系起来。然而，尽管很容易理解镇墓兽传统如何在秦国灭楚，以及随后的汉代发生转变，但是要解释为何春秋末战国初会突然开始使用镇墓兽却绝非易事。[85]

六、鹿角、角架及相关陪葬品

尽管从迄今为止的考古证据来看，头顶鹿角、突出舌头的镇墓兽似乎是战国时期出现的新葬俗，且其使用范围局限于楚墓。但早在经典楚镇墓兽出现之前，中国许多地区就有埋葬鹿角的习俗。

例如，从山东省大汶口两座新石器时代（约公元前5000年—前4000年）墓葬中就出土了三片鹿角碎片[86]；其他样本在安阳商代遗址中发现。在春秋和战国时期中原以及南方地区的上层阶级墓葬中也有鹿角出土，这个情况与楚镇墓兽类似。

在以下墓葬发现了带有与楚镇墓兽类似的彩绘装饰的鹿角：河南省洛阳市中州路2717号墓[87]（图21）；山西长子县古代晋城附近的7号墓[88]；山西省长治市分水岭的12和14号墓[89]；河北平山县中山王墓[90]；安徽省亳县曹家岗6号和7号墓[91]。除了绘制外，这些鹿角的

二 阴阳

图 19 河南洛阳元邵墓出土的成对镇墓兽，北魏时期（386—534 年），左图的镇墓兽有一张类人的面部，而右图的镇墓兽完全为狮面（洛阳博物馆：《洛阳北魏元邵墓》，《考古》1973 年第 4 期，图 12.1—2）

图 20 陕西汉中崔家营 1 号墓出土的镇墓兽，北魏时期（535—537 年）（汉中市博物馆：《汉中市崔家营西魏墓清理记》，《考古与文物》1981 年第 2 期，图 13.2）

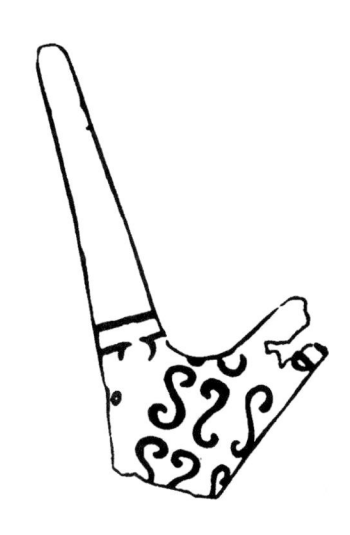

图 21 九个鹿角残片之一的复原图，河南洛阳中州路 2717 号墓出土（中国科学院考古研究所编著：《洛阳中州路》，科学出版社，1959 年，图 127）

图 22 安徽屯溪机场三号墓出土的两件青铜鹿角座，最早可追溯至西周时期（安徽省博物馆：《安徽省博物馆藏青铜器》，上海人民美术出版社，1987 年，第 42—43 页）

下部也被修剪过。正如前文（第 2 节）指出的，修剪是为了将鹿角固定在镇墓兽或其他类型的架子上面。

虽然这些墓没有出土镇墓兽，但可能在这些非楚墓中，鹿角被固定到更简单的支架上。这些陪葬品通常被称为"鹿角座"，理想情况下，可能处于松散放置鹿角和发展成熟的楚镇墓兽之间的过渡时期。根据考古证据，它们与楚镇墓兽的"鹿角座"跨越整个周代，并出现在中国各地楚和非楚墓中情况不同。[92]

安徽屯溪奕棋机场古墓葬群三号墓出土了两件西周的青铜器。[93]（图 22）在春秋晚期的湖北省襄阳山湾 11 号墓中发现了一组鹿角，其下放置了三个青铜鼎足。[94]（图 23）可能这三足构成了某种形式的角座，或者它们属于一个用于支撑鹿角、但已经腐朽的结构。然而，从发掘报告来看，这一点并不是很清楚。

在以下三座东周墓中也发现了其他青铜鹿角架：一座位于安徽淮南市蔡家岗赵家孤堆战国墓[95]；另一个在浙江省绍兴 306 号墓[96]（图 24）；最后一个（图 25）在春秋早期河南省光山县宝相寺黄君孟夫妇墓中[97]。黄君孟夫妇墓出土的青铜器上铸有和周朝青铜器铭文相近的铭文，以"黄君孟""黄子作黄夫人孟姬"等来声明这个物件是黄国国君为他妻子孟姬永久享受而制作的。[98]

一例由铅制成的，配有一套彩绘鹿角的鹿角座在河南省辉县市赵固村一号墓[99]出土。这个墓可追溯到战国时期。与已知的鹿角座不同，出土于赵固村的鹿角座（图 26）并不是方形的，而是看起来像某些类似老虎的生物，并且常见于楚墓出土的鼓座和角鸟雕像的基座（图 34）。

还有三个出土于河南省信阳市长台关一号和二号楚墓的木制角架（图 27），它们可追溯到战国早期。这些物件与上文讨论的金属架略有不同，而是与镇墓兽有不少相似之处，尤其是在底座和整体上绘制装饰。因此，这些角架经常被认为是真正的镇墓兽。由于长台关一号和二号墓还各自出土了一件非常精美的镇墓兽（图 9），一些学术出版物将这两个墓作为拥有超过一个镇墓兽的单葬墓的例子。据说一号墓有两个镇墓兽（一个是第二类 E 组，见图 9；另一个是"角架"，见图 27），而三号墓有三个（一个是第二类 E 组，两个"角架"）。[100]然而，这与考古证据相矛盾，正如上文所述，每位逝者最多只有一个镇墓兽。

二　阴阳

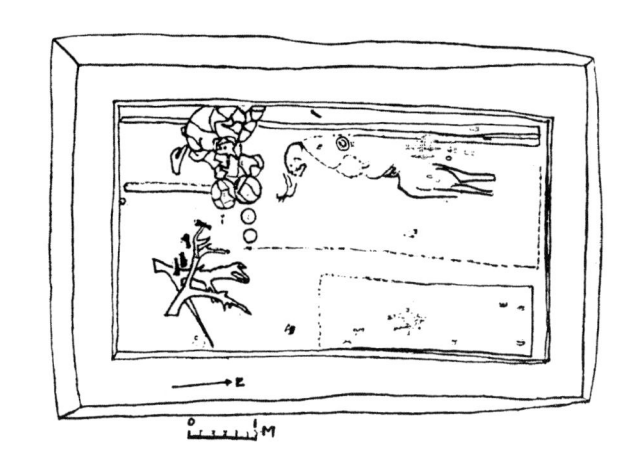

图23　湖北襄阳山湾11号墓的布局，左下可见鹿角和三个鼎形脚（《襄阳山湾东周墓葬发掘报告》，第5页，图9）

图24　带有镶嵌装饰的青铜鹿角座，浙江绍兴306号墓出土，最早可追溯至战国初期（浙江省文物管理委员会：《绍兴306号墓发掘简报》，《文物》1984年第1期，第23页，图34）

图25　青铜鹿角座，河南光山宝相寺黄孟姬墓出土（《春秋早期黄君孟夫妇墓发掘报告》，图版3.3）

图26　铅制鹿角座，河南辉县赵固一号墓出土（《辉县发掘报告》，图版94.23—24）

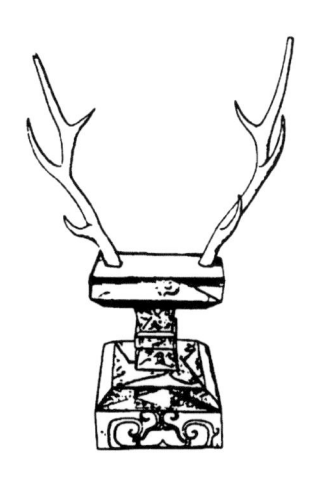

图27　鹿角座，河南信阳长台关一号墓出土（Barnard, *Early Chinese Art and Its Possible Influence in the Pacific Basin*, 图8.8）

313

考虑到鹿角架与镇墓兽在象征上的相似性，对于前者的研究可能有助于阐明后者的使用和历史背景。然而，两者绝不应混淆或视为一物。鹿角架既没有舌头，也没有头部或身体，仅仅是镇墓兽的部分前身，它们的象征意义也可能只是略有相似而已。

从上述考古证据，可以追溯镇墓兽的发展：从新石器时代大汶口地区墓葬中的鹿角葬俗开始，通过东周时期鹿角架的使用，到楚国的有舌镇墓兽，再到汉代的鹿角跪俑和中古时期陶瓷镇墓兽。尽管这一发展看似平滑并呈线性发展，但我们必须考虑到每个物品虽然相关，但很可能在当时具备不同的功能，带有不同的意义。例如，大汶口地区出土的鹿角是与鹿骨共同发现的。[101] 这一事实可能表明，这些动物是现场祭祀、食用并部分埋葬的，这一行为与制作雕像的行为截然不同。

此外，我们还必须意识到，即使楚镇墓兽的鹿角可以追溯到较早的北方中国传统，这并不能完全解释突舌的现象。事实上，楚人在战国时期的真正创新在于，他们结合了中国大部分地区作为葬礼用品已经使用过的鹿角和突舌——后者在南方似乎更为常见，从而创造了一种全新的陪葬礼器。但这是怎么发生的？镇墓兽的终极意义是什么呢？

七、鹿角与长舌：镇墓兽的象征意义

大多数先前对镇墓兽性质的研究并未深入分析镇墓兽属性（包括鹿角和长舌）的意义，[102] 而是将注意力集中在雕像与中国典籍描述的神、灵或怪物进行对比上。尽管这些研究对理解镇墓兽的功能做出了重要贡献，但它们并未成功揭示这些具有象征意义的雕像对楚国的意义。

从楚镇墓兽的演变过程中，我们可以看到它的外观总是在变化，从不确定的形态，到兽形，再到模糊的人形。唯一不变的特征是鹿角、突舌和可怕的怪异性。因此，为了理解镇墓兽，有必要研究这些属性的象征意义。

长舌似乎是典型的南方象征，因为它是楚国和中国其他南方地区丧葬艺术中的常见主题，但在中国北方的文物里却很罕见。[103] 这种图案最早的例子之一是安徽省阜南县朱寨镇出土的一件青铜尊，上面绘有一个蹲坐的生物，嘴里伸出细长的舌头。（图28）

除了镇墓兽之外，其他楚国随葬品也使用舌头作为符号，如从长沙墓中出土的石制面具

图 28　商代青铜尊上的长舌纹样，安徽阜南朱寨居出土（《安徽省博物馆藏青铜器》，图1）

图 29　长沙一座楚墓出土的白石面具（蒋玄怡：《长沙——楚民族及其艺术》，美术考古学社，1949年，图版31）

图 30　长舌仆形陶灯，广东广州大元岗3021号墓出土（《广州汉墓》，第1卷，图83.1）

（图29），其功能可能与镇墓兽类似，以及已经提到的凤凰垂着舌头立于老虎身上的雕像（图34）。在汉代的墓葬随葬品中，突出的舌头同样常见。重要例证是广东一些东汉和西汉墓中出土的坐仆状的陶制灯具。[104]（图30）以及5080号东汉墓中，出土了一尊跪姿男子，其舌头长而宽，中国考古学家称之为"镇墓俑"。（图31）在马王堆一号汉墓的软侯棺上也绘有长舌的怪兽图案。（图32，又见本书第289页）

舌头要么被理解为渴的象征，要么为死亡的象征，而这两种解释并非必然形成对立关系。关于第一种可能性，有意思的是，一个垂着舌头的人俯身在鼎上的商代甲骨文（ ），已被确定为"饮"（㱃）字的原形。[105] 渴的含义可能广义上被解释为对赋予生命之水的渴求，因此终极意义上是渴求生命和复活。[106] 这种可能性似乎与死亡的意义有关，死亡似乎是镇墓兽的主要主题。垂着的舌头被视为与地下世界的黑暗、与"他者"的联系，有时则被解释为性象征。[107] 在亚洲，舌头是祖先崇拜的象征。[108] 在楚国和其他文化中，人们意识到动物死亡时往往会张开嘴巴，让舌头滑出来，这可能才是用垂着的舌头作为死亡象征的原因。[109]

如果舌头是死亡的象征，那么放在镇墓兽上的鹿角和突出的舌头则是相反相成的象征：长寿和性机能的象征之一。鹿在中国一直被视为神圣的动物，象征着升天、长寿，终极是永生。其形象从最古老的时代开始，就出现在艺术、文学和铭文中。[110] 传说中两种鹿的形象非常接近长寿的观念：长寿鹿[111]和白鹿。关于后者，《太平御览》引用失传的《抱朴子·玉策篇》称："鹿寿千年，满五百岁则其色白。"[112]

图 31　长舌跪姿男子像，广州 5080 号墓出土，可追溯至东汉时期（《广州小港路大元岗汉墓》第 2 卷，图版 159.1）

图 32　长沙马王堆一号墓轪侯棺上绘制的长舌生物之一（孙作云：《长沙马王堆一号汉墓出土画幡考释》，《考古》1973 年第 1 期，第 247 页，图 1.4）

根据其他传说，长寿之神老君骑鹿而行，而鹿是唯一能够找到不朽之草或灵芝草的动物。[113] 此外，值得注意的是，鹿角本身被中国人认为（现在仍然如此）具有强大的再生能力，过去还用于制造称为鹿角或鹿茸的药物，以治疗阳痿和不育症。[114] 事实上，这些长寿、永生和生育的观念，在我们讨论过的淮阳汉代"雌镇墓兽"（图 18）中得到了很好的体现，其突出的乳房和隆起的腹部可能代表着怀孕，因此彰显了共情、生育和重生。

鹿常与鸟类、飞行、风以及速度等概念联系在一起。飞鹿的图像颇为常见，例如在马王堆一号墓棺上，就描绘了白鹿"在云中飘浮"。（图 33，又见本书第 238—239 页）鹿和鸟之间的联系进一步体现在凤凰雕像上，[115] 这些鸣凤背负着一对鹿角，站在舌头突出的老虎身上，这些是在富有的楚墓中被发现的。[116]（图 34）在这尊雕像[117] 上发现了一种神奇的生物飞廉。飞廉，也被称为风伯，即风神。[118] 据说长着鹿的身体、麻雀的头、蛇的尾巴和豹的斑纹。[119]

这些鹿角鸟可能是镇墓兽的某种替代品，因为它们被发掘的多数墓中没有镇墓兽。[120] 同样值得注意的是，就像镇墓兽一样，鹿角鸟雕像只存在于战国时期上层阶级的墓中，而且每个墓只有一个，它们在墓中占据显眼位置。[121] 除了镇墓兽和有角的鸟外，楚墓中还发现了自然主义风格的木制鹿雕像（图 35），以及虎座鸟架鼓（图 36），但它们似乎不能取代镇墓兽。[122]

传说中另外两种具有吉祥寓意的生物是天鹿（天禄）和辟邪，它们有时被认为是墓葬的保护神。[123]《汉书·西域传》载："乌弋地……有桃拔。"孟康注曰："桃拔一名符拔，似鹿，长尾，一角者或为天鹿，（者）两角［者］或为辟邪。"[124] 明代《名义考》卷十《天禄

图 33　长沙马王堆一号墓软侯外椁上绘制的一对白鹿（湖南省博物馆、中国科学院考古研究所编：《长沙马王堆一号汉墓》，文物出版社，1973年）

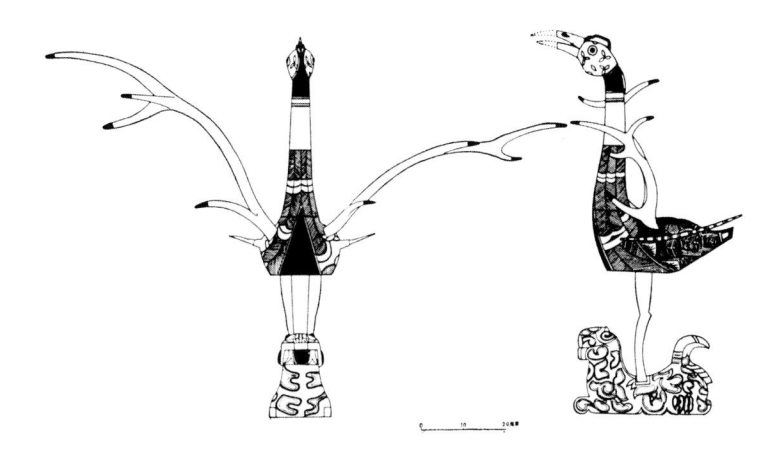

图 34　雨台山166号墓，虎座飞鸟，立在长舌虎上的鹿角凤凰木雕（《江陵雨台山楚墓》，图90）

图 35　曾侯乙墓的木制鹿雕（湖北省博物馆编《曾侯乙墓》，文物出版社，1989年，图238.1）

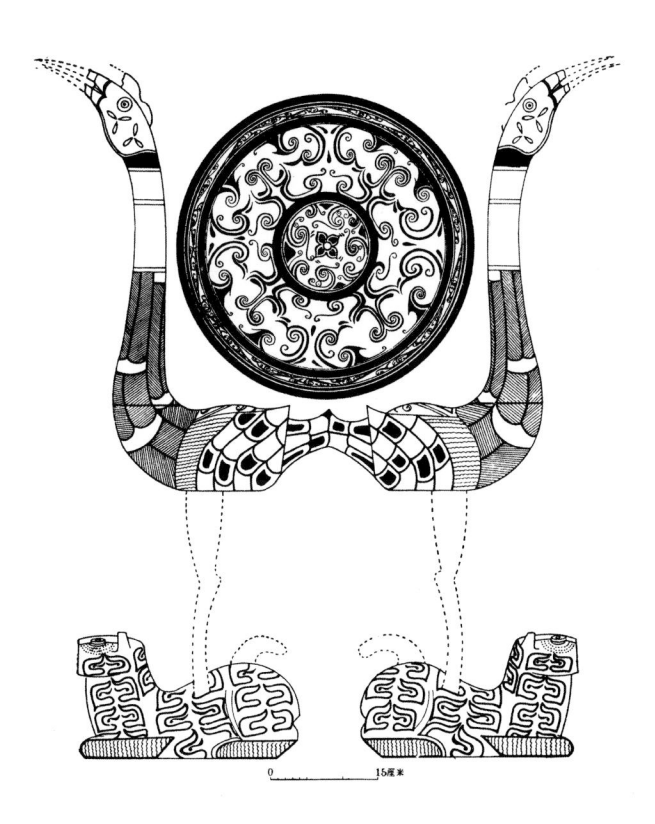

图 36　虎座凤鸟悬鼓，雨台山354墓出土（《江陵雨台山楚墓》，图82）

辟邪》记载："以是兽……被除不祥，故谓之辟邪；永绥百禄，故谓之天禄。汉立天禄于阁门，古人置辟邪于步摇上，皆取被除水绥之意。南阳宗资碑旁有两石兽，一曰天禄，一曰辟邪。"[125]

因此，除了长寿和长生不老的吉祥寓意外，鹿角显然也是一种防御装置，这可能与鹿角的自然功能有关。明代都印撰《三余赘笔》有如下记载："今官府衙门列木于外，谓之鹿角。盖鹿性警，群居则环其角，圆围如阵，以防人物之害。军中寨栅埋树木外向，亦名曰鹿角。"鹿角作为防御武器对楚人来说一定特别明显，他们似乎对这种动物非常熟悉。

如果我们对鹿角和舌头的象征意义的分析是正确的，那么镇墓兽可以理解为一种为保护逝者而创造的物品，它既代表着死亡，同时也体现了对重生的强烈愿望。具体而言，镇墓兽一方面可能是为了保护逝者的遗体，保护墓主不受鬼魅邪佞的侵扰，帮助"魄"等待重生；另一方面，楚人可能将其视为死亡的可怕面孔，旨在实现死者与生者世界之间不可避免的分离，从而对生者也起到某种保护作用。在这一点上，镇墓兽非常接近我们上文讨论的天禄和辟邪的组合，可能是其前身。

由于雕像没有固定的经典结构，在神话、历史资料或礼仪典籍中的描述也与镇墓兽的外观不符，所以我也能得出结论，这种雕像既不代表特定的"神"或"灵"，也不是关于周朝成文礼仪的特定用具，而是仪式和流行的丧葬习俗的代表性集合，可能是东周时期出现的新形式，汉代及以后才得到充分的施行。[126]

众所周知，春秋战国之交（公元前6世纪—前5世纪）不仅在楚国而且在整个中国，都发生了一场文化和技术的变革。战国时期（公元前5世纪—前3世纪）镇墓兽的出现可以解释为楚国社会的一种变化，更具体地说是其宗教和礼仪领域的变化。在这一时期，周王朝的各诸侯国明显摆脱了中央政权的控制。楚国地理上远离中原，且人口众多，因而显得尤为独立。周王朝的权力在周边地区的削弱，以及随之而来的礼仪事务的新自由，必然会在楚国激起当地信仰的回归。这些信仰在南方地区较为常见，但以前一直受到周礼的严格控制。镇墓兽可以说是融合了南北方传统的随葬品。因此，镇墓兽是真正代表楚文化和前帝国时代晚期中国复杂文化交融的产物。

（本文为作者1994年以英语发表的文章的译文）

二 阴阳

注释

1 英文为 Tomb-guarding Beast。

2 根据吴荣曾的研究，还有少量粘土制的楚镇墓兽，但本文作者未能找到其存在的佐证。详见吴荣曾：《战国、汉代的"操蛇神怪"及有关神话迷信的变异》，《文物》1989 年第 10 期，第 46 页。

3 这里所说的"后世"指的是东汉时期开始出现的，在三国至唐朝极其常见的镇墓兽，大概是从公元 3 世纪到 10 世纪。有关这个主题的讨论，参见以下文献：Mary H. Fong, "Antecedents of Sui-Tang Burial Practices in Shaanxi," *Artibus Asiae 51*, no. 3/4 (1991), pp. 159-94（图 14—42）; Mary H. Fong, "Tomb Guardian Figurines: Their Evolution and Iconography," in *Ancient Mortuary Tradition of China*, ed. George Kuwayama (Los Angeles County Museum of Art & Hawaii University, 1991); George Kuwayama, "The Sculptural Development of Ceramic Funerary Figures in China," in *The Quest of Eternity: Chinese Ceramic Sculptures from the People's Republic of China*, ed. Susan L. Caroselli (Los Angeles County Museum,1987), pp. 77-162（图 6, 52, 57, 59, 64）; Renbo Wang, "General Comments on Chinese Funerary Sculpture,"in *The Quest of Eternity*, 39-61。关于此主题涉及到的出土镇墓兽的墓葬，详见以下考古报告：洛阳博物馆：《洛阳北魏元邵墓》，《考古》1973 年第 4 期；大同市博物馆、山西省文管会：《山西大同石家寨北魏司马金龙墓》，《文物》1972 年第 3 期。以上均是北魏时期的墓葬。汉中市博物馆：《汉中市崔家营西魏墓清理记》，《考古与文物》1981 年第 2 期。此为西魏墓葬。考古研究所安阳发掘队：《安阳隋张盛墓发掘记》，《考古》1959 年第 10 期。此为隋朝墓葬。陕西省博物馆乾县文教局唐墓发掘组：《唐章怀太子墓发掘简报》，《文物》1972 年第 7 期。此为唐朝墓葬。

4 商承祚：《长沙古物闻见记》，金陵大学中国文化研究所，1939 年；王瑞明：《"镇墓兽"考》，《文物》1979 第 6 期，85—97 页。关于这个主题的具体研究，参见 Alfred Salmony, *Antler and Tongue: An Essay on Ancient Chinese Symbolism and Its Implications. of Artibus Asiae. Supplementum XIII* (Ascona: Artibus Asiae,1954)。另外，关于楚国艺术的本质及其象征意义的讨论，参见 Noel Barnard, "The Origin and Nature of the Art of Ancient Ch'u,"in *Studies on the Ch'u Silk Manuscript: Translation and Commentary*., ed. Noel Barnard (Canberra: Australian National University, 1974); Noel Barnard, *Early Chinese Art and Its Possible Influence in the Pacific Basin: The Proceedings of a Symposium Arranged by the Department of Art History and Archaeology*, Columbia University, New York City, August 21-25, 1967, ed. Noel Barnard (New York: Intercultural Press, 1972); 以及 Michael Loewe, *Chinese Ideas of Life and Death: Faith, Myth and Reason in the Han Period (202 BC – AD 220)* (London: George Allen & Unwin Ltd., 1982)。

5 少数情况下由两部分组成：身和鹿角。

6 楚国木器在技术上是非常先进的，这在考古发现的数以千计的木器、漆器上可以清楚地看到。具体参见 Colin Mackenzie, The Chu Tradition of Wood Carving, *Colloquies on Art and Archaeology in Asia*, 14 (1987), pp. 82-102; 以及林寿晋：《战国细木工榫接合工艺研究》，香港中文大出版社，1981 年。

7 关于陪葬用品，《荀子·礼论》有云："木器不成斫……告不用也。"

8 在某些情况下，镇墓兽的鹿角或因为腐朽，或因为丢失而呈缺失的状态。不过，镇墓兽头部那两个供插鹿角的方孔昭显了鹿角曾经存在的迹象。

9 Salmony 在 *Antler and Tongue* 一书中指出，是北京斑鹿的鹿角（the Pseudaxis Hortolorum Swinhoe）。

10 Salmony, *Antler and Tongue*, 13, 图 16—17。

11 长沙出土的一套鹿角处理方式略有不同，这套鹿角现藏于纽约美国自然历史博物馆。鹿角的上端被切断，露出中空的内部，显然是将动物的毛发作为装饰插在空腔中。（Salmony, *Antler and Tongue*, 4, 图 1）

12 陈跃均、院文清：《"镇墓兽"略考》，《江汉考古》1983 年第 3 期，第 64 页。

13 有些雕像的底座既没有雕刻，也没有上漆。不过，不清楚这些雕像上的彩绘是消失了还是根本不存在。

14 陈跃均、院文清：《"镇墓兽"略考》，第 64 页。

15 这种纹饰在中国各地的晚周青铜器中也有使用，因此似乎是当时的典型纹饰，而非楚国地区的代表纹饰。见 Charles D. Weber, "Chinese Pictorial Bronze Vessels of the Late Chou Period. Part IV," *Artibus Asiae* 30, no. 2/3 (1968), pp.145-236（图 41—48）; Thomas Lawton, *Chinese Art of the Warring States Period: Change and Continuity, 480-222 B.C.* (Washington D.C.: Freer Gallery of Art, Smithsonian Institution, 1982): 178-190（图 134—25, 137—38）。

16 除了河南信阳长台关的两尊完全变形的雕像，它们全身都覆盖着爬行动物的鳞片。见图 9。

17 见陈跃均、院文清：《"镇墓兽"略考》；湖北省荆州地区博物馆：《江陵雨台山楚墓》，文物出版社，1984 年。

18 雨台山位于荆州县以北十公里处，是一片略微起伏的丘陵地带。墓群位于雨台山南坡，在楚国古都郢都遗址纪南城以东，三面环长湖。墓群由西向东依次分布在四个山岗上。较大的坟墓通常位于每个山丘的中心。见湖北省荆州地区博物馆：《江陵雨台山楚墓》，第 1—2 页。

19 目前还没有一份关于所有发现镇墓兽的墓葬的完整总结，也很难汇编，因为并非所有墓葬都已公布。不过，除了雨台山之外，出土过最重要的镇墓兽的墓穴或墓地有：

（1）湖北省：江陵天星观 1 号墓，江陵望山 1、2 号墓，江陵沙塚 1 号墓，江陵藤店 1 号墓，江陵葛陂寺 34 号墓，江陵太晖观 6、18 和 50 号墓，在江陵地区还有一尊出土于城西楚墓，十尊出土于拍马山楚墓；两座位于鄂城地区百子畈墓葬；在两座位于潜江小黄家台的墓葬中也有出土。

（2）湖南省：长沙浏城桥 1 号墓，长沙留芳岭 3 号墓，长沙子弹库 17 号墓，益阳地区羊舞岭益农 M3 和长沙杨家湾 6 号墓；湘乡牛形山 1、2 号墓；常德德山 47 号墓。

（3）河南信阳长台关 1、2 号墓。

更多相关信息，见楚文化研究会编：《楚文化考古大事记》，文物出版社，1984 年。

20 Salmony, *Antler and Tongue*, 7-13.

21 一些最简单、可能也是最古老的镇墓兽没有舌头（图 2），而另一些原本有舌头，但后来丢失了（图 7）。至于图 2 中的物体，我认为它只是一个鹿角架。我稍后再讨论这个问题。

22 此处指潜江小黄家台六号墓。具体考古报告见潜江博物馆：《潜江龙湾小黄家台楚墓》，《江汉考古》1988 年第 4 期，第 33—42 页。

23 次要标志（通常是手臂、蛇，有时是野兽的牙齿）只出现在非常精致的镇墓兽中。（第二类 B、C、F 组）

24 在第一类 A 组的一个镇墓兽身上已经可以看到早期的弯曲趋势（图 15，右），它可以被认为是一个过渡类型（从第一类 A 组到第二类 A 组）。

25 湖北省荆州地区博物馆《江陵雨台山楚墓》，第 108 页；陈跃均、院文清：《"镇墓兽"略考》，第 63 页。

26 有关这些镇墓兽的更多出土信息，见湖北省荆州地区博物馆：《江陵雨台山楚墓》，第 108 页；湖北省荆州地区博物馆：《江陵天星观 1 号楚墓》，《考古学报》1982 年第 1 期，第 104 页；Barnard, *Early Chinese Art and Its Possible Influence in the Pacific Basin*, 17-22; Salmony, *Antler and Tongue*, 7-13; 张正明：《楚文化史》，上海人民出版社，1987 年，第 196—198 页。

27 这类镇墓兽出土于拍马山 4 号墓和葛陂寺 34 号墓，都位于湖北江陵。见湖北省文物管理委员会：《湖北江陵出土虎座鸟架鼓两座楚墓的清理简报》，《文物》1964 年第 9 期，第 29—32 页；湖北省博物馆等（发掘小组）：《湖北江陵拍马山楚墓发掘简报》，《考古》1973 年第 3 期，第 151—161 页。

28 虽然湖南墓葬中出土了一些标本，但从考古证据来看，第二类 B 组在湖北而非湖南得到了更广泛的应用，而第二类 C 组和其他不寻常的形式在湖南更为常见。

29 中国考古学家很少将他们发现的每一件文物都复制出版。此外，外国学者无法研究中国未出版的文物，许多镇墓兽已经无从可考。

30 关于此墓（长沙留芳岭）的报告，见长沙市文物工作队：《长沙留芳岭战国墓发掘简报》，《湖南文物》1986 年第 1 期，第 58—64 页。

31 湖南省博物馆：《湖南湘乡牛形山一、二号墓大型战国木椁墓》，《文物资料丛刊》1980 年第 3 期，第 98—112 页。

32 Barnard, *Early Chinese Art and Its Possible Influence in the Pacific Basin*, 31-33; Salmony, *Antler and Tongue*, 11-12（图 14—15）.

33 战国早期的一个例子出自江陵玉台山墓葬。虽然玉台山没有战国晚期的双身镇墓兽，但其他地方可能仍在使用。

34 关于噬蛇生物，见《战国、汉代的"操蛇神怪"及有关神话迷信的变异》，第 46 页；Loewe, *Chinese Ideas of Life and Death*, 124。他认为，噬蛇生物的存在或许认为是保护身体不被害虫吞噬的一种理想方案。

35 关于墓葬和镇墓兽更多的细节，见河南省文物研究所：《信阳楚墓》，文物出版社，1986年，第60—61页、第114页。

36 这种不寻常的形状似乎与祭祀青铜器中使用的动物纹饰很接近，应将中原文化的影响视为造成这种不寻常形状的潜在原因。

37 其他一些镇墓兽的嘴里也叼着东西，但不清楚它们是否是蛇。见图6a、b、d和7d。

38 益阳地区文物工作队：《益阳羊舞岭战国东汉墓清理简报》，《湖南考古集刊》1984年第2卷，第15页。原版印刷质量不佳，解释性文字也相当有限。

39 但由于上述问题，目前还无法实现。

40 这座墓是益阳县羊舞岭益农M3，《益阳羊舞岭战国东汉墓清理简报》，第70页。

41 这些祭祀塑像用来代表逝者的仆人，以便在逝者进入阴间后能辨认其等级。在更久远的过去（商朝），将逝者的仆人作为祭品与死者合葬是很常见的现象。但到了东周时期，这种习俗逐渐消失，更多的是用雕像代替活着的仆人。这种传统在北方和南方国家都很普遍。但在楚国，雕像是用木头做的，而在北方则更多地使用陶俑。

42 详见 Salmony, *Antler and Tongue*, 7-8（图5—7）; Jessica Rawson, *Ancient China: Art and Archaeology* (British Museum Publications, 1980), p. 166 (pl. 140); Barnard, *Early Chinese Art and Its Possible Influence in the Pacific Basin*, 17-22; 陈跃均、院文清：《"镇墓兽"略考》，第64页（33b、34b、d）。

43 遗憾的是，这份考古报告也不是很详细：没有复制所有已发现的镇墓兽，也缺少其他信息，如逝者的性别。

44 在发掘的558座墓葬中，有156座有镇墓兽，占28%。

45 其余135座墓葬损坏严重，或不包含可以确定可靠年代的物品，因此被归类为"东周"墓葬；见湖北省荆州地区博物馆：《江陵雨台山楚墓》，第145页。在这些墓葬中发现了15件过渡时期的物件，其中一件属于IIB类型，其余14件因损坏严重而无法进行分类。《江陵雨台山楚墓》，第119—196页。

46 这六个时期为：春秋中期，春秋晚期，战国早期，战国早中期，战国晚中期，战国晚期。

47 起码有一例春秋晚期的墓里有镇墓兽。见第49条注释。

48 张正明：《楚文化史》，湖北人民出版社，1988年，第430页。

49 尽管如此，很有可能从某些方面来看第一类A组、第二类A组和第二类B组代表湖北地区镇墓兽演变的不同时期。

50 Salmony, *Antler and Tongue*.

51 [日]林巳奈夫：《中国殷周时代の武器》，京都大学人文科学研究所，1972年。

52 《山海经·大荒北经》："大荒之中……又有神，衔蛇操蛇，其状虎首人身，四蹄长肘，名曰强良。"

53 [日]水野清一：《長沙出土の木偶について》，《東方學報》，1937年。

54 王瑞明：《"镇墓兽"考》，《文物》1979第6期，85—97页。

55 袁珂：《中国神话传说词典》，上海辞书出版社，1985年，a: 6。《南山经》："柜山至于漆吴之山，凡十七山，七千二百里。其神状皆龙身而鸟首。"（《中国神话传说词典》，a: 9）.《南山经》："自天虞之山以至南禺之山，凡一十四山，六千五百三十里。其神皆龙身而人面"。（《中国神话传说词典》，a: 137; 见王瑞明：《"镇墓兽"考》，第85页）《中山经》："凡首阳山之首，自首山至于丙山，凡九山，二百六十七里。其神状皆龙身而人面。"

56 彭浩：《"镇墓兽"新解》，《江汉考古》1988年第2期。

57 陈跃均、院文清：《"镇墓兽"略考》。

58 《荀子·礼论》："故圹垅、其貌象室屋也。" 值得一提的是，在汉代，坟墓被称作居、家、室宅、千秋岁室、万年庐舍；见 Te-k'un Cheng, "Han Burial Remains in the Huang-ho Basin," *Journal of the Institute of Chinese Studies of the Chinese University of HongKong*, XVI (1983), pp. 145-272。

59 Loewe, *Chinese Ideas of Life and Death*, 26-27; 郭德维：《关于寿县楚王墓的复原问题》，《江汉考古》1982年第1期，第37页。

60 这是对俞伟超早先提出的理论的发展，他提到："对照战国楚墓木椁，其第一等，头厢当即象征前朝（堂），棺箱象征寝（室），边厢象征房，足箱或即象征北堂和下室，合乎诸侯之制。"见俞伟超：《先楚与三苗文化的考古学推测》，《文物》1980年第10期，第332—337页。（重点关注第333页和第334页，图1）

61 张正明同意陈跃均和院文清的解释，"三"不是数字而是二十八星宿之一的"（参）三宿"。它与其他六个同类星宿组成白虎（四象之一）。参目这里应该是虎目，而不是"三目"。详见张正明：《楚文化史》，第197—198页。

62 在雨台山555号墓中，镇墓兽被放置在侧边厢。见湖北省荆州地区博物馆：《江陵雨台山楚墓》，第49—53页（图43）。

63 大部分雨台山墓仅有三箱：棺材（主厢），侧边厢，头厢。由于棺材所处的主厢对于镇墓兽这样巨大的雕塑来说过于狭窄，头厢是除侧边厢以外唯一可能的选项。

64 湖北省荆州地区博物馆：《江陵雨台山楚墓》，第148页。

65 比较楚文化研究会编：《楚文化考古大事记》，文物出版社，

1984 年。

66 雨台山出土镇墓兽的墓葬都是单人墓葬。

67 一般来说，殉葬和合葬是根据坟墓中棺的大小和排列来区分的。如果棺大小相同，并排放置，则被视为合葬；如果较大的棺置于中央，其他较小的棺放在两边，则被视为殉葬。在合葬中，妻子并不是与丈夫同时往生并安葬的，事实上，坟墓可以在不同的时间重新打开，尸体也可以在不同的时间安葬。关于合葬的习俗，请参阅《礼记·檀弓》。

68 潜江博物馆：《潜江龙湾小黄家台楚墓》，第 33—42 页。

69 潜江博物馆：《潜江龙湾小黄家台楚墓》，第 41 页。

70 可以追溯到战国中期。见湖北省博物馆：《湖北江陵太晖观 50 号楚墓》，《考古》1977 年第 1 期，第 61 页（图 7）。

71 例如湖北江陵天星观。见湖北省荆州地区博物馆：《江陵天星观 1 号楚墓》，第 81 页（图 10）。

72 见河南省文物研究所：《信阳楚墓》，插页。

73 陈跃均、院文清：《"镇墓兽"略考》，第 39 页。

74 彭浩：《楚墓葬制初论》，载《中国考古学会第 2 次年会论文集》，文物出版社，1982 年。

75 特别是《礼记·檀弓》、《庄子·田子方》和《荀子·礼论》。

76 比如长沙马王堆一号轪侯夫人墓，顾铁符：《座谈长沙马王堆一号汉墓——关于帛画》，《文物》1972 年第 9 期，第 52—73 页；和北京大葆台一号燕王墓，北京市古墓发掘办公室：《大葆山西汉木椁墓发掘简报》，《文物》1977 年第 6 期，第 24 页。

77 Mackenzie, The Chu Tradition of Wood Carving, p.88.

78 有三座汉墓出土了这种雕像：湖南长沙马王堆二号和三号墓，与河南淮扬一号墓（目前尚无公开发表的参考文献）。

79 Wang Zhongshu（王仲殊）, Han Civilization (Yale University, 1982), pp. 175-179.

80 据我所知，这件文物尚未出版。图 18 中的信息应该归功于河南文物研究所的曹桂岑教授，与曹教授的相识是在 1987 年 6 月。

81 湖南省博物馆、中国科学院考古研究所：《长沙马王堆二、三号汉墓发掘简报》，《文物》1974 年第 7 期，第 40—41 页。

82 长沙市文化局文物组：《长沙咸家湖西汉曹女巽墓》，《文物》1979 年第 3 期，第 1 页。

83 湖南省博物馆：《长沙象鼻嘴一号西汉墓》，《考古学报》1981 年第 1 期，第 112 页。

84 对于晚期镇墓兽的深入研究，见 Fong, "Antecedents of Sui-Tang Burial Practices in Shaanxi," pp. 147-98. 在晚期墓葬中，镇墓兽有两对，一对是生物，一对是武士。我把 Fong 所说的镇墓生物类归为楚镇墓兽。

85 虽然镇墓兽是战国时期的典型文物，但在长沙浏城桥一号春秋晚期墓葬中发现过一例。见湖南省博物馆：《长沙浏城桥一号墓》，《考古学报》1972 年第 1 期，第 104 页。

86 两座墓分别是 106 号和 133 号，见山东省文物管理处、济南市博物馆编：《大汶口：新石器时代墓葬发掘报告》，文物出版社，1974 年，第 100、105 页。

87 2717 号墓出土了 9 片鹿角碎片，可能来自同一对鹿角。其年代可追溯到战国早期。见中国科学院考古研究所编著：《洛阳中州路》，科学出版社，1959 年，第 127 页。

88 这是一座春秋晚期晋国的大型墓葬，拥有三棺一椁。鹿角发现于墓葬结构的头室；墓葬布局见山西省考古研究所：《山西长子县东周墓》，《考古学报》1984 年第 4 期，第 505 页（图 2）和第 515 页（图 10.2）。

89 12 号墓一套，和 14 号墓十四个碎片，见山西省文物管理委员会：《山西长治市分水岭古墓的清理》，《考古学报》1957 年第 1 期，第 111 页、116—118 页。两座墓葬均可追溯至战国时期。

90 墓葬的年代约为公元前 330 年。鹿角是在墓葬东侧的储藏室中发现的。见河北省文物管理处：《河北省平山县战国时期中山国墓葬发掘简报》，《文物》1979 年第 1 期，第 6 页。

91 6 号墓的年代为春秋晚期，7 号墓的年代为战国早期。见殷涤非：《安徽亳县曹家岗东周墓发掘简报》，《考古》1961 年第 6 期，第 318 页。

92 根据 Mackenzie，湖北秭归汉墓中也发现了一个鹿角架，详见 Mackenzie, The Chu Tradition of Wood Carving, pp.127-182（fn. 57）。然而，对于其复制品的研究似乎并不能得出这样的结论，详见湖北省博物馆考古部：《秭归龚家大沟遗址的调查试掘》，《江汉考古》1984 年第 1 期，第 16 页（图 14.4）。

93 安徽省博物馆：《安徽省博物馆藏青铜器》，上海人民美术出版社，1987 年，图版 42，43。

94 湖北省博物馆：《襄阳山湾东周墓葬发掘报告》，《江汉考古》1983 年第 2 期，第 5 页（图 9、13）。山湾地区是南北交通的要冲，原属邓国，战国时为楚国所灭。除 11 号墓外，其他墓葬也出土了鹿角（无鹿角架），它们是春秋中期 24 号墓，春秋晚期 27 和 30 号墓，战国晚期 19 号和 28 号墓，战国中期 34 号墓。27 号墓出土的鹿角用黑漆和金箔装饰，见《襄阳山湾东周墓葬发掘报告》，第 23—26 页。

95 可追溯到战国时期。见安徽省文化局文物工作队:《安徽淮南市蔡家岗赵家孤堆战国墓》,《考古》1963 年第 4 期, 第 204 页。

96 可追溯到战国早期, 可归于越国。见浙江省文物管理委员会:《绍兴 306 号墓发掘简报》,《文物》1984 年第 1 期, 第 23 页 (图 34, 图版 2.1)。

97 河南信阳地区文管会、光山县文管会:《春秋早期黄君孟夫妇墓发掘报告》,《考古》1984 年第 4 期, 第 323—324 页 (图 23, 图版 3.3)。

98 墓志铭为:"黄子作黄甫 (夫) 人孟姬则永尊。"(《春秋早期黄君孟夫妇墓发掘报告》, 第 318、324 页, 图 19)

99 中国科学院考古研究所:《辉县发掘报告》, 科学出版社, 1956 年, 第 110 页。

100 Thote 在 "Une sculpture chinoise en bronze du Ve siècle avant notre ère: Essai dinterprétation" 一文中提到,"大型楚墓一般都有一个、两个甚至三个镇墓兽 (Les grandes sépultures de Chu contiennent en général un, deux, voir trois zhengmushou [...])"。详见 Alain Thote, "Une sculpture chinoise en bronze du Ve siècle avant notre ère: Essai dinterprétation," *Arts Asiatiques*,tome 42(1988), p. 49。

101 山东省文物管理处、济南市博物馆编:《大汶口: 新石器时代墓葬发掘报告》, 第 105 页。

102 除了 Salmony 的著作 *Antler and Tongue*。但该研究的部分内容已经过时, 因为在 Salmony 撰写这部先驱性的著作时, 考古数据几乎不可用。

103 根据张光直的说法, 舌头在汉代之前的华北地区比较少见, 而商周艺术中的少数例子似乎具有不同的性质。见 K. C. Chang (张光直), "Major Aspects of Ch'u Archaeology," in *Early Chinese Art and Its Possible Influence in the Pacific Basin*, 5-52; Mackenzie, The Chu Tradition of Wood Carving, 8。中原地区为数不多的舌状纹出现在现藏于大英博物馆的商代晚期青铜斧上。见 Jessica Rawson, *Ancient China: Art and Archaeology* (British Museum Publications, 1980), p. 47 (pl. 33)。Salmony 将中国南方舌状纹的起源追溯到印度, 而我认为这一符号起源于中国南方, 详见 Salmony, *Antler and Tongue*。

104 广州市文物管理委员会、广州市博物馆:《广州汉墓》, 文物出版社, 1981 年, 第二卷 (图版 83.1, 139.2, 和 140.3)。香港中文大学美术馆藏有一盏类似的木制凸舌灯。见林业强、广东省博物馆、中文大学文物馆编:《穗港汉墓出土文物》, 广东省博物馆, 1983 年, 第 222 页 (图 89)。

105 高明编:《古文字类编》, 中华书局, 1980 年, 第 184 页。

106 Cooper 提到, 动物形象中突出的舌头可以被解读为祈求天空降雨, 而降雨对于生命的延续和丰富是不可或缺的。见 J. C. Cooper, *An Illustrated Encyclopedia of Traditional Symbols* (London: Thames & Hudson,1978)。

107 Jean-Pierre Vernant, *La mort dans les yeux: figures de l'autre en Grece ancienne* (POURIEL, 1985), pp. 36-37.

108 Salmony 举例说 (Salmony, *Antler and Tongue*, 42, 图 42), 婆罗洲的达雅克人曾竖起 hampatong, 在柱子顶端放置木雕的人头, 有长舌吐垂。此外, 在俄罗斯中亚地区巴里克草原和图瓦 (Barlyk steppe, Tuva) 的古突厥人墓碑上也刻有悬舌士兵的形象 [V. Basilov, *Nomads of Eurasia* (Seattle: University of Washington,1989), pp. 54-56]。在公元前一千年中期与图瓦和北蒙古游牧墓地有关的类似拟人化石碑上, 似乎也有鹿的形象。见 Esther Jacobson-Tepfer, "Beyond the Frontier: A Reconsideration of Cultural Interchange between China and Early Nomads," *Early China*, 13(1988), pp. 208-9 (图 5); V. V. Volkov, *Olennye Kamni Mongolii* (Deer Stones of Mongolia)(Ulan-Bator: Akademija Nauk,1981): 图 200—201。

109 Emmons 在对北美图腾柱的研究中提出, 舌头象征死亡, 因为死者伸出舌头 [见 George Thornton Emmons,"The Kitishan and Their Totem Poles," *Natural History* XXV,1 (1925), pp. 33-34], 这一观点遭到了 Badner 的反对, 详见 Mino Badner, "The Protruding Tongue and Related Motifs in the Art Styles of the American Northwest Coast, New Zealand and China," in *Two Studies of Art in the Pacific Area*, eds. Badner & Heine-Geldern (Horn Wien, Band XV, Institute for Ethnographic Studies, University of Vienna,1966)。

110 《诗经·小雅》中有鹿鸣篇, 灵感来自鹿的形象。商代青铜器和甲骨文中都有鹿的图案。分别参阅于宇飞:《诗经新义》, 台湾中华书局印刷厂, 1972 年, 第 400—403 页; [日] 林巳奈夫:《殷周时代青铜器の研究》第二卷, 吉川弘文館, 1986 年, 第 45 页。

111 根据《丛书集成》(张读:《宣室志》第八卷, 商务印书馆, 1939 年, 第 67—68 页) 的记载, 唐朝开元年间, 唐玄宗和他的臣子们杀了一头鹿。张果老说, 这只鹿是八百年前帮助汉武帝免于一死的那只, 因此应该有一千多年的寿龄。

112 (宋) 李昉:《太平御览》, 商务印书馆, 1946 年, 第 7 卷, 第 4150 页; 关于白鹿, 请见《中国神话传说词典》, 第 132 页。

113 C. A. S. Williams, *Outlines of Chinese Symbolism and Art*

Motives (Dover Publication, 1976), p. 116, 209, 328.

114 同上，第 209 页。

115 凤凰与仙鹤一起成为中国文化中长寿的主要象征。关于凤凰和仙鹤的象征主义，请参阅 Thote, "Une sculpture chinoise en bronze du Ve siècle avant notre ere"。

116 Mackenzie, *The Chu Tradition of Wood Carving*, 90-93; 郭德维：《楚墓出土虎座飞鸟初释》，《江汉论坛》1980 年第 5 期，第 97 页。湖北随县曾侯乙墓出土了一尊鹤首鹿角铜像。曾国曾经是楚国的附属国，受到楚文化的强烈影响，后来被楚国吞并。

117 郭德维：《楚墓出土虎座飞鸟初释》，第 97 页；张正明、滕壬生、张胜琳：《凤斗龙虎图象考释》，《江汉考古》1984 年第 1 期，第 96—100 页。

118 《广雅·释天》："风伯谓之飞廉。"

119 王逸注："飞廉，鹿身，头如雀，有角而蛇尾豹文。"

120 占雨台山墓葬的的六分之五。

121 表格见湖北省荆州地区博物馆：《江陵雨台山楚墓》，第 157—190 页。

122 在雨台山共出土四座鹿像和十四面鼓。鹿来自 331、50、394、89 号墓；鼓来自 403、140、196、202、206、212、219、336、354、397、476、558、186、388 号墓。除了 196 号墓没有出土镇墓兽外，其余均呈现带镇墓兽的棺/椁结构。其余的鹿出土于长沙浏城桥 1 号墓（湖南省博物馆：《长沙浏城桥》，第 69 页，图 10.1），江陵藤店 1 号墓（荆州地区博物馆：《湖北江陵藤店一号墓发掘简报》，《文物》1973 年第 9 期）和江陵拍马山 16 号墓。

123 辟邪被认为是一个简单的人头木雕。见张广立：《漫话西汉墓俑的造型特点》，《文物》1982 年第 6 期，第 78—81 页；朱希祖《六朝陵墓调查报告·天禄辟邪考》，中央古物保管委员会，1935 年。中国考古学家将江陵雨台山楚墓报告马山 1 号墓出土的一件用树根雕刻的鹿角形木器称为辟邪。见湖北省荆州地区博物馆：《江陵雨台山楚墓》，第 82—83 页（图 68）。

124 （汉）班固著，（唐）颜师古注，中华书局编辑部点校：《汉书》卷九十六上《西域传》，中华书局，1962 年，第 3889 页。

125 天禄的天佑之意，以及鹿形象的吉祥属性，也可能与发音完全相同的"鹿"和"禄"这两个词之间的双关有关。周祈：《名义考》第 10 卷，台湾学生书局，1971 年，第 330—331 页；另见《中国神话传说词典》，第 68 页；Fong, "Antecedents of Sui-Tang Burial Practices in Shaanxi," p. 186.

126 我用"ritual 礼"和"popular 俗"来区分成文的周礼和地方习俗。我认为这两者在某些时候可能是截然不同的。

09 马王堆机弩系列图

| 生命时空 —— 马王堆汉墓新论

线描图

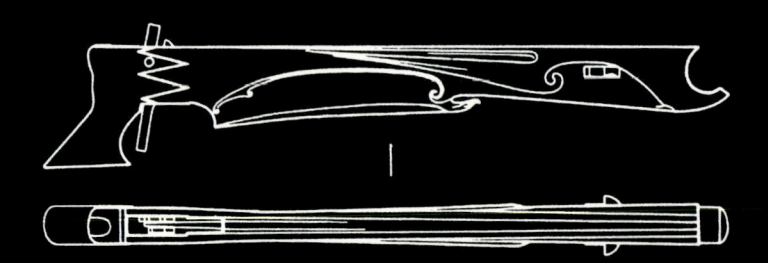

侧面

侧面

顶部

底部

1
锥画漆弩机 6107

三号墓 南160
高8.9厘米，长68厘米，宽4厘米

二 阴阳

|生命时空 —— 马王堆汉墓新论

顶部

侧面

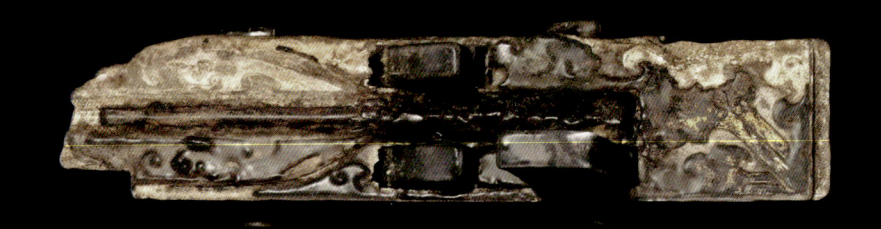

2
错金铜弩机 6110

二号墓 北4
高2.9厘米，廓长11.5厘米，宽2.4厘米

二 阴阳

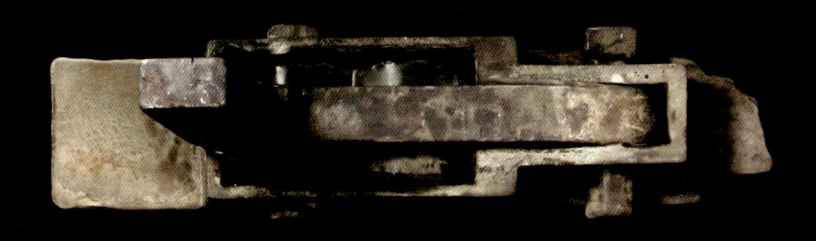

底部

后方　　　前方

线描图

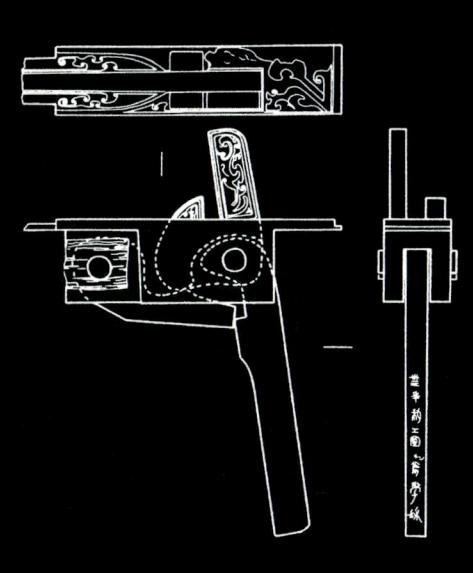

| 生命时空 —— 马王堆汉墓新论

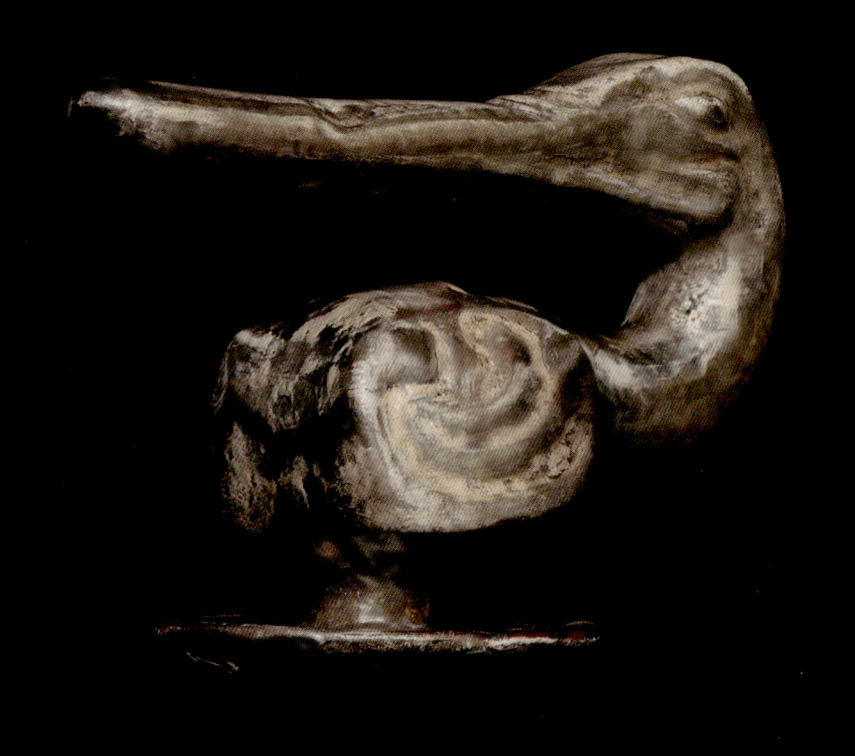

侧面

3
鸟首银剑钩 5823

二号墓　北18
通高2.5厘米，通长3.5厘米，鸟嘴长1厘米，纽径1.7厘米

二 阴阳

线描图

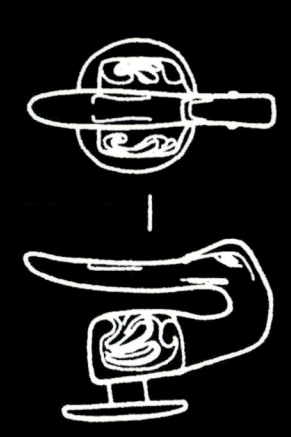

顶部

331

生机：
重释中国早期墓葬里的弩

吴晓璐 著
刘晓天 译

弩是中国最早的军事发明之一，早在春秋时期（公元前711—前476年）就投入使用了。机械化发射以及张弓时蓄积的巨大势能，使得弩成为古代战争中无往而不胜的强大武器。弩的核心在于一种被称为"机"的部件：这个结构简单却精巧的机械装置，使得弩的收放可以自动化。本文主要研究弩在中国早期墓葬艺术里的意义。弩作为随葬品的历史可以追溯到战国时期（公元前476—前221年），一般认为主要用于保护墓主人免受盗墓和阴间力量的侵害。与这种镇墓辟邪的观点不同，本文将目光转向死后世界里弩的生命意涵。笔者认为，装载的弩代表着阳气的存储，在扣动扳机的那一刻得以释放，从而转换成形成新生命的能量。换而言之，弩的发射机制被认为与生命的原理相似。墓葬里的弩和弩机不是用来杀戮的，而象征着死后生命的延续与重生。

一、弩机简介

　　中国的弩一般由弓身、弓弦、放置箭或矢的弩槽、内置铜制扳机的木制弩臂组成。[1] 据《周礼·冬官·考工记》记载，制弩的工匠采集六种材料来制造复合性的弓——"干也者，以为远也；角也者，以为疾也；筋也者，以为深也；胶也者，以为和也；丝也者，以为固也；漆也者，以为受霜露也。"[2] 每种材料都应当在恰当的季节进行收集、加工和组装。[3] 基于这些材料的象征意义和制作工艺，弩成为一种蕴藏万物能量、涵括自然循环的微观宇宙。

　　其中又以弩机最为重要，这是弩区别于其他兵器的独特之处。弩机可以被视为一种最早的原始机器。这个简单而精巧的机械装置由围绕两个枢轴旋转的三个移动部件组成：牙、钩心（垫机）和悬刀（扳机）。向后扣动扳机会带动钩心的梢，从而引发与钩心相连的、装载着紧绷弓弦的牙随之下落。当牙落入匣中时，弓弦的张力释放，箭被射出。[4] 于是，扣动扳机这个小小的动作触发了一系列的自动化反应，从而产生惊人的力量。

　　从战国时期开始，弩的机械原理就引发了众多联想，使得"机"这个字在军事、政治、哲学和医学等领域，逐渐成为一个富含隐喻的概念。[5] 正如学者周博群所言，"机"指"微小"的初始状态，例如扣动弩机的扳机所引发的"危险"和灾难性的后果。[6] 从隐喻学的角度出发，周博群不仅诠释了古代哲学伦理中"机"的多重意义，并且指出"机"字的丰富隐喻和弩机

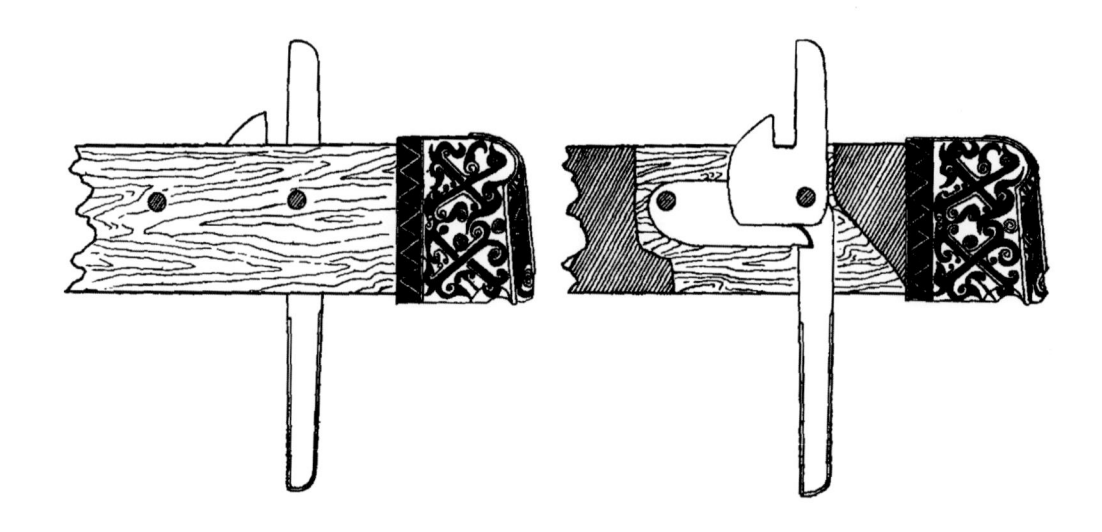

图1 成都羊子山第172号墓出土的弩机臂盖复原图（四川省文物管理委员会：《成都羊子山第172号墓发掘报告》，《考古学报》1956年第4期）

这项新科技的出现与普及有不可忽略的关系。[7] 可以说从战国时期开始，弩机及其发射原理和"机"这个语义符号就是息息相关的，甚至成为其代名词。

本文通过考察三种类型的证据：考古发现的弩和弩机、射礼的传统与物质遗存、汉画像石里材官蹶张（武士用脚张弓装弩）的图像，探讨弩在中国早期墓葬里的作用。弩和逝者一起下葬的习俗最早可追溯到战国。[8] 在最早一批的战国随葬品中就发现了带有装饰的弩，具有仪式的性质。如羊子山第172号墓出土的弩，弩机臂柄的铜盖上有金银错的交叉云纹。[9]（图1）到了汉代，工匠不再像原先那样将弩机直接插入木制的弩臂中，而是为弩机制作独立的铜匣——这种技术上的革新使得在其表面进行精美的装饰成为可能，纹饰通常采用气样的云纹、鸟纹，及其他神兽的形象。

在这些随葬的弩中，有一些明显不具有实用性，例如西汉马王堆三号墓南椁箱出土的两把弩（编号160，172）。（图2）从墓中出土简牍"遣策"（图3）上记录的"角弩"和"角机"来看，三号墓南椁箱中的弩和弩机为角质。[10] 角这种材料明显没有实战性，但象征意味却很浓——它代表着春季、阳气，和男性的阳刚之力。值得注意的是，在马王堆的二号墓和三号墓里都发现了弩（见本书第326—329页），唯独埋葬女性墓主的一号墓里不曾发现，说明西汉时期，弩作为随葬品跟墓主人的性别可能有一定的关系。[11]

到了魏晋南北朝，这种丧葬习俗更加标准化，象征意味也更强。沈睿文指出，在东晋

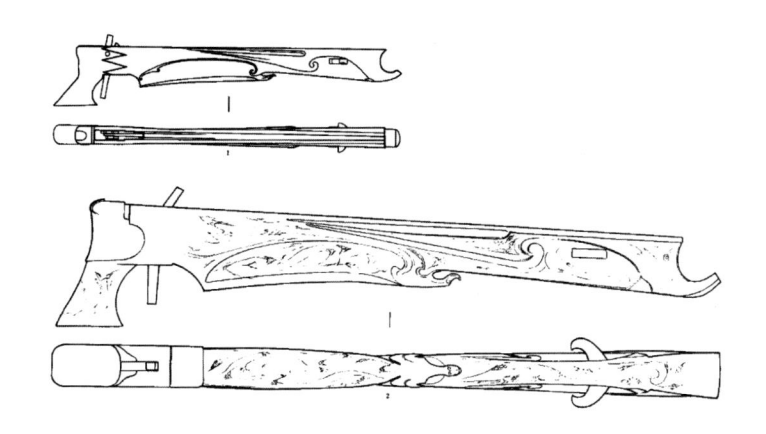

图 2 马王堆三号汉墓出土弩（南 160，南 172）（《长沙马王堆二、三号汉墓》，第 208 页）

世家大族的墓葬群中，男性和女性墓主的头部附近都发现了随葬的弩机——只有弩机，没有弩的其他部分。[12] 再如江苏宜兴西晋（周氏家族）5 号墓里发现了和铜镜一起装在铜盒里的错金弩机。[13] 目前学界对随葬弩的讨论，大多集中在弩的军事性上：无论是作为保护墓主和驱邪的武器，还是社会地位和个人身份的彰显。[14] 根据现有的考古发现，本文将聚焦弩的象征意义。正如晋朝丧葬习俗所显示的那样，弩机放置在逝者的头部，这是人体位置最高、与"天"对应的部位，意味着弩机在长生和升仙的死后愿景中有举足轻重的作用。

二、射礼与时节的关系

在死后的图像世界里，射鸟似乎是一项重要的仪式。[15] 在泗水王陵出土的一件奢华的西汉错金银铜弩机上，匣体顶部的凹槽里一支飞行的箭矢射向空中的两只大雁。（图 4）墓葬艺术里的射雁具有悠久的传统。例如，秦始皇陵主墓东北方的 K0007 陪葬坑里就演绎了射箭的场景。这个 F 形的陪葬坑由一条东西走向的人工河和一条南北走向的隧道组成。河岸摆着青铜制成的水禽：鹅、鸭、鹤等。南北向的隧道里设有壁龛，其中两个发现了陪葬俑。[16] 罗明论证说，这两个陶俑是正准备射鸟的弓箭手——一个手执缴线轴，另一个脚踩弓臂以开弓引弩（蹶张）。（图 5）由此可见，K0007 陪葬坑展示的是一个位于地下的水上皇家苑囿。[17] 不过，这并非是为了秦始皇死后的娱乐活动而再现的弋射场景，而是具有显著的仪式功能。K0007 陪葬坑跟青铜铭文和《礼记》记载的皇家射礼可能有重要的联系。《礼记·射义》记载：

图 3 马王堆三号汉墓简牍"遣策"三十四（湖南省博物馆、湖南省文物考古研究所：《长沙马王堆二、三号汉墓》，文物出版社，2004 年，图版二二）

图4　泗水王陵西汉时期错金银弩机及其细节，南京博物院藏

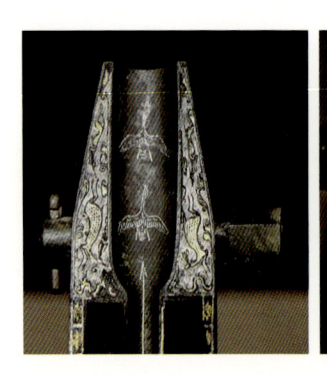

"天子将祭，必先习射于泽。"[18] 表明天子在大型祭奠之前需在辟雍（皇家水池）练习箭术。不仅如此，周穆王静簋上也有"君射于大池"的铭文，表明水射的传统在西周时期已定型成熟，是一种彰显王权的重要仪式。[19]

另外，就像罗明所强调的那样，K0007陪葬坑中的青铜水禽、缴线轴，还有弩手的姿势，无不指向一种特定的射箭形式——弋射，即用系着绳子的箭狩猎水鸟。[20] 战国至汉代出土的随葬弋射图像表明，弋射的目的并非是将鸟类杀死，而是用系在箭上的绳索将它们活捉。[21] 艺术史学者汪悦进指出，这种仪式性的活动象征的是"春季和时节的循环"，因为鸟是阳气的化身，与太阳、春天、大自然中生命的觉醒息息相关。[22] 根据历书记载，尽管一年不同的时期都有射箭活动，但与弓箭相关的仪式和猎物可能会根据时令的不同而有所区别：春天是候鸟归来，捕鸟和交配的季节，象征万物复苏；冬天则进行射鱼和祭祀，以迎接孟春的来临。[23] 值得注意的是，根据学者们的考证，射鱼同样是一种可以追溯到上古的传统，而《淮南子·时则训》的记载表明射鱼和射鸟仪式似乎有时令性的差异。[24] 这可能是因为与鸟不同，鱼游于水，而水在五行中属阴，时间上与冬季相对应。这也进一步说明了射礼是古代君王在天人合一思想下，以四时政令感应自然，遵从宇宙循环的重要礼制。[25]

在《礼记·月令》里，春季射礼的象征意义进一步凸显——"是月也，玄鸟至。至之日，

图5 秦始皇陵K0007陪葬坑内出土的箕距姿陶俑线描图

以大牢祠于高禖。天子亲往，后妃帅九嫔御。乃礼天子所御，带以弓韣，授以弓矢，于高禖之前"。[26]《月令》记载的这种由天子赐予嫔妃弓矢、嫔妃佩戴弓韣的仪式被视为两性结合的象征，而高禖为管理婚姻与生育之神。因此，历书中的射礼蕴含了一个重要的主题，即射箭与象征性的交媾和生殖信仰之间的联系，这也解释了为什么古代男子的出生和成年礼上都有仪式性的射箭活动。[27] 不仅如此，据《山海经》记载，神话里的神射手后羿被帝俊授予"彤弓素矰"，用以维护宇宙的自然秩序。[28] 值得注意的是，这把天帝赐予的弓为彤或朱砂色，也是凝聚阳气和生命力的红色。[29] 在墓葬里也发现了相似的彤弓：如马王堆三号墓出土的竹弓就被红色丝织物包裹和装饰，进一步指出了墓葬中弓弩与阳气的关系。[30]（图6）综上所述，中国早期墓葬艺术里射箭的物质遗存至少有两重含义：首先是以射礼将墓与墓主人融入宇宙时间的无尽轮回中；其次，在死后世界模拟的自然循环中，射鸟尤其重要，因为鸟意味着春季的来临和阳气的上升，由此映射生命死后的复苏与再生。

三、射与气

本文的第二部分将考察射箭和气这种构成生命和宇宙的无形物质之间的联系，以进一步突显弩的生命意涵。首先，在中国古代气功里，拉弓射箭是一种常见的姿势。马王堆出土的帛画《导引图》里就有一个男性正以拉弓的姿势进行"导引"。[31]（图7）导引是一种历史悠久的养生方法，为的是引导体内气的循环，从而达到长寿，甚至长生不老的目的。

不仅如此，目前出土的错金银弩和弩机上也多见卷云形态的流动气纹。比如1976年西

| 生命时空 —— 马王堆汉墓新论

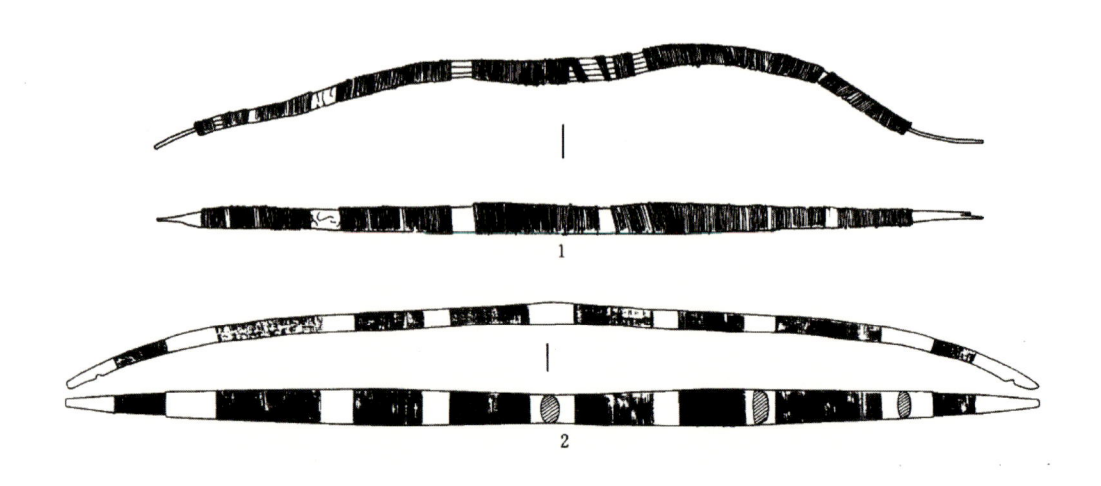

图 6　马王堆三号汉墓竹弓线描图（《长沙马王堆二、三号汉墓》，第 206 页）

图 7　马王堆三号汉墓《导引图》帛画及其摹本细节

338

图8 西安范家寨西汉时期错金银云纹铜弩机，西安博物院藏（图片来源：西安博物院）

安未央区出土的铜弩机上，凹槽里阴刻的箭穿过一团气形成的云雾，继而云雾分开，化作两只飞翔的雁。鸟与云状气在形态上互为呼应，羽冠尾部呈现出和气末端相同的螺旋状。（图8）医书《黄帝内经》也做出过鸟与气的对比：

> 手动若务，针耀而匀，静意视义，观适之变，是谓冥冥，莫知其形，见其乌乌，见其稷稷，从见其飞，不知其谁，伏如横弩，起如发机。[32]（《黄帝内经·素问·宝命全形论》）

这段文字论述了针灸里"候气"的技艺。因为无形的气不断在人体的经络里变化循环，熟练的针灸师要像扣动扳机一样，观察、瞄准、等待最佳的时机进行施针。在针灸术的比喻里，针是箭，气被比作了鸟，因为二者运动中的变化都如此地迅速和难以捕捉——射鸟有如施针。

不仅如此，"机"象征着在气的湍急变幻之际，等待关键的、正确的施针时机。针灸疗法通过释放郁积的旧气以疏通经络、确保气的正常循环和更替——这就是生命得以延续的秘密。[33] 由此可见，在墓葬艺术中，射箭尤其是射鸟的图案，常常包含了针灸术的隐喻，以期重焕生机，乃至长生不老。在马王堆一号墓漆绘套棺第二层黑地漆棺的足挡上，一个头上长有双角的神兽正张弓射一长尾鸟仰喙吐出的气泡。（图9，又见本书第282—283页）如汪悦进的论述，这个图像可以视为"吐故纳新"，去除体内宿气的视觉表现，和养生炼气的导引方术息息相关。[34] 神兽头上的双角代表旺盛的阳气，呼应马王堆三号墓出土的角弩与角机。

事实上，在哲学与医学文献里，弩机已是人体的化身。弩的机械组成部分机——机、关、键、枢，可以代表人体的不同部位，如口舌与关节。这些人体解剖结构的相互作用，使得身

图9　马王堆一号汉墓黑地漆棺足挡细节图

体可以自由活动。[35] 在这种语境里，有生命的人和无生命的机械之间并不存在对立关系。人体被想象成一种和弩机相似的机器，通过不同部件的配合产生自动的生命力及其机能。换而言之，在死后的隐喻世界里，弩机是生命的模拟与代替。

四、蹶张的隐喻

本文的最后一部分将借鉴图像学的研究方法，并结合弩、阳气与生命力的关系，讨论汉画像石里一种特殊的图像——"蹶张"。蹶张通常表现为一个强壮的武士脚踏弩臂，用手臂和腰用力拉弓，并将弓弦固定在弩机上的牙的动作。由于上弦的弩具有巨大的张力，引弩需要超乎常人的力气。据史料记载，这些勇武非凡的大力士有特别的官职，名叫材官。[36] 如前文所述，秦始皇陵K0007陪葬坑发现的一个陶俑正是摆出了"蹶张"的姿势。此外，弩手的形象经常出现在汉墓和祠堂的画像石上，西汉晚期到东汉的墓葬里尤为常见。还有几例出现在主墓室入口的中心柱上：这个重要的位置一般象征墓葬空间的"天轴"。[37] 目前学界多把这类"蹶张"图像解释为军事力量和身份的体现，或者认为力士的形象有辟邪的作用。综合上文对弩和弩机的讨论，笔者对"蹶张"图像有一种不同的解释。

山东沂南北寨村的汉墓是一个极好的案例。蹶张图像位于墓门中心立柱的顶端，下面是铺首和一个托举着老虎的羽人。（图10）此处的弩手图像完全形式化，变成了抽象的几何组合。视觉上看,弩手手中垂直的弩臂和他嘴里咬着的水平弩箭形成一个T形,和半月形的弩弓及抛物线状的弓弦相交。此外,弩手那圆滚滚的肚子和那胖乎乎的、向外弯曲的腿,使人联想到青铜鼎——一个和炼气息息相关的象征性容器。[38]

实际上,从词源和医学的角度分析,"蹶张"是由一对描述人体里"气"的变化的字组成的。"厥"指气血阻塞,在症状上表现为痿弱无力;"张"则代表使气得以流畅的动作和疗法,《黄帝内经》这样描述针灸:

痿厥者,张而刺之,可令立快也。[39](《黄帝内经·灵枢·本输》)

可见,和拉弓的动作一样,蹶张本身就是一种调节、疏通体内之"气"的养生运动。这一点有山东阳谷吴楼西汉墓葬出土的一组导引俑为证。其中一个陶俑显然正摆出蹶张的姿势——脚踏弩弓,拉弓上弦。(图11)陶俑的整个上半身向后倾斜,嘴巴微微地张开。结合蹶张在汉画像石中的其他图像,此导引俑可能嘴里本来咬着一支箭。[40]

不仅如此,材官与"气"的紧密联系还可以从蹶张与熊的组合里得到确认。在西汉晚期唐河冯孺人墓的画像石上,一个蹶张的弩手身旁有一只舞动的熊,两者被刻在同一块石板上。[41](图12)熊在中国古代被视为炼气养生得以升仙的理想化身,如《庄子》中的描述:

吹呴呼吸,吐故纳新,熊经鸟申,为寿而已矣,此道引之士,养形之人,彭祖寿考者之所好也。[42](《庄子·刻意》)

结合这段文字,唐河冯孺人墓画像石上舞动的熊可能正在表现熊的独特步态——"熊经"。在《庄子》的养生论里,这种特殊的步态被认为可以调节体内气的循环,从而达到修身养性、长生不老的目的。此外,正如叶舒宪所言,熊因冬眠的习性符合生命的循环规律,从而被认为拥有不死之身。[43]据《山海经·中山经》记载:"熊之穴,恒出神人。夏启而冬闭。"[44]熊在冬天进入洞中休眠,春夏时节醒来,走出洞穴。在古人观念中,熊的冬眠代表一段休眠期,可以延伸为死亡的隐喻,而苏醒和出洞则有重生之意。如此,熊就成了死而复生、长生不老的仙人化身。

肥城县北大留村祠堂画像石上的"蹶张"形象,则被纳入到一个更复杂的图像程序中。(图13)弩手下方是各种正在进行导引的动物,包括一只舞动的熊、一头老虎和一只吐出一串气泡的雉鸟——与上述马王堆一号墓第二层漆棺足挡上吐出宿气的长尾鸟非常相似。耐

图10 山东沂南北寨村汉墓墓门中心画像石立柱（山东博物馆：《沂南北寨汉墓画像》，文物出版社，2015年）

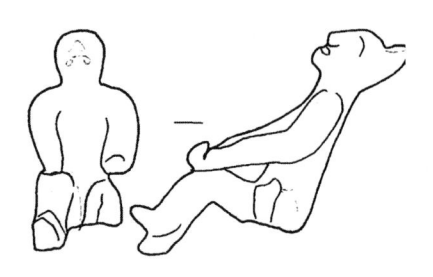

图11 山东阳谷吴楼汉墓导引俑线描图（郑洪：《出土汉代三国导引俑研究简述》，《中医药文化》2017年第4期）

图12 唐河汉郁平大尹冯君孺人画像石墓中的熊和蹶张的形象

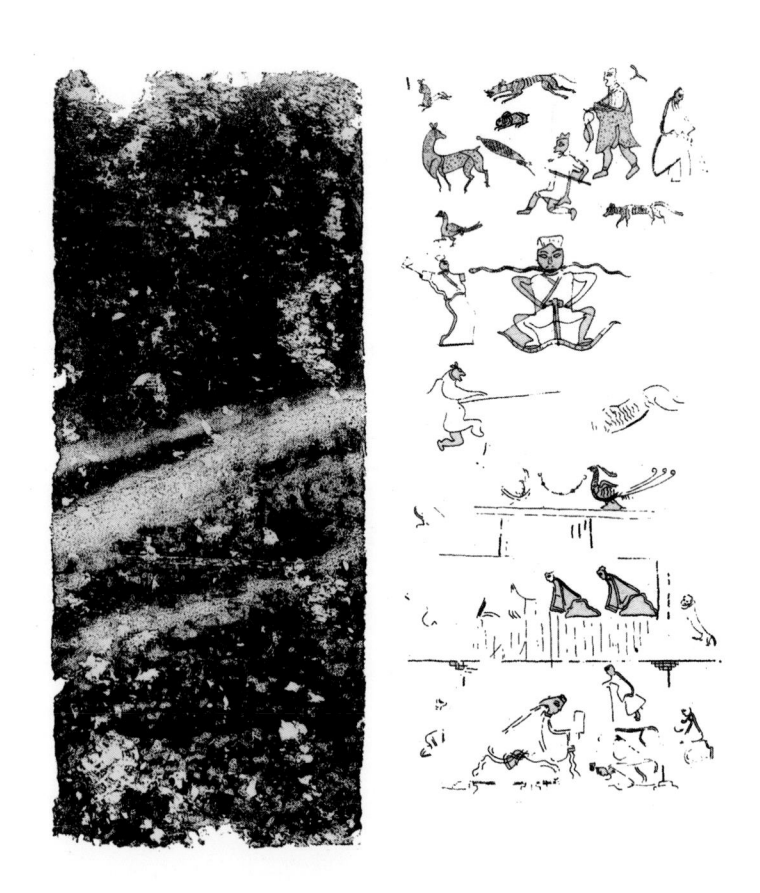

图13 肥城县北大留村汉代画像石拓片及线描图（山东省博物馆、山东省考古研究所：《山东汉画像石选集》，齐鲁书社，1982年，图版二〇四）

人寻味的是，在这组图像里，材官咬在嘴里的箭竟化为一条蠕动的蛇，而站在弩手旁边的人手中挥舞着斧子，眼看就要将蛇头砍下。这个看似怪诞的场景其实象征性地演绎了一场阳胜阴的景象。和鸟、鱼相似，熊和蛇分别代表极阳和极阴的生物。这一点在《诗经》占卜未出世胎儿的性别里可以得到验证：

> 大人占之：维熊维羆，男子之祥；维虺维蛇，女子之祥。[45]（《诗经·斯干》）

熊为阳物，梦见熊预示着男子的出生；反之，蛇为阴物，梦见蛇预示女子的诞生。因此，砍死蛇象征阴气衰减，而一旁的熊则表示阳气正盛。综上所述，大量的视觉证据表明，"蹶张"的图像可以视为以视觉的形式表示"气"在阴阳的交替循环中达到某种平衡的状态。简单来说，"蹶张"是以图像的形式象征阳盛阴衰——这是生命生长的关键，在时间上对应春天或夏天。

出土于湖北枣阳九连墩楚墓的漆木弩也用系列视觉图像表现了这一宇宙规律。（图14）弩的两侧分别绘有两辆战车，从弩臂末端驶向弩头。不禁让人联想，早期神话想象中骋驰半个天穹的、创造昼夜循环的太阳车。[46] 在这个时空循环里，两名弩手位于弩臂尖端，象征处于变化的边缘、阳气最盛的巅峰。一位弩手站立拉弓，另一位弩手则双腿张开地深蹲着，朝下按压一根由垂直木棍和两条连续抛物线组成的器物，其形状让人联想到弓弩。这个奇特的图像可能是目前发现最早的"蹶张"图像：它体现了阳气处于巅峰的状态。此外，这种夸张的蹲坐姿势让人联想起马王堆《太一图》帛画上太一两腿张开的姿态，象征阴阳万物从太一胯下衍生。[47] 可见"蹶张"姿势与早期的宇宙创生观念也有一定的联系。

不仅如此，弓箭和男性、阳气之间的联系，令"蹶张"图像的生殖隐喻难以忽略。叶舒宪曾强调垂直的弩臂是阳具的象征。[48] 虽然叶舒宪的观点没有被主流学界接受，但他的研究具有开创性。实际上，医学文献如《黄帝内经》，都对弩尤其是弩机和男性生殖器之间的关系有明确的论述：

> 茎垂者，身中之机，阴精之候，津液之道也。[49]（《黄帝内经·灵枢·刺节真邪》）

作为精液的储存所，男性生殖器官被视为人体的"扳机"。弩手装弩上弦时，弩机的位置也刚好和腹股沟对应。更重要的是，装机后紧绷的弓弦储存的巨大势能，通过触发"扳机"，可以在瞬间释放，如《孙子兵法·兵势》的描述"势如扩弩，节如发机"。弩机的物理机制

图 14　枣阳九连墩楚墓出土的漆木弩彩画及线描图（湖北省文物考古研究所、襄阳市考古研究所：《湖北枣阳九连墩出土的漆木弩彩画》，《文物》2017 年第 2 期）

使"蹶张"得以成为生理现象的隐喻。拉弓的过程象征生命能量的逐步积聚，装载完毕的弩机则意味着阳气到达顶峰。换而言之，墓葬里的弩是滋养生命的阳气储存所，也是促使万物生长的能量库。

上述关于弩机的讨论，可以帮助我们重新理解《庄子》里一段令人困惑的关于"机"的论述：

种有几，得水则为继，得水土之际则为鼃蠙之衣，生于陵屯则为陵舄，陵舄得郁栖则为乌足，乌足之根为蛴螬，其叶为胡蝶。胡蝶胥也化而为虫，生于灶下，其状若脱，其名为鸲掇。鸲掇千日为鸟，其名曰乾余骨。乾余骨之沫为斯弥，斯弥为食醯。颐辂生乎食醯，黄軦生乎九猷，瞀芮生乎腐蠸。羊奚比乎不笋，久竹生青宁；青宁生程，程生马，马生人，人又反入于机。万物皆出于机，皆入于机。[50]（《庄子·至乐》）

尽管这段文字有许多晦涩的生物名字，但是可以认为它描述包括人类在内的、不同生命形式之间的转化。[51] 由于万物皆"气"变化而来，气的聚散离合使得万物乃至不同的物种之间可以不断地相互转化、相互孕育。更重要的是，"机"是创世的原点，万物由它而生，死后又回归其中。而"机"字的偏旁"几"，代表着生命的起源，也是种子里蕴藏的万物生长的潜能（机、几同源）。[52] 由此，弩机的发射原理可被视为一种生命机制：由一个小小的扣动扳机的动作，引发一系列自动的反应和能量的转化，从而创造了世间万物。换句话说，弩的发射开启了气与生命的无尽幻化。

结论

综上所述，弩机象征着阴阳交替的宇宙循环中阳气处于巅峰的状态，由此为生命的蓬勃生长提供了必要的条件。可以认为，墓葬艺术里的弩是一种滋养生命的、阳气储存库的化身。更重要的是，弩机的机械原理与世间万物生生不息、循环往复的生命原理同质。因此墓葬里的弩无关杀戮，而是生命的孵化器，与人死后再生与永生的愿望息息相关。

注释

1 弩和弓并不是无法分开的，弓可以被安装在弩臂上，也可以单独使用。相关讨论见 Stephen Selby, *Chinese Archery* (Hong Kong: Hong Kong University Press, 2000), p. 169.

2 郑玄注，贾公彦疏：《周礼注疏》，收入阮元校刻《十三经注疏》，中华书局，1980 年，第 934 页。

3 同上。

4 Joseph Needham and Edward McEwen, "Military Technology: Missiles and Sieges," Part 6 of *Science and Civilization in China*, vol. 5: Chemistry and Chemical Technology, ed. Joseph Needham (Cambridge: Cambridge University Press, 1994), p. 131.

5 Zhou Boqun（周博群），"Subtle and Dangerous: The Crossbow Trigger Metaphor in Early China," *Early China*, vol. 44 (2021), pp.

465–492.

6 同上。

7 周博群指出，弩机的发明标志着一个明显的转折，"机"从一个普通词汇变成了一种富有哲学意味的隐喻。同上，474 页。

8 高至喜：《记长沙、常德出土弩机的战国墓——兼谈有关弩机、弓矢的几个问题》，《文物》1984 年第 6 期，第 33—45 页。

9 四川省文物管理委员会：《成都羊子山第 172 号墓发掘报告》，《考古学报》1956 年第 4 期，第 1—20 页。

10 三号墓的木弩弩机部分包有牛角片。后部安角质弩机。湖南省博物馆、湖南省文物考古研究所：《长沙马王堆二、三号汉墓》，文物出版社，2004 年，第 207 页。

11 湖南省博物馆、中国社会科学院考古研究所：《长沙马王堆一号汉墓》，文物出版社，1973 年。

12 关于东晋世家大族墓葬的详细讨论，参见沈睿文：《葬以殊礼：弩机与世家大族墓葬》，《故宫博物院院刊》2015 年第 5 期，第 75—86 页，此文提到的东晋世家大族墓葬包括南京象山王氏家族墓地和山东临沂洗砚池晋墓等；南京市博物馆：《南京象山 5 号、6 号、7 号墓清理简报》，《文物》1972 年第 11 期，第 23—41 页；南京市博物馆：《南京象山 8 号、9 号、10 号墓发掘简报》，《文物》2000 年第 7 期，第 4—20 页；山东省文物考古研究所、临沂市文化局：《山东临沂洗砚池晋墓》，《文物》2005 年第 7 期，第 4—37 页。

13 南京博物院：《江苏宜兴晋墓的第二次发掘》，《考古》1977 年第 2 期，第 120 页。

14 沈睿文认为，六朝墓葬中的随葬弩机彰显了墓主显赫的家世和地位，伴随着"一种表示葬以殊礼的大丧制度"。详见沈睿文：《葬以殊礼：弩机与世家大族墓葬》，第 75—86 页。

15 钟雅薰指出，弩机上最常见的装饰图案就是鸟类，而且弩与鸟的形象经常一起出现或紧密相连。参见钟雅薰：《弩蛇与华鸟——谈弩的装饰》，《故宫文物月刊》2023 年 478 期，第 24—37 页。

16 Shaanxi Provincial Institute of Archaeology and the Museum of the Qin First Emperor's Terracotta Warriors and Horses（陕西省考古研究所、秦始皇兵马俑博物馆），"A Brief Report on the Excavation of Burial Pit K0007 at the Mausoleum of the First Emperor of the Qin Dynasty,"*Chinese Archaeology 6*, no. 1 (2006), pp. 8-16.

17 罗明：《秦始皇陵园 K0007 陪葬坑弋射场景考》，《考古》2007 年第 1 期，第 87—96；Eugene Wang（汪悦进），"Afterlife Entertainment? The Cauldron and Bare-torso Figures at the First Emperor's Tomb," in *Beyond the First Emperor's Mausoleum: New Perspectives on Qin Art*, eds., Liu Yang, Kaywin Feldman, and Minneapolis Institute of Arts (Minneapolis, Minnesota: The Minneapolis Institute of Arts; Jim Bindas--Books & Projects LLC, 2014), pp. 61-87.

18 （汉）郑玄注，（唐）孔颖达疏：《礼记正义》，中华书局，1980 年，第 1689 页。

19 西周静簋，美国纽约大都会博物馆藏。详见袁俊杰：《两周射礼研究》，河南大学博士论文，2010 年 4 月，第 64—69 页。

20 罗明：《秦始皇陵园 K0007 陪葬坑弋射场景考》，第 87—96 页。

21 宋兆麟：《战国弋射图及弋射溯源》，《文物》1981 年第 6 期，第 75—77 页。

22 Eugene Wang（汪悦进），"Afterlife Entertainment? The Cauldron and Bare-torso Figures at the First Emperor's Tomb," p. 79.

23 《淮南子·时则训》说："季冬之月，招摇指丑，昏娄中，旦氐中。其位北方，其日壬癸，其虫介，其音羽，律 中大吕，其数六，其味咸，其臭腐，其祀井，祭先肾。雁北乡，鹊加巢，雉雊，鸡呼卵，天子衣黑衣，乘铁骊，服玄玉，建玄旗，食麦与彘，服八风水，爨松燧火。北宫御女黑色衣，黑采。击磬石，其兵铩，其畜彘。朝于玄堂右个。命有司大傩旁磔，出土牛。命渔师始渔，天子亲往射渔，先荐寝庙。"何宁撰：《淮南子集释》，中华书局，2021 年，第 429—431 页。

24 常耀华：《"矢鱼"即射鱼说》，《黄河文明与可持续发展》第 12 期，2020 年，第 56—64 页；袁俊杰：《两周射礼研究》，第 193—196 页。国家博物馆藏的殷商作册般鼋可能是与射鱼礼有关的物证。

25 傅道彬：《〈月令〉模式的时间意义与思想意义》，《北方论丛》第 3 期，2009 年，第 125—134 页；薛炎、张连伟：《〈礼记·月令〉研究简述》，《大庆师范学院学报》第 43 期，2003 年，第 80—88 页。

26 （汉）郑玄注，（唐）孔颖达疏：《礼记正义》，第 1361—1362 页。

27 《礼记·射义》原文为："故男子生，桑弧蓬矢六，以射天地四方。"（汉）郑玄注，（唐）孔颖达疏：《礼记正义》，第 1689 页。

28 Stephen Selby, *Chinese Archery*, p. 14.

29 《山海经·海内经》原文作："帝俊赐羿彤弓素矰，以扶下国，羿是始去恤下地之百艰。"袁珂校注：《山海经》，北京联合出版公司，2014 年，第 391 页。

30　湖南省博物馆、湖南省文物考古研究所：《长沙马王堆二、三号汉墓》，第 207 页。

31　Stephen Selby, *Chinese Archery*, p. 132. 谢肃方 (Stephen Selby) 也讨论了射箭拉弓与导引的关系，并且指出了"引"的甲骨文表现了一个拉弓的人或者神祇。

32　《黄帝内经·素问》，人民卫生出版社，2015 年，第 212 页。

33　Zhou Boqun（周博群）, "Subtle and Dangerous: The Crossbow Trigger Metaphor in Early China," p. 485.

34　Eugene Wang（汪悦进）, "Ascend to Heaven or Stay in the Tomb? Paintings in Mawangdui Tomb 1 and the Virtual Ritual of Revival in Second-Century B.C.E. China," in *Mortality in Traditional Chinese Thought*, eds. Amy Olberding and Philip J Ivanhoe (United States: State University of New York Press, 2011), pp. 63-66.

35　《黄帝内经·素问·骨空论》曰："䯒，膝伸不屈，治其楗；坐而膝痛，治其机……辅骨上横骨下为楗，侠髋为机，膝解为骸关。"《黄帝内经素问》，人民卫生出版社，2015 年，第 435—436 页；《说苑》："口者，关也。舌者，机也。"向宗鲁：《说苑校证》，中华书局，1987 年，第 402 页。

36　《史记·张丞相列传》有言："申屠丞相嘉者，梁人，以材官蹶张从高帝击项籍，迁为队率。"（汉）司马迁撰：《史记》，中华书局，1963 年，第 2682 页。

37　关于蹶张图像的汉代画像石，王黎梦编了一份相当详尽的清单。详见王黎梦：《汉画像石中的蹶张图像考》，《形象史学》2022 年第 3 期，第 108—112 页；徐俊英、张方：《南阳市刘注村汉画像石墓》，《中原文物》1991 年第 3 期，第 107—111 页。

38　Eugene Wang（汪悦进）, "Afterlife Entertainment? The Cauldron and Bare-torso Figures at the First Emperor's Tomb," pp. 72-75. 此处参考了汪悦进教授对于鼎与合气关系的讨论。

39　《黄帝内经灵枢》，人民卫生出版社，2015 年，第 26—27 页。

40　郑洪：《出土汉代三国导引俑研究简述》，《中医药文化》2017 年第 4 期，第 20—22 页。

41　黄运甫、闪修山、南阳地区文物队：《唐河汉郁平大尹冯君孺人画像石墓》，《考古学报》1980 年第 2 期，第 239—262 页。

42　（清）郭庆藩撰，王孝鱼点校《庄子集释》，中华书局，1961 年，第 539 页。

43　叶舒宪：《鲧禹启化熊神话通释——四重证据的立体释古方法》，台湾"兴大中文学报第二十三期增刊"《文学与神话特刊》，2008 年第 23 期，第 33—53 页。

44　袁珂校注：《山海经》，北京联合出版公司，2014 年，第 149 页。

45　（汉）郑玄笺，（唐）孔颖达疏：《毛诗正义》，收入阮元校刻《十三经注疏》，中华书局，1980 年，第 437 页。

46　战车的图像可能与羲和驭日的神话想象有关。《楚辞·离骚经》："吾令羲和弭节兮，望崦嵫而勿迫。"王逸注"羲和，日御也。"（宋）洪兴祖：《楚辞补注》，中华书局，1983 年，第 27 页。虽然漆木弩上图像的具体含义还有待更加深入的研究，但笔者认为，这组图像程序用象征性的图像代表阴阳二气的升降消长，演绎时间宇宙的循环。关于这组楚墓出土漆木弩上的彩画，可见湖北省考古研究所、襄阳市考古研究所：《湖北枣阳九连墩楚墓出土的漆木弩彩画》，《文物》2017 年第 2 期，第 38—49 页。

47　对于马王堆出土的《太一图》的讨论，请参考本书吕晨晨：《造化流形：马王堆〈镕炉图〉与早期中国的生命炼铸理论》；汪悦进：《入地如何再升天？——马王堆美术时空》，《文艺研究》2015 年第 12 期，第 144 页。

48　叶舒宪：《汉画像"蹶张"的象征意义试解》，《神话意象》，陕西师范大学出版社，2018 年，第 171—176 页。

49　《黄帝内经灵枢》，人民卫生出版社，2015 年，第 448 页。

50　（清）郭庆藩撰，王孝鱼点校《庄子集释》，中华书局，1961 年，第 624—625 页。

51　郭枝：《浅谈中国古代自然观中的机范畴》，《重庆工商大学学报（自然科学版）》1991 年第 3 期，第 47—50 页。学界大致认为这段文字诠释了庄子的演化论，代表了早期的自然生命观。

52　学界对于"种有几"的含义有多种解释：其一，物种的变化有多少；其二，物种中有一种微小的，叫做"几"的生物；其三，几为"机"，即万物的始基，储存在种子中，使其能够生长，变化。通过对于机生命含义的研究，笔者倾向于第三种解释。陈鼓应注译：《庄子今注今译》，中华书局，2009 年，第 471 页。

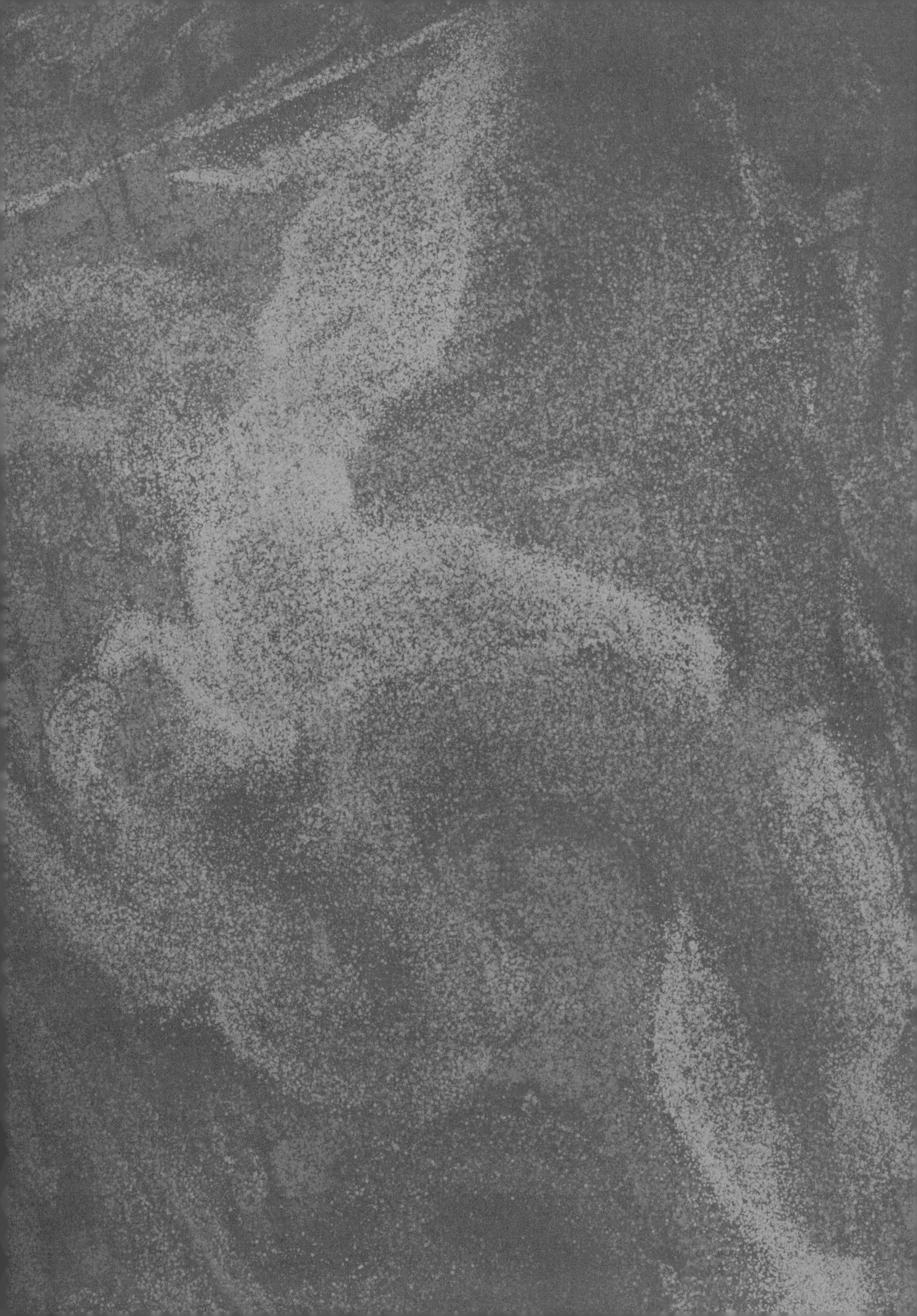

10 马王堆纺织品系列图

1

曲裾素纱单衣 6276

一号墓　西329-5
衣长160厘米，两袖通长195厘米，重48克
袖口宽27厘米，腰宽48厘米，下摆宽49厘米，领缘宽7厘米，袖缘宽5厘米
纱、绢

2
直裾素纱单衣 6277

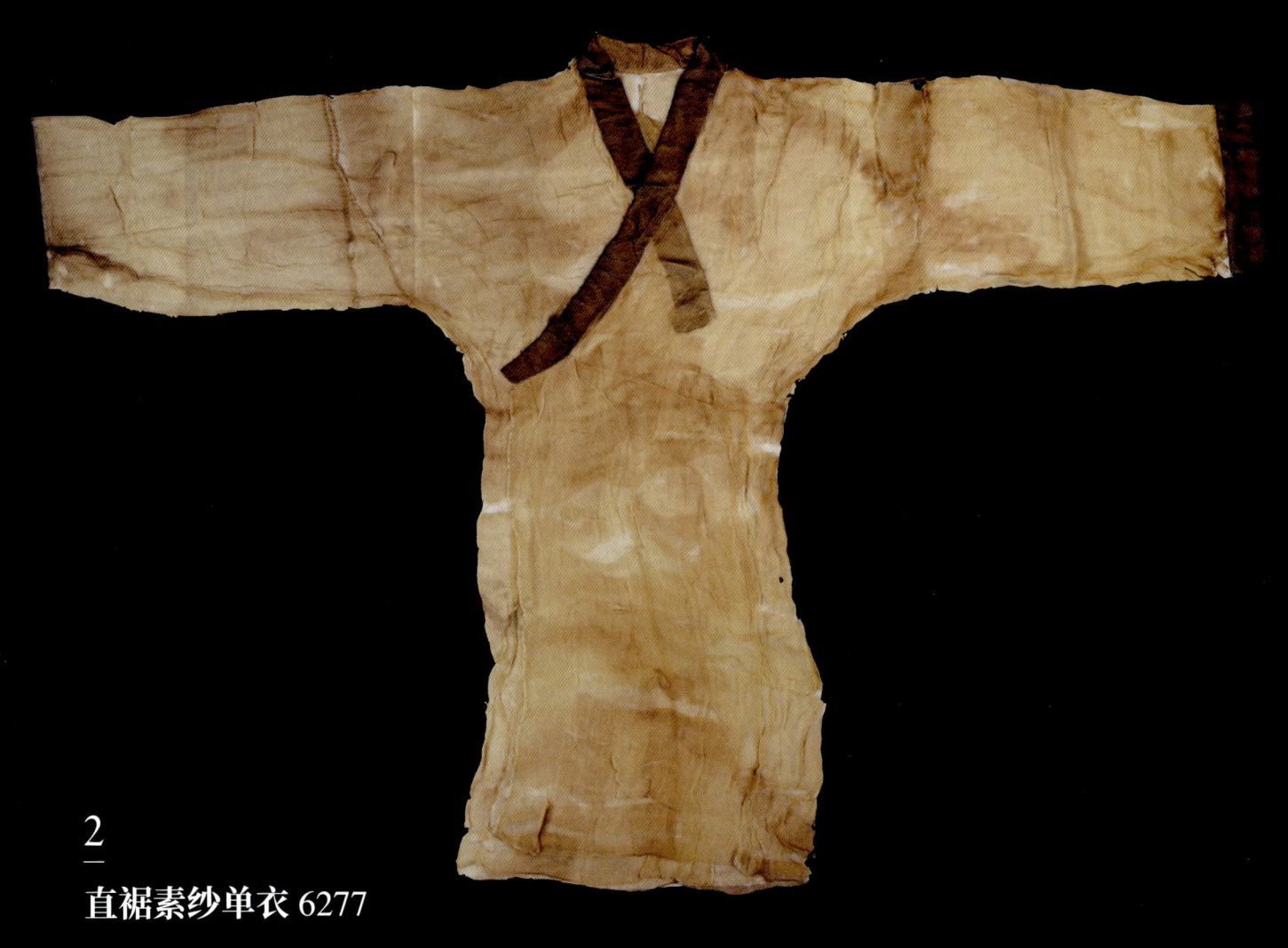

一号墓　西329-6
衣长128厘米，两袖通长190厘米，重49克
袖口宽30厘米，腰宽49厘米，下摆宽50厘米，领缘宽5.5厘米，袖缘宽5.5厘米
纱、锦、绢

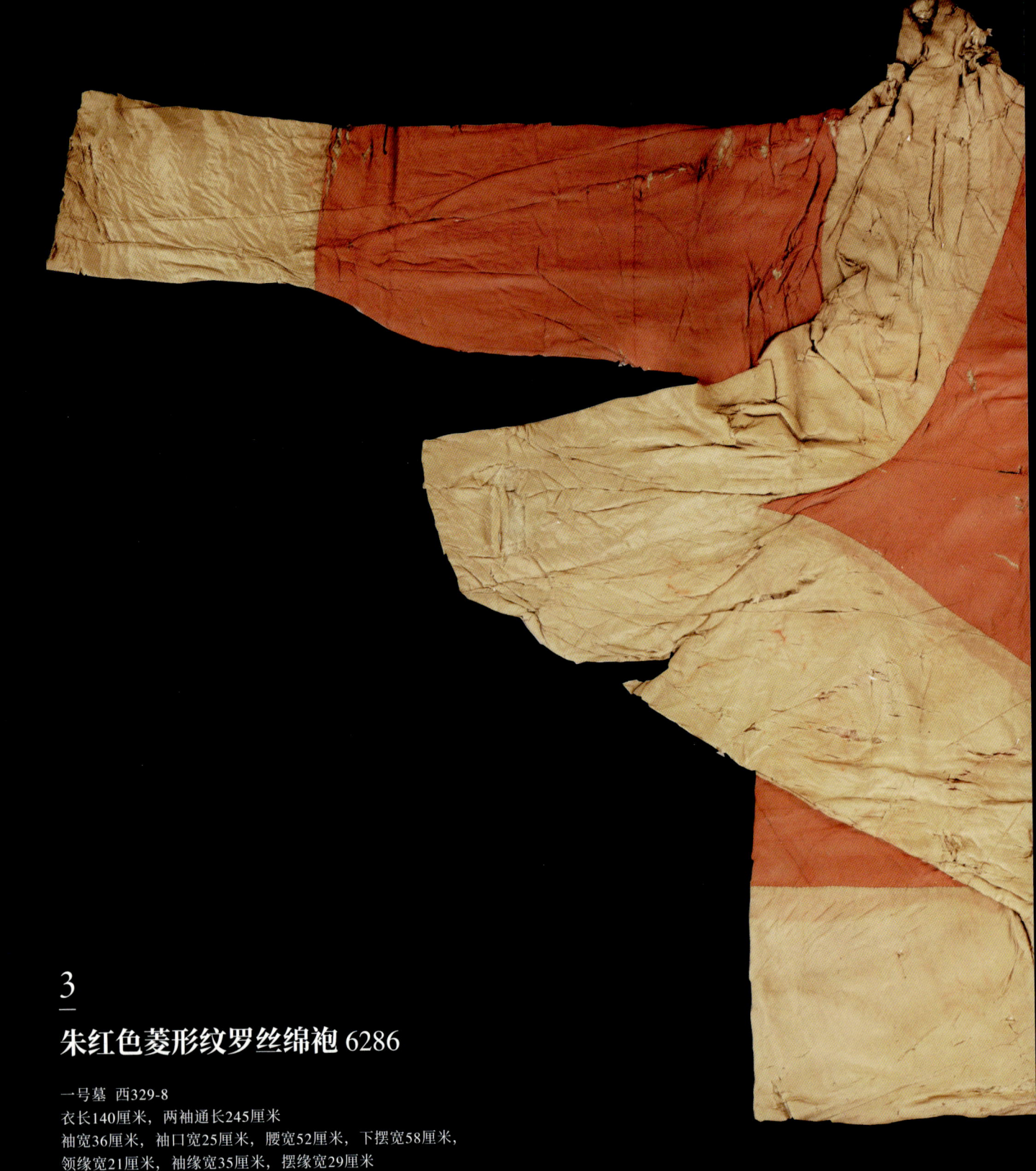

3
朱红色菱形纹罗丝绵袍 6286

一号墓 西329-8
衣长140厘米，两袖通长245厘米
袖宽36厘米，袖口宽25厘米，腰宽52厘米，下摆宽58厘米，
领缘宽21厘米，袖缘宽35厘米，摆缘宽29厘米

353

4
褐色菱形纹罗地"信期绣"丝绵袍 6287

一号墓 西329-10
衣长150厘米,两袖通长250厘米
袖宽37厘米,袖口宽28厘米,腰宽60厘米,下摆宽67厘米,
领缘宽23厘米,袖缘宽33厘米,摆缘宽28厘米
罗、绢、锦、罗地刺绣

二 阴阳

5

褐色菱形纹罗地"信期绣"丝绵袍 6289

一号墓 西357-2
衣长150厘米,两袖通长240厘米
袖宽34厘米,袖口宽28厘米,腰宽57厘米,下摆宽63厘米,
领缘宽20厘米,袖缘宽34厘米,摆缘宽31厘米
罗、绢、罗地刺绣

6
印花敷彩黄纱丝绵袍 6291

一号墓 西329-12
衣长130厘米，两袖通长250厘米
袖宽39厘米，袖口宽25厘米，腰宽51厘米，下摆宽66厘米，
领缘宽20厘米，袖缘宽44厘米，摆缘宽37厘米
纱、绢、印、绘

7
印花敷彩黄纱丝绵袍 6292

一号墓 西329-13
衣长132厘米，两袖通长228厘米
袖宽38厘米，袖口宽28厘米，腰宽54厘米，下摆宽74厘米，
领缘宽20厘米，袖缘宽30厘米，摆缘宽37厘米
纱、绢、印、绘

8
印花敷彩绛红色纱丝绵袍 6293

一号墓 西329-14
衣长130厘米，通袖长236厘米
袖宽41厘米，袖口宽30厘米，腰宽48厘米，下摆宽57厘米，
领缘宽18厘米，袖缘宽29厘米，摆缘宽38厘米
纱、绢、印、绘

9
朱红色菱形纹罗手套 6299

一号墓 北443-3
长25厘米，上口宽8.2厘米，下口宽9.9厘米
罗、绢、绦

11
丝履 6303

一号墓 内4
长26厘米，鞋头宽7厘米，后跟高5厘米

10
绢地"信期绣"手套 6300

一号墓 北443-4
长24.8厘米，上口宽9.4厘米，下口宽11厘米
绢、绦、绢地刺绣

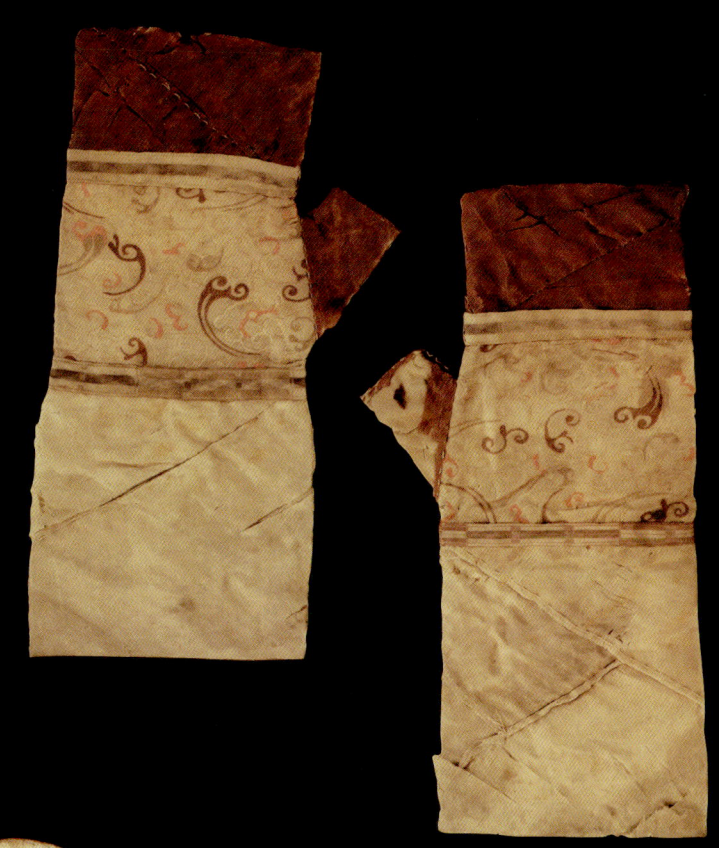

初探马王堆一号汉墓中纺织品的时序意义

李沁霖

二　阴阳

马王堆汉墓一共出土近两万件织品，包括丝织物（绢、纱、绮、罗、锦）与麻制品，分散于椁室的不同空间中。除了存世年代最早、面料最薄、重量最轻的服装曲裾素纱单衣，[1] 学者们还惊叹于裹在马王堆一号墓主人身体上的二十余层丝麻织物。尽管这组丝织物保存状态极差，学者们依旧可以辨析出包裹层的图案及纹样，最常见的为信期绣、长寿绣和乘云绣。同样的"绞衾"礼俗也在三号墓中可见，但可惜的是，三号墓的织物保存现状不如一号墓，所以本文通过一号墓现存的材料来探索纺织品在西汉墓葬中的礼仪含义及对生命延续的作用。

马王堆一号墓的墓主人为三座墓中唯一的女性，也是尸体保存最完整的一例。学界普遍认为是长沙国轪侯之妻。[2] 其墓葬形制为竖穴土坑墓，即在土坑中直接进行椁室的建造，再将尸体所在的套棺放入预留的空间中。据《礼记》描述，入葬时应"衣足以饰身，棺周于衣"。[3] 除了中间套棺内的织物包裹层，在椁室的西边箱及北边箱中也存放了大量的丝织品。经过系统的科学分析，上海市纺织科学研究院认为马王堆出土的丝织品皆为家蚕丝（Bombyx mori），丝纤维类似于现代桑蚕丝，品质较高，而不是较为粗糙且缺少光泽的野生柞蚕丝（Bombyx mandarina）。

马王堆一号墓西边厢共出土竹笥三十三个，其中，衣物和丝织品类共六笥。笥中纺织品以不同的形式所呈现，如329号和357号笥中绵袍、单衣等服饰，亦或者346号麻布聂币笥内的小片丝织品。在北边厢中，信期绣绢亦或者乘云绣纱包裹在木俑身上，与墓中T形帛画（见本书第454—457页）中人物的衣着所对应。四重套棺的最里层内棺的棺板外侧由铺绒绣锦和菱花贴毛锦装饰。藏于此锦饰内棺的尸体身穿两层贴身明衣，依次为菱形纹罗地"信期绣"丝绵袍（内32）和白色细麻布单衣（内30）。遗体两手握绣花绢面香囊，脸上覆盖黄棕绢幎目两件，一件遮其前额及两眼，另一件沙漏形丝织物盖其鼻。[4] 在腹部处交叉，再系于脚上青丝履前端。被捆绑的尸体再缚以由十六条细白麻布和三块粗麻布组成的包裹层（内27和内N29）。尸体的形状逐渐被抹去，接下来的十六层丝织品将其转变成一个长方体，从内到外逐件如下：

出土编号	名称	备注	图样示例
内17	朱红色菱形纹罗丝棉袍	朱砂染料；裾式不详；残片为菱形纹罗纹Ⅰa和Ⅰb型6	
内14	黑色菱形纹罗地"信期绣"丝棉袍	曲裾；纹饰为Ⅰ型和Ⅱ型"信期绣"	 图示为Ⅱ型"信期绣"
内13	绢地"乘云绣"丝绵袍	可能为单衣；残片见Ⅱ、Ⅲ、Ⅳ、Ⅴ型"乘云绣"	 图示为Ⅴ型"信期绣"
内20	绢地"信期绣"单衣	裾式不详；残片为Ⅰ型"信期绣"	
内12	绢地方棋纹绣单衣	裾式不详；残片为Ⅱ型方棋纹	
内11	绢地"信期绣"单衣	裾式不详；残片为Ⅲ型"信期绣"	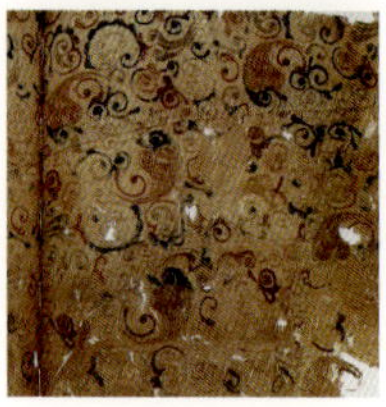

二　阴阳

出土编号	名称	备注	图样示例
内 18	绢地方棋纹绣单衣	裾式不详；残片为 I 型方棋纹	
内 10	绢地茱萸纹绣单衣	马王堆一号汉墓仅见饰茱萸纹纹样织物一件，裾式不详；残片为 II 型方棋纹	
内 26	灰色细麻布包裹层	由 17 条麻布缝制而成，胸部边缘处饰有"千金"绦	
内 9	菱形纹罗地"信期绣"夹衣	曲裾；纹饰为 I 型"信期绣"	
内 8	绢地"乘云绣"单衣	曲裾；残片有 II、III、IV、V 型"乘云绣"	图示为 II 和 III 型"乘云绣"
内 7	菱形纹罗地"信期绣"丝棉袍	裾式不详；残片为 I 型"信期绣"	

365

出土编号	名称	备注	图样示例
内 5	印花敷彩黄纱棉衾	残片可见凸版印制所致的断纹现象	
内 4	绢地"长寿绣"棉衾	残片为 I 型"长寿绣"	
内 3	绮地"乘云绣"棉衾	宽约 130 厘米，长度不明；纹样为 I 类"乘云绣"	
内 3	绮地"乘云绣"棉衾	宽约 72 厘米，长约 360 厘米；纹样为 I 类"乘云绣"	

（本表信息及图片均采自湖南博物院编，喻燕姣主编：《马王堆一号汉墓纺织品》，岳麓书社，2024 年）

在绮地"乘云绣"棉衾外，横扎丝质组带九道。虽然根据《礼记·丧大记》记载："小敛大敛，丧服不倒，皆左衽，结绞不纽。"[5] 但是从出土情形来看，辛追夫人的遗体似乎是以右衽包裹，再用活结捆扎。[6]（图1、图2）"不纽"为不可解开的死结，应该用于已死之人，但是马王堆一号汉墓显然违背了此丧礼制度。我们可以理解为西汉长沙国地区的丧葬制度和周礼有所变化，亦或者这正体现了这一时期人们对于生死的重新认知。生命在地下空间也将随着阴阳合气而孕育、升华。组带上方再披丝绵袍两件，依次为印花敷彩黄纱丝绵袍（内2）和绛红色绢地"长寿绣"丝绵袍（内1）。最外层的丝绵袍推测为曲裾。绛红色的绢地上呈现

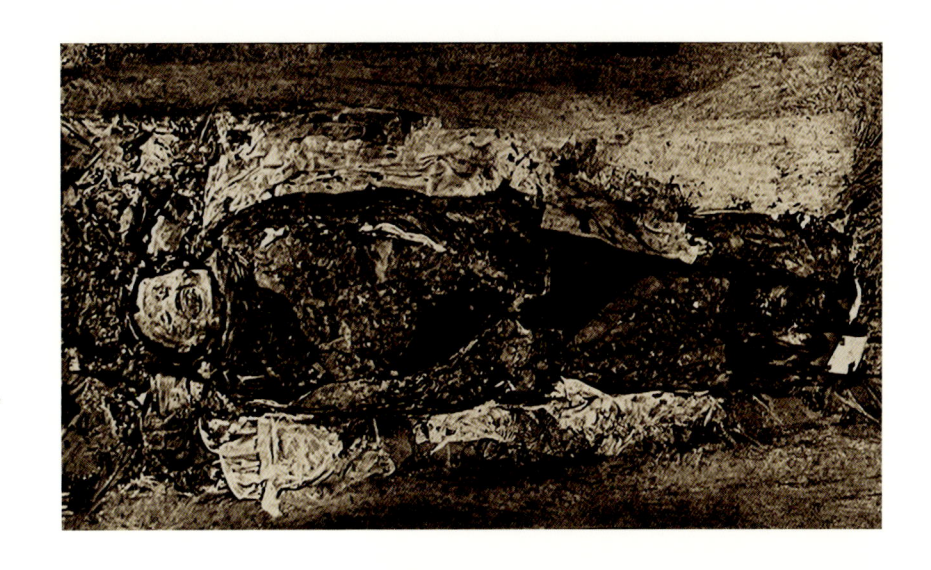

图1 辛追夫人身穿菱形纹罗地"信期绣"丝棉袍出土情景（采自湖南博物院编，喻燕姣主编：《马王堆一号汉墓纺织品》第三卷，第114页，图5.20.1）

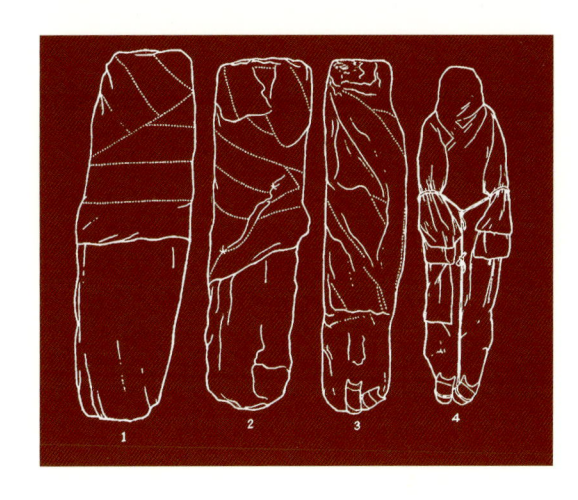

图2 辛追夫人遗体包裹示意图（采自湖南博物院编，喻燕姣主编：《马王堆一号汉墓纺织品》第二卷，第132页，图5.9.1）

出用深蓝、朱红、浅棕红、绛红、橄榄绿、墨黑等多种丝线以锁针法绣出的"长寿绣"纹样。这也是置于墓中的丝织品中最常见的绣法。锁针法是一种自商至汉最盛行的刺绣方式，由绣线环圈锁套而成。如果锁口开放，即为开口锁针；如果引线口与下线口重合，即为重锁。因针法环环相扣效果似一根锁链，又名辫绣，俗称"辫子股针"。[7] 基于现存的印花敷彩黄纱丝绵袍残片，学者们推测其为直裾。黄纱上用凸版印制灰褐色的藤蔓地纹，再用白色、蓝灰色、墨色等进行绘彩。此例也是迄今中国出土最早的结合印花和敷彩的丝织物。[8] 从头至脚，经过重重包裹，人体原本的外形消弭其中，取而代之的是一层层华丽的丝织品。

汉代存在两种装殓贵族遗体的系统。北方多见用玉石装殓贵族躯体，即含、幎目、握等。在《墨子·节葬》以及《吕氏春秋·节丧》篇皆有相对应的对死者的描述"金玉珠玑比乎身""含珠鳞施"。河北省的满城汉墓中发现的金缕玉衣便是一例。[9] 而"绞衾"是常见于南方的特殊装殓方式，即用多层衣物和衾被对墓主人躯体进行多层包裹，并用丝带系束。而此仪式中所用的服饰，应是专门为"绞衾"所制。《礼记·丧大记》中记载："复衣不以衣尸，不以敛。"复衣，即在招魂（亦称"复"）仪式中所用的死者生前使用过的服饰。"绞衾"在《礼记·丧大记》篇中被分成小敛绞与大敛绞两部分：

> 小敛于户内，大敛于阼。君以簟席，大夫以蒲席，士以苇席。小敛：布绞，缩者一，横者三。君锦衾，大夫缟衾，士缁衾，皆一。衣十有九称，君陈衣于序东；大夫士陈衣于房中；皆西领北上。绞紟不在列。大敛：布绞，缩者三，横者五，布紟二衾。君大夫士一也。君陈衣于庭，百称，北领西上；大夫陈衣于序东，五十称，西领南上；士陈衣于序东，三十称，西领南上。绞紟如朝服，绞一幅为三、不辟，紟五幅、无紞。

在小敛的过程中，虽然根据亡者的身份应铺相应材质的席子和衾被，并摆放于对应的方位，但是仪式所用的衣服和衾被的数量不变。《仪礼·士丧礼》也有类似记载："祭服次，散衣次，凡十有九称，陈衣继之，不必尽用。"可见，不管死者身份如何，第一部分的仪式皆用19套衣服（但也"不必尽用"）与一套衾被。马王堆一号墓的墓主人正好以9道横结系束19层包裹衣物，与这一部分的描述一致。大敛在次日在厅堂中进行，所用衣物的数量则取决于亡者的身份地位，可以是100称，亦可以是30称。然后，尸体则可入棺下葬。但这一部分并没有在马王堆一号墓中有所体现。

《礼记·檀弓上》篇把墓葬定义为隐藏死者的隐蔽空间："葬也者，藏也；藏也者，欲人之弗得见也。"[10] 而将尸体用瑰丽的丝织品包裹，藏匿亡者身体使人不可见其衰容残躯也是"绞衾"这一礼仪的意义：

> 品节斯，斯之谓礼。人死，斯恶之矣，无能也，斯倍之矣。是故制绞衾、设蒌翣，为使人勿恶也。始死，脯醢之奠；将行，遣而行之；既葬而食之，未有见其飨之者也。自上世以来，未之有舍也，为使人勿倍也。故子之所刺于礼者，亦非礼之訾也。

就如笔者在上文中描述的那样，尸体从本来的人形逐渐转变为由衣物层层叠叠组成的丝质长方体。以华丽的形式与生者的世界分离，进入另一时空。这种对尸体的包裹程序不仅发现于马王堆汉墓中，在临近地区的湖北江陵马山砖瓦厂一号战国墓也有发现。[11] 但是同时这也引出另一问题：如果仅仅是为了隐藏并美化尸体，二十多层的仪式程序是否过于繁琐？那么，除了这一原因，还有其他意义吗？笔者认为答案是肯定的。

早期人们对生命的想象与阴阳之气相关。东汉文学家王逸对楚辞《大招》篇注解道："人体含阴阳之气，失之则死，得之则生。"所以为了让逝者的生命在地下空间得以永恒，复者会在丧礼前进行招魂仪式。仪式过程中，复者登上屋顶，一边挥舞死者生前所用过的衣物，一边呼唤逝者的阴阳之气重新汇聚于其身体之内。由此可见，衣物在中国早期对于生死的想象中的重要性。

此外，我们可以通过纺织的整个过程来了解丝织物对于协调四季节律，平衡阴阳之气的作用。丝来源于蚕，而养蚕是生命经过四季轮转而蜕变的过程。人们在冬季开始浴种，蚕种经历严寒后，挑选出其中得以存活的优质蚕种。蚕儿孵化后用桑叶引诱蚁蚕，使其与卵壳分离。进入春天，便开始饲蚕。在这大约一个月的时间里，人们要控制桑叶喂养的量以及蚕室的温湿度。蚕熟后就会吐丝上簇。采茧后的七、八日即会化蛾，所以为了避免蛾化后的飞虫破坏蚕茧，可以利用日光将蛹杀死，这样也可延长缫丝的期限。接下来就可以从若干茧子里抽丝，利用丝胶将它们粘在一起，即可缫得生丝。将丝分成经纬线，在织机的帮助下进行织造。这种两个方向的相互交错亦可以理解为阴阳之气调和的过程。而利用蚕丝做成的织物也在地下空间为逝者"作茧"，从而启动了生命的转变，使其得以永恒。

《礼记》中记载："束帛加璧，尊德也。"[12] 丝绸作为一种媒介，承载着文化含义。其中一个直接的例子是在墓主人身上以及手中香袋上绣有的"千金绦饰"这种"吉祥语"由绣于白地的阴纹和绣于红底的阳纹组成。不仅是身份地位的体现，更代表着后人对往生之人美好的祝福。每一层包裹层的图案以及用色也展示了阴阳之气相互交替，在地下空间中延续生命的命题。例如：方棋纹绣黄绢（N18；N12）与"信期绣"黄绢（N11；N20）的交替即是寒冬与春天的转化。五行中，带有棱角几何图形是"阴"能量，代表着冬季。"信期绣"的纹饰像是长尾巴的燕子，一种羽类阳性物，象征着慢慢上升的阳气以及春天的到来。[13] 方棋纹绣黄绢（N18）外又由代表着阳气的红色茱萸纹绣绢单衣（N10）缠绕。一阴一阳，从冬至春，用于掩盖人形的丝织品也成为了使得生命延续的礼仪装置。

西汉是中国"丝绸之路"的开端，桑蚕织造与服饰成为国家经济与贵族彰显身份的象征。

从种植地桑、饲养家蚕，到缫丝纺织，以及后续敷彩、刺绣等，整个丝织物的织造过程与四季转换、生态转化息息相关。将这种代表着自然节律的物品融入丧葬礼仪则可以理解为西汉人们对人死亡后生命形态的转变及延续的想象。而纺织的过程，经纬丝线的相互交织则映射着宇宙中的生命之力——阴阳之气的交互。[14] 在"绞衾"仪式以及织物的帮助下，人形退去，孕育生命的"气"便可以在无限变换的地下空间重建一个生命得以延续的时空。

注释

1 曲裾素纱单衣48克为最轻，直裾素纱单衣49克。

2 以往相关学者普遍认为一号墓与二号墓为夫妻合葬，其主人为长沙国第一代轪侯利仓之妻：辛追。近期也有学者提出一号墓主人可能与三号墓主人成夫妻关系，为长沙国第二代轪侯之妻。见王震：《母子还是夫妻？——马王堆一号墓和三号墓的墓主关系及相关问题》，《东南文化》2023年第4期。以及对此文观点的最新回应，见许宁宁、喻燕姣：《马王堆汉墓墓主关系再讨论》，《中国文物报》2023年9月22日第006版。需进一步检索确定学界关于马王堆三号墓墓主身份目前最新成果，但此话题超出本文范畴，特以脚注。

3 见陈澔注，金晓东校：《礼记》，上海古籍出版社，2016年，第91页。

4 鼻梁上的掩盖物的素绢因中段被圆环固定，所以呈沙漏状。湖南博物院编，喻燕姣主编：《马王堆一号汉墓纺织品》，第三卷，岳麓书社，2024年，第123页。

5 陈澔注，金晓东校：《礼记》，上海古籍出版社，2016年，第513页。

6 湖南博物院编，喻燕姣主编《马王堆一号汉墓纺织品》，第二卷，岳麓书社，2024年，第125页。

7 赵丰：《织绣珍品》，艺纱堂服饰出版社，1999年，第328—356页。

8 湖南博物院编，喻燕姣主编《马王堆一号汉墓纺织品》，第二卷，岳麓书社，2024年，第58页；赵丰：《丝绸艺术史》，浙江美术学院出版社，1992年，第10页。

9 张闻捷：《从墓葬考古看楚汉文化的传承》，《厦门大学学报（哲学社会科学版）》2015年第2期。

10 陈澔注，金晓东校：《礼记》，上海古籍出版社，2016年，第511页。

11 江陵马山砖瓦厂一号战国墓中死者被十一层衣衾包裹，再用丝带横向捆扎九道。见彭浩：《湖北江陵马山砖厂一号墓出土大批战国时期丝织品》，《文物》1982年第10期，第7页。见张闻捷：《从墓葬考古看楚汉文化的传承》。

12 陈澔注，金晓东校：《礼记》，上海古籍出版社，2016年，第285页。

13 何介钧：《长沙马王堆西汉轪侯家族墓》，文史哲出版社，1993年；汪悦进：《入地如何再升天？——马王堆美术时空论》，《文艺研究》2015年第12期。

14 巫鸿著，郑岩译：《礼仪中的美术》，生活·读书·新知三联书店，2005年，第112页。

马王堆食物系列图

11

| 生命时空 —— 马王堆汉墓新论

1
竹笥 6123

一号墓 西324
高15厘米，长53厘米，宽29厘米
(出土时悬挂"熬雉笥"木牌，内存雉、鸡及猪、羊、狗、鹿骨)

二 阴阳

2
"轪侯家丞"封泥 4703

一号墓 西边厢
长4.6厘米,宽3.2厘米,厚1.5厘米
泥、木

3

"熬炙姑笥" 木牌 4752

三号墓 东107附
长7.9厘米，宽5.1厘米，厚0.2厘米

4

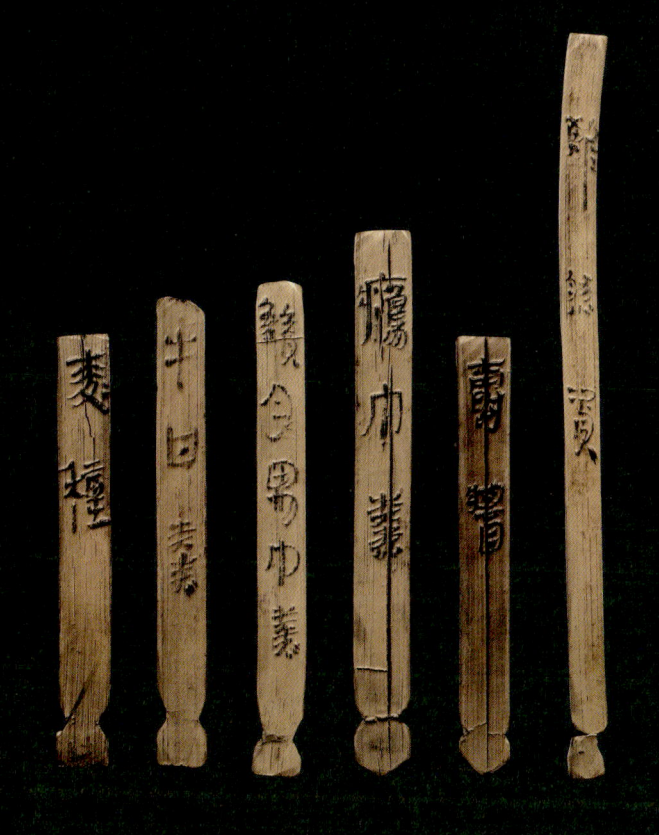

墨书竹简"签牌"6175
一号墓 东边厢
长5厘米—10厘米

| 生命时空 —— 马王堆汉墓新论

5

墨书遣策竹简 6171

一号墓　东边厢
长约27.6厘米，宽约0.7厘米

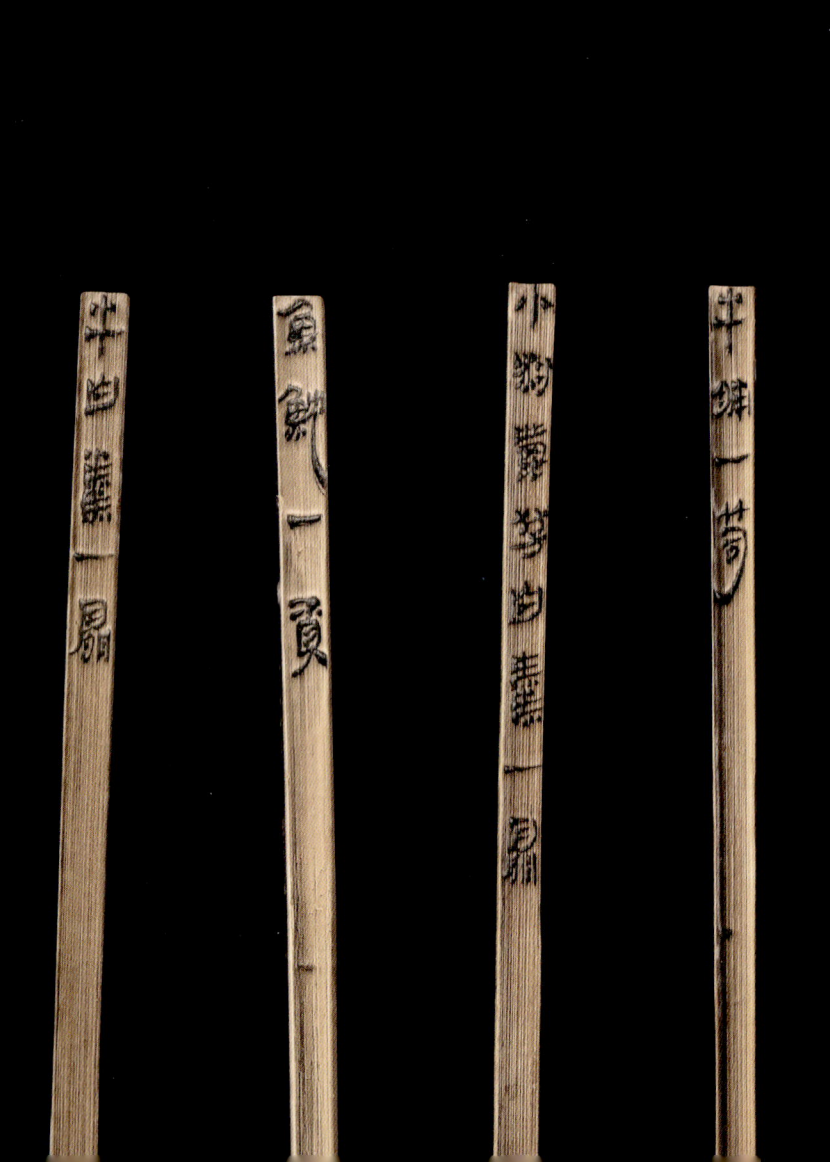

二 阴阳

琳琅宴飨
——马王堆食物文化管窥

赵惠靖
蔡小婉

汉代的饮食文化是早期中国文明的重要组成部分。1972 年长沙马王堆遗址的发掘则为此研究提供了丰富的素材。遗址中细致的防腐处理和特殊的厌氧沼泽环境埋葬方式，使得棺椁中的尸体和大量出土的容器得以近乎完整的保留，也使得食物遗骸和详细记录宴飨的竹简"遣册"得以重见天日。例如，在軑侯夫人辛追的食道、胃部、肠道当中就发现了总共 138 颗半的棕黄色甜瓜种子，意味着她在去世前不久食用了甜瓜。[1] 此外，人们也发现了其他水果种类，如橙、柿子和菱角。这也展示出西汉时期已经出现多样植物栽培系统。

考古学家在汉代海昏侯墓中也发现了大量果品类种子，例如甜瓜和梅。"事死如事生"，这些水果作为随葬品，供逝者在理想的彼岸世界享用。海昏侯墓还出土了大量梅的果核。[2] 考虑到汉代时期梅子类水果的稀有性，这种水果可能为皇室贵族专享。

汉朝的统治者拥有第一批通过国际贸易获取稀有外来水果品种的特权。换言之，能够大量消费水果也是财富和地位的象征。《上林赋》则记载了西汉都城长安御园上林苑内种植的桃、杏、李、郁李等水果。[3] 由于汉赋的主要题材是宫廷生活，描述了皇帝与其宾客参与的各种政治活动，这一点从赋诗名称中"天子"和"都""京"不难发现。

关于食器，马王堆一号墓中出土了包括四十八个竹笥和五十一件各式容器的随葬品，其中大多数含有食物。[4] 所有这些食物遗迹都已被辨认出：[5]

谷物：水稻、小麦、大麦、糯小米、黍、粟、大豆、赤豆

种子：大麻，锦葵，芥菜

水果：梨，枣，梅，杨梅

根类：姜，莲藕

动物肉类：野兔，狗，猪，梅花鹿，黄牛，绵羊

禽肉：野鹅，鸳鸯，鸭，竹鸡，家鸡，环颈雉，鹤，鸽子，斑鸠，猫头鹰，喜鹊，麻雀

鱼类：鲤鱼，鲫鱼，鲷鱼

调料：桂皮，花椒，辛夷，高良姜[6]

除了食物遗骸之外，马王堆出土的 312 支相关竹简也帮助人们揭开汉代饮食文化的神秘面纱。竹简记录了汉代的烹饪技艺与风味搭配，包含调料和烹饪方法，如盐、糖、蜜、酱、豉（豉）和醢（肉酱），烹饪方法包括炙、熬、煎、蒸、濯、腌、濡和瀹（脍），一应俱全，

显现出汉代烹饪艺术的精湛繁复。[7]竹简也记载了一些在出土遗骸中未发现的食材，如竹笋、芋头和野生姜，还有鹌鹑、雁和各类鸟蛋，汉代食谱多样且丰富。

竹简中提到一类特别的菜肴——各类"羹"，通常由多种食材混合制成，是汉代最常见的菜肴之一。[8]"羹"富含肉类和蔬菜，也为祭祀所用。帝王的祭祀活动与皇权正统观念密不可分，羹因此获得了超越口腹之欲的社会意义。羹类食物分成羹和大羹两种，虽然羹通常由混合配料制成，但大羹并不是。汉代的儒家学者们都一致认为大羹无论作为祭品还是宾客菜肴，都应保持其原汁原味，不加佐料和调味品，以彰显其简朴。王充也曾提到，"大羹必有淡味，至宝必有瑕秽"[9]。

大羹的记载也体现了汉代对食物的精细分类及对食材的珍视，其中有牛肉、羊肉、鹿肉、猪肉、狗肉、野鸭和野鸡。[10]混合的羹通常是由肉类和谷物或蔬菜季节性组合。11 号竹简记载的"牛白羹"，已被证实为"牛肉白米糊"。[11]此类羹汤不仅仅局限于肉鱼为主料，还巧妙融入笋、芋、豆、瓠、藕等各式素材。肉类和谷物混合的炖菜是汉代非常常见的羹类，竹简上记录的其他羹类配料包括：鹿肉、腌鱼和笋，鹿肉和芋头，鹿肉和小豆，鲫鱼和米，狗肉和榆荂，鸡肉和瓠等。[12]其中白羹，一种以米粉为基底，搭配肉类或鱼类精制而成的细腻羹汤，亦称作"糂"。其变化多端，包括牛肉、鹿肉鲍鱼笋白、鹿肉芋头、鹿肋肉小豆、鸡肉瓠菜、鳝鱼以及鲜鳜藕鲍鱼等多种口味。

遣册还揭示了汉代中国人对动物不同部位使用的挑剔程度，比如鹿䐴、牛䐴、羊䐴、鹿肉块、猪肩肉、牛胃、羊胃、牛唇、牛舌、牛肺、狗肝。[13]特别值得一提的是，尽管马肉，特别是马肉酱在当时被视为美食，但竹简中并未发现马肝的记录，这可能与当时流行的一种观念有关——认为马肝具有毒性。汉武帝还曾告诉朝廷的方士栾大，栾的前任少翁已死，不是因为他是奉圣旨被处死的，而是因为他碰巧误食了马肝。《史记·孝武本纪》载：

上曰："文成食马肝死耳。子诚能脩其方，我何爱乎！"

对于汉朝人来说，食用马肝致死似乎已成常识。文献于此互相佐证，我们不难发现，不论是平民三餐还是贵族宴飨，汉代的饮食文化已经达到了相当高的水平。

东汉末年的文献还记载了一种与今日截然不同的世界观，人们坚信，死者能够携带大豆与瓜子这些长相类似黄金粒的农作物作为货币，在阴间继续负担税赋。竹简里"菜金"一词即为例证。

> 菜（彩）金如大叔（菽）者千斤，一筍。[14]

> 菜（彩）金如大叔（菽）五百斤。[15]

那么是否存在"菜金"所指是真的黄金的可能性？答案是否定的，因为如果是，那么这些墓葬中原本应藏有大量金块，但挖掘过程中并未发现。东汉熹平二年，张叔敬的镇墓文中也载有"黄豆瓜子，死人持给地下赋"。如果将此与北大秦牍《泰原有死者》结合起来理解，便不难发现，"黄圈以当金"与此表意相似。[16]因为黄豆、瓜子与细小的真黄金颗粒在外形上相似，所以被生人用作真金的代替品，奉献给死者，用以缴纳地下的赋税。马王堆汉墓中记有"菜金如大菽"的遣册简也间接支持了这一解释。[17]

马王堆的出土文物不仅丰富了我们对汉代中国仪式程序中食物的了解，更突显了食物在古代社会中所承载的象征所指与信仰价值。透过这些器物与文献，我们得以窥见古代人是如何透过日常生活中最基本的元素——食物——来联结天人与自然、生与死、现世与来世。[18]

注释

1 Guangzhi Zhang and Eugene N. Anderson, *Food in Chinese Culture: Anthropological and Historical Perspectives* (Taipei: SMC Publishing Inc., 1997), p. 55.

2 Lijing Wang, Jun Yang, Liang Tonjun, Yang Jifeng, Christopher J. Grassa, and Hongen Jiang, "Seeds of Melon (Cucumis melo L., Cucurbitaceae) Discovered in the Principal Tomb (M1) of Haihun Marquis (59 BC) in Nanchang, China," *Archaeological and Anthropological Sciences* 12, no. 156 (2020), pp. 1-14. 关于中文材料，请参阅蒋洪恩、杨军、祁学楷：《南昌海昏侯刘贺墓粮库内出土植物遗存的初步研究》，《南方文物》2020年第6期，第226—230页。

3 冯广平、包琰、赵建成等：《秦汉上林苑植物图考》，科学出版社，2012年。

4 Kwang-chih Chang, *Food in Chinese Culture: Anthropological and Historical Perspectives*, Hardcover ed. (1977), p. 56.

5 关于更多细节，请见湖南农学院、中国科学院植物研究所：《长沙马王堆一号汉墓出土动植物标本的研究》，文物出版社，1978年。

6 湖南农学院、中国科学院植物研究所：《长沙马王堆一号墓出土动植物标本研究》，第1—20页。

7 Kwang-chih Chang and Eugene N. Anderson, *Food in Chinese Culture*, p. 53.

8 张蕊：《马王堆三号汉墓遣策所载食物考述》，《首都师范大学学报（社会科学版）》2011年S1期，第21—25页；同时参考陈顺容：《从马王堆汉墓遣策中管窥汉代饮食文化》，《中华文化论坛》2015年第3期，第87—90页。

9 （汉）王充：《论衡》，上海人民出版社，1974年，452页。

10 湖南省博物馆、中国科学院考古研究所编：《长沙马王堆一号汉墓》上集，文物出版社，1973年，第131—132页。英文论著请参阅Kwang-chih Chang and Eugene N. Anderson, *Food in Chinese Culture*, p. 57.

11 湖南省博物馆、湖南省文物考古研究所编：《长沙马王堆二、三号汉墓》，文物出版社，2004年。

12 Kwang-chih Chang and Eugene N. Anderson, *Food in Chinese Culture*, p. 57；湖南省博物馆、中国科学院考古研究所：《长沙马王堆一号汉墓》。

13 陈顺容：《从马王堆汉墓遣策中管窥汉代饮食文化》。

14 马王堆一号墓，296号竹简。

15 马王堆三号墓，302号竹简。

16 李零：《北大秦牍〈泰原有死者〉简介》，《文物》2012年6期，第81—84页；北京大学出土文献研究所：《北京大学藏秦简牍概述》，《文物》2012年6期，第71页，图三；唐兰：《长沙马王堆汉轪侯妻辛追墓出土随葬遣策考释》，《文史》1980第1辑，第55页。

17 采自裘锡圭主编，湖南省博物馆、复旦大学出土文献与古文字研究中心编纂：《长沙马王堆汉墓简帛集成》卷二，中华书局，2014年，第235、256、269、295页；卷六，第197、223、241、265页。

18 湖南省博物馆、中国科学院考古研究所：《长沙马王堆一号汉墓》下集。

马王堆漆器系列图

12

1
云纹漆几 5231

一号墓 北445
通高43厘米，长63厘米

二 阴阳

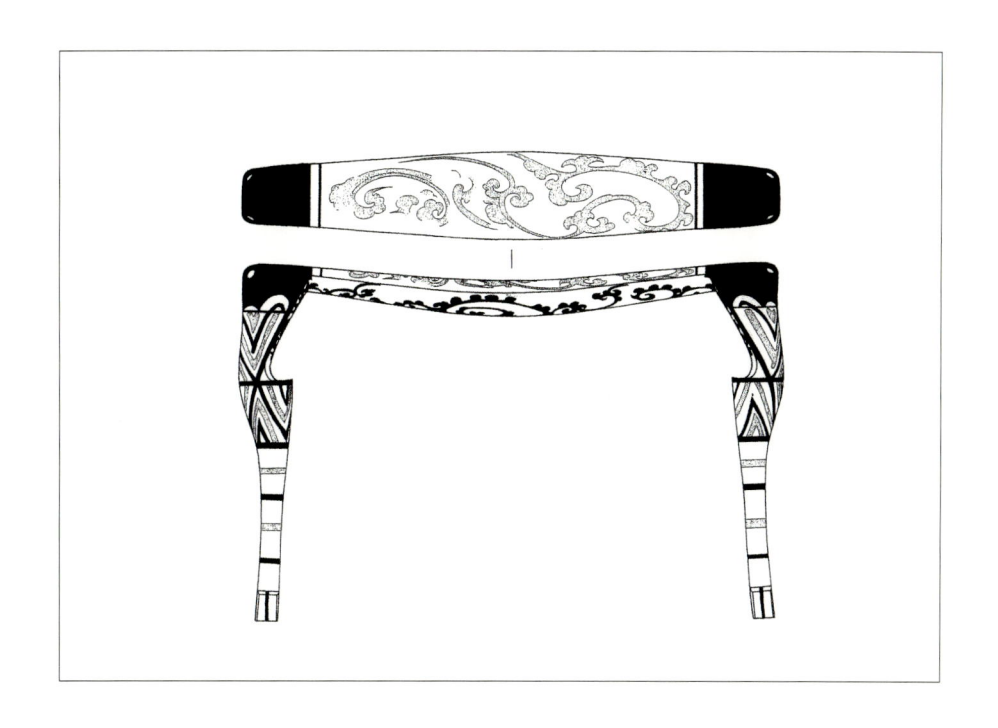

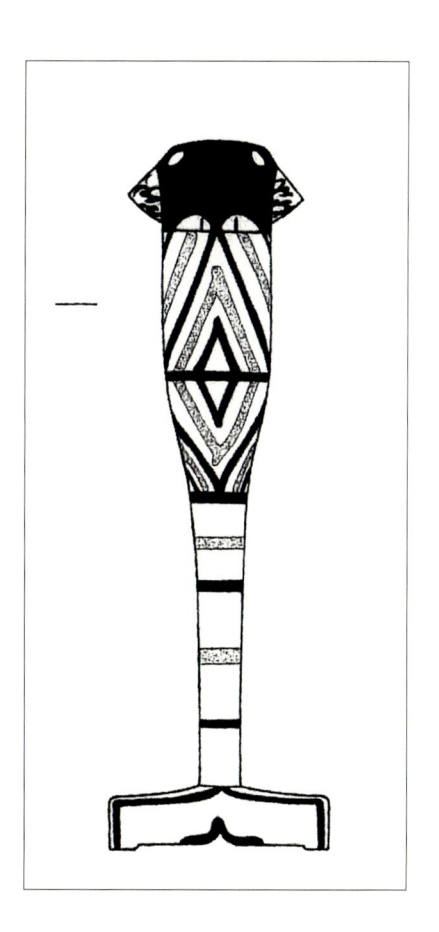

385

| 生命时空 —— 马王堆汉墓新论

线描图

二 阴阳

2
龙纹漆屏风 5230

一号墓 北447
通高62厘米，屏板长72厘米，宽58厘米，厚2.5厘米

| 生命时空 —— 马王堆汉墓新论

线描图

389

兵器架 6108

三号墓　北179

通高87.5厘米，柱高38.2厘米，座高12.3厘米，底长20.1厘米—20.9厘米，板长55.5厘米，板宽36厘米

二 阴阳

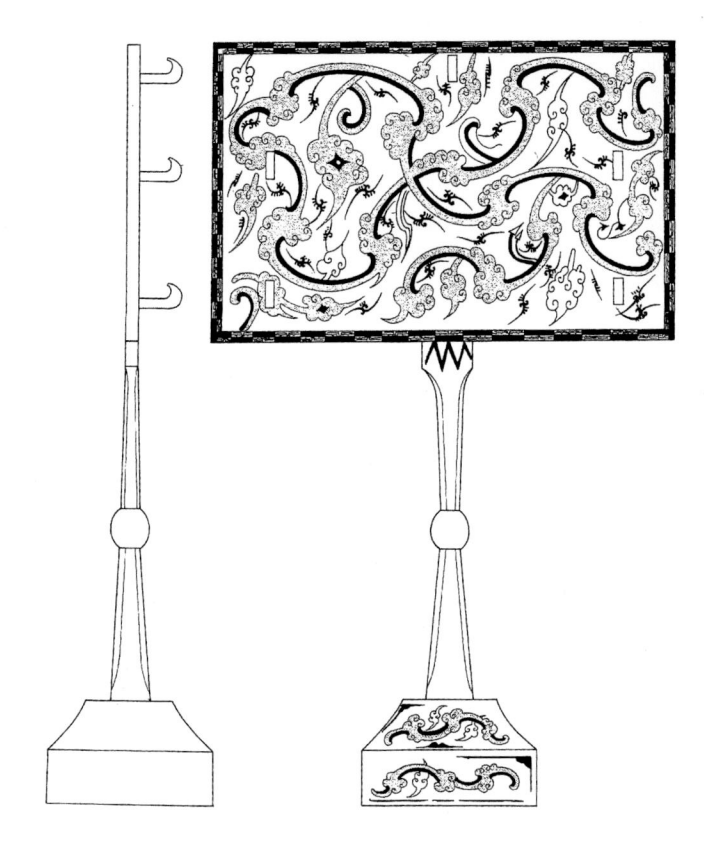

线描图

| 生命时空 —— 马王堆汉墓新论

4
云纹漆鼎 6170

一号墓 东100
高24厘米，腹径24.7厘米

二 阴阳

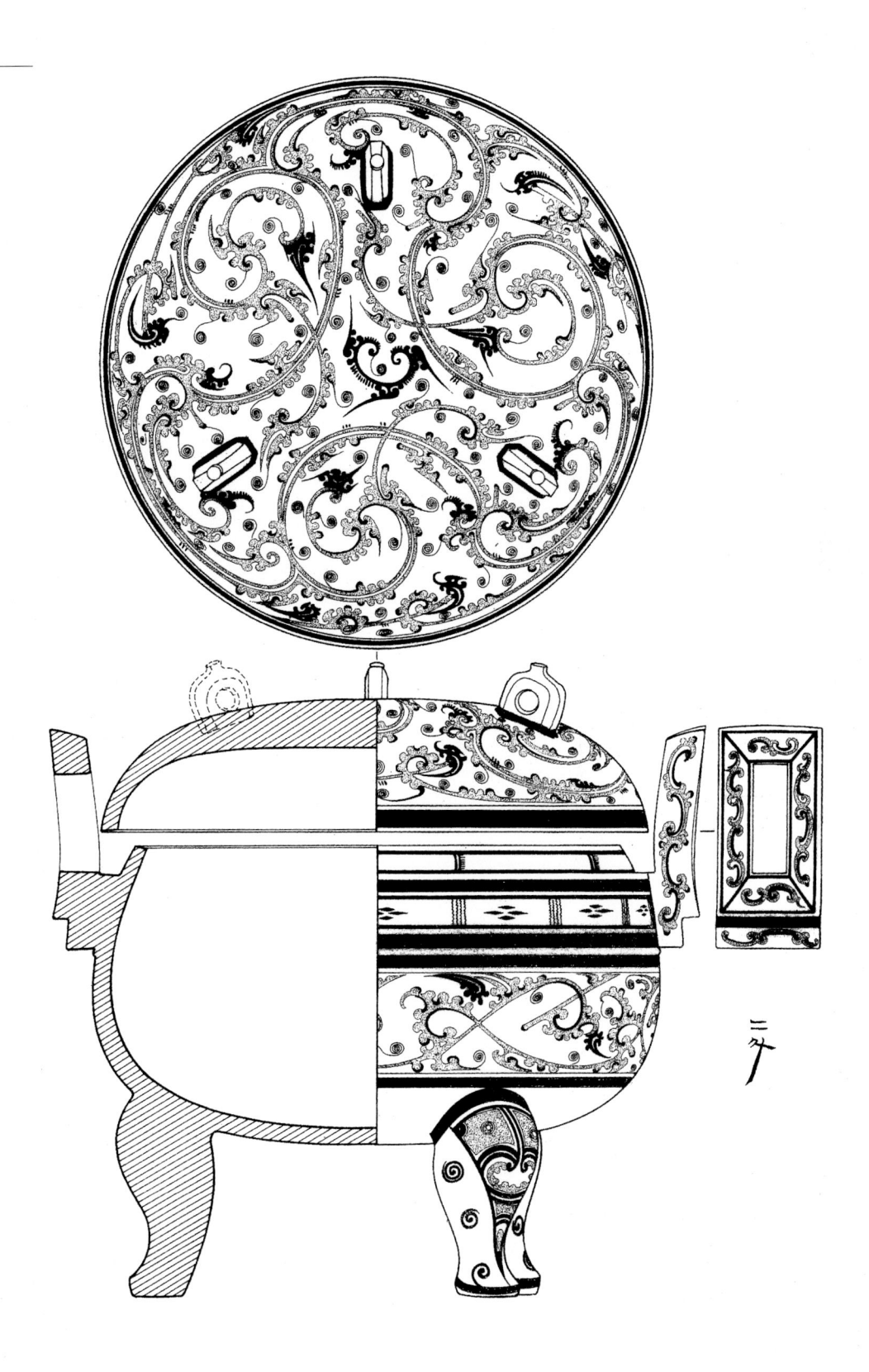

线描图

5
云鸟纹漆钫 6169

一号墓 东边厢
腹径22.2厘米—22.5厘米，通高50.7厘米
斫木胎

二 阴阳

线描图

顶视图

6

云纹漆壶 6167

三号墓 西27
通高36.5厘米，口径12.3厘米，腹径24.5厘米，底径14.5厘米

云纹漆壶线描图
三号墓 西20

7

彩绘云纹漆匕 5242

一号墓 东123
通长42.3厘米，柄长36.8厘米，斗宽8.6厘米

二 阴阳

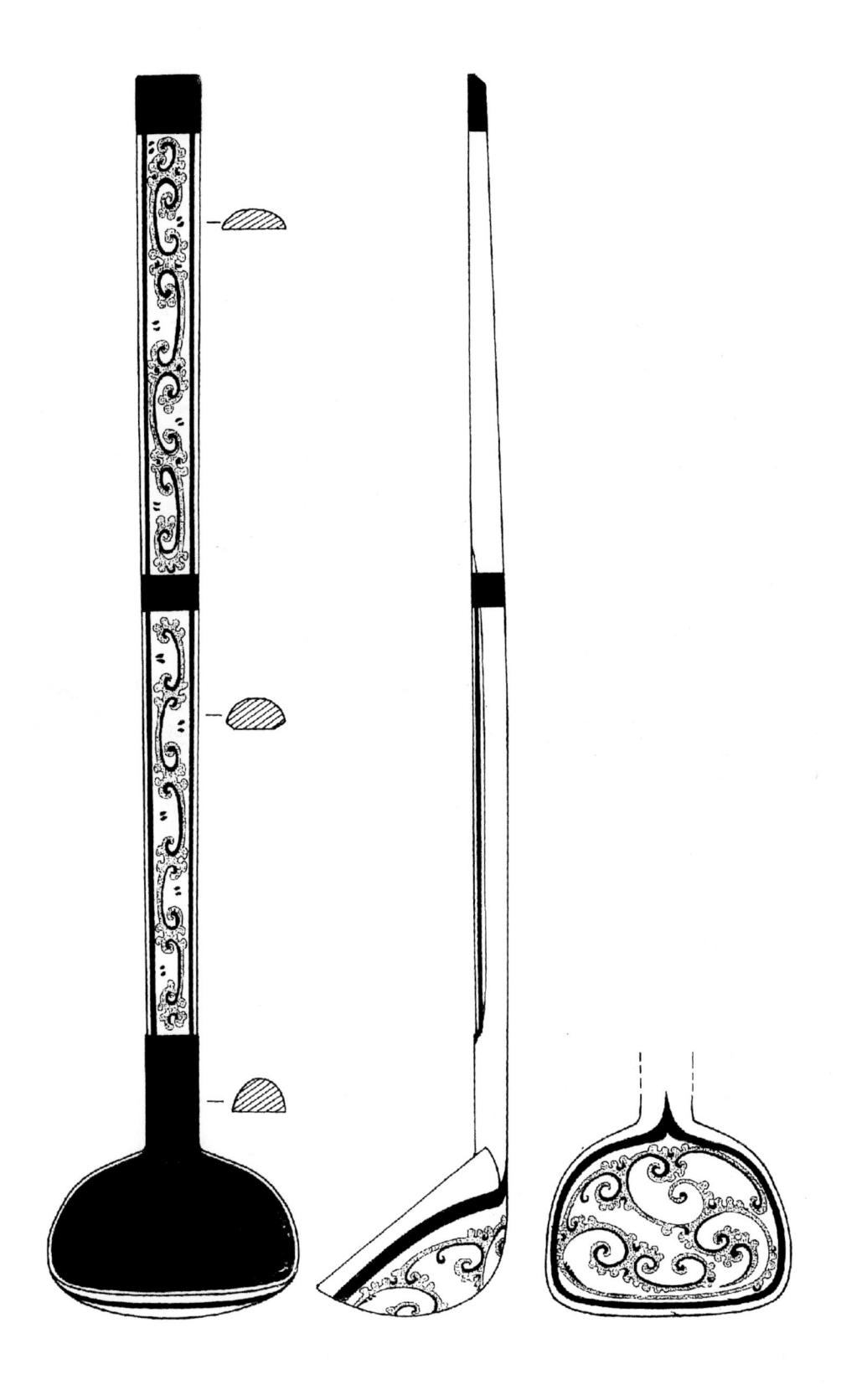

线描图

| 生命时空 —— 马王堆汉墓新论

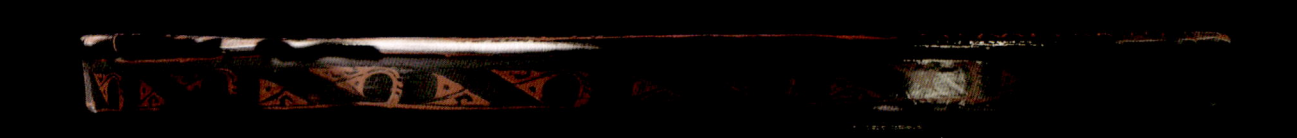

8

"轪侯家"云龙纹漆平盘6179

三号墓 南47
高4.1厘米，口径52厘米，底径44厘米

二 阴阳

线描图

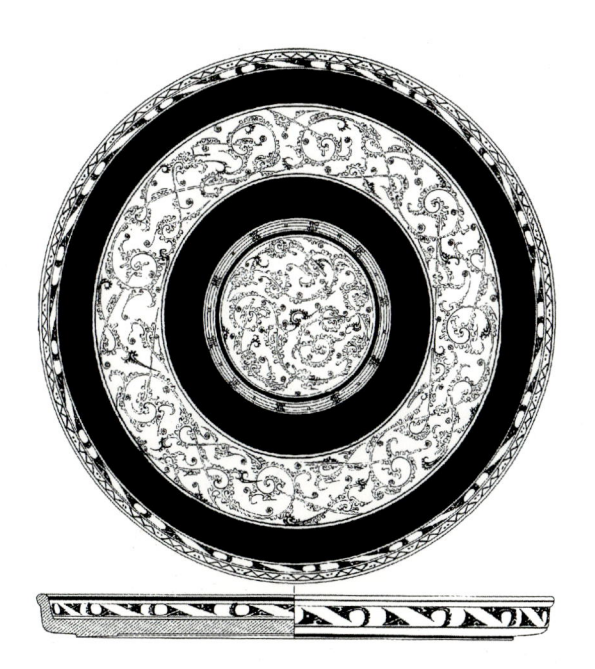

9
"轪侯家"云纹漆平盘 5235

一号墓 东117
高3.5厘米，口径35厘米

二 阴阳

线描图

10

"一升半升""君幸食"小漆盘 6087

三号墓 东13
高2.9厘米，口径17.5厘米，底径10.2厘米

二 阴阳

"一升半升""君幸食"小漆盘线描图
三号墓 东3

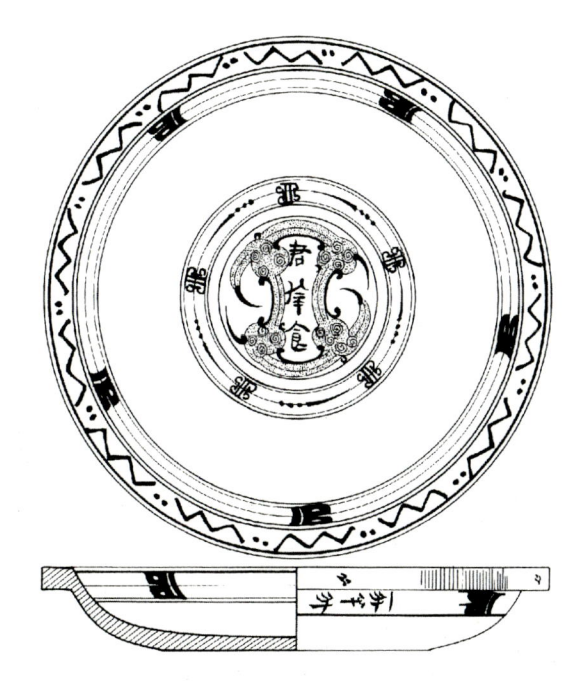

11

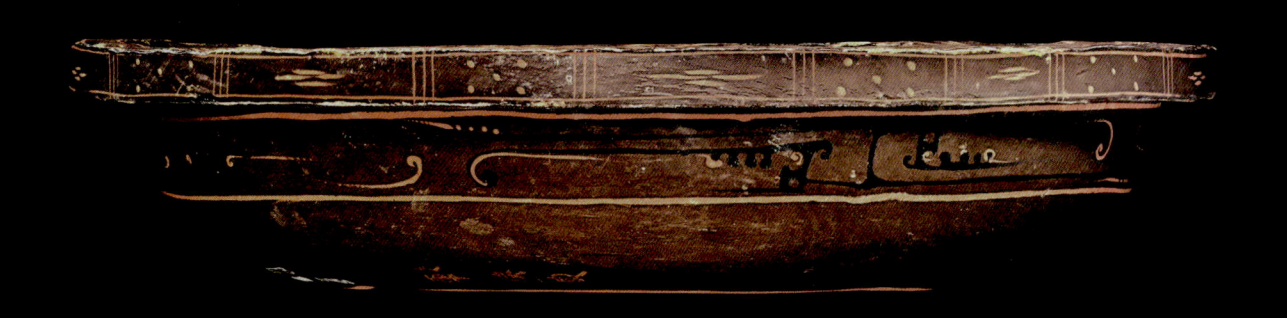

"九升""君幸食"狸猫纹漆食盘 11450

一号墓 东130
高6.2厘米，口径27.8厘米

二 阴阳

线描图

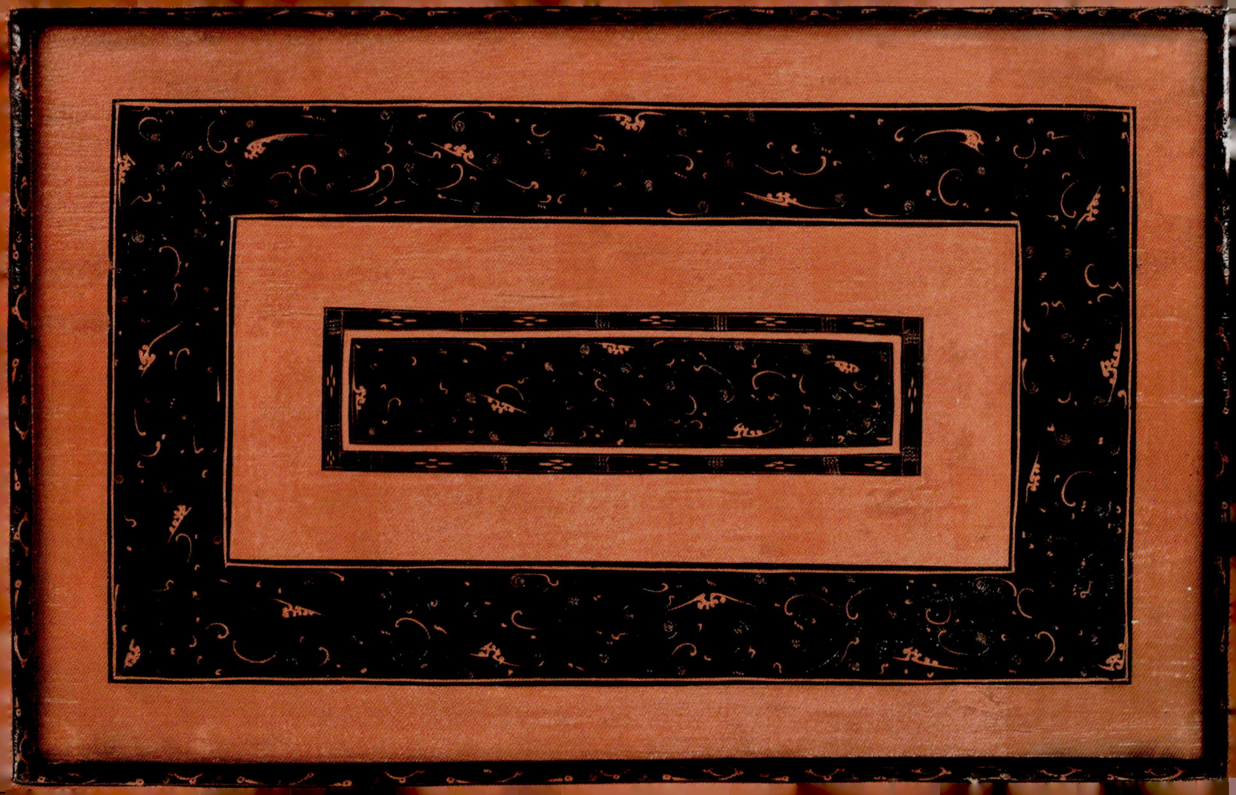

二 阴阳

线描图

| 生命时空 —— 马王堆汉墓新论

13
云纹漆匜 6065

一号墓 东77
高8.2厘米，长34.1厘米，宽25厘米

二 阴阳

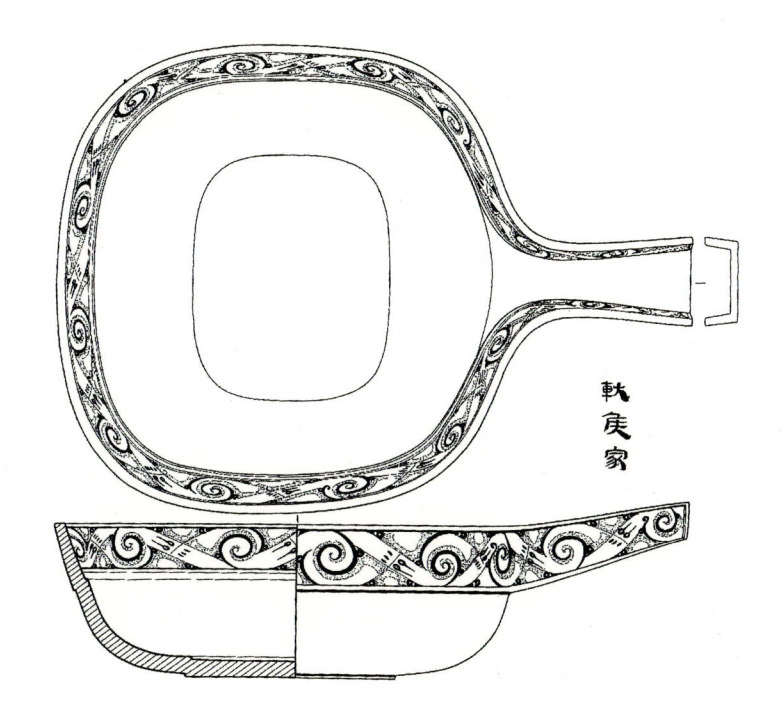

线描图

| 生命时空 —— 马王堆汉墓新论

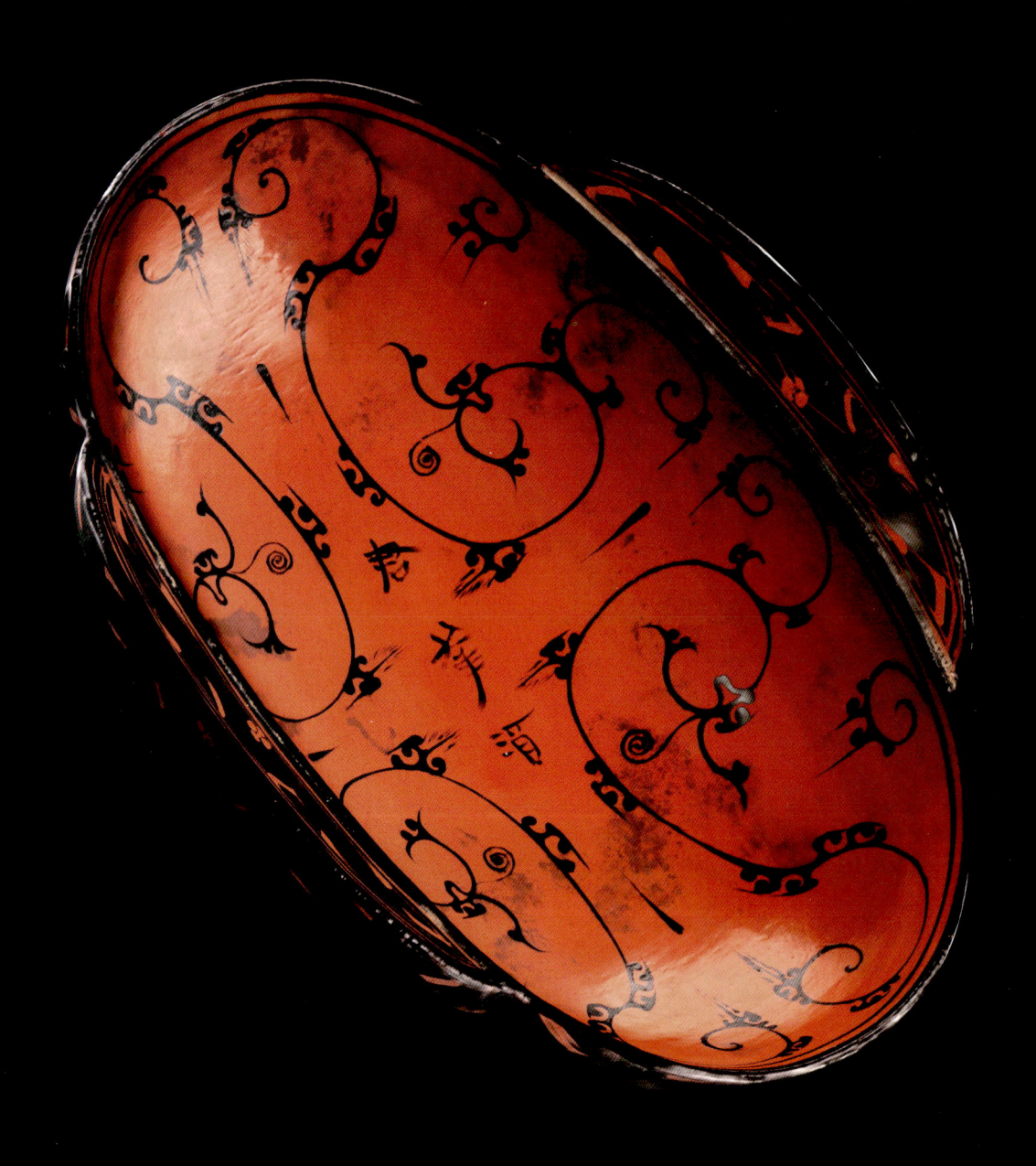

14
"一升""君幸酒"云纹漆耳杯　6074

一号墓　东145
高4.8厘米，长17厘米，宽9.8厘米

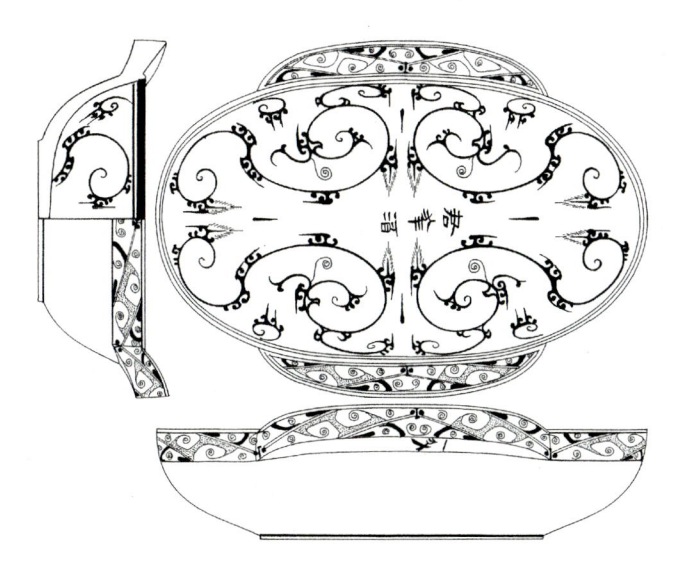

二 阴阳

"一升""君幸酒"云纹漆耳杯线描图
一号墓 东150

15
"四升""君幸酒"云纹漆耳杯 6071

一号墓 东111
高7.5厘米,长23.4厘米,宽13.6厘米

二 阴阳

"四升""君幸酒"云纹漆耳杯线描图
一号墓 东223

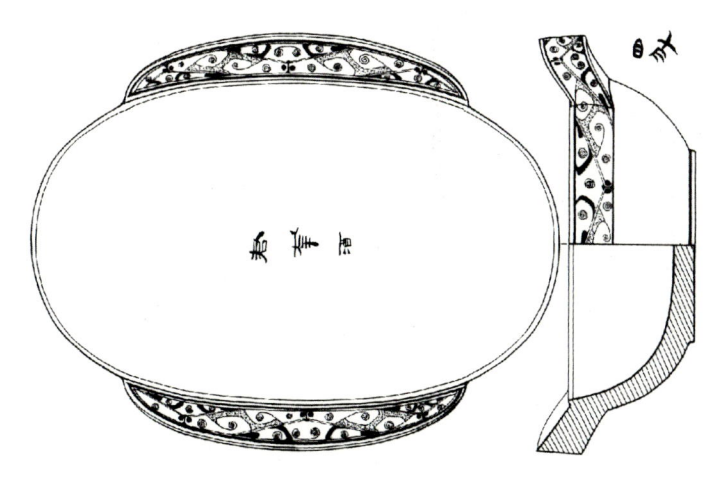

16

"君幸酒" 小漆耳杯 6082-1

一号墓 东177-1
高3厘米，长14厘米，宽10.4厘米

二 阴阳

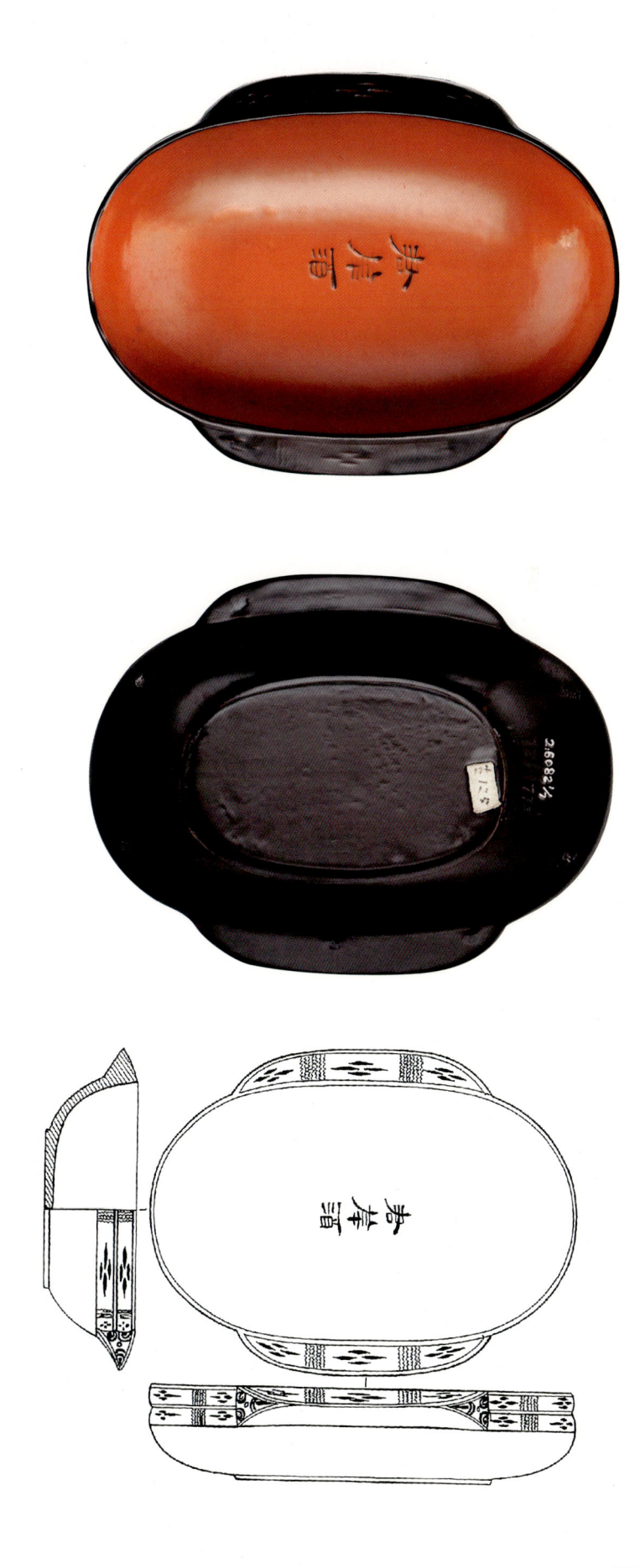

线描图

17
"一升半升""君幸食"漆耳杯 6075

一号墓 东175
高5.6厘米，长18.6厘米，宽10.7厘米

二 阴阳

"一升半升""君幸食"漆耳杯
一号墓 东184

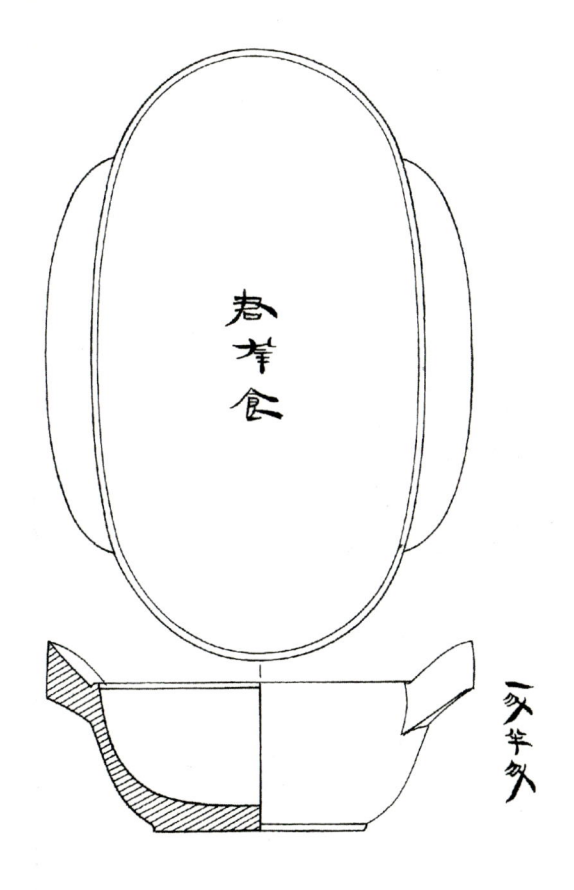

18
"君幸酒"云纹斗卮 6088

三号墓 西35
通高15.5厘米,盖口径15.8厘米,器身口径15.5厘米

二 阴阳

线描图

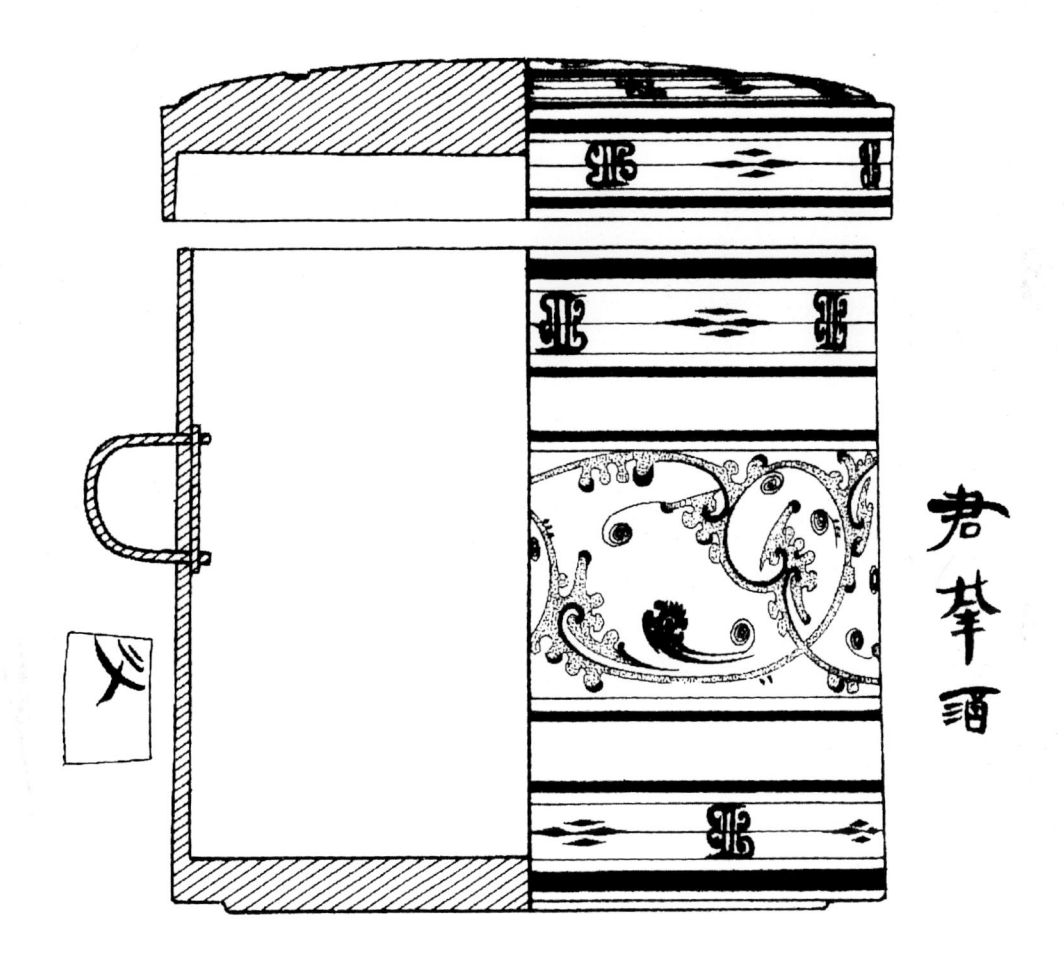

君莘酒

| 生命时空 —— 马王堆汉墓新论

顶盖顶视图

去盖顶视图

二 阴阳

19

铜釦玳瑁漆樽 6120

二号墓 北7
通高13.6厘米，口径8.4厘米

二 阴阳

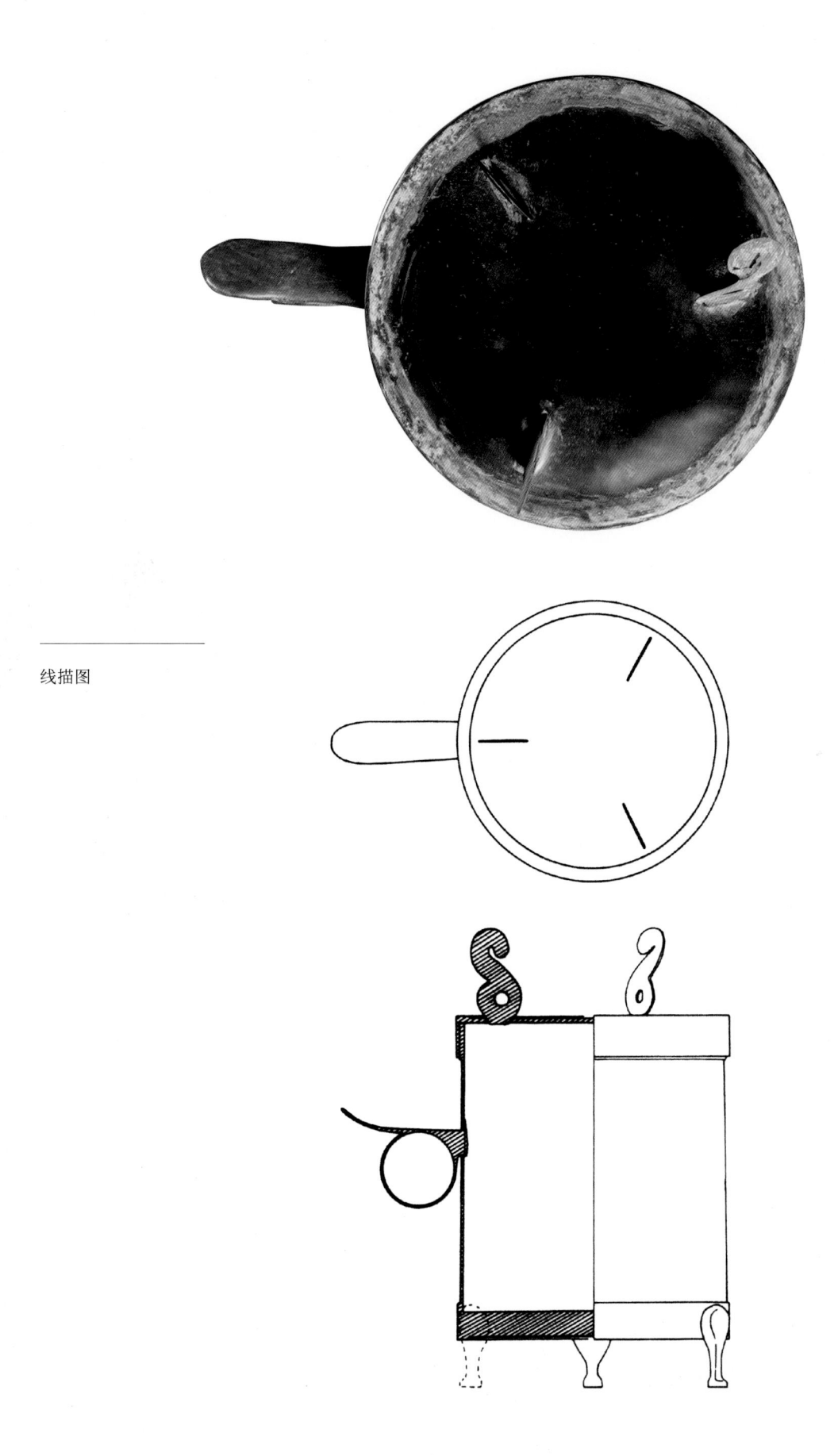

线描图

20

彩绘漆陶钫 5295

一号墓 南287
通高37.5厘米,口边长12厘米,腹边长18.5厘米,足边长13.5厘米,圈足高4厘米

二　阴阳

彩绘漆陶钫线描图
一号墓　南280

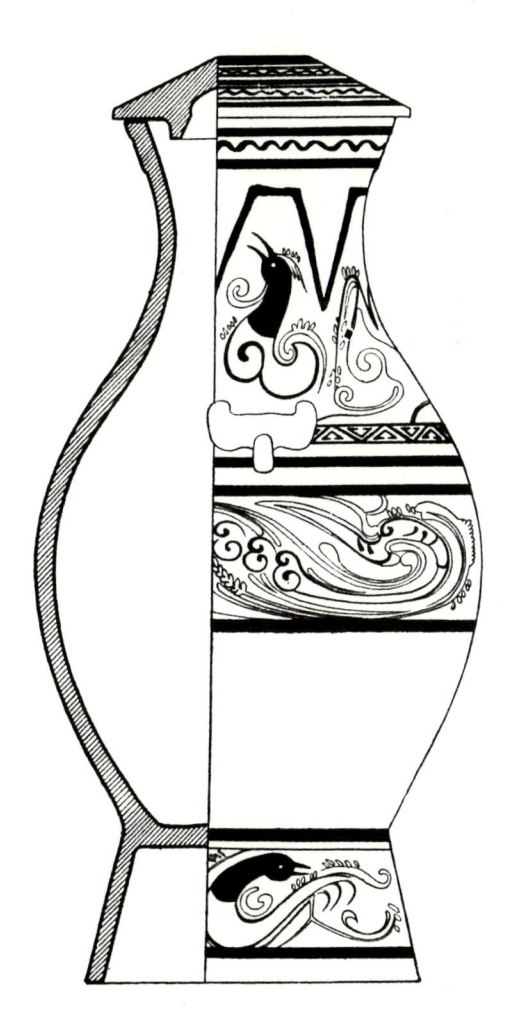

器以藏礼
——马王堆汉墓漆器简述

刘 怡

据考古发掘研究，漆器在早期中国的生产可追溯至新石器时代。先秦文献关于上古"圣王"时期的书写中记载，"尧禅天下，虞舜受之。作为食器，斩山木而财之，削锯修其迹，流漆墨其上""禹作为祭器，墨漆其外，而朱画其内"。[1] 考古所见的新石器时代晚期漆礼器，以漆绘、嵌玉等精制工艺区别于日用食器类漆器，[2] 随葬漆礼器的数量及形制体现着墓葬等级的区分。[3] 漆器与玉器、铜器、陶器在礼器组合中互为关联，以漆觚为例，漆觚最早发现于良渚文化遗址，并在好川文化、二里头文化、早商文化遗址中与玉锥形器或柄形器一同出土，成为祭祀中榫接使用的礼器组合。[4] 此外，漆觚在二里头文化时期与铜爵、陶盉共同构成酒礼器组合形式。[5] 西周时期，漆礼器具有与青铜礼器同等的地位和功用，并部分地取代了青铜礼器。[6] 漆礼器发展的转折约在战国早期，随着漆日用器的种类及数量大幅增长，漆器的礼器功能逐步减弱。[7]

漆器作为日用器、礼器的功能，以及外髹黑漆、内髹朱漆的器物特征，在马王堆出土的西汉早期漆器中有所展现。相关研究指出，延续着战国时期以来的变化趋势，汉初漆器在器形和器类方面的主要特征为礼器功能减退、日常实用功能增强。例如，随葬漆器数量增多且较大比例为生活用具。[8] 马王堆汉墓出土的漆器种类繁多，按器物类型可分为鼎、锺、匜、盂、钫、壶、卮、勺、匕、盒、奁（食奁、妆奁、书奁）、案、盘（食盘、盛食盘、平盘、大盘）、耳杯（酒杯、食杯）、几、屏风等十余种。[9] 用途上以实用器具为主，包括礼器、葬具、乐器、兵器及生活用具（饮食、梳妆、盥洗、家居杂器等），另外也有部分明器。三座墓葬共出土漆器700余件，其中一号墓184件，二号墓200余件，三号墓319件。[10] 生活用具中，仅就漆耳杯而言，一号墓出土90余件，三号墓出土174件，占墓葬出土漆器约半数比重。[11]

尽管马王堆汉墓出土漆器中礼器的数量较少，据有关研究，随葬的漆鼎、漆匜等器物仍体现出对于先秦祭祀礼仪的传承。马王堆一号墓中出土的"遣策"竹简所记载的器物包括羹鼎24件，漆鼎7件，陶鼎6件。[12] 近年研究认为其鼎制为"正鼎三套并各有陪鼎三件"，与周礼中宗庙祭祀时的朝践、馈食、绎祭用器相关。[13] 鉴于一号墓实际出土器物中未见羹鼎，有研究提出羹鼎为葬日大遣奠祭祀中使用的礼鼎，不用作随葬器物。此外，出土的漆鼎和陶鼎与"遣策"简记载一致，应为丧葬明器，而非实用礼器。[14] 一号墓与三号墓中随葬漆鼎大多出土于东边厢，其象征应为墓主的起居室。[15] 对于祭器与明器之间关联的研究提出，一号墓北边厢出土的云纹漆案，其上放置的器物中有内盛食物的小漆盘，与"遣策"简记载相符，似为大遣奠所用祭器，祭祀后用作明器入葬。[16] 云纹漆案前方置有漆匜一件，漆匜在一号墓中共出土二件，另一件在东边厢中与漆盘同出，研究指出匜、盘的组合表明了先秦沃盥之礼仍在沿用。[17]

除了礼器功能的减弱之外，研究指出，西汉早期至中期，漆器发展的另一趋势为胎骨由木胎逐渐转变为夹纻胎。夹纻胎为出现于战国时期的漆器制作新工艺，[18] 在马王堆汉墓出土漆器中数量较少。[19] 马王堆出土的大部分漆器为木胎，以胎骨制法可分为旋木胎、斫木胎和卷木胎。[20] 器身大多以漆绘、油彩、锥画等技法[21]装饰有几何纹（水波纹、菱形纹等）、云气纹、龙纹、凤鸟纹、花草纹、人物及写生动物纹饰。[22] 据有关研究，马王堆漆器的装饰风格反映出湖南区域文化影响下，楚文化、秦文化等多种元素的交融。[23] 其中，二号墓因年代较早，随葬漆器的纹饰风格以凤鸟纹为主题，与战国晚期楚墓出土漆器的装饰风格更为相似。[24] 凤鸟纹为楚漆器常见纹饰，与楚人崇凤传统相关，并在二号墓漆器装饰的凤鸟几何云纹中有所传承与发展。[25]

马王堆汉墓出土漆器的器表上，除纹饰以外，另有文字注记说明这些随葬漆器的生产与使用的社会背景。马王堆部分漆器的器身上带有以朱漆或黑漆书写的文字，内容标注出物主（"軑侯家"字样）、用途（"君幸食""君幸酒"字样）以及容量（"石""四斗""九升"等字样）。[26] 器身文字标注的信息与"遣策"竹简中记载的器物形制相符，部分漆器出土时内置食品（酒、肉食、面食等）、物品（梳妆用具等），也与竹简中的记录一致。马王堆汉墓共出土"遣策"竹简722支，记载有644件随葬漆器，多于实际出土数量。[27] 此外，部分漆器上带有"成市草"等多种不同字样的烙印戳记。[28] 研究指出，此类戳记表明该器物制造于市府所属漆器作坊，"成市"即指成都市府。[29] 马王堆一号墓与三号墓出土的漆器中，带有烙印戳记的器物在胎骨、形制与花纹上均为类似，应为同一漆器作坊生产的同批作品。[30] 然而，仍有部分漆器的工艺风格与这批戳记器物存在显著差别，依据长沙地区秦汉时期漆器制造业的发展水平，有关研究推断这类不同于戳记器物的漆器为本地漆工所制。[31] 三号墓出土的帛书《五十二病方》中有三条医方涉及漆疮病的治疗，其中一条提及"桼（漆）王"，似为漆器制造业的神灵信仰。[32]

以胎骨质地划分，马王堆汉墓出土的漆器包括木胎、夹纻胎、竹胎、角胎、丝胎，以及以泥制灰陶为胎体的漆陶器。[33] 马王堆汉墓中仅一号墓出土漆陶器六件，其中鼎、盒、钫各二件，此类器形多见于漆礼器。据相关研究，髹漆陶器盛行于汉代文帝后期至景帝时期，其器形、纹饰均效仿漆木礼器而制成。陶胎器表髹漆易剥落，因此漆陶器大多作为明器使用，马王堆一号墓出土的漆陶器即为随葬明器中的礼器。东汉时期，由于陶与釉结合的改良新工艺出现，瓷器的兴起使漆陶器这一具有汉代漆器特征的礼器走向终结。[34] 在漆礼器的发展进程中，马王堆汉墓中出土的漆器既承载着早期中国漆木礼器的演进轨迹，又呈现出西汉初期丧葬礼仪影响下的变迁动向。

注释

1 出自《韩非子·十过》。（清）王先慎撰，钟哲点校：《韩非子集解》，中华书局，2003年，第70—71页。
2 例如，研究指出良渚时期庙前、瑶山、反山遗址出土的髹漆木器或嵌玉漆木器可能为漆礼器。赵晔：《初论良渚文化木质遗存》，《南方文物》2012年第4期，第79页。
3 卢一：《论先秦礼器中的漆器传统》，《古代文明》（第13卷），上海古籍出版社，2019年，第29、30、34页。
4 严志斌：《漆觚、圆陶片与柄形器》，《考古研究》2020年第1期，第21页。
5 李志鹏：《二里头文化墓葬研究》，《中国早期青铜文化——二里头文化专题研究》，科学出版社，2008年，第67—68页。
6 王巍：《关于西周漆器的几个问题》，《考古》1987年第8期，第742—743页。
7 卢一：《论先秦礼器中的漆器传统》，第49—50页。

8 聂菲：《从湖南西汉贵族墓出土漆器审度汉初漆器功能工艺的传承与变异——兼论湖南汉初漆器产地问题》，《马王堆汉墓漆器整理与研究（中）》，中华书局，2019年，第225页。
9 此外，还有髹漆的兵器、乐器以及局部髹漆的其他杂器。陈建明、聂菲主编：《马王堆汉墓漆器整理与研究（上）》，中华书局，2019年，第140页。
10 陈建明、聂菲主编：《马王堆汉墓漆器整理与研究（上）》，第1、27页。
11 聂菲：《从湖南西汉贵族墓出土漆器审度汉初漆器功能工艺的传承与变异——兼论湖南汉初漆器产地问题》，第227页。
12 一号墓"遣策"简一至简二九、简一六五、简一六七、简二二一。湖南省博物馆、中国科学院考古研究所：《长沙马王堆一号汉墓》上集，文物出版社，1973年，第130—133、143、147页。
13 张闻捷：《试论马王堆一号汉墓用鼎制度》，《文物》2010

年第 6 期，第 94 页。此外，关于马王堆一号墓用鼎制度，学者们持有不同观点。俞伟超认为其鼎制为"九、七三牢和陪鼎三套"，沿用周代礼制（《马王堆一号汉墓用鼎制度考》，《马王堆汉墓研究》，湖南人民出版社，1979 年）。郑曙斌认为其鼎制应为"正鼎一套陪鼎四套"，用于葬日大遣奠的祭祀（《试论马王堆汉墓丧葬用鼎》，《湖南省博物馆文集》（第四辑），《船山学刊》杂志社，1998 年）。

14 郑曙斌：《论马王堆汉墓遣册记载的祭器》，《湖南省博物馆馆刊》（第十二辑），岳麓书社，2016 年，第 307—308 页。

15 湖南省博物馆、湖南省文物考古研究所：《长沙马王堆二、三号汉墓》，文物出版社，2004 年，第 42—43 页。

16 郑曙斌：《论马王堆汉墓遣册记载的祭器》，第 310—311 页。

17 聂菲：《特殊空间：马王堆一号汉墓北边厢空间的营造与利用》，《湖南省博物馆馆刊》（第十一辑），岳麓书社，2014 年，第 47 页。

18 聂菲：《马王堆汉墓夹纻胎漆器考述》，《纪念马王堆汉墓发掘四十周年国际学术研讨会论文集》，岳麓书社，2016 年，第 583 页。

19 夹纻胎多见于卮、奁等器形，制法上先以木或泥制成器形作为内胎，再以麻布或缯帛若干层附于内胎上，干燥后脱除内胎。夹纻胎漆器在马王堆一号墓出土 14 件，二号墓出土 40 余件，三号墓出土 13 件。陈建明、聂菲主编：《马王堆汉墓漆器整理与研究（上）》，第 26、89、140 页。

20 旋木胎，多用于鼎、盒、钟、盂、盘等较为厚重器形，制法为在车床上用钢铁刀具将木块旋削出外壁和底部，再剜凿出腹腔。斫木胎，多用于耳杯、匜、钫、匕、案等，使用刨、削、剜、凿等方法将木块斫削出器形。卷木胎，多用于卮、奁等直壁器形，使用薄木片卷成圆筒状器身，接榫处或用木钉钉接，或削成斜面以胶漆黏合，底部是刨制的圆形平板，和器壁接合。一般在胎骨上加裱麻布，然后髹漆。湖南省博物馆、中国科学院考古研究所：《长沙马王堆一号汉墓》上集，第 76 页。傅举有：《马王堆汉墓漆木器艺术》，《马王堆汉墓漆器整理与研究（中）》，中华书局，2019 年，第 137 页。

21 漆绘，以生漆制成半透明漆加入某种颜料，描绘于已髹漆的器物上。油彩，用朱砂或石绿等颜料调油绘制。湖南省博物馆、中国科学院考古研究所：《长沙马王堆一号汉墓》上集，第 76 页。锥画，在已髹漆器物上用针或锥在未干透漆膜上镌刻纹饰。陈建明、聂菲主编：《马王堆汉墓漆器整理与研究（上）》，第 26 页。

22 陈建明、聂菲主编：《马王堆汉墓漆器整理与研究（上）》，第 140 页。

23 高至喜（《马王堆汉墓的楚文化因素分析》，《湖南省博物馆文集》（第三辑），岳麓书社，1991 年）和后德俊（《马王堆汉墓出土漆器与楚国漆工艺的关系》，《马王堆汉墓研究文集——1992 年马王堆汉墓国际学术讨论会论文选》，湖南出版社，1994 年）均认为马王堆汉墓出土漆器的器形、纹饰、工艺等与楚漆器类似，深受楚文化影响。此外，郭德维（《试论马王堆汉墓中的秦文化因素》，《马王堆汉墓研究文集——1992 年马王堆汉墓国际学术讨论会论文选》，湖南出版社，1994 年）指明了马王堆漆器中的秦文化因素，宋少华（《马王堆汉墓漆器流变考略》，《马王堆汉墓研究文集——1992 年马王堆汉墓国际学术讨论会论文选》，湖南出版社，1994 年）提出马王堆漆器还受到了巴蜀文化和越文化的影响。相关具体综述见，陈建明：《四十年来马王堆汉墓漆器研究综述》，《马王堆汉墓漆器整理与研究（中）》，第 10 页。

24 陈建明、聂菲主编：《马王堆汉墓漆器整理与研究（上）》，第 89 页。

25 聂菲：《从湖南西汉贵族墓出土漆器审度汉初漆器功能工艺的传承与变异——兼论湖南汉初漆器产地问题》，第 39 页。

26 湖南省博物馆、中国科学院考古研究所：《长沙马王堆一号汉墓》上集，第 77—78 页。

27 湖南博物院、郑曙斌：《马王堆汉墓遣策整理与研究》，中华书局，2022 年，第 115—116 页。

28 湖南省博物馆、中国科学院考古研究所：《长沙马王堆一号汉墓》上集，第 78 页。

29 俞伟超、李家浩：《马王堆一号汉墓出土漆器制地诸问题——从成都市府作坊到蜀郡工官作坊的历史变化》，《考古》1975 年第 6 期，第 345 页。

30 湖南省博物馆、湖南省文物考古研究所：《长沙马王堆二、三号汉墓》，第 118 页。

31 聂菲：《关于湖南地区楚汉漆器的生产、管理和产地问题的再讨论》，《湖南省博物馆馆刊》（第五辑），岳麓书社，2008 年，第 394—396 页。

32 喻燕姣：《浅议马王堆汉墓简帛文献中的"漆"字》，《湖南省博物馆馆刊》（第七辑），岳麓书社，2010 年，第 92 页。

33 傅举有：《马王堆汉墓漆木器艺术》，第 137 页。

34 李建毛：《试析马王堆汉墓出土的漆陶器——兼及汉代陶器"异工互效"》，《纪念马王堆汉墓发掘四十周年国际学术研讨会论文集》，岳麓书社，2016 年，第 662—663、665 页。

马王堆俑人系列图

13

| 生命时空 —— 马王堆汉墓新论

1
戴冠男俑 5080

一号墓 南235
（身穿深蓝色菱形纹罗长袍，衣服为仿制品）
俑高79厘米，头长14厘米，肩宽19厘米
木、罗、锦、绢

二 阴阳

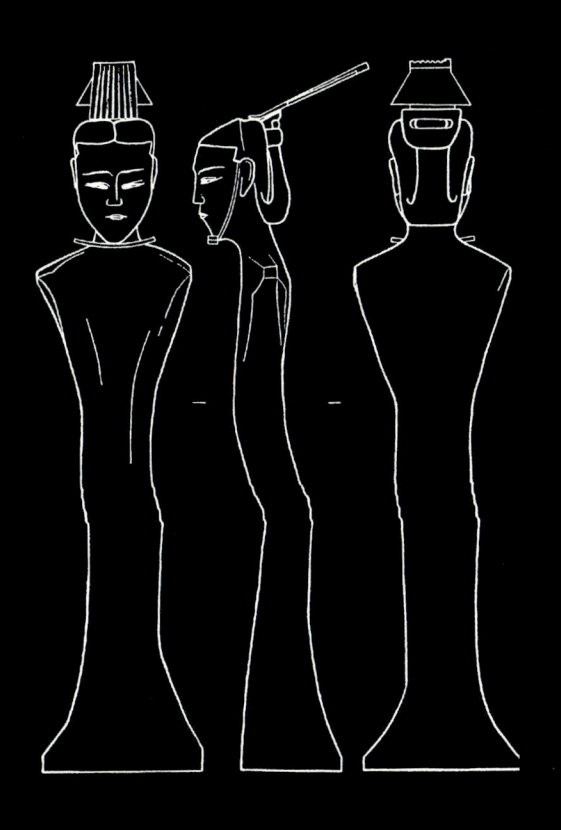

戴冠男俑线描图
一号墓 东1

435

|生命时空 —— 马王堆汉墓新论

垂髻着衣女侍俑线描图
一号墓 北416

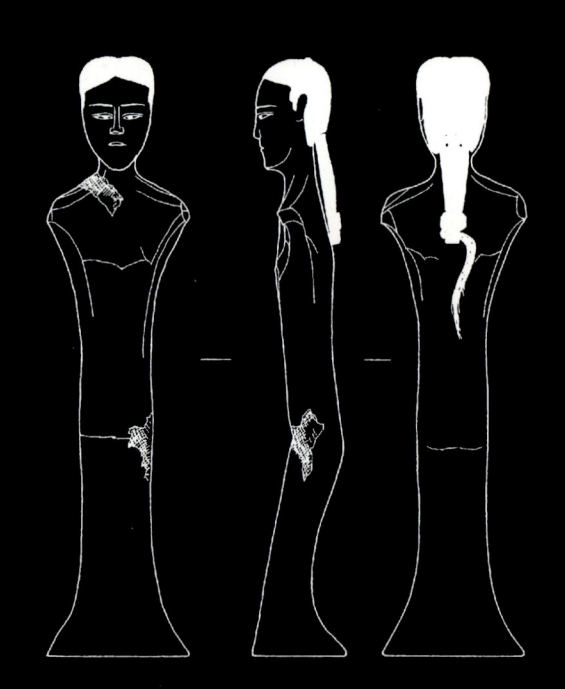

2
垂髻着衣女侍俑 5079

一号墓 北393
俑高72.3厘米，头长12厘米，肩宽17.5厘米
衣长33厘米，袖口宽13厘米
木、锦、绢、绢地刺绣

二 阴阳

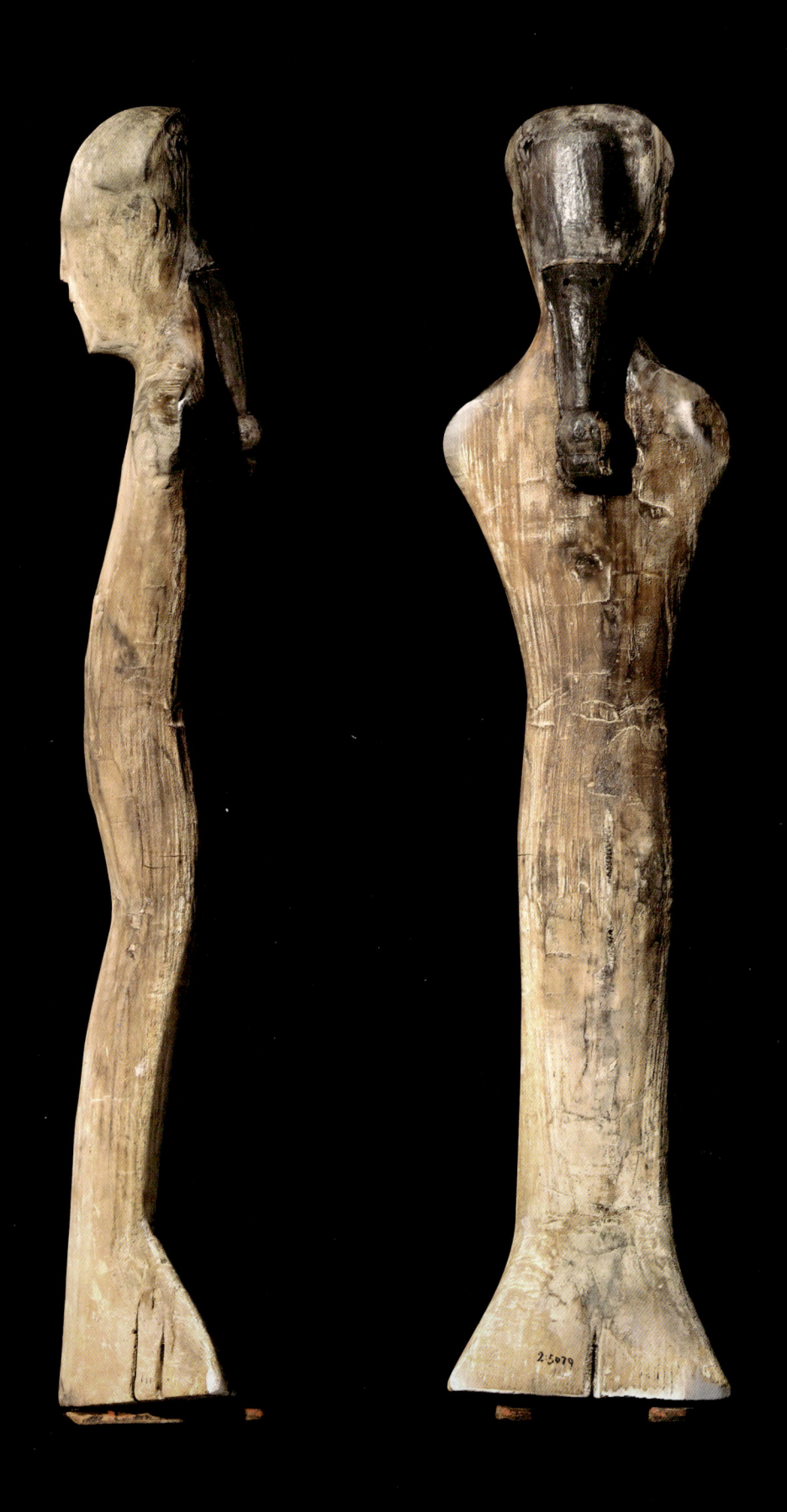

3
着衣女侍俑 6095

三号墓　北39
俑高70厘米，头长15厘米，
头宽10厘米，肩宽18厘米

二 阴阳

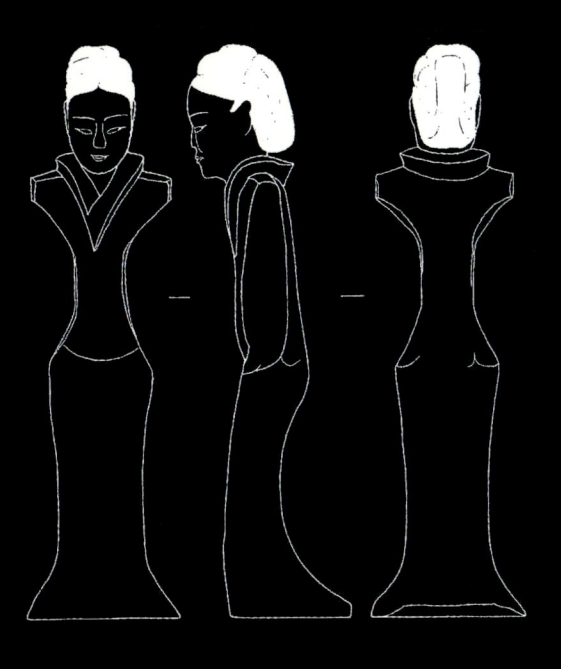

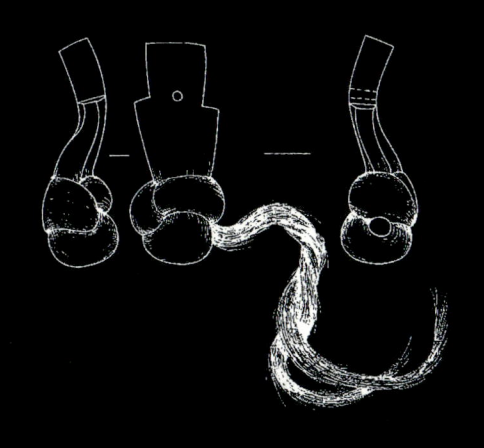

| 生命时空 —— 马王堆汉墓新论

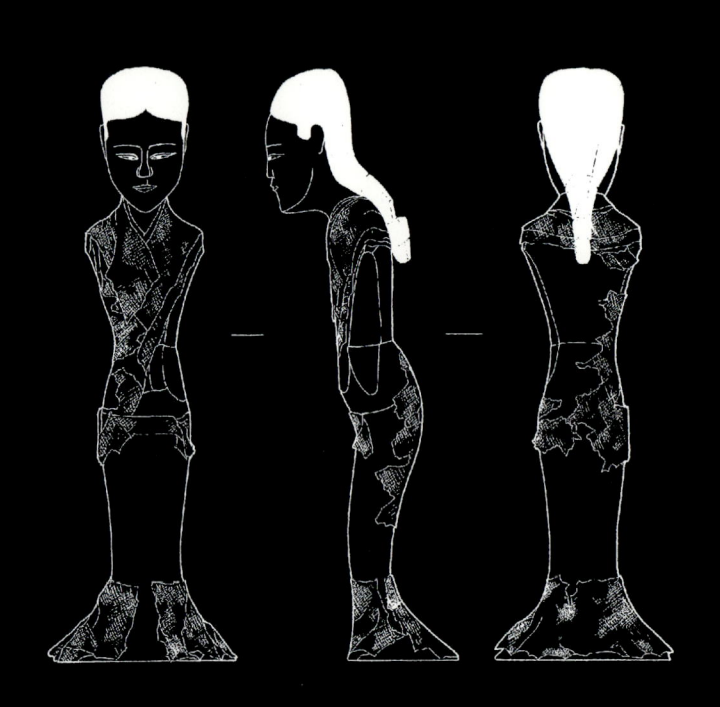

4
着衣舞俑 6097

一号墓 北410
俑高47厘米，肩宽10厘米

二 阴阳

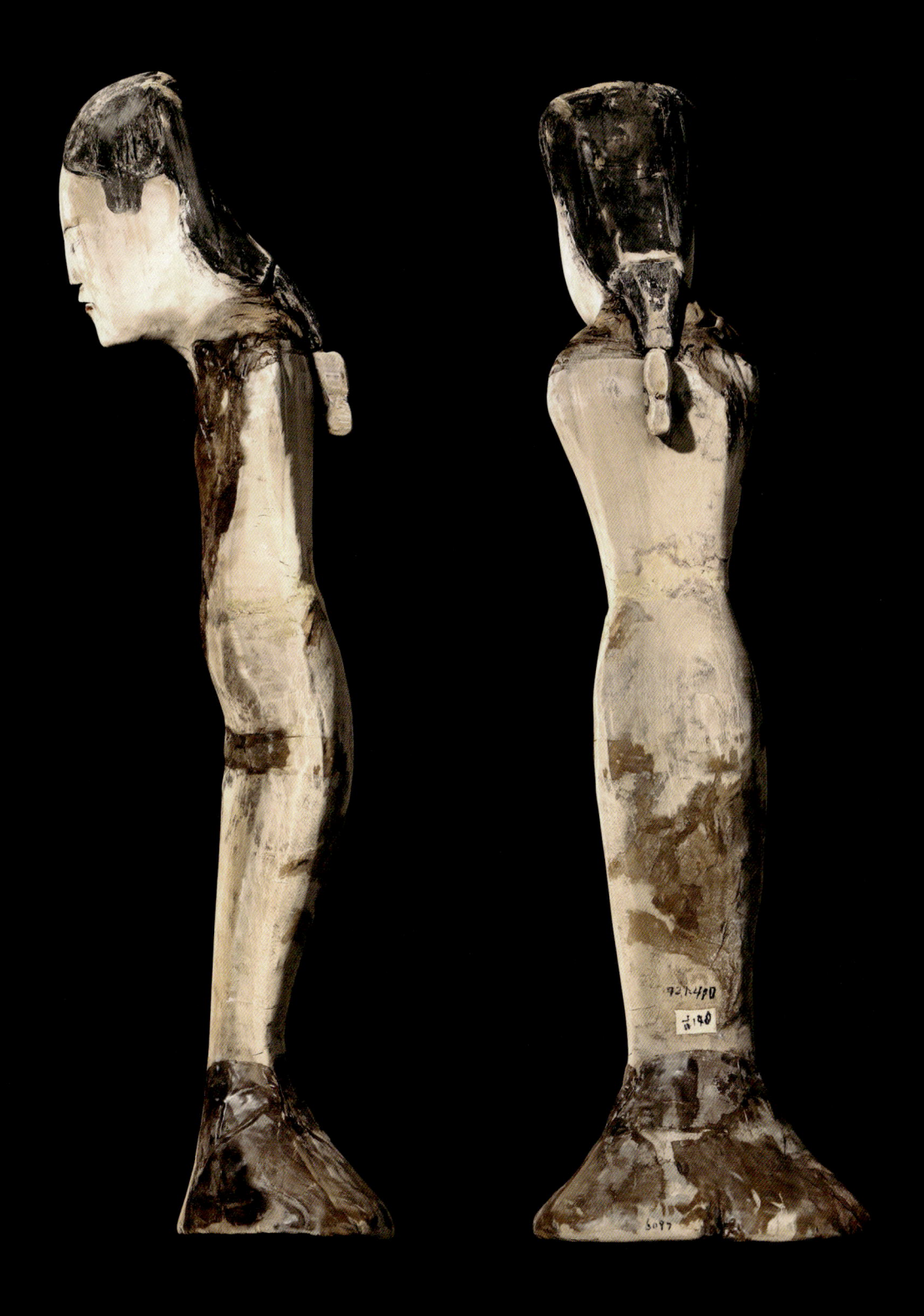

5
着衣歌俑 6103

一号墓 北404-2
俑高33厘米，肩宽10厘米
木、绢、绮

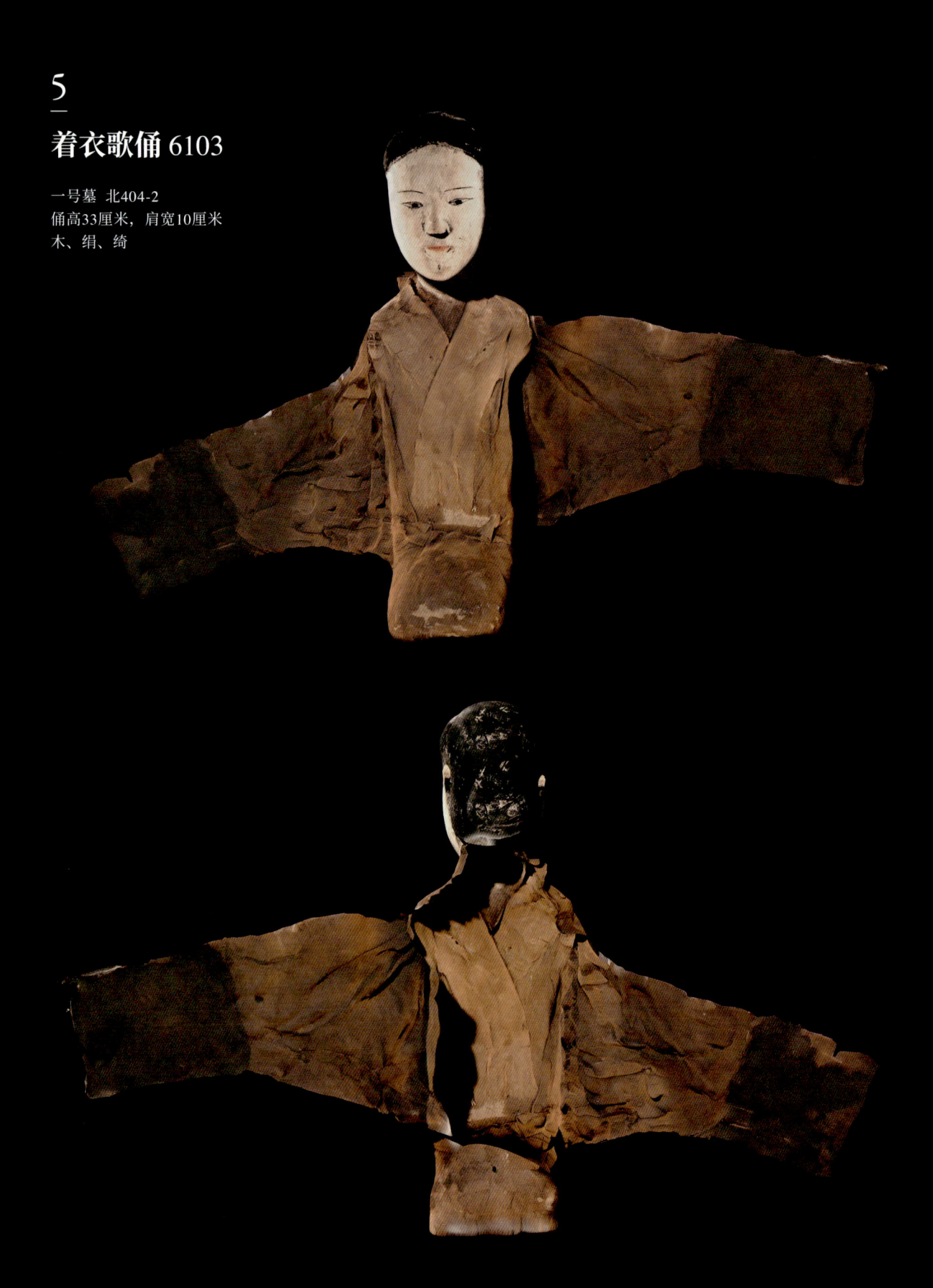

二 阴阳

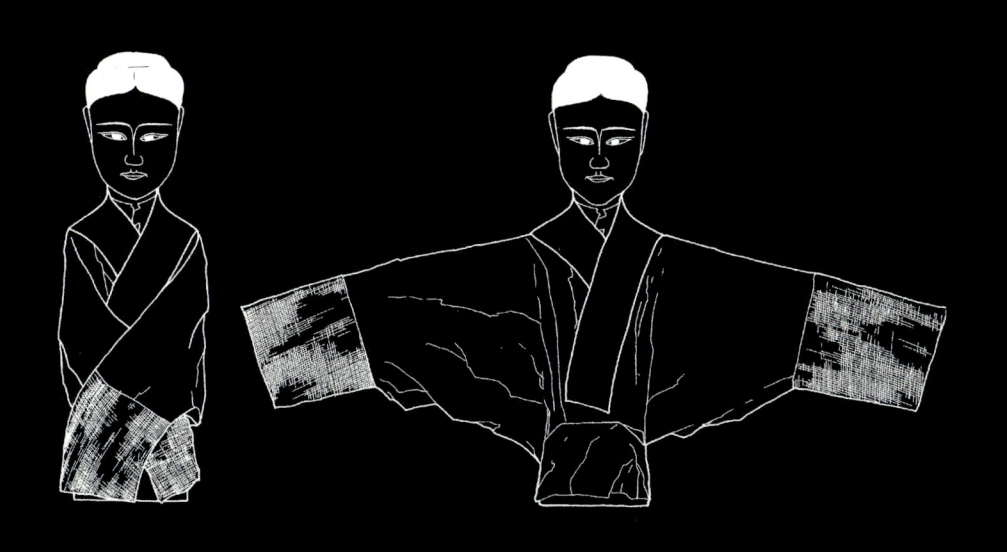

6

彩绘立俑 5144

一号墓 南248
俑高46.7厘米，头长9厘米，肩宽9厘米

二 阴阳

7
彩绘立俑 6036

三号墓 北26
俑高34.5厘米,肩宽7.8厘米

二 阴阳

447

| 生命时空 —— 马王堆汉墓新论

皂衣俑线描图
三号墓 北164

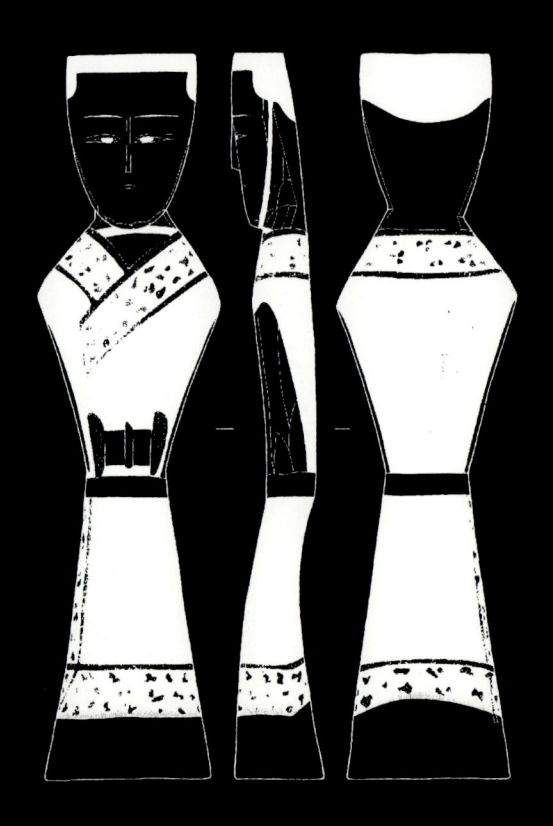

8
皂衣俑 6032

三号墓 北33

二 阴阳

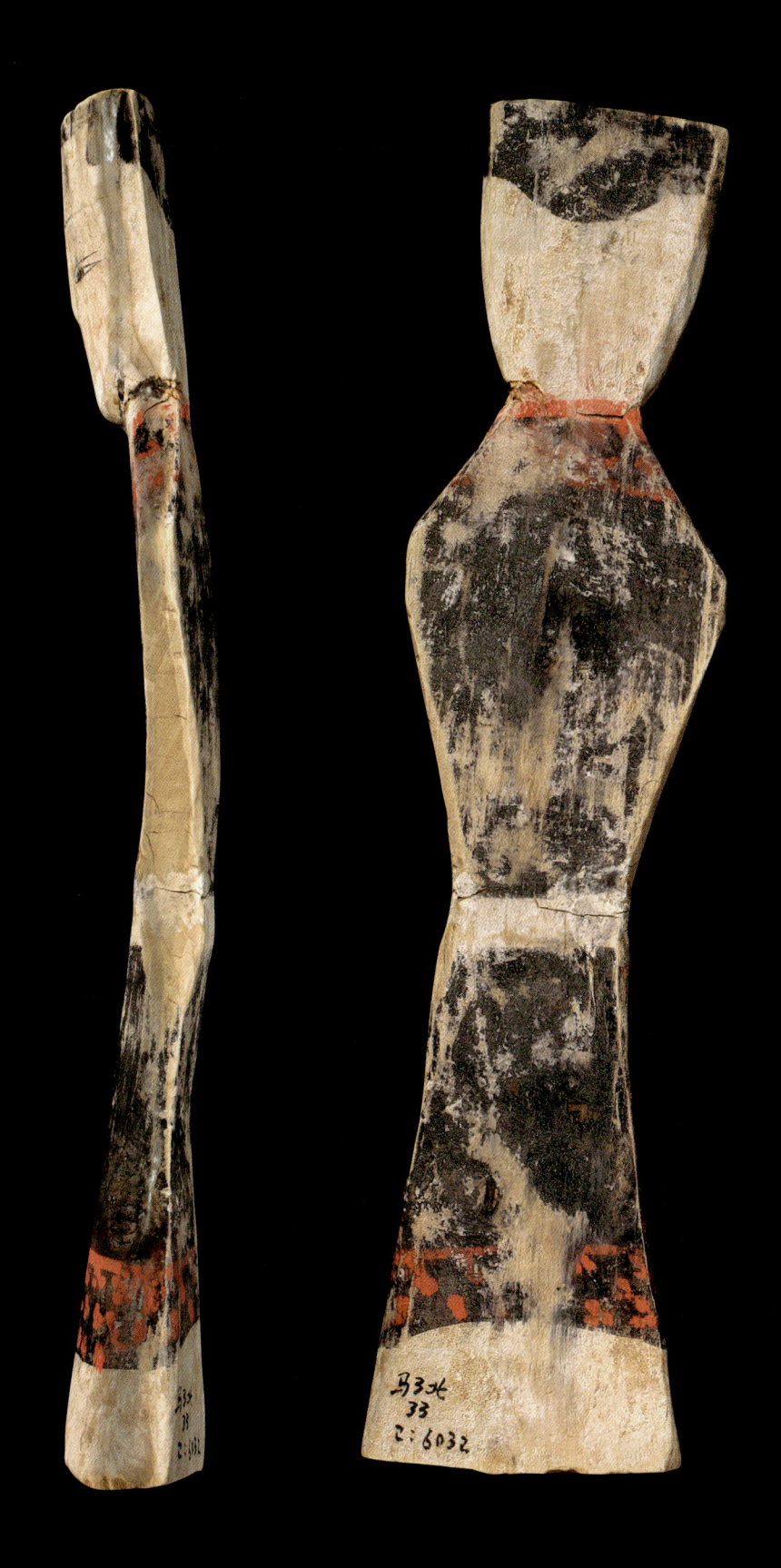

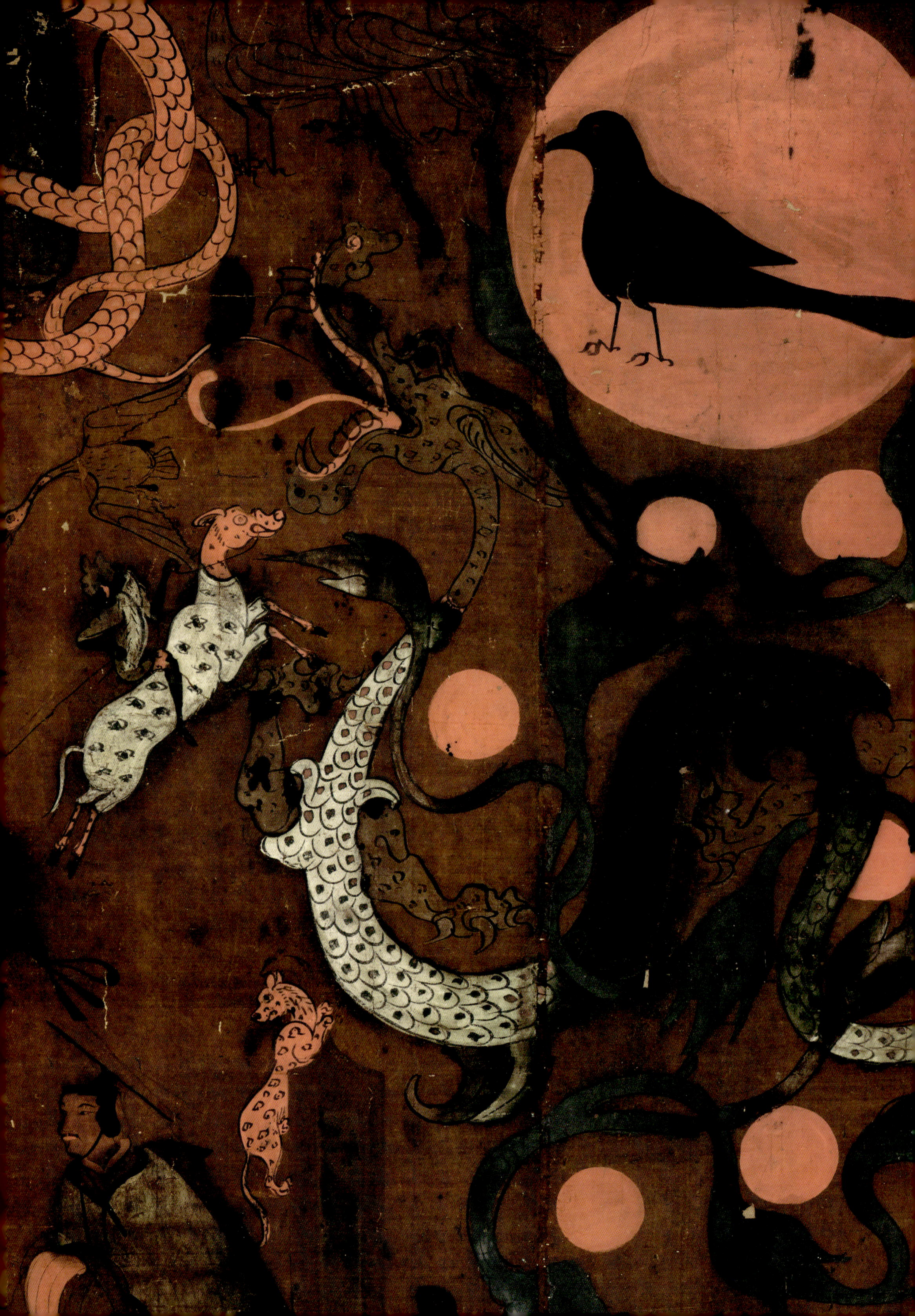

3
生命
chapter 3

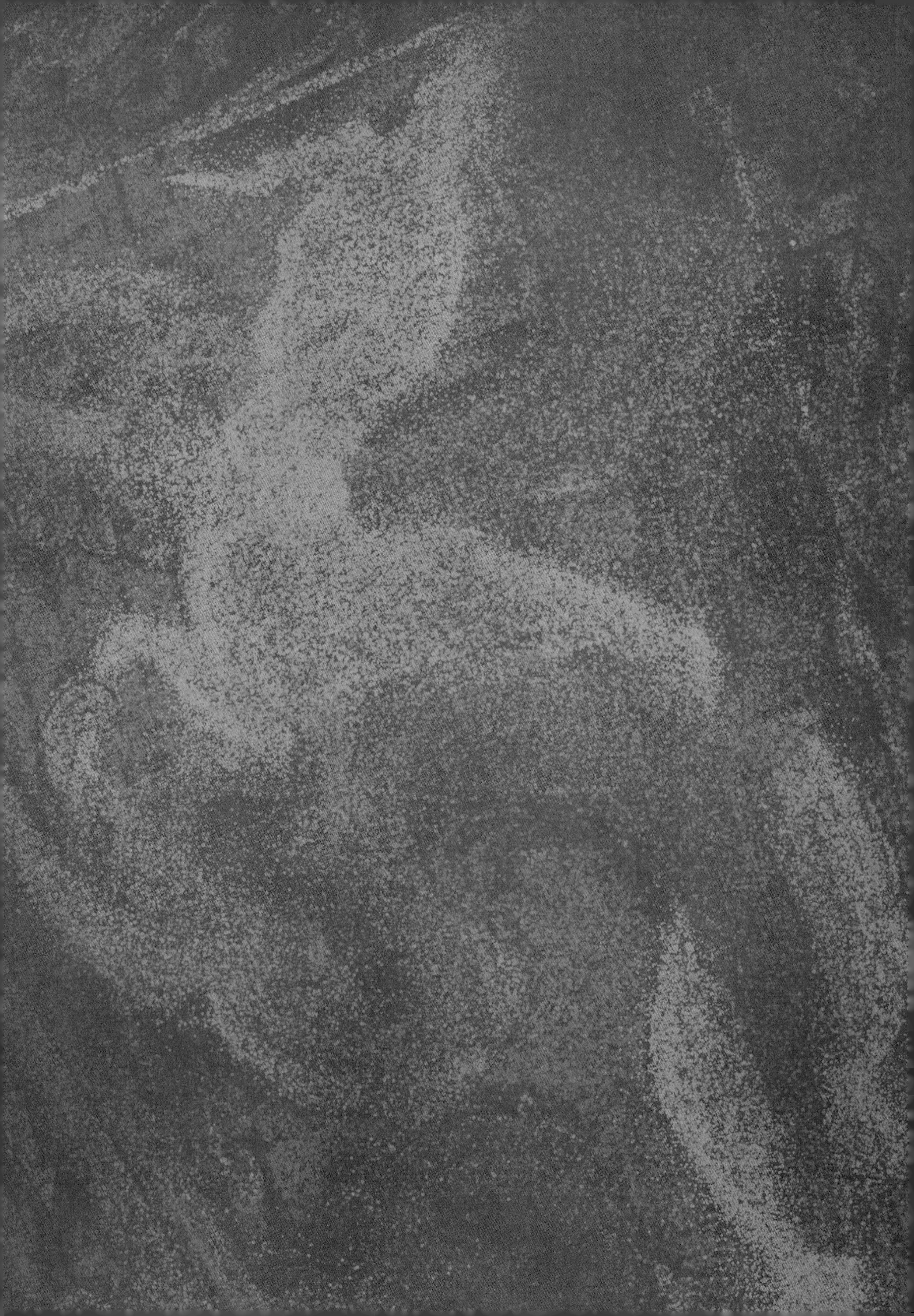

14

马王堆T形帛画系列图

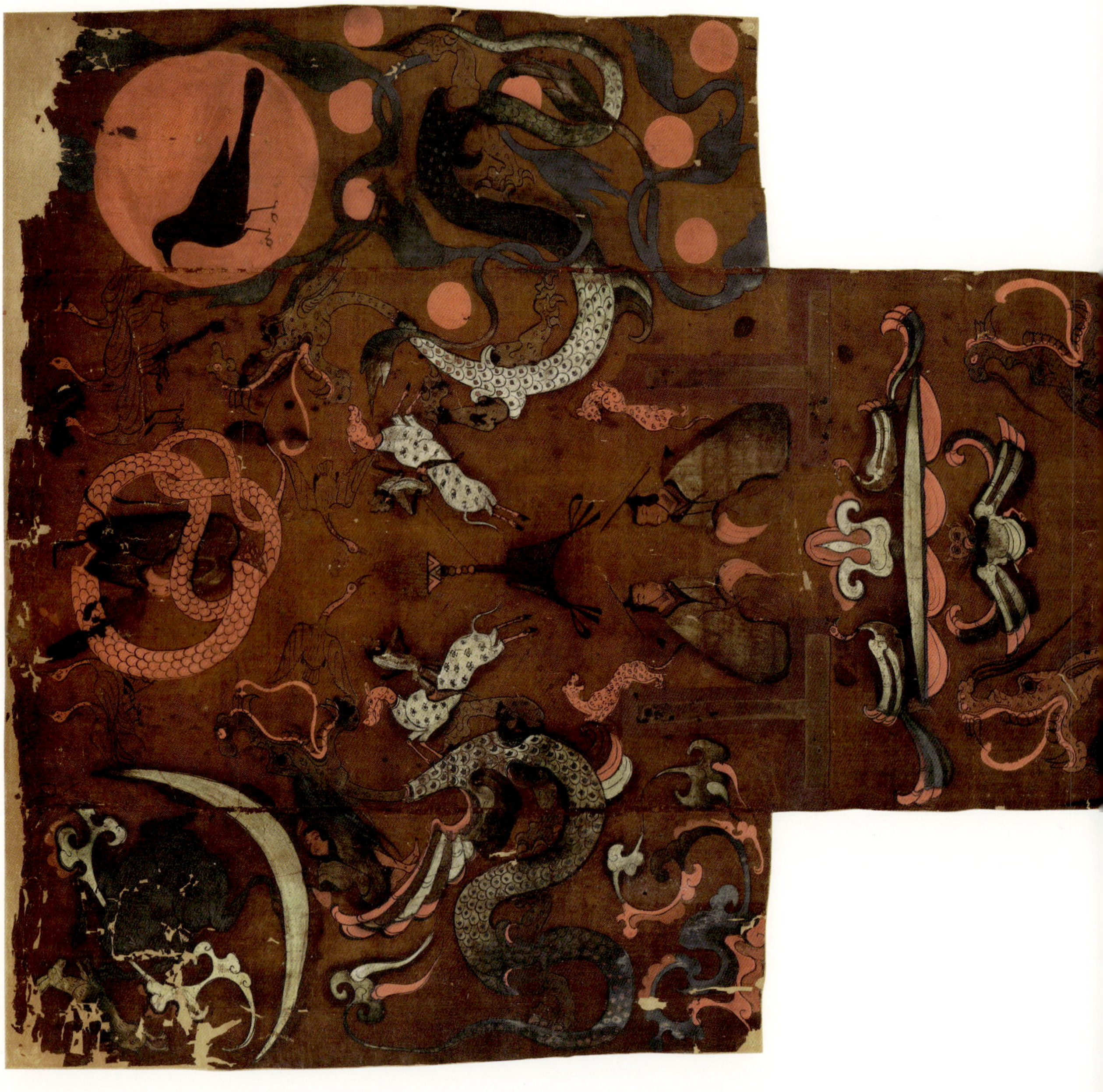

三 生命

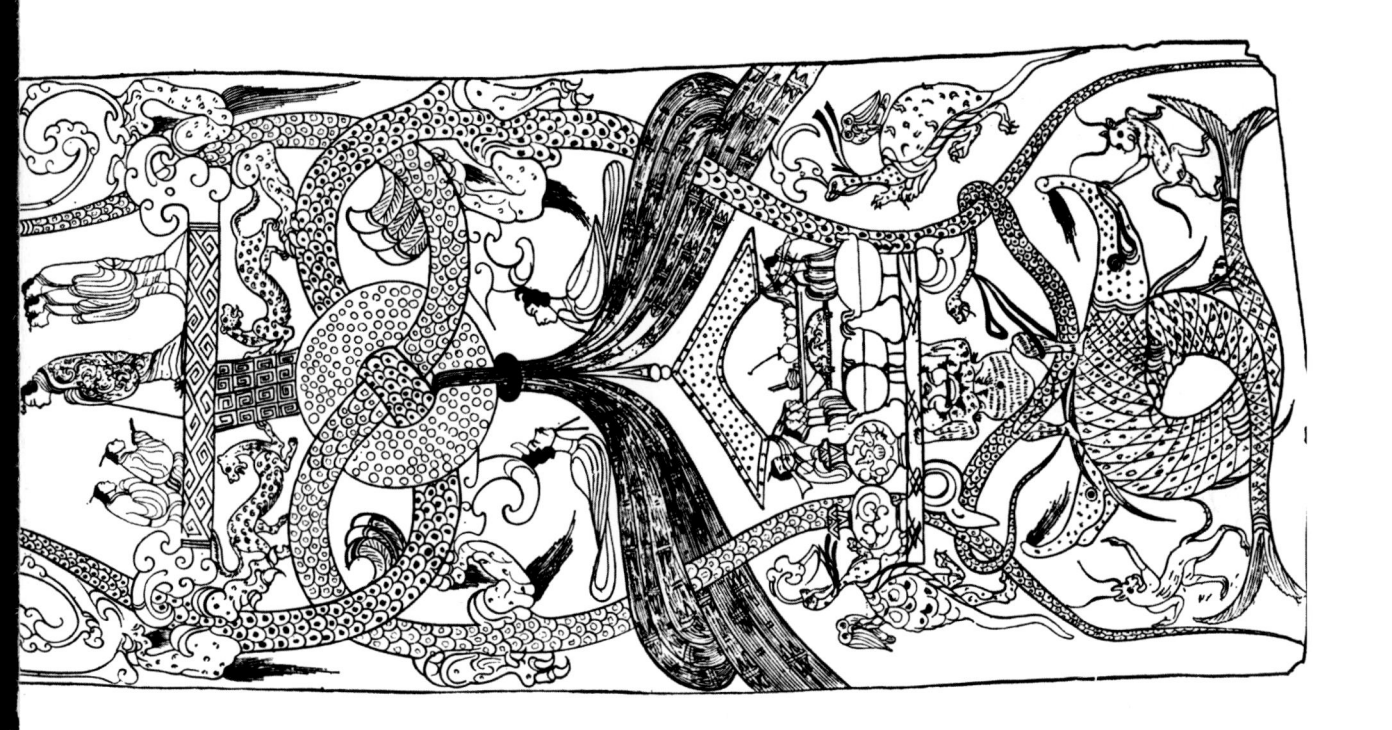

生命时空 —— 马王堆汉墓新论

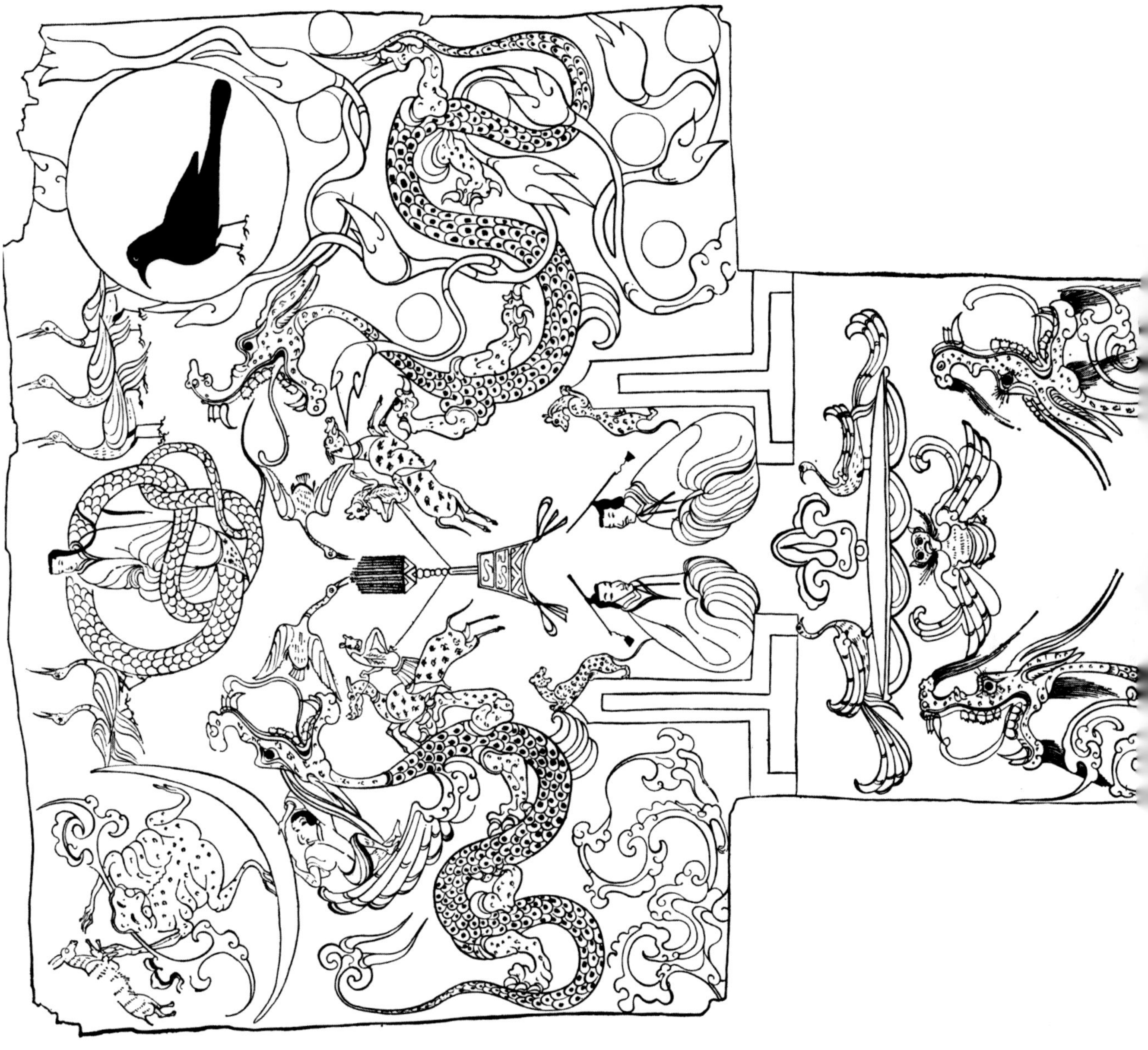

2

三号墓T形帛画6763

长234.6厘米，上宽141.6厘米，下宽50厘米

1

一号墓T形帛画　6352

长205厘米，上宽92厘米，下宽47.7厘米

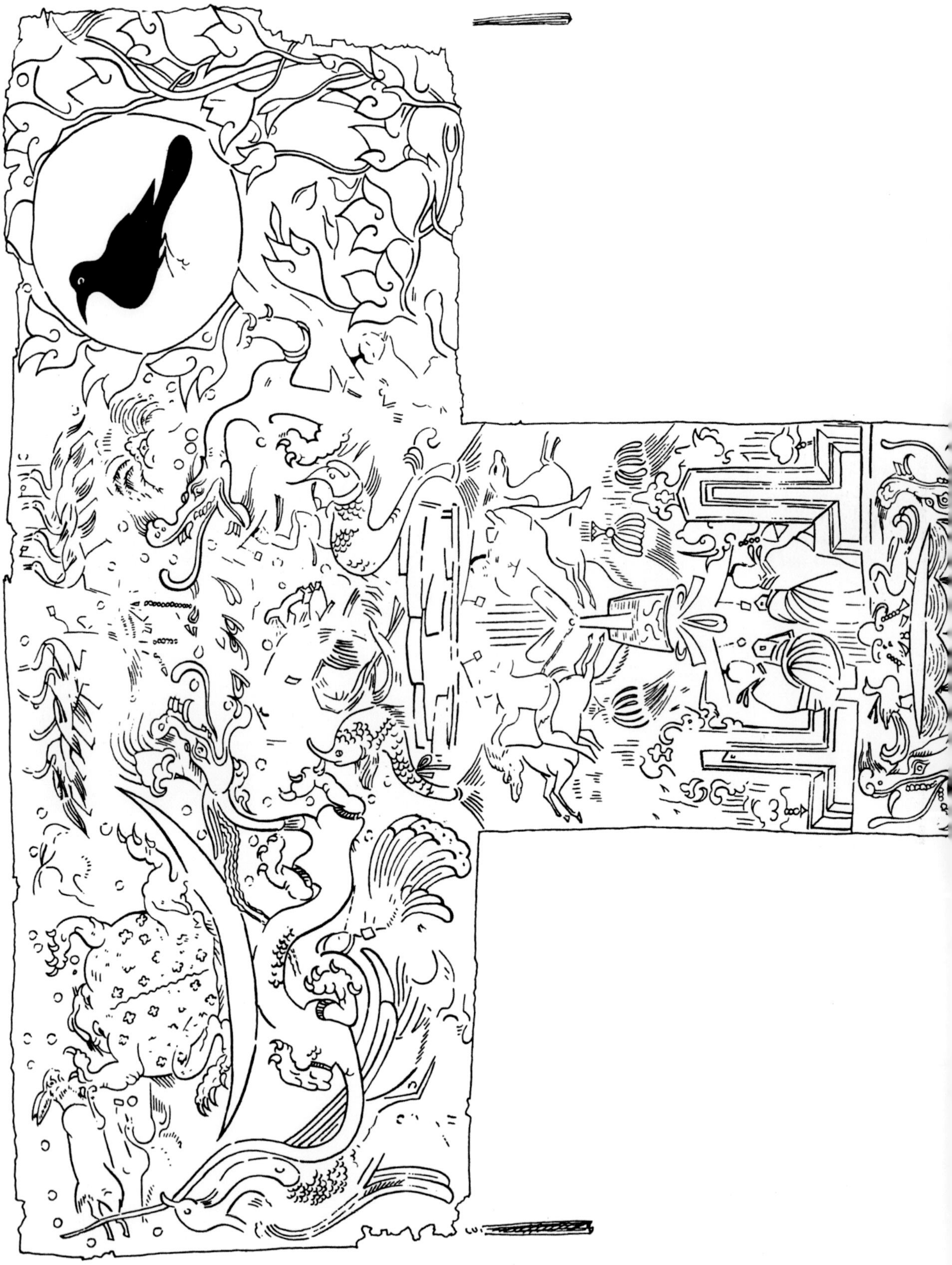

三 生命

壶中天地：
生气与宇宙之器

汪悦进 著
方 慧 译

近年来学界对"人工生命（artificial life）"这一概念进行了广泛的讨论。生命可以存在于身体之外这一想象，对许多人的常识来说是非常具有冲击性的。"人工生命"这一概念开启了现代人类"后生物（post-biological）"或"超身体生命（extra-bodily life）"的视野。然而，这个观念在古代中国并不陌生，因为中国古人对于生命的理解并不以"身体"为中心。对于中国古人来说，生命的本质不在肉体，而是存在于"气"中。"气"是贯穿宇宙和人体的终极生命力。气聚则生，气散则亡。因此，"人造"和"自然"之间的界线在古代中国是模糊的。后文我们会进一步论述这种对生命和宇宙的看法是如何影响了壶的本质的。

在中国所有的器皿中，壶的使用历史最长。然而，因为其在古代祭祀中的重要性不如三足鼎，壶一直没有得到太多研究者的关注。在众多的青铜器皿中，壶与爵或斝相比，确实出现年代较晚，但因为其器型在更古老的陶器中早已存在，显然值得更多的研究。一个令我们深思的问题是：为什么壶器能够如此经久不衰？

壶的形态特征一般是长颈，腹部鼓出，两肩上有一对鋬。它的截面可以是圆形/椭圆形或者方形/长方形的。这些基本的形态特征将壶与其它的器皿区别开来。不过虽然其形状一直相对稳定，但其表面的装饰纹样却随着时代变迁而变化丰富。例如，早期的壶上多装饰有盘旋的龙纹，与更晚时代的壶器上表现人类采桑、射箭和攻战的装饰纹形成了鲜明的对比。这些变化反映了不同时代的品味和需求。然而，尽管其表面装饰纹多种多样，壶仍然是壶，其形状和器型保留了壶的本质。

青铜器之所以可以成为一种独特的艺术形式，部分原因就在于其同时具有相对稳定的形状和变化多样的表面装饰。无论铸就的是一对龙还是攻战场景，它们都要服从于壶器的本质。如果我们同意这个假设，我们就需要考察龙、采桑和攻战场景之间有什么共通之处，而不能只看表面。如果我们去究问壶到底是做什么的，就会惊讶地发现盘旋的龙纹和攻战的场景实际上是在讲述同一件事情。而这个深层的共性正是壶的本质。

壶器是一个谜。中国有一句俗语："葫芦里卖的什么药？"形容人不明（容器内的）内情。事实上，容器里装的液体，不管是酒还是水，都可以被装在其他容器里，并不具有绝对的独特性。真正的信息还是存在于容器本身，存在于其形式设计中。

一、研究方法

我们应该如何去理解壶的本质呢？仅仅排列记录各种壶器显然是不够的。这样做只会得出一个一般的，说明壶器的装饰如何随着时代而变化的描述，最终无法超越这种基于观察的报告。事实上，在公元前的几个世纪里就已经出现了这种类型的文字记载。但因为这些文献记载本身就是复杂难解的文物，需要许多研究的功夫，并不能对我们的研究问题提供直接的帮助。此外，对于具有历史意识的当代学者而言，用较晚的文字记载来解释更早期的文物的做法，首先从方法论上来说就是有问题的。

综上所述，方法论上的调整显然势在必行。其中一种可行的策略是充分利用公元前四世纪以来丰富的文物资源。这些文物为了解壶器的意义提供了新的途径，它们可以帮助我们挖掘出几千年来支撑和维系壶器文化的深层次的动力。通过这一视角，我们可以更加深刻地理解早期壶器上的装饰图案。也许在其迥异的外表之下，上文中提到的双龙和攻战场景之间有着许多我们没有想到的共通点。

二、商与西周时期的壶器上的龙纹

我们先从龙纹说起。学界普遍接受的观点是，虽然青铜壶器在商代（约公元前1600—前1046年）就已出现，但它真正成为一个成熟的青铜器亚类型应该是在西周时期（公元前1046—前771年）。西周时期的早期壶器设计又在东周时期（公元前770—前256年）得到了进一步的发展。随着青铜时代的结束，壶器器型又被用于其他材质之上，以诸如漆器和陶器的形式继续演化发展。对于壶器研究而言，商代青铜器并不是一个理想的研究起点，这不是因为它们质量差，而是其绝对数量和相关信息太少。而从西周青铜器开始，我们有比较多的信息可供研究。

以慎斋收藏中的一对蟠螭纹壶器（图1、图2）为例。此对壶的断代可以参考一件1992年于山西曲沃晋侯8号墓葬出土的西周晚期（约公元前800年）断壶。（图3）后代许多著名壶器上的设计特征，在这一对壶上都可见其端倪。其中最值得注意的是壶身上的盘龙相互

图1 方壶（一对壶中的一件），西周晚期（公元前877—前771年），青铜，高60.5厘米，慎斋收藏（图片来源：慎斋收藏）

图2 方壶（一对壶中的一件），西周晚期（公元前877—前771年），青铜，高60.5厘米，慎斋收藏（图片来源：慎斋收藏）

图3 斿壶及壶盖表面细节，西周晚期（约公元前800年），青铜，高68.8厘米，山西省临汾市曲沃县北赵村晋侯墓地8号墓（晋献侯墓）出土，山西博物院藏（图片来源：山西博物院）

图4 大克鼎及其细节，西周中期，周孝王（约公元前891—前886年在位）时代，青铜，高93.1厘米，陕西扶风县出土，上海博物馆藏（图片来源：上海博物馆）

交织形成的交龙纹。这种青铜器上的纹样装饰是划时代的。公元前9世纪以前，青铜器上的装饰图案以分层对称为主要原则。而铸于公元前9世纪的"大克鼎"（图4）上的波浪状龙纹则标示了一种新的风尚。早期青铜器是在范的基础上制作铸件组合而成的，这种铸造方法可以很容易地将装饰设计融入范中。然而，"大克鼎"的设计者不再遵从这一规则，而让此鼎表面起伏交织的龙纹形成多方连续的纹样，不再受限于范的边界。这种连续的波浪状龙纹因此也就不再遵从此前青铜器上普遍采用的对称设计。事实上，"大克鼎"颈部的饕餮纹仍遵循着早期的对称原则，与腹部两方连续的波浪状龙纹形成鲜明的对比。

图1至图3中的交龙纹壶器显然具有与大克鼎相同的美学精神。两者都无视范的边界，其上都有龙纹装饰（大克鼎上的龙纹见于鼎耳），且两者的龙纹都是连续的。这种新设计开创了一代新风尚。在随后几个世纪所铸造的青铜器上，连续的波浪状纹样成为了一种主导设计。如果我们将图1、图2中公元前9世纪末的壶器与图5中公元前8世纪的壶器相比较，[1]可以明显观察到器身上具象的交龙纹逐渐抽象化的趋势。

交龙纹壶器上交织的龙纹显然是主导性的。它们不仅可以覆盖整个壶腹表面（如图3中的斷壶），还交缠出现在壶盖装饰上。图3a所示的壶盖上有四条龙相交缠，形成连续的波状纹样，呈"波涛汹涌"之势。为什么龙在西周青铜器装饰中如此重要呢？虽然对此问题至今还没有西方学者做出过解释，一份公元前2世纪的文献资料为我们提供了一些线索。在此引用如下：

> 昔自夏后氏之衰也，有二神龙止于夏帝庭而言曰："余，褒之二君。"夏帝卜杀之与去之与止之，莫吉。卜请其漦而藏之，乃吉。于是布币而策告之，龙亡而漦在，椟而去之。夏亡，传此器殷。殷亡，又传此器周。比三代，莫敢发之，至厉王之末，发而观之。漦流于庭，不可除。厉王使妇人裸而噪之。漦化为玄鼋，以入王后宫。后宫之童妾既龀而遭之，既笄而孕，无夫而生子，惧而弃之。宣王之时童女谣曰："檿弧箕服，实亡周国。"于是宣王闻之，有夫妇卖是器者，宣王使执而戮之。逃于道，而见乡者后宫童妾所弃妖子出于路者，闻其夜啼，哀而收之，夫妇遂亡，奔于褒。褒人有罪，请入童妾所弃女子者于王以赎罪。弃女子出于褒，是为褒姒。[2]

这段文字中有几点值得注意。首先，"二神龙"的出现被认为是"吉"象。其次，这两条龙以一对的形式出现，这暗示了它们与繁衍有关。这一点在接下来的故事中也得到了证实：正是这些龙的"漦（唾液）"让"后宫之童妾"受孕。与本文更加相关的是故事中"椟"的作用。两条神龙的漦被保存在一个称为"椟"的木质容器中，代代相传。神奇的是，尽管历经几个世纪，这些龙漦仍然保持了其法力，竟使年轻女子受孕。此外，将这个故事置于皇宫的背景下，更是暗示了这个"存生"的"椟"器的至尊地位。

这个故事中"椟"所起到的作用让我们联想起与其对应的其他物品。后人对于"椟"字的释义常让人联想到宫闱中精美的模型车舆，故而一件西周铜椟（图6）在山东莒县的出土也就毫不让人惊讶了。此铜椟以六裸人为器足，顶上一对裸体男女相对而坐，男子的阳具直指女子阴部。这对男女形象应该是象征着生育，表现了此铜椟寓意生殖繁衍的意义。和前文"二神龙"故事相似的，这对男女的赤身裸体和"椟"本身都是其中重要的视觉线索或故事元素，而这件铜椟则具体地展示了容器"存生"的力量。

在理解了容器"存生"的功用以及上文"龙漦"传说的前提下，我们就能够更好地理解图1和图2中交龙纹壶器的意义：显然，此壶上的一对龙相交盘绕的场景，与莒县铜方椟上更为直接的裸体男女塑像一样，都象征着生育与繁衍。

467

图5 方壶（一对壶中的一件），西周晚期（公元前877—前771年），青铜，高39厘米，慎斋收藏（图片来源：慎斋收藏）

图6 裸人铜方棜，西周，青铜，高7.5厘米，山东莒县出土，山东博物馆藏

三、壶器作为"助生"之物：长沙马王堆三号墓中的非衣帛画

图1和图2中的交龙纹壶器开启了后世交龙纹的传统，也让我们去特别关注交龙纹和壶器之间相辅相成的互动。这一悠久的传统在长沙马王堆三号墓出土的非衣帛画（约公元前168年）（见本书第458—461页）中得到了淋漓尽致的体现。和交龙纹壶器一样，此帛画的底部也绘有一对交缠的龙，展现了壶器在助长生机中起到的作用。在交龙纹壶器的例子中，对龙的形象仅仅是简单地出现在壶器的表面；而马王堆出土的这幅帛画则不同，它着重表现的是对龙在整个天地宇宙中的位置，而帛画下部描绘的一件壶器，则象征着一切的起点。

这幅帛图从底部到顶部，将生死描绘成四季循环的不同阶段。换句话说，生死被描绘成一种同时在人体内和宇宙间展开的自然过程。因此，这些看似描绘四季的场景实际上并不是关于四季本身，而是有关于生命的循环往复。

（一）马王堆非衣帛画：冬

冬季是万物之起始阶段，是生命周期的低谷，因此位于帛画的底部。因为此非衣帛画是整个葬仪中的一部分，它也就隐晦地承认了墓主人的死亡。在画面中，死亡的状态通过一系列相互呼应的概念来展现：冬季、玄黑、寒冷、潮湿、水、玄冥等等。然而，在古人的思维中，没有什么是固定不变的。死亡也不是永恒不变的状态，死亡中会孕育新的生命。这种宇宙观为我们对这幅帛画的理解提供了一个很好的线索。固然，死亡与寒冬相关，但我们的联想不能止步于此。寒冬与北方和水有关，尽管冬季的漫漫黑夜常被认为是缺乏生机，水却不是如此。水中有鱼，水是生命开始的地方。

非衣帛画底部描绘的正是这样一个场景。画面中有一对正在交尾的鱼，它们四周有四组相关的图像与之相邻互动，使整幅画面更加意味深长。它们包括：（1）对鱼下方的一件壶器；（2）对鱼两侧的一对龟；（3）一个大腹便便驾于交尾对鱼上的裸人；（4）一红一浅蓝两条龙。

（二）马王堆非衣帛画：龟、鱼、龙

让我们将壶器置于一边，先着重考察以下三组生物。在早期中国艺术中，动物形象多用来将某种状态或条件具象化。由于人们认为现实是不断变化的，动物形象也就成为标识不同变化阶段的标志。了解了这一点，我们可以将龟、鱼和龙的形象看作是生命力演化的不同阶段的象征。龟一般代表着玄冥、冬季、北方和寒冷，标志着生命最为静止死寂的低点。随着生机的回升，生命力演化进入下一个"鱼"的阶段：如图中的盘绕交尾的鱼所示，万物开始有了生气，新的生命正在孕育之中。随着生"气"的进一步聚集，万物继续生长发展，直至演化到"龙"的阶段。

中华文明中的龙与西方想象中口吐火焰、凶狠邪恶的龙截然不同。中国的龙是早期文明中人们为了填补其"万物相通"的宇宙观中的逻辑空白而创造出来的一种生物。这种宇宙观将不同的概念和知识领域相互类比连接。其中一个基本的观点是，空间中的实有之物可以与自然之四季一一对应：龟与寒冬、玄冥和水紧密相连，而鸟则与炎夏、天极和火相关联。如何表现春季这个介于玄冥和天极之间的中间阶段则成为了一个问题，因为在自然界中并没有一个可以直接与之匹配的生物。但为了形成一个完整的宇宙观，这一缺失的环节又必须要补齐。龙的概念就是在这样的需求中被创造出来的。虽然仅仅存在于想象之中，龙是远古世界观中唯一一个既可深潜水底，又能翱翔天空的生物。它的存在不是为了满足某种奇观的需求，而是为了标志和代表万物生发，介于"鱼"和"鸟"之间的春季。这正是这幅帛画所描绘的内容：在经历了沉睡死寂的"龟"的状态后，"鱼"象征着生命在水中孕育，生机继续聚集，最终腾飞为"龙"，升入半空。

（三）马王堆非衣帛画：壶器

这幅帛画中的两个元素促成了上文所描述的生命力演化的过程。第一个元素就是那个位于交尾对鱼下方的，兀然出现的壶。这样一个人造的器皿是如何与这个充满了动物形象的"自然"图景叙事融为一体呢？事实上，这个容器的形象并不是关于容器本身，而是关于其中所装载的内容，即"龙息"。

关于这个壶器的形象有几点值得特别注意。首先，它被置于帛画的最低点，这个位置暗示了气散阴盛的死亡状态，而重生必须从对于这种状态的扭转开始。如果气散意味着死亡，气聚则引发新生。而图中的壶就是在这里发挥了其关键的作用：它装载了孕育新生命所需的能量。它不受自然生物时钟的限制，能（或者至少在人类的想象中能）将漫长的死生循环压缩为一个至关重要的时刻，瞬间加速，实现这个质变的过程。这个壶就像一个压力锅，一个能量凝聚器，在一瞬间复死为生。

壶器不能开口说话，并不能自我解释，因此必须借助其他事物来将这层意思表达出来。马王堆三号墓的非衣帛画就是这样一个精彩的例子，画中通过对于生命演化过程的具象描写，将壶"助生"的方式地描绘了出来。从位于帛画底部交尾对鱼下方的壶器开始，随着我们的视线向上移动，画面中依次出现了一系列壶的形状：在半空中飞翔交缠的双龙形成了两个"壶形"的叠加（上面的壶形壶口朝下，下面的壶形壶口上仰）。口朝下的壶形可以被理解为从冬到春的转换；而口朝上的壶形则标志着从秋到冬的转换。

（四）马王堆非衣帛画：大腹裸人和"祭奠"场景

在讨论了"壶"之后，让我们来考察画面中第二个促成生命演化的关键因素，驾于交尾对鱼上的大腹裸人。（图7）尽管这个裸人看来憨态可掬，但其大腹便便的形象并不是为了制造某种滑稽的效果，而是为了在视觉上与画中的一系列"壶形"相呼应。学界对于这个裸人的身份一直存在争议。事实上，并没有必要非要将其辨认为早期文字记载中的某个具体的神话人物，而应该更多地去关注这个人物在整幅画面中扮演了什么角色，以及他是如何与整幅画所表现的生命演化过程相关联的。从位置上来说，裸人刚好位于从鱼到鸟的演化之间，他的形象可能是代表了促使阴阳交合的"助生"之力，或是象征了其下对鱼交尾后新生命的萌发。他还可能代表《周礼》中"五物"（羽物、蠃物、鳞物、毛物、介物）中的"蠃物"。[3]

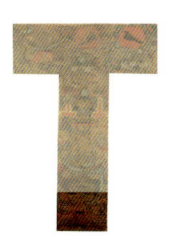

图 7 非衣帛画（底部细节），西汉，湖南长沙马王堆三号墓出土，湖南博物院藏
（绘图：梁以伊，林朵朵）

这点从其在画中所处的位置上来看也解释得通：在"五物"演变的理论中，"臝物"正好处于"羽物"和"鳞物"之间。总之，此大腹裸人在全图中要么是一个起到"助生（enabler）"作用的人形神仙，要么是图中新生命萌发的结果。

对这幅帛画中"壶"元素的讨论至此还并没有结束。裸人驾鱼形象之上绘有一个平台，作为冥界之终点，人间之起点。（图 8）学者一般认为这里描绘的是一个祭奠场景，但这个说法是有问题的。马王堆三号軚侯公子墓中的非衣帛画中，在祭奠场面中出场的是八名女性，而一号軚侯或軚侯夫人墓中出土的帛画的祭奠场面中却是清一色八名男性。这种性别的区别耐人寻味。在至今我们掌握的文献中，并没有任何资料表明男性的葬礼是专属于女性的活动，反之亦然。因此，这两幅帛画中的这个场景都不可能是对祭奠活动的描绘，而更可能是对于冥界阴阳交合变化的描绘。

在这个祭奠场景中，画面中间的四只壶是需要关注的焦点。壶内应该装的是亡者的气。坐于壶左右的两排女性很可能是墓主人在冥界的妻妾。她们不仅陪伴着墓主人，还代表着与男性墓主的阳气相调和的阴气。壶右侧的一排四个女性皆身着白袍，表示阴气极盛，象征着寒冬与生气的至衰。而壶左侧赤白交替的四个女子形象则标志着情况的改善。在这一侧，阳气（赤袍）上升，形成了阴阳交错的状态。整个场景由此表现了从严冬（死）到春夏（生）的转变，将四只壶内的内容（亡者的气）外化了出来。换言之，四只壶左右两侧各四人的两

图8 非衣帛画（"壶"细节），西汉，湖南长沙马王堆三号墓出土，湖南博物院藏
（绘图：梁以伊，林朵朵）

排女性具象地表现了四只壶内的变化过程。此外，此图还微妙地暗示了时间的流逝。壶左侧的四名女性较之右侧的女性身材更为高大，并且与右侧女性不同的是，她们每个人都戴着发簪。古代女性十五岁称为"及笄"，可以盘发后戴上发簪（笄），此为成人礼，表示到了可以出嫁的年龄。理解了这几层象征性的意思，我们就能够理解这个庄重肃穆的场景实际上是表现了时间的流逝。在这个过程内，亡者消散的气重新聚合，重获新生。在此，壶器再次发挥了"助生"的功能。

左侧四名女性长袍颜色红白交替，表现了阴阳的交合，并与此场景上方悬挂的一块巨大的玉璧，以及交织穿梭其间的红白二龙相呼应。至此，阴阳交合达到了顶点，可用盛夏比附。再往上便是收获的秋季，在此场景中墓主人软侯公子的形象出现。（图9）在这个点安排软侯公子形象出场应该是经过深思熟虑的。在这个点亡者仍然以消散的气的状态存在，其魂尚未成形。因此，装载了精气的壶的形象就成为了此阶段最恰当地表现亡者的魂的方式。

在壶的助力下，阴阳之气聚集交合，将先前的消散的气压缩凝聚成了人形的轮廓，虽然它在此阶段仍然只能算作是反映了软侯公子样貌的一种化身。（图9）

同时出现在祭奠场景中的其他几个人物陪伴着这个亡者的化身。在此，左右两侧再一次出现了两排各四名女性形象，但其所表现的内容显然已与下方不同。立于右侧的四名女子显然长高了。她们身着以青黑为主色调，领口和袖口上点缀有红边的长袍。如果我们将这四名女子的形象理解为对抽象的气或生机的具象描绘，一切就可以解释得通了。长袍的暗色调，以及四名女子增长的身高暗示了墓主人的气已进入阴盛而阳衰的状态。不出意外的是，与下

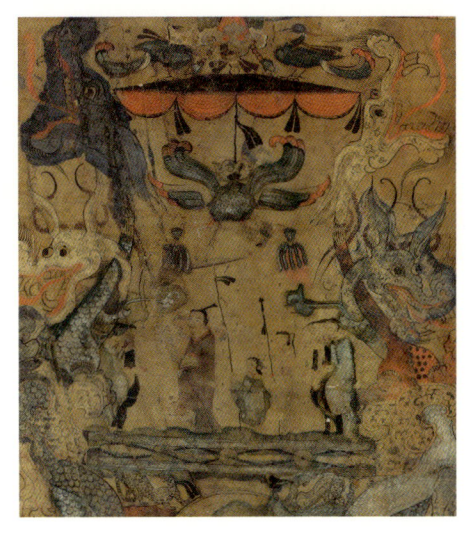

图9 非衣帛画（墓主人形象），西汉，湖南长沙马王堆三号墓出土，湖南博物院藏（绘图：梁以伊，林朵朵）

方以壶为中心的场景一样，站立在轪侯公子左侧的四名女子也比右侧的看起来更为年长。

（五）马王堆非衣帛画：用色彩表达阴阳之气

我们应该如何理解画面的中心人物，即墓主人轪侯公子往生后的化身与左右两排四人一组的女性形象的关系呢？紧跟在墓主人身后的两个人（其中一人举着华盖）又是谁？这些图中的元素显然与阴阳平衡有关：公子的魂为阳，而八位女子则代表与其相对应的阴。然而需要注意的是，阴阳之别并不绝对等同于男女之别；相反，任何一个生命个体都受到不断变化的阴阳循环的影响。相应的，这些女子形象通过其长袍的颜色变化展示了阴阳比例的变化。在整个图像序列中，长袍的颜色从以阴为主导的组合开始，逐渐变成阴阳平衡，然后又重回到阴主导的组合。在这个过程中，伴随着墓主人的四名女子一步步长大、成熟，最终走向衰老。换言之，这四名女子的状况映射了墓主人的状况。在画面中，轪侯公子身着棕色长袍。长袍的领口和袖口上点缀有红色，整体的颜色组合指向金秋。在赋予轪侯公子至阳的基调的同时，画家用他身旁反复出现的四位女子的形象来暗示即将来临的冬天和死亡。总体来说，整幅画面传达出一个明确的信号：生命正走向黑暗的冬天。（图10）

整幅帛画中飞龙色彩的变化也传达着相同的意思。（图10）在帛画底部，对等的红白二龙象征着阴阳的势均力敌。（图7）愈往上它们的身体愈强壮，最终在玉璧处交合穿璧而过。从这个点开始，红龙的色调逐渐暗淡下来，龙头颜色更是褪为了苍白。盛阳在此转变为阴，生命转向了死亡。（图10）

从此处再往上，帛画试图给死亡注入积极的调子，冥界被描绘为壮丽的日月交辉景象。

（图10）按照四季循环，这里描绘的又是一个冬景，不太可能由一对鱼来暗示。虽然绘于日月之间的双鱼飞腾看似突兀，却不无道理。其内在逻辑在于冬/水（鱼）的呼应中，进而也延伸到冬季/玄冥/死亡之间的联系。这里飞腾的对鱼（图11）因此也就与帛画底部的对鱼遥相呼应。然而，与底部的一红一白交尾的对鱼不同，这两条鱼整体色调肃穆暗沉，只有右侧的鱼头上保留了一圈红色（象征着阳气的残留）。显然，此处细节暗示着这里是一个寒冬玄冥的状态，即冥界。

（六）马王堆非衣帛画：日月交辉

帛画的顶部用极其戏剧化的方式呈现了天地和生命的起源，将整幅画面的叙事推向了高潮。

在中华文明的创世神话中，万物肇始于混沌。有些早期文献将这种混沌的状态描绘为一个囊括一切的容器。《庄子·应帝王》讲的创世寓言中，想要报答"混沌"款待之恩的"倏"和"忽"试着为"混沌"凿开七窍，不料弄巧成拙，反而把"混沌"害死了。其原因在于"混沌"纯净简单，就应该是浑然一体而无窍的。图11中就描绘了这么一个容器。在早期文献中，宇宙最初的状态就是混沌，混沌生阴阳，阴阳各自演化为伏羲和女娲，最终创造了人。在这幅帛画里，伏羲女娲被描绘成半人半蛇的形象，正与早期文献中所描述的远古人类的形象一致。[4]

这部分的画面就是早期中华文明中对于死亡与时空关系的理解的视觉化：回到生命的起源意味着与远古的祖先会合。新亡者与远古的祖先居住在同一个空间。由于他们时间远近并不相同，将其理解为在同一个空间共居就意味着抹去了时间上的差异，古今再无分别，空间也不再有时间的维度。显然，帛画的创作者并不满足于这种绝对的无差别，而试图在其创作设计中美化死亡。

其中一个美化途径就是将永恒的日月这两个元素引入画面之中，将冥界描绘成一种永生。古人渴望长寿和永生，通常用"与日月同伍"来表达这种愿望和祝福。[5]引入日月的元素还有第二层意义：日月带来生命，因为它们是阳（太阳）和阴（月亮）的源头。

总体来说，马王堆三号墓的这幅帛画处理了一个看似自相矛盾的问题：如何在同一幅画面中既承认墓主人的死亡又暗示其生命？古人认为气散后人就失去了对于身体的掌控，即为死亡。因此，在帛画中从下到上呈现的几个表现墓主人的气的状态阶段中，亡者的形象只

图 10　非衣帛画（上部"冬景/天界"细节），西汉，湖南长沙马王堆三号墓出土，湖南博物院藏
（绘图：梁以伊，林朵朵）

图 11　非衣帛画（上部"容器—对鱼"细节），西汉，湖南长沙马王堆三号墓出土，湖南博物院藏
（绘图：梁以伊，林朵朵）

出现在秋景中。在此阶段之前（即秋景以下部分），他死后消散的气还不足以聚集形成人形；秋之后（秋景往上部分）又进入另一个冬的阶段（死亡），亡者再次失去人形，重新变回消散的气。帛画顶部就表现了这个状态，軑侯公子的形象也因此未再出现。

帛画的顶部描绘了八只头戴冠帽的仙鹤随着天乐翩翩起舞的场景。（图12）在西汉的语境中，天籁之音通常被形容为"八风和鸣"，而此场景中的八只引颈高歌的仙鹤很可能就是八方之风的具象化。西汉中央朝廷非常重视音乐，曾专门设立乐府，以管理和推广宫廷音

475

| 生命时空——马王堆汉墓新论

图12 非衣帛画（上部"八只仙鹤"细节），西汉，湖南长沙马王堆三号墓出土，湖南博物院藏
（绘图：梁以伊，林朵朵）

乐，以备朝廷祭祀时演奏之用。在此画面中，这八只头戴冠帽的仙鹤让人联想起头戴官帽的官员，象征着仙乐在天庭的抑扬回荡。

通观整幅非衣帛画，其画面从下往上，以一种积极的基调展现了一个完整的生死循环过程。新近发生的墓主人的死亡被比喻为玄冥或寒冬。（图7）以此往上，生命在阴阳交合中重新生发。在经历了一整个四季循环后，又再一次进入另一个黑暗的寒冬。（图10）然而，与画面底部对寒冬的表现不同，这第二个寒冬阶段被表现为日月交辉、仙乐翩翩的场景。在这整个过程中，画面中由下至上出现的一系列容器为整个转换过程注入能量：从画面底部水中的壶（图7）开始，到画面顶部日月八鹤（图12）之间的容器结束（图11）。作为"气"的载体，一对交缠的龙纵穿画面始终，引导着这整个过程。

四、生死循环：新郑莲鹤方壶

出土于马王堆三号墓的这幅非衣帛画创作于公元前二世纪，其中的设计不是偶然，而应该反映了当时已然存在的一个悠久传统。那么这个传统的历史到底有多久远呢？我们可能会感到惊讶，它在河南新郑出土的一件春秋时代（公元前7—前6世纪）的莲鹤方壶（图13）上就已经出现端倪。不论是以什么标准来衡量，此莲鹤方壶都是一件杰出的艺术作品，成功地在一件静止的器物上表现了各种生机盎然的动植物形象。当代艺术史家苏芳淑（Jenny F. So）曾这样描述这件珍宝："这件方壶看起来是如此的生动：腹部四角圈足下侧首吐舌的伏虎似乎正在负重爬行，甚至壶体表面的纹饰也是如此活泼而充满动感。"[6] 壶体表面上交织的蟠龙纹，和壶底的两只伏虎都为原本静止不动的器皿添加了栩栩生气。立于壶冠莲瓣中心展翅欲飞的仙鹤更是将整件作品的视觉冲击力推入了高潮。[7]

实现这种贯穿整体的动感是有其方法的。壶颈上腾飞的对龙与壶冠上展翅欲飞的仙鹤所形成的一个视觉的连续，与马王堆三号墓非衣帛画的设计有着一种结构上的相似性。如果仅仅单独考察此壶上的对龙和仙鹤，我们并不能知道它们所代表的意义，但马王堆三号墓中非衣帛画上对生死循环的系统性描绘却可以为我们理解莲鹤方壶上的这两组意象提供一个大的框架。换言之，帛画可以被视作此框架的完整版本，而新郑出土的莲鹤方壶上的装饰则是此框架的简缩版。

五、前例：晋献侯墓中的断壶

新郑出土的莲鹤方壶应该算作介于更古老的此类设计与马王堆三号墓非衣帛画（公元前2世纪）之间的一个过渡环节。此设计的最古老的例子是前文提到的晋献侯（公元前822—前812年在位）墓中出土的断壶（图3），其上花冠状的壶冠设计可以被视为新郑莲鹤方壶的先驱。而其中最引人注目的是此壶壶身上交织的龙纹。在后来壶器的装饰中，这种交织的龙纹似乎成为了一种固定的装饰元素。此外，此壶壶盖上更是装饰有八条体躯交缠的吐舌龙纹。如果我们将上文褒姒故事中的二神龙与马王堆三号墓的非衣帛画中的龙联系起来考察，就可以理解这些双龙的意象在这些早期文献和图像中并不象征皇权——将龙与皇权关联起来的思想出现于数世纪以后——而是阴阳之气的化身。双龙代表的阴阳之气促成了从玄冥到天极的转化，而这种超能力是任何自然界中的生物都不具备的。断壶盖内的铸铭也表达了这一意义："唯九月初吉庚午，晋侯断作尊壶，用享于文祖皇考，万亿永宝用。"

从字面意义上来理解这段铸铭的话，这个壶器是用于供奉祖先的，但实际上它更多是面向未来，祈愿它能被"万亿永宝用"。在之前提到的褒姒故事中，一个关键的点是一件容器可以保存龙漦（唾液），而龙漦可以让"后宫之童妾"受孕。褒姒的故事发生在公元前九世纪，与断壶的制作年代大致吻合。这也许是一个巧合，但也有可能反映了一个历史事实。[8]

六、玄冥—天极与寒冬—炎夏：一个不断变化的宇宙

将本文讨论的这几个例子（斷壶、新郑莲鹤方壶、褒姒与二神龙的故事、马王堆三号墓出土的非衣帛画）放在一起来考量，我们可以有不少发现。这些例子反映的不仅是一个由简单到复杂的演化过程，它们还突显出了反映壶器本质的一些重要的设计特征：比如在这四个例子中均有出现的"双龙升腾"的形象。这一形象背后的逻辑是跨越了不同领域的演化过程，在空间上可以表达为玄冥—天极或寒冬—炎夏。从最早的斷壶到最晚的马王堆帛画，遵循着一种清晰的逻辑，不断地有新的视觉元素被加入进来。不管是在二维的帛画还是三维的器皿上，每个例子的顶端都绘／塑有某种鸟的形象，与腾龙并列，成为整件器物视觉叙事的高潮。鸟形象的出现并不仅仅是为了制造更加戏剧化的视觉效果，还同时象征着此时空间上已经进入了天界。

追溯这几件器物所反映的演化过程，认识它们是如何从一个较为简单的原型逐步发展丰富为马王堆帛画中的成熟形式是很有意义的。首先，其上某些母题能够跨越数世纪的而保持其连续性。例如，新郑莲鹤方壶（图13）的壶冠上盛开的莲瓣，与马王堆帛画顶部的仙鹤（图12）为什么都恰好是八片／只。这个八是巧合吗？如果帛画上的八只仙鹤象征着八风，那么是否莲鹤方壶上环绕着仙鹤的八片莲瓣也有类似的象征意义呢？虽然囿于材料的不足，我们无法完全肯定这一猜想，但通过对于马王堆帛画整体叙事的理解，我们还是能从一个侧面更好地去理解出现在其他物件（如莲鹤方壶）上的某些成组的视觉元素。

另一个在这些器物上重复出现的元素是龙蛇状的装饰纹样。在更早期的斷壶（图3）上，它们看起来更加写实，而到新郑莲鹤方壶（图13）上则变得更加抽象化风格化。这种演化是有其特殊意义的。莲鹤方壶上的装饰中既有写实的动物形象（壶底的伏虎、壶耳的龙、壶顶的鹤），也有强烈风格化、扁平化了的呈几何图案的交织的蛇纹。这两者之间强烈的对比似乎是设计者有意用视觉化的手段来传达某种古老的原则。写实的动物形象（壶底的伏虎、壶耳的龙、壶顶的鹤）各自标示着从冥界到天界的不同领域，但同时它们并不是绝对地被固定或绝对静止的。与此同时，天地中无处不在的气赋予万物以生机，而器物上那些扁平的纹理就是这种气的视觉化呈现。归根结底，天地宇宙永远在不断地流动和变化。例如，在这两件壶器上，处在上下不同位置的龙头上龙角的变化就反映了一种生长和成熟的过程。

图 13　莲鹤方壶，春秋中期（公元前 7 世纪晚期—前 6 世纪），青铜，高 118 厘米，河南省新郑市出土，故宫博物院藏

七、成都百花潭战国铜壶

我们是否是在刻意选择某些更有利于现有的解释架构的事实和细节呢？沿着以上这些思路，我们该如何认识对新郑莲鹤方壶（图 13）器腹四面的两对小兽呢？让人意外的是，在一件主要描绘了人类采桑、春射、音乐演奏和攻占场面等活动的战国壶器上，我们又再次看到了这些小兽的身影。出土于成都百花潭的战国铜壶是一件以嵌错工艺装饰的壶器（图 14），制作于约公元前 500 年。此壶从上到下有若干层不同主题的图像，含有动物形象的场景只出现在壶盖和圈足上。

迄今为止，对于这件铜壶上描绘的人类各种活动场面的理解大多停留在表面意思上。装饰中桑树的形象被看作当时蚕丝业存在的证据，钟磬被视作宫廷典仪的图像记录，而攻战的场面则被视作对于战争的记录。如果只看到这一层意思，这类壶器似乎看来与我们在本文中讨论过的，从断壶到马王堆帛画的图像传统完全不同。但接下来我要论证的是，这件装饰有攻战场面的战国铜壶事实上也从属于这一壶器装饰传统。

（一）成都百花潭战国铜壶：春

整体来看，这件战国铜壶的装饰展现了一个四季循环。从壶口开始（暂将壶盖部分不论），

图14　成都百花潭战国铜壶及线描图，战国早期（公元前5世纪），青铜，高39.9厘米，四川省成都市出土，四川博物院藏（图片来源：四川博物院）

第一层纹饰描绘了一片春季的桑林（同时，白描图中桑林左侧的春射场面也进一步加强了这一印象）。有意思的是，图中两名张弓欲射的人物站立于一个建筑物之中，考虑到"射"为贵族"六艺"之一，此形象也许暗示了此活动的宫廷色彩。这二人下方立有一排共五人，他们步伐整齐，都面向右侧的桑林，有的双臂前伸，有的手持弓箭。这五人的脚下有一个三足鼎。我们应该如何将桑林、春射、三足鼎这三个元素联系在一起理解呢？《吕氏春秋·仲春纪》中一段对春季祭祀高禖的描述或许可以为我们提供一些线索：

> 是月也，玄鸟至。至之日，以太牢祀于高禖。天子亲往，后妃率九嫔御，乃礼天子所御，带以弓韣，授以弓矢于高禖之前。[9]

这段话解释了此战国铜壶装饰纹样第一层的内容。首先，它解释了其中出现的鼎。在祭祀典礼中，鼎用来盛贮用来祭祀的肉（牛、羊或猪），即"太牢"。在这个祭祀中，祭祀的对象"高禖"是自然中的生育之神。其祠在郊，故又称"郊禖"。因上古桑树多与生殖崇拜紧密相关，高禖祭祀多设在桑林之中。

类似的装饰纹样也出现在藏于上海博物馆的另一战国镶嵌画像纹壶上。（图15）在线

图 15　战国铜壶及线描图，战国早期（公元前 5 世纪），青铜，高 34.2 厘米，上海博物馆藏（图片来源：上海博物馆）

描图中可见，一名手持弓箭的男子单膝跪立于桑林之中。与此同时，此场景中男子身旁的一群女子，以及其张弓欲射的形象还让我们联想到古代贵族男子练习射艺与"射精"（性行为）的联系。而上文《吕氏春秋》中祭祀高禖的仪式中，后宫妃嫔被"授以弓矢"则更是直接地阐明了这一点。总而言之，图中桑林和春射的仪式共同构成了此战国铜壶第一层的春季场景。

（二）成都百花潭战国铜壶：夏

此壶的壶盖上布满了动物的形象，它们抑或为大小相等的一对（交配关系），抑或为成年兽—幼崽的一双（哺育关系）。图 15 中上博战国铜壶壶盖上类似的动物场景为我们理解这个壶盖上的装饰提供了一些线索。在上博铜壶壶盖的装饰中，不仅出现了成对的动物形象，还出现了若干持剑的人。《吕氏春秋·仲夏纪》中记载了以下这条当时官方夏季的月令："游牝别其群，则絷腾驹，班马正。"[10] 由此判断，上博铜壶壶盖上持剑的人物应该是掌管马政的官员，他们挥舞着手中的剑，将怀孕的母马（其马背上有花蕾子房形象，内中显示胚胎）与"腾驹"（公马）分开。由此推断，成都百花潭出土的战国铜壶壶盖上描绘的应该也为夏景。

（三）成都百花潭战国铜壶：冬

既然壶身的最上层展现了春景，壶盖展现了夏景，以此类推，其他的几层应该表现了秋景和冬景。因含有动物的场景分别出现在壶的顶端和底部，让我们先来考察一下壶底圈足上的装饰。这里的动物形象以两对为一组，蜷缩待发于心形的花蕾子房之中，各自参考上文反复提及的玄冥—冬的关联性，此处圈足上的装饰应该表现的是冬景。（图14）鉴于《吕氏春秋》中的月令已经为我们理解壶上的春夏两季场景提供了线索，此壶的设计应该是遵循月令展开的。据《吕氏春秋·仲冬纪》，在冬季应该"无发盖藏"，以防"地气且泄"。此外，冬季也是"虎始交"的季节。[11] 这些文字片段可以帮助我们解释为什么在此铜壶壶底出现了作交尾状的双兽（虎？）。此月令还进一步规定了季冬时节天子需"赋之牺牲，以供皇天上帝社稷之享"[12]，解释了交尾的双兽之上描绘的一圈繁忙的场面。（图14）

（四）成都百花潭战国铜壶：秋

我们已经对春、夏和冬三季的场景做出了阐释，那么秋景呢？乍看来，圈足冬景上方的攻战场景（图14）似乎在这四季循环的主题中似乎显得突兀。但恰恰相反，这个场景也是有其道理的。《吕氏春秋·孟秋纪》中记载的官方月令再一次为我们提供了相应的线索：

> 天子乃命将帅，选士厉兵，简练桀俊；专任有功，以征不义；诘诛暴慢，以明好恶；巡彼远方。[13]

（五）成都百花潭战国铜壶：壶身中部

至此我们对此战国铜壶上描绘的整个四季循环做出了阐释。壶身最上面一层和壶盖分别表现了春季和夏季，从上往下第三层和底部圈足一层表现了秋季和冬季。唯一尚未解读的是壶身中部从上往下数第二层。仔细观察可见，这一层被左右对称地分为春季和秋季两个场景。右侧人们在户外射礼弋射的场景为春季，而左侧描绘宫廷内钟磬齐鸣的场景则是标准的秋飨之景。（图14）由此，我们可以将整个铜壶上的装饰按照自上而下的顺序排列如下：

> 夏（壶盖）—春—春／秋—秋—冬（圈足）

特别值得注意的是，这个顺序并不遵循自然的四季循环的顺序，而呈现为截然相反的两极：从壶中间开始，以春至夏的顺序上升，以秋至冬的顺序下沉。我们该如何解释这个奇怪的结构安排呢？实际上，从早期中华文明动态的宇宙观来看，这个安排是完全说得通的。在这个宇宙观中，上为天下为地，但天和地并不是固定的，截然两分的空间实体，而是与"天气"和"地气"

在宇宙空间中生生不息而形成的大致形态。那么这个战国铜壶上的装饰是如何将这两种气的"上天""入地"倾向表现出来的呢？一方面，它需要表现这两种气的背道而驰；另一方面也要表现它们的聚汇融合。前者与冬季相连，而后者则与春季相关。农历十月（初冬），天和地的气一者向上一者向下："天气上腾，地气下降，天地不通，闭而成冬。"[14]而春季则相反："天气下降，地气上腾，天地和同。"[15]这两个截然相反的情景显然不可能在同一个场景中被呈现。此战国铜壶上的巧妙设计成功地克服了这一挑战，完成了这看似不可能的任务。

这种设计的巧妙之处就在于将四季循环表现成一种天地二气分离时分（即初冬时节）的状态。与此同时，这种设计还创造了一个特别的区间，在这个区间中"天气（万物升腾的春）"和"地气（万物衰败的秋）"恰好相遇。换句话说，此壶器同时囊括表现了两种相互竞争的自然过程：一种是天地之气的分离，而另一种是它们的相遇相融。前者与初冬季节相关联，而后者则与初春时分相关。前者与衰败死亡相关，而后者则是死而复生的过程。显然，整个设计更强调的是"生"的一面，因此其设计将表现"分离"的秋—冬置于壶底，而将表现"相遇相融"的春—夏置于壶身上部，暗示后者可以扭转前者。

在"天气"—"地气"这个解释框架之外，还有一种描述这一复杂过程的框架。首先，将两种能量称为"天气"和"地气"实际上是不完全准确的，因为这样做可能会误导人们将这二者理解为两种固定的，截然不同且不变的实体。一个更好的理解这一早期中华文明的宇宙观的框架是将"天气"和"地气"视为两种可以相互转变的存在。在死气沉沉的冬季之后，"地气"逐渐上升，慢慢转变形成了"天气"。一旦它达到了顶峰，就只能往下走，逐渐下降变成了"地气"。因此，更合适的描述这种变化过程的方式是将其描述为"少阳转盛阳"和"少阴转盛阴"。春季万物复苏，阳气从之前以阴气为主导的自然中开始上升。随着阳气的上升，其在天地中所占的比例不断增加，直至达到顶峰。

八、"滋生"阴阳能量的壶器

慎斋收藏的壶（图16）也遵循着同样的逻辑。覆盖壶身的装饰图像可分为五层，三层在上，两层在下，壶身中部最宽处由一层抽象图案将上下区域分隔开。壶底最下层描绘了"鹤踏蛇"

图16 壶，战国早期（公元前5世纪），青铜，高36.5厘米，慎斋收藏

的形象，让人联想起与冬季相关的玄冥。"玄冥—冬"这一层的上方一层是春景，描绘了人们弯弓射箭和句芒（一种鸟首人身的春神）起舞的场景。因此，此壶底部两层表现的是地气在降至至低点之后的回升。壶上半部分的最高一层描绘了"鸟衔蛇"的场景，表现了阳气至盛的夏季。从上往下数第三层描绘了人们狩猎猛兽，宰牛祭祀的场面，表现的是晚秋季节。据《吕氏春秋·季秋纪》："是月也，天子乃教于田猎，以习五戎。……命主祠，祭禽于四方。"[16] 第二层夹于其上的夏景和其下的秋景之间，应该是表现了晚夏。这一层里出现了一个引人注目的头上有角的羽人形象，其身赤裸，与夏季相呼应。

此壶整体的设计表现了两种能量的交汇。壶上部的三个层从夏到秋，表现了在达到至高点之后逐渐下降的天气；壶下部两层从冬到春，则呈现了地气的上升。天地二气在壶身中部相遇。尽管上升的阳气和上升的阴气本质上是相互斥离的，壶身中部却表现了它们的结合。这种结合抵消了从生（春）到死（冬）的自然循环，创造了新的生机。

以这种巧妙的安排，此壶上的装饰充分展示了其象征功能。整体来看，它可以被视作一个宇宙模型，其顶部代表天，底部代表地。然而，其中的天地二分却并非固定不变的，而是处在生生不息的流变之中，天地之气一直在不断地上升和下降。此壶器的核心作用，就是促成了天地二气的相遇，即阴阳二气的升降。

合阴阳是大量中国古代器物设计的背后逻辑。至汉代，它通常以青龙（代表东方、春季和阳气）白虎（代表西方、秋季和阴气）的组合来呈现。在马王堆三号墓出土的非衣帛画中，画家尽可能地利用了绘画这一媒介能够给予的想象空间的自由，将阴阳二气表现为图中两条从画面最底部的玄冥—冬中腾飞上升的龙。而此帛画中出现的壶器则推动着这一从死到生，又从生到往生的转化过程。这个过程在壶内展开，从这个意义上说，壶器成为了宇宙本身。

这种乾坤生机转换是由阴阳二气（在图中具象化为双龙）的协同作用促成的，而这也就是壶器所发挥的关键的"助生"作用。理解了这一点，本文前半部分所引用的褒姒与二神龙的故事，以及断壶上出现的两条龙的内涵就不辩自明了。虽然本文提到的几个战国铜壶装饰了看似截然不同的图像，但我们也不应被其表面上的图像变化干扰。在这些表面的图像变化之下，其根本的逻辑是一致的，即其表现的最终还是阴阳二气的上升结合而"创生"的叙事。壶器一方面作为阴阳二气的容器，一方面作为"助生"之器物，成为了一个合阴阳的"滋生"神器。

注释

1 图5所示的慎斋藏品中的壶在设计上与曾仲游父壶相似。参见 Wen Fong（方闻）, *The Great Bronze Age of China: an Exhibition from the People's Republic of China*（New York: Metropolitan Museum Of Art/Knopf, 1980）, pp. 237, 248, pl. 62。

2 （汉）司马迁撰：《史记》，中华书局，2013年，第186页。

3 刘波、王川、邓启铜注释：《周礼》，南京大学出版社，2014年，第481—482页。

4 叶蓓卿译注：《列子》，中华书局，2011年，第62页。

5 马继兴：《马王堆古医书考释》，湖南科学技术出版社，1992年，第972页。

6 Jenny F. So, "New Departures in Eastern Zhou Bronze Designs, The Spring and Autumn Period," in Wen Fong ed., *The Great Bronze Age of China: an Exhibition from the People's Republic of China*, p. 257.

7 同上，第256—257页。

8 陈桐生译注：《国语》，中华书局，2013年，第576页。

9 许维遹撰，梁运华整理：《吕氏春秋集释》，中华书局，2009年，第34页。

10 同上，第106页。

11 同上，第238—239页。

12 同上，第260页。

13 同上，第156页。

14 同上，第217页。

15 《白虎通》曰："嫁娶以春何也。春天地交通，物始生，阴阳交接之时也。"引用自欧阳询撰，汪绍楹校：《艺文类聚》卷三《春》，上海古籍出版社，1999年，第41页。

16 许维遹撰，梁运华整理：《吕氏春秋集释》，第197页。

早期中国阴阳五行体系里的动物分类

文 韬

在中国早期艺术作品里，动物的形象极为丰富。青铜器上的动物纹样相对抽象，释读起来困难重重。汉代画像石、画像砖上的动物相对具体，形象也较玉器丰满，但人兽杂沓的构图，显然有更多的形式意味，未必真能一眼可辨。汪悦进教授在《壶中天地：生气与宇宙之气》等系列文章里，就对图绘的内容进行了全新的阐释。长沙马王堆一号汉墓出土的T形帛画，构图复杂，出土完整，为我们提供了丰富和宝贵的信息。尽管争议尚多，但大家都不否认其中动物释读对于帛画内涵解析的重要。

然而，如果没有协调性的解释系统，同一形象或构图在不同的学者那里，可以得出完全相反的结论。事实上，关于帛画意旨，就存在入地和升仙两种不同的阐发方向。所以这个协调系统，不是学者个人的自圆其说，而是中国早期思想的大背景。就像陈寅恪所言，熟悉旧材料才能利用好新材料，零散的出土材料如同残破的古画片段，只有知道这幅图的大致轮廓，才能将其一山一树置于适当的位置，以复旧观。[1] 西方图像志研究用图像库和图像系列，限定意义阐发的范围。而中国古代重文轻图，图绘时常成为文字和文学的摹写，文图又未必能一一对应，尤其是在早期中国。如何避免主观臆断，是目前图像研究的最大问题。

庆幸的是，中国有强大的文献系统，足以提示思考的方向，这是中国古代研究的优长。只是早期文献非常分散，背景信息往往弥散在各类文本中，不可能进行一对一的对照。而古今概念往往抵牾，仅凭关键词检索，极易挂一漏万。经过佛教观念和西方思想的洗礼，现代中国人对中国早期的思维方式也已隔阂。若缺乏对先秦思想的整体把握，拼接出来的必定是现代人的古代想象。马王堆一号汉墓T形帛画是我们进入早期思想的一个极好入口。但在图像释读之前，先从文献的方面进行整理和收束，也很有必要。如此，图像的系统和文献的系统才能互相制约、彼此补益。无论是以图证史，还是以史观图，都低估了文献系统的复杂和图像系统的丰厚。本文将从文献的缺口进入，为图像的解读瞄定方向，并夯实研究的基础。

一、何以聚焦分类

在马王堆的时代，中国没有动物学的专书，到哪里去寻找动物图像释读的依据呢？只言片语的史料拼接，不足以支撑T形帛画这样丰富的叙事。有限的早期文献，也不能为我们提供现成的对照。笔者的策略是先从文献入手，摸索早期中国的思想大形及其思维特点，为后续的图像研究提供参照和补充，毕竟文字的表述更直接、更确定。

就像西方人类学家总是对原始部落细致丰富的动物分类印象深刻，分类是所有文明掌握世界、表达认知、建立秩序的基本方式。分分合合的背后是不同的思维模式和文化传统，分类的差异就是文明的差异。涂尔干（Émile Durkheim，1858—1917）和莫斯（Marcel Mauss，1872—1950）率先在此进行了卓有成效的开掘。[2] 列维-斯特劳斯（Claude Lévi-Strauss，1908—2009）便以此进入对早期原始思维的考察。[3] 福柯（Michel Foucault，1926—1984）也是从博尔赫斯引述的中国古代动物分类表里，感受到与既有印象极不相符的中国思维，从而展开其关于"词与物"的伟大思考。[4] 事实上，分类学（Taxonomy）首先就是指生物分类学，是西方最早成体系的现代学科，由此终结了欧洲的博物学时代。因此，从动物分类的角度切入，能够有效帮助我们感知中国早期的思维方式，因为分类有结构知识或曰观念系统化的功能。

以往对古代动物分类法的研究，多从生物学和科技史的角度，发掘其符合西方近代双名分类体系的合理成分，以与现代生物学进行比较或对接。[5] 受海外学者李约瑟（Joseph Needham，1900—1995）、胡司德（Roel Sterckx，1969—）等相关研究的启发，从文化和思想角度进入的探讨，刚刚起步。在有限的研究里，由于细节进入得不够，或是缺乏对中国早期思想的整体把握，总是切分出相互隔离的诸多体系，从而带来理解的偏差。如郭郛划分了《尔雅》、《管子》《礼记》《吕氏春秋》系列、《考工记》、《本草纲目》四种分类系统。[6] 胡司德则归纳为血气、阴阳五行关联分类、道德分类三种模式。[7] 黄晨曦指出《考工记》和《本草纲目》不宜单列，却又发明出一个独立的礼乐祭祀和行政管理系统，从而把动物分类、阴阳五行学说、政治理念割裂开来考虑。[8] 可见该论题被西方视野和近代思维笼罩，还没有真正立足中国早期思维的特性。也正因为这样，我们更需要在中西文化的比较中，发掘更多、更深刻的内容。

早在古希腊时期，亚里士多德就对动物表现出极大的兴趣。除《动物志》外，他还写有《论动物运动》《论动物行进》《论动物生成》《论灵魂》等诸多文章，被视为比较动物学的创始人，对西方文化影响至巨。最早以逻辑形式写下植物分类法的，正是他的学生 Theophrastus（约前370—前285）。亚里士多德的时代相当于中国的战国。一如古希腊思想形塑了后来的欧洲文明，战国至汉初的观念决定了中华文明的底色。与古希腊不同的是，早期中国没有讨论动植物分类及其寓意的专书[9]，相关信息只能从文字和古籍的上下文里去寻找。

成书于战国至西汉之间的《尔雅》，把动物分成虫、鱼、鸟、兽、畜，把植物分为草和木，被认为是中国最早的分类方式。畜因与人类生活关系密切而专设一目，和鸟、兽重叠，实际是虫、鱼、鸟、兽四个大类。同期古籍有的还会多出一个介类来，但鳞和介经常并称，似乎又很难说截然四分或五分。《楚辞》多"香草"，读《诗》必"多识于鸟兽草木之名"（《论语·阳货》），作为释经的权威，《尔雅》对后世影响深远，唐代便正式纳入到经书。三国时期陆玑解《诗》，径直以"毛诗草木鸟兽虫鱼疏"为名。后世各种类书，如宋代《海事碎录》、明代《广博物志》、清代《骈字类编》等皆以草、木、鸟、兽、虫、鱼为纲。直到明朝药典《本草纲目》，依然没有跳出这个基本框架。[10]（见表1）

表1　中国古代动物分类举例[11]

书名	动物类别					
《尔雅》	1 虫	2 鱼	3 鸟	4 兽		5 畜
《管子·幼官》	1 倮兽	5 鳞兽	2 羽兽	3 毛兽	4 介兽	
《周礼·大司徒》	5 嬴物	2 鳞物	3 羽物	1 毛物	4 介物	
《礼记·月令》	3 倮	1 鳞	2 羽	4 毛	5 介	
《吕氏春秋·十二纪》	3 倮	1 鳞	2 羽	4 毛	5 介	
《淮南子·时则训》	3 嬴	1 鳞	2 羽	4 毛	5 介	
《艺文类聚》	虫豸	鳞介	鸟	兽		
《太平御览》	虫豸	鳞介	羽族	兽		
《事物纪原》	虫	鱼	禽	兽		
《古事苑》	昆虫	水族	飞禽	走兽		畜产
《类林新咏》	昆虫	鳞介	禽鸟	走兽		
《本草纲目》	1 虫	2 鳞	4 禽	5 兽	3 介	6 人
	卵生／化生／湿生	龙／蛇／鱼／无鳞鱼	水禽／原禽／林禽／山禽	畜／兽／鼠／寓怪	龟鳖／蚌蛤	

说到《本草纲目》，就必须多提一嘴，它非但是秦汉以来本草系统的发展和总结，[12]而且完成于1578年前后，正值西方中世纪末期和近代早期。当西方近代分类学先驱林奈（Carl von Linné，1707—1778）提出全新的动植物分类法，引领西方生物学步入近代的时候，清朝人赵学敏正在替《本草纲目》拾遗[13]。也就是说，本文虽然主要关注佛教进入之前的中国早期思想，但实际上秦汉成型的这套思想体系（包括医药，也包括动物分类和整个宇宙观），后世虽有所调整，却一直在延续和发展，直至晚清西方文化的进入。所以，能否把始于秦汉的医药本草系统，视为有别于《尔雅》四分法和《礼记》一系五分法之外的另一套系统，还需审慎。[14]换句话讲，并不是分得越细就越好，内中的连续性要大于断裂性，这就需要有域外的参照了。相信读完本文，读者自会有答案。

二、动物如何分类

我们先看虫、鱼、鸟、兽的标准从何而来。《尔雅》里没有具体说明，但古人常言"飞禽走兽"，鱼则多称"水族"（如《古事苑》），大体依照的是天空、陆地、河海的空间序列。下文我们会看到方位在中国古代思想里是多么的重要。

同为陆生，虫和兽怎么界分呢？"虫"指蝮蛇，"䖝"为昆虫，"蟲"字才是上至人、下至昆虫的总称。三个虫字易混，尤其在简体字里已无区别。段玉裁专门指出，称谓有"浑言"和"析言"的区别。《尔雅》的"有足谓之蟲，无足谓之豸"是一种"析言"的方式，即虫内部的细分，就像长尾名鸟、短尾名雉一样，其实有足的、无足的都可以称为"蟲"（"浑言之则无足亦蟲也"）。[15]所以在后来的《艺文类聚》和《太平御览》里，"虫豸"合并成一个类称。许慎说的"两足曰禽，四足曰兽"在这里并不适用，人就被归为虫，而非禽或兽。换句话说，同为陆生动物，虫和兽的划分标准不在于足或足之多少。

许慎有"或行或飞，或毛或蠃，或介或鳞，以虫为象"[16]的表述，即走的飞的、有毛的没毛的、长鳞的长甲的，都归入虫属。关键在于，这句话的前头还有一句"物之微细"者，即小型动物——段玉裁补注道：昆虫即䖝蟲，《夏小正》里"昆，小虫"，小而众之意。[17]即昆虫的内部再次套用了羽、毛、蠃、介、鳞的标准，可见脚与翅、毛与裸、鳞与甲并非一级界分。虫和兽的根本区别还在大小之辨,这与《周礼》的说法一致。《考工记·梓人》有"天下之大兽五:脂者,膏者,臝者,羽者,鳞者。宗庙之事,脂者、膏者以为牲;臝者、羽者、鳞者以为笋虡。外骨、内骨、却行、仄行、连行、纡行,以脰鸣者,以注鸣者,以旁鸣者,以翼鸣者,以股鸣者,以胸鸣者,谓之小虫之属,以为雕琢"[18],是先区分大兽和小虫,大兽里再分羽、臝、鳞等。小虫依据骨骼、行走、鸣叫等方式再细分。大兽有大用,小虫仅用于小件物品的雕琢,大小之辨会与人事相关联。虫多称倮虫,兽常呼毛兽,有毛无毛是二级类目。如果不单独拿出来说,人被认为是倮虫之长,即体型较小的虫属。

那么,这时有时无的"介类"又从何而来呢?《周礼·地官·大司徒》说:

> 以土会之法辨五地之物生。一曰山林,其动物宜毛物,其植物宜皂物,其民毛而方。二曰川泽,其动物宜鳞物,其植物宜膏物,其民黑而津。三曰丘陵,其动物宜羽物,其植物宜覈物,其民专而长。四曰坟衍,其动物宜介物,其植物宜荚物,其民皙而瘠。五曰原隰,其动物宜臝物,其植物宜丛物,其民丰肉而庳。

这里说的是大司徒的职守("掌建邦之土地之图与其人民之数,以佐王安扰邦国")。作为总管地图和人口的官员,大司徒的工作要从辨土开始,熟悉其间物宜(集中在动物和植物上),才能知民性、行民教(下文即言十二教)。土地分成山林、川泽、丘陵、坟衍、原隰,分别对应动物毛、鳞、羽、介、臝,植物皂、膏、覈、荚、丛。人的特点也从毛而方到黑而津、专而长、皙而瘠、丰肉而庳。动物和土地、植物、人是一个整体。"五地"是逻辑的起点,教化五土之民是终极目标,这是先秦至汉初典籍里常见的论说模式,并非在动植物之外还另有一套政治的分类系统。

细看其对应关系,山林聚毛兽、水泽产鳞鱼、丘陵出禽鸟、原野多裸虫大体还说得过去,但是坟衍和介类是什么关系呢?《尔雅》里有"坟,大防""坟莫大于河坟"的文句,"坟"指河堤。[19] 但放在这里,意义显然不够宽广。孙诒让注《周礼》时,既无法回避《说文解字》里"坟"为墓地的说法,[20] 又觉得文意不通,便以"坟"为"濆"的假借,释为"水边崖岸高起者也"[21]。继而以"衍"为"原"的对称:宽广的高地为原,宽广的低地为衍("盖高地之广平者谓之原,下地之广平者谓之衍"[22])。王念孙在《广雅疏证》里,却认为"衍"同"埏",声近义同,"池谓之衍"[23],那就成了水边,而非旷野了。这样一来,一起并置的"坟衍",就成了忽高忽低、或水边或平原的奇怪地方,继而下文"原隰"的释义也成为了难题。

之所以非得把"坟衍"往水边拉,其实是为了将就介类动物。介指甲壳,但仅指龟、鳖、蚌、蛤等水产,带壳的昆虫排除在外,所以无法靠近坟陵。唐以后的类书虽多"鳞介"并称,但仍仅指水中动物,不包括昆虫。可见水生才是关键。但这此一来,"五地"就缺了一地,"五民"压缩成四民,于整体逻辑有碍。这个环节究竟能不能缺呢?《礼记》明确指出,"五物"和"五地""五民"一样,缺一不可。

孟冬之月,日在尾,昏危中,旦七星中。其日壬癸,其帝颛顼,其神玄冥,其虫介,其音羽,律中应钟。其数六,其味咸,其臭朽。其祀行,祭先肾。水始冰,地始冻,雉入大水为蜃,虹藏不见。天子居玄堂左个,乘玄路,驾铁骊,载玄旗,衣黑衣,服玄玉,食黍与彘,其器闳以奄。(《礼记·月令》)

介类动物和"五帝"之颛顼、"五音"之羽、"五味"之咸、"五脏"之肾、"五色"之玄等对应。简单来说,它呼应五行里的水,因此这个配位表还可以继续延伸。其它鳞、羽、倮、毛也都有严格的对应,细致到每个时令适宜的食物、使用的器具、天子的居所等等。(见表2)

表2 《礼记·月令》物候对应表

动物	时节	方位	五行	神	五帝	音	数	味	嗅	祭祀	五脏	色	食物	器具
鳞	孟春	东	木	句芒	大皞	角	八	酸	膻	祀户	脾	青	麦羊	器疏以达
羽	孟夏	南	火	祝融	炎帝	徵	七	苦	焦	祀灶	肺	赤	菽鸡	器高以粗
倮	季夏末	中央	土	后土	黄帝	宫	五	甘	香	中霤	心	黄	稷牛	器圜以闳
毛	孟秋	西方	金	蓐收	少皞	商	九	辛	腥	祀门	肝	白	麻犬	器廉以深
介	孟冬	北方	水	玄冥	颛顼	羽	六	咸	腐	行	肾	玄	黍彘	器闳以奄

这种"中国式对称",引出的是中国古代的宇宙模式:万事万物被纳入阴阳五行的系统,从而形成一个有序的、连动的、规整的世界。人处其中,应依时令而动、依方位而动、依物宜而动。有了天时和地利(《周礼》的起点是土地),才会有人和与仁政(《礼记》下文便详述每季当行之事),否则就是逆天而行,轻则风雨不时、禾稼不入,重则民有大疫、国有大殃。

《吕氏春秋》先述"十二纪",《淮南子》有《时则训》,除律吕和祭祀稍有小异之外,和《礼记·月令》里的表述极其相似,可视为一系。而成书时间更早的《管子·幼官》,非但牵连的事物更少,五种动物对应的物类也不一样。(见表1、表3)除倮类的中央地位固定外,其它四类和《礼记》不同,与汉初常见的东青龙、南朱雀、西白虎、北玄武画像也不吻合。(图1)说明倮类是分类的中心,地位显赫,因为人属于倮类。

从这种不一致来看,动物进入五行的时间更晚,各种事物和五行的对应关系有一个调整的过程,但它们属于同一系统。正因为背后有共同的思想做指导,物类才会在五行的框架,而非八卦或其他范畴里进行调整。若与古波斯琐罗亚斯德教以善恶区分动物,或受佛教影响的唐代《量处轻重仪》里家畜、野畜、被戒律拒斥的动物进行比较[24],就能看出其中的连贯了。因而其间差异,正好表明战国至汉初思想的持续演进。最晚到西汉,战国业已风行的阴阳五行学说基本定型,并成为国家礼制的一部分,指导着天子之事和百官之行,乃至历代王朝更迭皆以改正朔、易服色为应承天命的首要之举。

表3 《管子·幼官》物候对应表

动物	色	味	音	治气	数	方位	德行
倮兽	黄	甘	宫	和气	五	中央	藏温儒,行欧养
羽兽	青	酸	角	燥气	八	东方	藏不忍,行欧养
毛兽	赤	苦	羽	阳气	七	南方	藏薄纯,行笃厚
介虫	白	辛	商	湿气	九	西方	藏恭敬,行搏锐
鳞兽	黑	咸	徵	阴气	六	北方	藏慈厚,行薄纯

图 1　汉代四神瓦当，西安市汉长安城遗址出土（作者拍摄于陕西历史博物馆）

三、横向贯通的整体思维特色

分类的过程，就是区分与合并的过程。受"分类"这个现代语词的表述影响，一谈到分类，我们很容易往分别的方向去考虑，看重它对异质成分的剖分。[25]《动物志》里亚里士多德对个体、差异、反例的在意，也反映了西方注重差别的基本取向。法国社会学家涂尔干曾言：

> 归根结底，在我们的类别概念中存在着一种划分的观念，它的界线是固定而明确的。我们几乎可以这样说，这样的分类概念并不能追溯到亚里士多德之前。是亚里士多德最先宣称，特定的差别既是实存，也是实在，它表明手段即是原因，属与属之间并不可以直接相互过渡。[26]

这段话可以概括西方分类思想的基本特点：划分、明确的界线、不可直接过渡。

中国古代少有"分类"这样的表达，常见的说法是比类、知类、推类、类同、类似，强调以类比和类同的方式延展事物的相似性。"类"在《说文解字》里被释为"种类相似，唯犬为甚"，段玉裁补充道："类本谓犬相似，引申假借为凡相似之称"。[27]从语义上看，中国古代是以相似性为主要着眼点的。把什么东西和什么东西放在一起，即归类同样属于分类行为。当同类事物并置在一起，不同的物类自然就分开了。因此"类"在古文里还有肖、像、朋的意思，不类就是不像，不像就是不肖，不肖就是不朋、不伦、不善，即不好。故"类"还有善的意思，如《诗经》里的"永锡尔类"（《既醉》）和"贪人败类"（《桑柔》）。可见中国的分类思想表彰的是同，而非异。早期文献里的类比、类推、连类而及，首先考虑的是同的归并，而非异的区分。

这种求同大于别异的思想，在"天地睽而其事同也，男女睽而其志通也，万物睽而其事类也"(《周易·象》)里有明确的表示。"睽"是背离和排斥的意思,正因为不一样,反而能在更高的层面实现"同"和"通",继而达到"类"。这也是《左传》里常见的论调。正因万物不同,才需要寻找相似点,归并事类。值得注意的是,"事类"不等于"物类",它不只是自然界的客观存在,还包括抽象的人类事务。中国古代对后者的兴趣,远大于前者。正因人事亦在"事类"当中,所以社会和自然才能联动,世间万象(不仅是万物)才能连为一体,预占系统才能由此及彼地运转起来。因而我们经常看到古代从物类自然而然就引申到事类上去了,中间不需要过渡,如盘庚迁都时所言"若颠木之有由蘖,天其永我命于兹新邑"(《尚书·盘庚》)。

树木发新芽和迁都续命之间有什么关系?今天我们会说这是一种比喻性的修辞,但在盘庚眼里,这就是同类事物,所谓的"物以类聚,人以群分"(《周易·系辞》),同类事物的并举自然而然。非得说它们是两件跨界的不同事情,定遭古人"不知类"的指斥,即古人的分类思想和归类原则,和我们今天不同。在《左传》《国语》《周易》等早期经典里,类似的表述方式很常见,如《诗经》"关关雎鸠,在河之洲。窈窕淑女,君子好逑""宛彼鸣鸠,翰飞戾天。我心忧伤,念昔先人"等。刚说着花花草草、禽禽鸟鸟,突然就转到人事上去了,自然和人事没有丝毫的隔阂,可以互相跳跃。我们说这是"起兴"——强调其兴咏的功能,类似于一个话头。古人更在意的可能是"比兴","比"就是比类,同类事物的连接平滑自然,并非是没话找话说。

这就是从葛兰言(Marcel Granet,1884—1940)到史华兹(Benjamin I. Schwartz,1916—1999)、葛瑞汉(A.C.Graham,1919—1991)、李约瑟(Joseph Terence,1900—1995)、普鸣(Michael Puett,1964—)等西方汉学家津津乐道的古代中国的"关联性思维"(Correlative Thinking),经常拿来和欧洲科学的统属性思维或因果思维、分析性思维进行比较。[28] 明白了这种思维是在同质连类的前提下,[29] 先把部分连接成整体,才能领悟现象的背后实际有网络系统的传递和联动做支撑,"万物之理,各以类相动也"(《礼记·乐记》)才不是一句空话。自然与社会的两分只是西方近代思想,古代中国不存在独立于人的客观自然,一切眼中之物都加诸了心中之念,都在关联性思维的加工下连成一体,这才会有至大无外的天人合一、天人感应的宇宙观。所以,类和比类是进入和把握这套思维体系的入口。西方汉学多从原始思维和科学思维、关联性思维和统属性思维的区别入手，逐渐发现了中国的阴阳五行体系，最后往往看得眼花缭乱，一如涂尔干的惊叹——"（中国）经典作者及其效仿者们，以一种取之不尽、用之不竭的天才与激情，纵横挥洒，在这一主题上展开了无尽无休的玄思"[30]。笔者从分类尤其是具体的动物分类进入，是倒过来从早期建构方式体察整体思维的特性，避免在汪洋的名词和抽象论述里迷航。

回到介类动物，就不当只是在纵轴上追究它时而成类、时而不成类的原因，还应循着中国早期思想的路径，在横向的关联网络里寻找答案。"介"是甲壳，但介类动物仅指龟、鳖、蚌、蛤等水产，别说是带甲的昆虫，就连有壳的虾都被排除在外。用今天的话来说，仅指有壳的两栖动物。古注明言"介物，龟鳖之属，水居陆生者"，贾逵和孙诒让都强调其陆地生殖、入水而居的特性，孙诒让还特别指出介类有"别于鳞物水居水生"者。[31] 因此，跨越水陆两界才是关键。如果说羽类可以由地而空，兽类和裸类仅栖息于陆地，鱼类生活在水里，那么介类就是连接水生和陆生的中间环节。也就是说，在陆地和海洋之间存在一个空缺，这个缺口只能由介类动物来填充。如此，水、陆、空才能形成一个不间断的连续空间，达成阴阳五行的圆融流转，就像时令非得首尾衔接、方位必定面面俱到一样。中位后起，就只能插进时令当中，对应六月，而不能超出或高于十二月。

换句话说，阴阳五行反映的是连续的世界观。正因为注重连续性，所以分类观念更瞩目于同，而非异。由此环环相扣，连绵不绝，循环往复，才会有五行的相克相生。这与西方纵向的层级分类结构是不一样的。如林奈近代生物分类体系的前提是物种稳定，缺少横向的关联，所以种群之间的亲缘关系是其最大芒刺。即便在纵向的层级结构里，对过渡性的承接也不甚在意，因而忽略了变种问题。这正是这张分类表后来被遗传学和进化论撕破的关键，也是自亚里士多德以来长期注重差异的区隔性思维带来的结果。当然，这是相对古代中国而言的。

阴阳五行学说本来就不止于阴阳，物候只是观察的起点，如同古希腊提倡的自然观察最终要导向自然哲学一样。只是亚里士多德的《动物志》还只是事实的陈述，对自然的观察将用于对自然的解释：质料因、形式因、动力因、目的因之间的相互作用，形成了天界运动和地球生物的属性。与之大致同时的中国阴阳五行学说，虽然也在意自然现象（物候），最终却并不为解释自然，而是作为人事尤其是政治行为的指导。无论《汉书·艺文志》有多少牵强，诸子学说为治理天下出谋划策的"王官之学"却是不争的事实。司马迁对阴阳家邹衍的概括，不仅总结了先秦阴阳学的特点，也精到地反映了此际中国人的思维方式：

其语闳大不经，必先验小物，推而大之，至于无垠。先序今以上至黄帝，学者所共术，大并世盛衰，因载其禨祥度制，推而远之，至天地未生，窈冥不可考而原也。先列中国名山大川，通谷禽兽，水土所殖，物类所珍，因而推之，及海外人之所不能睹。称引天地剖判以来，五德转移，治各有宜，而符应若兹。（《史记·孟子荀卿列传》）

"谈天衍，雕龙奭，炙毂过髡"惊怖王侯的巨大影响力，并非来自其"窈冥不可考"的无垠之说，而是先验诸"名山大川，通谷禽兽，水土所殖，物类所珍"等"小物"，继而由此及彼地类推至大物，以至无穷，是一种苞括宇宙的整体性论说。这也正是汉初文学的抱负。一旦认可了这通宏论，从中抽取出来的人事原则，也就变得顺理成章了。而它提供的五行—五德模式，如此简要，让混乱的世界变得前所未有的清晰。更重要的是，依据这个图式，还可以不断地往里添加物类，从而把世间万象连为一体。于是乎，世界不仅可知可感，还可以顺藤摸瓜地提前预知。

阴阳五行学说建构起来的这个至大无外的事类网络，带来了前所未有的秩序感与安全感，不仅迎合了诸侯混战时期人们对稳定的渴求，也契合随后王朝大一统对秩序的讲求，更消除了人类对未知命运和幽冥事物的恐惧心理。无论它有多少合理性，人类一直就在寻找这种固定生命之维的支点，何况它还有自然界的各种物证作为支撑呢——古代叫符应，今天称为自然科学证据。《周易》易占其实是同一原理，只是八卦过于抽象，不如五行直观。五行又从属于更大的宇宙体系。各种小系统套在大系统里面，构成一个圆融贯通的大坐标——易占系统、中医系统、道教修炼系统，乃至儒家修身系统等等，相似却不相同，就像紫禁城的上百个院落，面貌不一，却都在宫廷的整体结构里争奇斗艳。

在这套宏大的宇宙体系里，显然是先有某些基本思想，再不断地往里添加东西。从《管子·幼官》和《礼记·月令》一系的对比来看，动物的入驻时间晚于五色、五味和数字。在《左传》《国语》等早期典籍里，关于味、色、数的论说，确实多于动植物。在一个不断充实、完善的网络关联系统里，个别问题自然会有时间差。对局部问题的模棱两可，不必过于诧异。非要追究水族有没有必要分成鳞和介，在文字上费力区分"坟衍"和"原隰"，有些不得其法。张东荪曾指出:"中国思想是把宇宙、社会、道德等各方面合在一起来讲,而形成一个各部分互相紧密衔接的统系。决不能单独抽出其一点来讲。倘不明此理,而以其中某某点拿出来与西方思想比较其相同处,则必定有误解。因为抽出来的便会失了其原义。"[32] 何况精确定义并非中国传统,思想系统的建构亦非一日之功。整体不仅大于部分,还大于部分之和,单元内容只有放在系统里,才有具体的位置和意义。

四、图像上的运用

需要注意的是,"介"字的本义是"画",画界的画(今作"划")。段玉裁说"分介则必有间,故介又训为间"[33],由划界引申到界与界之间的中间地带。受西方思想影响,我们会把界想象成一条区分左右的线,如涂尔干指出:"我们对事物进行分类,是要把它们安排在各个群体中,这些群体相互有别,彼此之间有一条明确的界线把它们清清楚楚地区分开来。"[34] 中国古代的理解则是一个地带、一个空间,它不仅连接两端,里面还可以有丰富的内容。

连接就是过渡,过渡也是跨越,介类动物在连接水、陆的同时,也冲击或跨越了水陆的边界。这是一种接引,也是一种危险。古训有言"别殊类使不相害,序异端使不相乱"(《邓析子·无厚》),类目清晰才能互不妨害,类别杂处则易生异端,异端殊类往往是动乱的祸胎。中国人对越界之物向来有极高的警惕:常态是正态,事物在各自的轨道里运行,生活才会正常;异象就是反常,反常往往是灾变的信号,必须尽早识别和调整,否则生活就要出轨,世界就要乱套。所以古代史书和类书里的"灾异",并非灾难本身或灾难后果的记录,而是各种灾难的各类征兆。识别征兆是沟通天人的手段,也是一种预警机制。越界作为反常行为,多被视为对秩序的挑衅,是严加防范的。循规蹈矩才有可知可见的人生,人神不通、人妖不果是历来潜藏在志怪故事里的基本预设,甭管它"牛鬼蛇神倒比正人君子更可爱"的激愤是否解气。

当然,渴望压倒恐惧的情况也有,那就是被视为阳之颠倒的阴间世界。在古代墓葬里,我们会看到对这种跨界和变态的充分利用。如四川芦山出土的东汉王晖石棺(212年),左右两厢刻着青龙和白虎,前挡是半启门形象,后挡是玄武——死者的魂灵将在青龙和白虎的护佑下,由玄武(北方)至前门出去。(图2)这种组合形式非常常见,沿用了很长时间,

图 2　四川芦山王晖石棺前后挡，1942 年芦山县出土（作者拍摄于芦山陈列处）

西安碑林博物馆藏北周李和石棺（582 年）依然如此。

本来，蛇为小龙，属鳞类而非虫类，已由青龙来代表（龙蛇向来在一起，晚至《本草纲目》依然如此，见表1），没有必要在位置有限的四方神兽里再出现一次。龟是介类动物的代表，在这里属水，指北方，可通幽冥。但灵魂不能永沉地下，地下亡灵的飞升需要引渡。根据空间的连续性原则，由龟到蛇暗含了水、陆、空的动态跨越，即从冥界到天界的性状改变。升天的象征用了过程性的蛇而非最终态的龙，说明蛇和龟一样，跨越和变化的特性非常关键，所以二者进行了叠加。与商、周玉器和青铜器上龙、虎、鸟（雀）形象的高频出现相比，龟的入列无疑更晚，玄武的龟蛇组合形式非常独特。在重死不亚于养生的文明早期，这绝非偶然的心血来潮。

马王堆一号墓 T 形帛画里也出现了龟。（图 3）那长长的尾巴和脖子，很难说是龟的如实摹写。它绘制在底部鱼、蛇、龙的相交地带，背上还驮着一只意味深长的猫头鹰。鱼、蛇、龙可以互转，龟和猫头鹰一样是接引性的存在。在帛画里，它半个身子探出了裸人头顶的平板，一只甚至手搭祭器脚踏龙尾，以跨界的方式标识出了一个重要的节点。那硕大的体型，也表明它不是装饰性的点缀，而有连接叙事的重要功能。

这类图像部分地解释了介类动物何以由金（《管子·幼官》里的西方）调整到水（《礼记·月令》《淮南子·时则训》《吕氏春秋·十二纪》里的北方）。阴阳观念显然早于五行，

图3 马王堆一号墓T形帛画底部

王充就说过"阴物以冬见,阳虫以夏出。出应其气,气动其类"(《论衡·遭虎》),动物是先分阴阳的。《淮南子》也说:

> 毛羽者,飞行之类也,故属于阳。介鳞者,蛰伏之类也,故属于阴。日者,阳之主也,是故春夏则群兽除,日至而麋鹿解。月者,阴之宗也,是以月虚而鱼脑减,月死而蠃蚘膲。火上荨,水下流,故鸟飞而高,鱼动而下。物类相动,本标相应。(《淮南子·天文训》)

羽类的鸟族在空中飞行,离太阳最近,属阳物;鱼类鳞族水中生活,见光少,属阴物。羽配火,火上行;鳞配水,水下流。因而鸟和鱼为上下两极,最好定位:火为南,色赤;水为北,色黑。毛兽行走于陆地,多在阳光下活动,也属阳;介类一半在水里,属阴,二者相当于少阳和少阴的角色。在《周易》易占系统里,若只有阴阳没有少阴和少阳,就等于有变爻而无定爻,是无法占断的。《礼记》把羽族从《管子》的木(青,东方)调整为火(赤,南方)不难理解,可视为系统严密化的结果。

然而,鳞鱼配水,对应北方,为阴的代表,本来很符合阴阳五行观念,为什么后来调整到木(青,东方)去了呢?这就涉及到鳞物和介物到底谁更阴冷、更适合代表北方了。鱼游水中,从空间上看位置最低,对应极北和隆冬(冬至为阴之至,夏至为阳之极)本来很合适。介类处于水陆之间,按理当配秋或春。唯一的解释,可能是心理上的:随着后来族类观念的强化，跨界的介类在心理而非物理上，给人的感觉更冷，所以被处理为阴之极。完全生活在水里的鳞鱼因界别清晰，反而多了一丝明朗，类同少阳来处理，因此对应阴尽始阳的春季。这种感觉上的阴冷，还是来自对反常和变异的心理恐惧。然而，这个阴冷的、越界的物类，恰好使得五行的循环在逻辑上更加顺畅：由极阴的介类，到次阴的鳞鱼，迎来阳气始发。行经羽类，便是极阳的夏日。阳气消减，继而由陆生的毛兽来比类。阳气衰微到极点，阴气执掌乾坤，又以模糊深幽的介类为代表了。至于倮虫，则一定是处于阴阳的平衡点上，因为中央之位上有万物灵长的人。

在四方神兽的形象表达上，鸟类以雀（凤）为首、兽类以虎为要，没有太多异议。鳞类由龙来做代表。龙是阳之极，所以鳞鱼当视为阳而非阴。龙还是极具变化能力的动物，与玄武非纯介类（龟）而加诸动态蛇的组合可互为呼应。什么叫动态的蛇？蛇是龙的中间态。龙在水可以是鱼，鲤鱼跳龙门的说法在司马迁的时代就广为流传。龙在地可以是蛇，马王堆三号墓出土的帛书《周易》（图4）就提到：

二三子问曰："《易》屡称于龙，龙之德何如？"孔子曰："龙大矣！龙形迁叚，宾于帝，倪神圣之德也。高尚齐虖星辰日月而不眺，能阳也。下纶穷深渊之渊而不沫，能阴也。上则风雨奉之，下纶则有天□□□。穷乎深渊则鱼蛟先后之，水流之物莫不隋从。陵处则雷神养之，风雨辟向，鸟守（兽）弗干。"曰："龙大矣。龙既能云变，有能蛇变，有能鱼变，飞鸟正虫，唯所欲化，而不失本形，神能之至也。"[35]

蛇和鱼都有可能是龙变化的。龙德之大，在于它能阴能阳，能随欲所化。《周易·乾卦》便以龙为寓，在渊是起点，可以在田，最后在天，构成一个完整的序列。[36] 龙能够突破所有的物理界限，连接各种地理空间，所以在T形帛画里充当了叙事的主线。（见本书第454—457页）

一般认为，帛画的画面由两对龙贯穿始终。其实底部的鱼也是龙，是在渊的潜龙。[37] 天庭的双龙加绘翅膀，正是为了让三者能够做出区分，以标识三种连续却不相同的空间与性态。否则就真成画蛇添足了，龙本来就是可以上天的，中国古代的翅龙形象不多见。而且从渊到地、再到天的空间序列，就缺失了作为起点的黄泉。同时，由于纳甲，易占与时间、天象是紧密相联的，即使到东汉的许慎，仍在说龙"春分而登天，秋分而潜渊"[38]。初九的潜龙对应建子之月，即"阳气始动于黄泉"的夏历十一月（周历岁首）[39]，也就是灵魂复苏之旅的起点——冬至日。

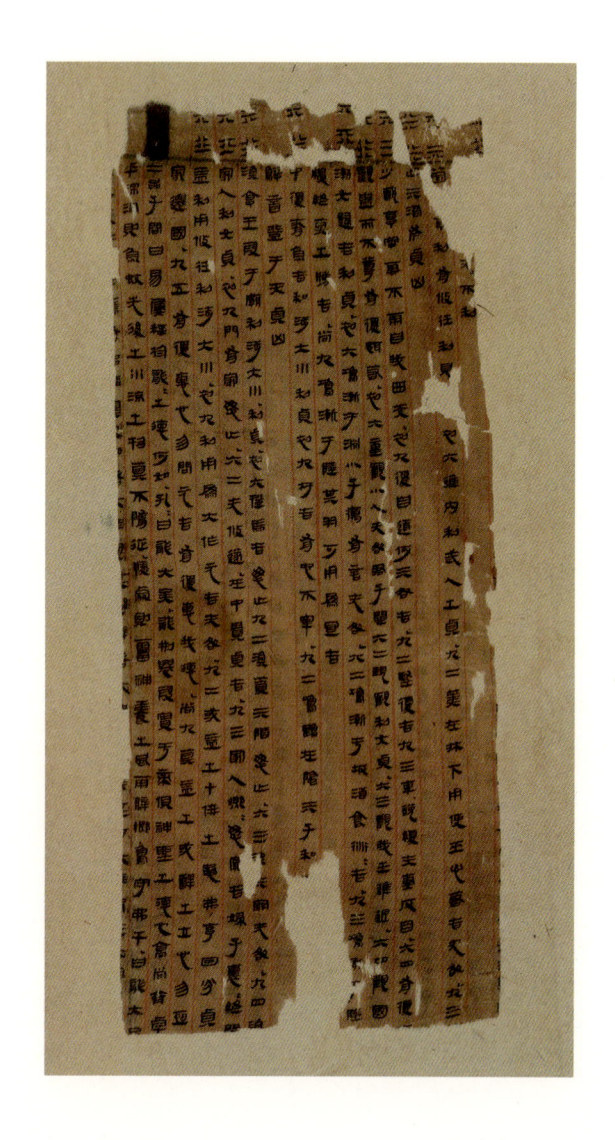

图4 马王堆三号墓出土帛书《周易·二三子问》

因而四神组合里的青龙,是从龟蛇的蛇变化而来的。从而由阴入少阳,继而到老阳,组成循环流转的生物链条:

毛虫毛而后生,羽虫羽而后生。毛羽之虫,阳气之所生也。介虫介而后生,鳞虫鳞而后生,介鳞之虫,阴气之所生也。唯人为倮匈而后生也,阴阳之精也。毛虫之精者曰麟,羽虫之精者曰凤,介虫之精者曰龟,鳞虫之精者曰龙,倮虫之精者曰圣人。(《大戴礼记·曾子天圆》)

四虫之长的麟、凤、龟、龙,正是古代中国的"瑞兽"。只要出现了一个,就预示着圣人临世,海晏河清。这是类属之间的联动与互动,《周易》有言曰:

同声相应,同气相求。水流湿,火就燥。云从龙,风从虎。圣人作而万物睹。本乎天者亲上,本乎地者亲下。则各从其类也。(《周易·文言》)

这种"各从其类"的同声相应、同气相求,已经超出了动物的范畴,与水火、风云、天地同为一体。或者说动物是次一级的小类，天象、气候、地宜、物类、人事是一个大的整体，没有隔阂，可以联通和感应。如此"推类"，才是"知类"，才能明白古代中国何以没有精确的动物分类（指落实到具体动物上的绝对界分，鳞虫毛羽仍是粗泛的说法），甚至连"动物"这个词都很少出现。[40] 董仲舒说过："能说鸟兽之类者，非圣人所欲说也；圣人所欲说，在于说仁义而理之。"（《春秋繁露·重政》）对人事、政治、宇宙全体的在意，使得早期中国没有现代动物学意义上的专门研究，整体性的类从思想始终大于个体性的精确定位。为了照顾系统的圆融，有时不同的动物还可以组合或变形地加以使用。在这样的文化背景里，怎么可能出现林奈式的动物分类表呢？

明白了这种思维的整体性和联通性，再看早期文献里的一些动物论说，就不会莫名惊诧了，反而能帮助我们更好地释读图像。如《吕氏春秋·十二纪》《淮南子·齐国训》《夏小正》等多处文献都提到了鹰化鸠、田鼠化駕、雀变蛤、虾蟆变鹑，《国语·晋语》《大戴礼记·易本命》里赫然有"雀入于海为蛤，雉入于淮为蜃"的说法，《论衡·无形》也有"雨水暴下，虫蛇变化，化为鱼鳖，离本真暂变之虫"的言说，更离奇的是《庄子·至乐》里的宏论——"种有几，得水则为继，得水土之际则为蛙蟆之衣，生于陵屯则为陵舃，陵舃得郁栖则为乌足。乌足之根为蛴螬，其叶为胡蝶。胡蝶，胥也化而为虫，生于灶下，其状若脱，其名为鸲掇。鸲掇千日为鸟，其名为乾余骨。乾余骨之沫为斯弥，斯弥为食醯。颐辂生乎食醯，黄軦生乎九猷，瞀芮生乎腐蠸。羊奚比乎不笋，久竹生青宁，青宁生程，程生马，马生人，人又反入于机。万物皆出于机，皆入于机"。里面究竟有多少错误的动物学知识，还是说另有所指，[41] 这就牵扯到早期中国的阴阳转化思想了。与此处讨论的动物分类，有内在的关联，笔者将另文展开。

总之，动物的分分合合，只有放在阴阳互化、五行流转、类属衔接、宇宙相通的思想大背景下，才能明白它们究竟想要表达什么，又透露了什么。而人的起死回生，即最复杂的由阴还阳的流转，要最大限度地调动各种思想要素，由多种观念的协同运作来达成。无论是乘龙还是驾鹤，无论是让龟蛇还是让鸱枭来接引，都是这个系统工程里的一部分。若没有动物的介入，生命的变形、灵魂的超越在视觉上就无法表现，在逻辑上也无法圆融。何况有些观念和操作本来就受到了动物的启发。因此，以类属关系而非逐一检索、拼接各种动物材料的碎片，反观并理解它们背后的思维逻辑和宇宙观念，对于图像的释读和传统的解析尤为重要。

注释

1 卞僧慧:《陈寅恪先生年谱长编（初稿）》，中华书局，2010年，第363页。
2 指法国社会学家涂尔干和莫斯合著的《原始分类》（上海人民出版社，2005年），其中谈到了古代中国的阴阳五行分类法。
3 可参阅列维—斯特劳斯《野性的思维》（中国人民大学出版社，2006年）等经典著述。
4 在《词与物：人文科学考古学》的开篇，福柯坦言"博尔赫斯作品的一段落，是本书的诞生地"。他的思考源于博尔赫斯短篇小说《约翰·威尔金斯的分析语言》里有关中国古代百科全书动物分类的一段记录——动物可以划分为：(1)属皇帝所有，(2)有芬芳的香味，(3)驯顺的，(4)乳猪，(5)鳗螈，(6)传说中的，(7)自由走动的狗，(8)包括在目前分类中的，(9)发疯似地烦躁不安，(10)数不清的，(11)浑身有十分精致的骆驼毛刷的毛，(12)等等，(13)刚刚打破水罐的，(14)远看像苍蝇的。[法]米歇尔·福柯著，莫伟民译:《词与物：人文科学考古学》，三联书店，2001年，第1页。
5 例如卢龙斗、高明乾、王凤产:《简议我国古代植物分类和命名》，《生物学通报》2011年第9期；董洪进、刘恩德、彭华:《中国植物分类编目的过去、现在和将来》，《植物科学学报》2011年第6期。
6 郭郛、[英]李约瑟、成庆泰著:《中国古代动物学史》，科学出版社，1999年，第132—137页。
7 [英]胡司德著，蓝旭译:《古代中国的动物与灵异》，江苏人民出版社，2016年，第87—117页。
8 黄晨曦:《早期中国动物分类的形成和演变》，《现代哲学》2020年第4期。
9 如何判断专书，标准也很难统一。如张孟闻以晋朝戴凯的《竹谱》为专书之始，但该书类同文学性类书，并非今天植物学意义的专著。从《尚书·禹贡》和《诗经》说起，又太早、太笼统（张孟闻:《中国生物分类学史简述》，《思想与时代》1942年第10期）。在甲骨文里寻摸的，当然不会是系统的分类法[如郭郛、[英]李约瑟、成庆泰著:《中国古代动物学史》第四章]。现代学者则多从《尔雅》谈起。
10 《本草纲目》只是把人单独分立出来。"析族区类，振纲分目"的结果是，把1892种药材分成矿物、植物、动物、杂类（包括水、火、土、服器等）4纲（林奈亦把自然界分成动物、植物、矿物3大类）。继而动物又分虫、鳞、介、禽、兽、人6部，植物分草、谷、菜、果、木5类，矿物分金、玉、石、卤4种。每部下面再剖分，如鳞类分龙、蛇、鱼、无鳞鱼；禽即禽鸟或羽禽，细分成水禽、原禽、林禽和山禽（详见表1）。
11 表中数字指原书出现的顺序，多依季节和方位而定。
12 汉代的《神农本草经》被认为是最早对植物进行系统编目的医药书，此后著述不断。现存本草类图书有300余部，仅《本草纲目》引用的前朝药典就多达276家。
13 指赵学敏编写的《本草纲目拾遗》，完成于1765年前后。
14 如邹树文在《关于我国古代动物分类学的讨论》（《昆虫学报》1976年第3期）里批评刘文泰的《本草品汇精要》和李时珍的《本草纲目》混用了《尔雅》（鸟兽虫鱼四分）、《月令》（羽毛鳞甲倮五分）、《金刚经》（胎生、卵生、湿生、化生）三类书里不同的概念，正好从反面说明了它们的延续性。邹文的写作时间较早，关注点与今天不同，具体观点需细加甄别。
15 （汉）许慎撰，（清）段玉裁注：《说文解字注》，上海古籍出版社，2003年，第674页。
16 （汉）许慎撰，（清）段玉裁注：《说文解字注》，第663页。
17 （汉）许慎撰，（清）段玉裁注：《说文解字注》，第674页。
18 （清）孙诒让撰，王文锦、陈玉霞点校:《周礼正义》第14册，中华书局，2008年，第3375页。
19 （晋）郭璞注，（宋）邢昺疏：《尔雅注疏》，上海古籍出版社，2011年，第349、329页。
20 许慎说："坟，墓也，从土贲声。"[（汉）许慎撰，（清）段玉裁注：《说文解字注》，第693页。]（清）孙诒让释经时做了引用[（清）孙诒让撰，王文锦、陈玉霞点校：《周礼正义》第3册，第691页]。
21 （清）孙诒让撰，王文锦、陈玉霞点校:《周礼正义》，第691页。

在《尔雅》里，"濆"为汝水别名，依据是《诗经》里的"遵彼汝濆"（《尔雅注疏》，第367页）。

22 （清）孙诒让撰，王文锦、陈玉霞点校：《周礼正义》，第691页。

23 （清）王念孙：《广雅疏证》，上海古籍出版社，2016年，第1467页。

24 参阅陈怀宇：《动物与中古政治宗教秩序》，上海古籍出版社，2012年，第59页。

25 如吾淳（《中国哲学的起源》，上海人民出版社，2010年，第152页）和左玉河（《从四部之学到七科之学：学术分科与近代中国知识系统之创建》，上海书店出版社，2004年，第2页）的相关论述。

26 [法]爱弥尔·涂尔干、马塞尔·莫斯著，汲喆译：《原始分类》，上海人民出版社，2005年，第3页。

27 （汉）许慎撰，（清）段玉裁注：《说文解字注》，第476页。

28 1934年葛兰言在《中国思维》里提出，中国古代的宇宙论与西方思维截然不同。后来史华兹《古代中国的思想世界》、葛瑞汉《论道者：中国古代哲学论辩》等，对此展开了详细论述，使之成为海外中国研究的热门话题。李约瑟、牟复礼（Frederick W. Mote, 1922—2005）、郝大维（David L. Hall, 1937—2001）、安乐哲（Roger T. Ames, 1947—）、普鸣等西方学者在相关著作里，都致力于发掘中国思想与西方的不同。无论有多少偏见（如与原始思维进行对比）、具体观点如何（如关于超越性的讨论），这种结合中国思想的整体逻辑、强调从思维根柢处下手的研究取向，值得肯定。

29 萧延中总结说："如果说，统属性思维是以'同质要素'为核心所构成的概念之间的层级排列的话，那么，关联性思维则是在一个统一的'宇宙格局'之下，将所有'异质要素'整合为一，从而在'整体格局'中为'个别要素'安排意义。"（《中国思维的根系研究笔记》，中央编译出版社，2020年，第73页）笔者认为其关于整体和个别的关系论述是准确的，但对同和异的判定正好相反。这正是源于没有考虑到中西、古今不在同一套思维体系里，对最基本的类、类属、质的理解都有根本的不同。既然中国式关联性思维是一种"有机整体论"，就决不可能把着眼点放在异质要素的整合上。

30 [法]爱弥尔·涂尔干、马塞尔·莫斯著，汲喆译：《原始分类》，第73页。

31 （清）孙诒让撰，王文锦、陈玉霞点校：《周礼正义》，第701页。

32 张东荪：《知识与文化》，商务印书馆，1946年，第101页。

33 （汉）许慎撰，（清）段玉裁注：《说文解字注》，第49页。

34 [法]爱弥尔·涂尔干、马塞尔·莫斯著，汲喆译：《原始分类》，第3页。

35 《周易·二三子问》，裘锡圭主编：《长沙马王堆汉墓简帛集成》第三册，中华书局，2014年，第40—41页。

36 《周易·乾卦》的爻辞为："初九，潜龙勿用。九二，见龙在田，利见大人。九三，君子终日乾乾，夕惕若，厉，无咎。九四，或跃在渊，无咎。九五，飞龙在天，利见大人。上九，亢龙有悔"。即从潜龙到飞龙，是一个完整的序列。

37 无论把鱼释为鲤鱼、鲸鲵，还是鱼妇，都过于注重鱼的外部形态，从而斩断了鱼和龙的关系。如孙作云：《长沙马王堆一号汉墓出土画幡考释》，《考古》1973年1期；安志敏：《长沙新发现的西汉帛画试探》，《考古》1973年第1期；贺西林：《从长沙楚墓帛画到马王堆一号汉墓漆棺画与帛画：早期中国墓葬绘画的图像理路》，《中国汉画学会第九届年会论文集》，中国社会科学出版社，2004年。

38 （汉）许慎撰，（清）段玉裁注：《说文解字注》，第582页。

39 马融言："初九建子之月，阳气始动于黄泉。既未萌牙，犹是潜伏，故曰'潜龙'也。"（清）李道平撰：《周易集解纂疏》，中华书局，2004年，第28页。

40 古代很少出现"动物"这个词，多称禽兽或鸟兽。相应的"植物"也不常见，多以草木代之。薛综注《文选·西京赋》有"动物，禽兽""植物，草木"之说、李贤注《后汉书·马融传》"敛九薮之动物"时说"动物，谓禽兽也"、郑玄注《周礼·春官·大司乐》"以作动物"言"动物，羽赢之属"，都是以偏代全的解说方式，即段玉裁说的"析言"式称谓法。把动物和植物合称为生物，是西方的做法，古代中国多分而列之，如"草木畅茂，禽兽繁殖"（《孟子·腾文公》）、"草木生之，禽兽居之，宝藏兴焉"（《中庸》）等。又如宋代类书《事物纪原》只分草木花果和虫鱼禽鸟、明代《三才图会》仅以鸟兽和草木为纲、清朝《古今图书集成》设禽虫和草木两目。

41 不可否认，草变虫之类的说法（民间依然如此看待虫草），确属植物学知识的匮乏。古代社会，无论中西，都存在对动物和植物的错误认知，比如直至18世纪末，科学家才确认燕子冬天是迁徙到温暖的地方过冬去了，而不是像亚里士多德、林奈等人说的，藏到池塘底下或头朝下吊在洞穴里冬眠了。但《庄子》里程生马、马生人的说法，显然是另有所指。即便是无稽之谈，何以做如此的联系或联想，依然有思想的基础。

金声玉振：
马王堆T形帛画中的钟磬与音声方术

吕晨晨

序言：生命转化中的音乐仪式

在长沙马王堆西汉墓葬群中，发现了两件举世瞩目的 T 形帛画。它们分别出土于一号和三号墓，位于墓葬套棺的内棺之上。（见本书第 454—461 页）这两件帛画形如衣袍，画面根据西汉时期的宇宙观念，绘制了墓主逝后升仙的历程。T 形帛画在墓葬系统中占据中心地位，为我们提供了深入解读西汉时期宇宙观、生命观的关键线索。自 20 世纪 70 年代以来，许多艺术史家已经对帛画的图像元素、图像程及其仪式功能进行了深入研究。[1]

然而，在马王堆 T 形帛画研究中，经常被忽略的一点是其中蕴含的声音元素。[2] 这两幅结构类似的 T 形帛画描绘了墓主人驭龙从幽冥之境升腾进入天界的景象，而在这一飞升过程中，音乐起着至关重要的作用。以三号墓的 T 形帛画为例，帛画的中轴线上绘有一系列乐器，它们贯穿着整个升仙队列。在画面中央的顶部，画有一只展翅向上翱翔的鸿雁，两翼各挂一枚玉磬，引领着升仙队列。（图 1）沿中轴线往下，绘有两个赤膊的神人骑白鹿拉着巨钟，引导着墓主人的龙舆向上飞驰。（图 2）钟下绘制着阴阳双龙交缠而成的龙舆，托着墓主人立于玉台之上。特别引人注目的是，双龙交缠于一个玉璧之内，而玉璧下悬挂着一个巨大的玉磬。（图 3）画面中轴线上的钟磬乐器，构成了整个飞升程序的纽带。这些乐器营造出金声玉振的音乐氛围，同时图中的仙灵神兽们，张嘴吐舌、鸣叫嘶吼，与画面的钟磬交相呼应，在帛画里形成了一个响彻寰宇、震撼人心的整体声场。可以说，T 形帛画不仅仅在图像设计上令人称奇，其精湛的绘画艺术还构建起一种音效盛大的视听体验，带给人们一种音画融合的震撼感。

马王堆一号与三号墓 T 形帛画均覆盖于内棺之上，两张帛画的钟磬形成的南北中轴线贯穿整个棺椁。（图 4 左、中）类似的，在长沙砂子塘西汉墓的彩棺设计中，也采用了以钟磬为中心的设计模式[3]。砂子塘汉墓中头档绘有双鹤衔磬，颈部穿玉璧而过；而足挡则绘制磬与钟的组合，托着一对骑豹羽人。（图 4 右）在砂子塘西汉彩棺上，磬与钟同样形成了贯穿棺椁的中轴线，再次证明了钟磬在西汉墓葬系统中扮演着独特而核心的角色。

为什么钟磬会在墓葬中被置于如此核心的地位？钟磬在生命升华的想象中起到怎样的作用？本文意在探讨钟磬在汉代宇宙观中的文化象征意义，以及音乐在宇宙感应论中的重要地位，分析钟磬之音在生命升华的过程以及此后道教长生术中的关键作用。钟磬的声音不仅

| 生命时空 —— 马王堆汉墓新论

图1 马王堆三号墓T形帛画
上部细节：鸿雁拉升双磬

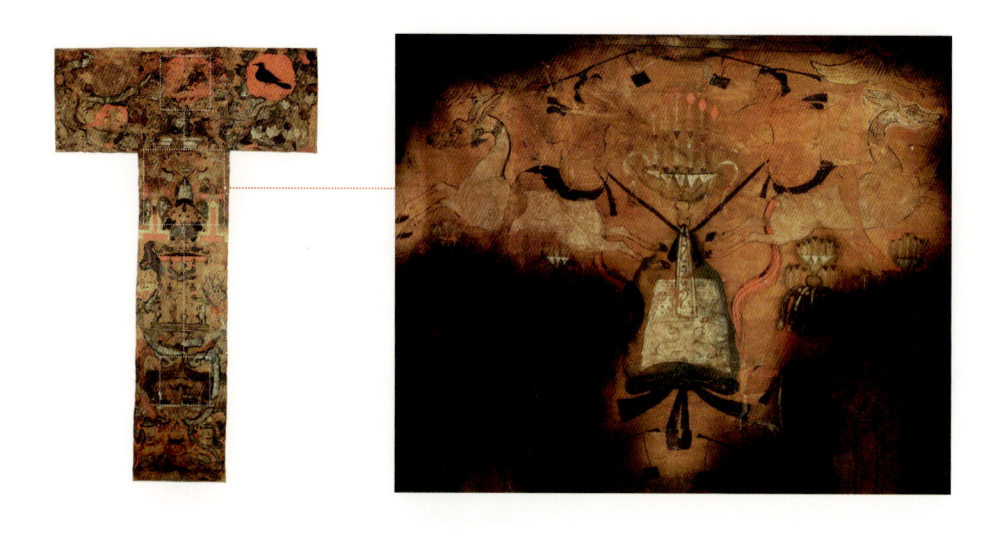

图2 马王堆三号墓T形帛画
中部细节：骑鹿神人拉钟

图3 马王堆三号墓T形帛画
下部细节：悬于玉璧下的磬

图4 左：马王堆一号墓T形帛画中的钟磬　中：马王堆三号墓T形帛画中的钟磬
右：砂子塘西汉墓彩棺头挡与尾挡中的钟磬（摹本）

是连接尘世与仙界的桥梁，也被认为能够通过共鸣感应来集结阴阳之气，操纵灵魂与仙灵，从而推动生命的再生与仙化。马王堆汉墓T形帛画中的钟磬图案，证明西汉时期"以音驭气"的音声方术已有雏形，为后世道教通过体内"金钟玉磬"调和阴阳两气的长生修炼法提供了初步的依据。

一、金玉之音：仙界想象中的钟磬

（一）仙界之器

钟磬的传统组合源远流长，它们作为中国古代两种主要的编悬乐器，早在文献记载中就频频出现。尤其在汉代，钟磬凭借其金铜和玉石的材质，在推崇升仙之道的背景下显得尤为重要。了解马王堆T形帛画中钟磬的文化内涵，让我们先从钟磬与汉代仙境想象的关联入手。

在早期中国的音乐理论里，乐器根据材质被分为"八音"。如《周礼·春官》所述："播之以八音——金、石、土、革、丝、木、匏、竹"[4]。秦汉以降，这"八音"被纳入全面的宇宙音乐构架中，与八卦、八方、八风和八节气相对应。这一系统在《淮南子·时则训》[5]《白虎通·礼乐》以及15世纪朝鲜的《乐学轨范·八音图说》[6]等文献中均有体现，成为东亚文化极为重要的一环。在这一音乐宇宙理论里，钟磬的音乐属性与仙界和天界建立了密切的关系。

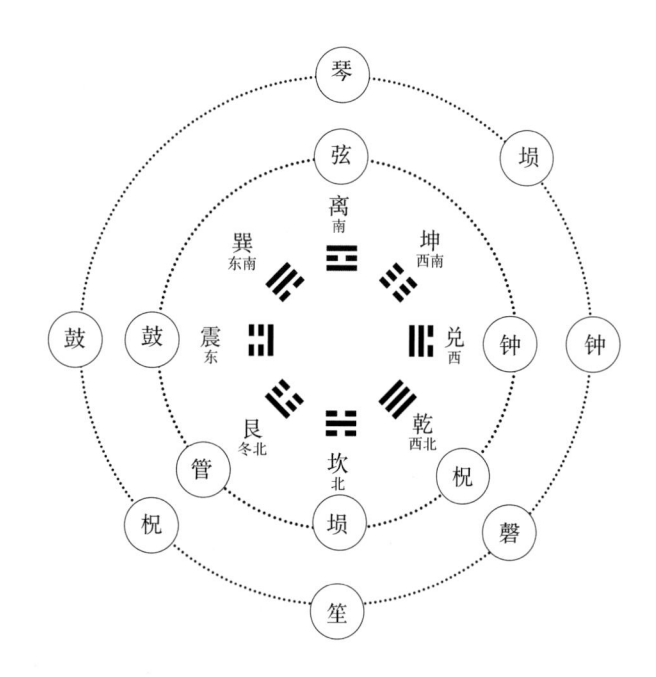

图5 《白虎通·礼乐》八风与八卦配位图示

如《白虎通·礼乐》中提到：

《乐记》曰："土曰埙，竹曰管，皮曰鼓，匏曰笙，丝曰弦，石曰磬，金曰钟，木曰祝敔。"此谓八音也。法《易》八卦也，万物之数也；八音，万物之声也。……一说笙、祝、鼓、箫、琴、埙、钟、磬，如其次，笙在北方，祝在东北方，鼓在东方，箫在东南方，琴在南方，埙在西南方，钟在西方，磬在西北方。[7]

在这一宇宙系统中，磬与西北、乾卦相匹配；钟与西方、五行之"金"相匹配。（图5）乾为天，自然使得磬与天有了紧密关联。《吕氏春秋·古乐》有言："帝尧立，乃命质为乐……乃拊石击石，以象上帝玉磬之音，以致舞百兽。"玉磬象征天帝之乐，并具有召唤百兽的能力。西方的昆仑山在汉代被视为重要的仙界所在，与西方属性的金钟相对应。玉、金与天界的关联也在《周易说卦》中出现："乾为天，为圆，为君，为父，为玉，为金，为寒，为冰……"[8] 这些文献线索表明在汉代的整体宇宙系统中，金钟和玉磬这两件乐器与西方仙界、天界有着时空上的紧密关联。

同时，金钟和玉磬的物质属性更使它们与恒常不死的"仙"质联系起来。《关尹子·七釜》中提到"天下之理，轻者易化，重者难化。譬如风云，须臾变灭；金玉之性，历久不渝。"[9] 金玉之性历久不渝，与仙界长生不老的特质互相匹配。在汉代，甚至产生了服食金玉追求成仙的修行方法，如《论衡·道虚》中说道："闻为道者，服金玉之精，食紫芝之英。"[10] 钟磬作为金玉之声，成为这种长生恒久的仙界状态的象征。

（二）浮金轻玉

有趣的是，从汉晋文献来看，仙界钟磬被想象成具有超凡力量的轻盈材质，这种想象与马王堆帛画的画面细节有着紧密关联。如《拾遗记》中写道：

> 及颛顼居位，奇祥众祉……有浮金之钟，沉明之磬，以羽毛拂之，则声振百里。石浮于水上，如萍藻之轻，取以为磬，不加磨琢。及朝万国之时，及奏含英之乐，其音清密，落云闲之羽……[11]

在这里，对钟磬的想象无疑延续了汉代对轻举飞翔的仙人想象。仙界钟磬摆脱了普通金石的沉重，被想象为一种如萍藻般可以漂浮于水面的轻盈物质，而且无需敲击，轻如羽毛拂过即能声振百里。

这种对钟磬的轻盈想象在《拾遗记》中不断出现。描绘瀛洲仙境的景象时，又说到：

> 扶桑东五万里，有磅磄山……奏环天之和乐，列以重霄之宝器……浮瀛羽磬，抚节按歌，万灵皆聚。……浮瀛，即瀛洲也。上有青石，可为磬，磬长一丈，轻若鸿毛，因轻而鸣。西王母与穆王欢歌既毕，乃命驾升云而去。[12]

在扶桑瀛洲仙境演奏的"环天之和乐"，使用的是来自重霄天界的乐器，文中强调了所用的磬石名为"浮瀛羽磬"，轻如鸿毛，而且其声音因轻盈的材质而更加清远。西王母与周穆王宴会上演奏的便是这样的羽磬之乐。

东汉《汉武帝别国洞冥记》中同样描述了这种"浮金""轻玉"的乐器：

> 建元二年，帝起腾光台以望四远，于台上撞碧玉之钟，挂悬黎之磬，吹霜条之篪，唱来云依日之曲。[13]

> 元鼎元年，起招仙阁于甘泉宫西。编翠羽麟毫为帘，青琉璃为扇，悬黎火齐为床，其上悬浮金轻玉之磬。浮金者，色如金，自浮于水上；轻玉者，其质贞明而轻。[14]

《洞冥记》和《拾遗记》对于"浮金""轻玉"的钟磬想象，勾勒出一种两汉以降对仙境钟磬的独特想象，金石本身的重量被想象中如同仙人般的轻盈飘逸所取代。这种对轻而能浮的金石乐器想象，很可能最初来自《尚书·禹贡》中"泗滨浮磬"[15]的记载，在崇尚成仙不死的两汉时期得到了进一步的丰富和发展。

这种"浮金""轻玉"的钟磬想象，可以在马王堆T形帛画的钟磬图像中得到印证。在三号墓帛画顶部，一只鸿雁悬挂着玉磬，成为墓主飞升队伍的先导，其双翅各挂一枚玉磬，

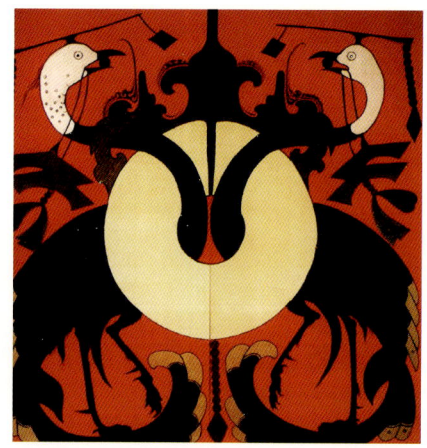

图 6　左：马王堆三号墓 T 形帛画上部细节　右：砂子塘西汉墓彩棺头挡双鹤衔磬图像

直上云霄。（图 6 左）在现实生活中，鸿雁背负沉重的磬石入空是不可能的事情，但帛画中的鸿雁却携着双磬轻举翱翔，似乎毫不费力。这种情景，与《洞冥记》和《拾遗记》等文献记载的"轻若鸿毛"的仙界"羽磬"不谋而合。同样的视觉表现出现在砂子塘汉墓彩棺的头挡上：磬石由两只细颈的仙鹤衔着，随势扬起，体现出磬石超乎寻常的轻盈。（图 6 右）

帛画进一步利用鹤鸣来传达磬石声音的清远和轻盈。先秦以来，磬音与鹤鸣关系密切。《周礼·冬官考工记》就指出磬虡要做成羽类的形态，因为磬的声音如鸟类般"清阳而远闻"，所以在演奏编磬的时候，就好像是磬虡上装饰的鸟类在发出鸣叫一般。[16] 在马王堆三号墓 T 形帛画顶端，鸿雁正拉着双磬飞入八只引吭高歌的仙鹤之中。在砂子塘汉墓棺的头挡上，磬衔于鹤之喙，同样以磬音表现鹤鸣。在这些画面里，磬音与鹤唳的交响辉映，营造出极其清远高昂的天界之乐，甚为巧妙。

在这扇翱翔的鸿雁下，帛画还描绘了一对引领大钟的骑鹿仙人。（图 7）他们紧随鸿雁，引领龙舆进入天界。沉重的"万钧之洪钟"在这里同样变得轻盈，以一种轻松的状态由神灵牵引着向天界飞升。钟顶装饰着立起的羽毛（可能是古文献里提到的装饰乐器或簨虡的"翠"[17]），仿佛这些羽毛正在提供轻举飞升的力量。羽与仙在汉代是紧密联系的两个概念：羽化是汉代对于成仙的一种标准想象，身体长出羽毛，从而轻举飞翔、腾云驾雾。同样的羽毛出现在天门旁的云气里，它们仿佛是仙界漂浮于虚空中的一种仪仗装饰，强化仙界事物的轻盈飘逸。钟的羽毛装饰同样让人想起《拾遗记》中描述的独特演奏方法："以羽毛拂之，则声振百里。"

图7　马王堆三号墓T形帛画中部大钟细节

　　跟随大钟的是双龙形成的壶形的飞升銮御：双龙在一个玉璧中缠结，玉璧承接一对文豹和一个玉台，玉璧下则悬挂着一个巨大的带有谷纹的玉磬。（图8左）玉磬悬挂于玉璧之下，随着飞龙一起轻举腾飞。与之类似，在砂子塘汉墓漆棺足档画面上，巨大的钟、磬仿佛飘悬在空中，承托着一对乘豹的羽人。（图8右）

　　在这些图像中，钟磬的万钧之重都被赋予了仙界特质而转化为能在空中飞升的物质。通过这些细节，画面讲述了一个共同的故事：在汉代人的想象中，仙界的钟磬不仅承载着音乐，它们本身也被赋予了特殊的物理性质，变得与仙人一样轻举，呈现出仙界音乐与物质的浪漫想象。

二、召激阴阳：感应理论中的音声方术

　　了解了马王堆帛画中金钟与玉磬的物质想象，让我们再来关注钟磬和画面其他仙灵神

图8 左：马王堆三号墓 T 形帛画下部玉磬细节　右：砂子塘西汉墓彩棺足挡钟磬图像（摹本）

兽的互动关系。事实上，在马王堆 T 形帛画中，钟磬不仅限于营造升仙的音乐氛围，这些乐器在墓主人升仙转化过程中会起到至关重要的作用，犹如整个程序的驱动力量，引导和指挥着整个升仙仪式的展开。

（一）阴阳交鸣

以马王堆三号墓 T 形帛画为例，从上至下的乐器排列顺序为磬、钟、磬，这一布局与砂子塘汉墓的头挡与足挡的乐器组合极其相似。（图4）对比分析这两个墓葬的乐器设置和图像细节，我们可以探究其深层的意义。

首先让我们关注帛画最上方的鸿雁牵引的一对磬。这个设计与砂子塘汉墓彩棺头挡的双鹤衔磬遥相呼应。（图9中）砂子塘彩棺头挡的双鹤各衔着一对磬石，双颈穿过一个玉璧。穿璧图案是汉代墓葬里表现阴阳交合的常见设计。[18] 动物多以双龙为主，马王堆 T 形帛画中央部位展现了阴阳双龙在玉璧中缠绕，象征着阴阳结合产生的新生。（图9左）类似的双龙穿璧构图也见于马王堆一号墓朱地彩绘漆棺的足挡上。（图9左）雌雄双鹤颈穿玉璧，无疑也与双龙穿璧一样具有交颈合一、阴阳结合的意蕴。然而，值得注意的是，在古人的想象中，羽族的交合常常以音声来完成。《禽经》云：

鹤，以声交而孕。雄鸣上风，雌承下风，而孕。鹊，以音感而孕。鹊，乾鹊也，上下飞鸣则孕。[19]

图9　左：马王堆三号墓T形帛画中部双龙穿壁　中：砂子塘汉墓彩棺头挡双鹤穿壁（摹本）
右：马王堆一号墓朱地彩绘漆棺足挡双龙穿壁

图10　砂子塘一号墓外棺棺盖漆画（摹本）

雌雄双鹤通过鸣叫来交配、孕育新生。如前文所述，磬音往往被想象为鹤鸣。彩棺头挡的画面里，设计者运用双鹤口中衔磬的意象来突出雌雄鹤的鸣叫，象征了阴声、阳声的交融以及生命的孕育。在中国早期的音乐理论中，音乐与宇宙气息同一，乐分阴阳；十二律吕分为"阳律"与"阴吕"，被认为是来自雌雄凤凰的鸣叫之声。[20] 所以，雌雄双鹤各自衔曳的磬石，无疑代表了阴阳的乐声。代表雌雄鹤鸣的阴阳磬音在玉璧中交合，以巧妙的设计表达了阴阳合同而诞育新生的意义。

这种阴阳磬音的交合主题，在砂子塘彩棺顶盖上得以强化。在顶盖上，玉磬和玉璧交错排列，代表阴阳之气的绳带在玉璧与玉磬中交结。这些绳带穿璧的设计，与双鹤穿璧是同构的：穿过玉璧的双绳或双鹤都在连接玉磬。[21]（图10）可以说，顶盖上表现的同样是磬石发出的阴阳之音（即阴阳之气）在玉璧中的交合。更巧妙的是，玉磬之方与玉璧之圆又呼应了天圆地方的天地想象，在另一个层面强化了阴阳相合的观念。

以玉磬的阴阳音声代表阴阳交合的理念，在马王堆三号墓T形帛画的上部得到了类似的表达。在帛画中，鸿雁的双翅各挂一个磬石，并在鸿雁与双磬的上方，画了八只引吭高歌、对天长鸣的仙鹤。（图6）设计者通过红白交错的颜色，突出了雌雄的组合，让人想起《吕氏春秋·仲夏季·古乐》中记载的阴阳律吕与雌雄凤鸣的关系：

昔黄帝令伶伦作为律……听凤皇之鸣，以别十二律，其雄鸣为六，雌鸣亦六。[22]

画面中，这对磬石正在鸿雁的拖曳下飞入雌雄鹤鸣中。鸿雁左右两翅上的两个磬石很有可能同样表现了阴阳关系。鸟之双翼在古人的想象中本来就暗含雌雄阴阳的观念。《禽经》中有言："《尔雅》曰：'鸟雌雄不可别者，以翼右掩左，雄；左掩右，雌。'"

故而，马王堆三号墓T形帛画上方的雁曳双磬与砂子塘彩棺头挡上的双鹤衔磬，都蕴含着阴阳交鸣的内涵；而磬音的阴阳交合正如画面上的雌雄鹤鸣一样，表达了帛画最重要的主题，即通过阴阳合气实现墓主人生命的重生和升华。

（二）钟磬春秋

探讨了三号墓T形帛画顶部的双磬之后，再看骑鹿仙人所拉的巨钟与双龙穿璧下悬挂的巨磬。一钟一磬之间便是载着墓主飞升的銮舆主体。分析巨钟与巨磬的意义，还得从钟磬之间飞升的銮舆的设计逻辑入手。墓主飞升的銮舆为红白双龙于玉璧中交结而成，两龙交结处上立一对前爪抚着玉璧的文豹。双龙与双豹的组合，与马王堆一号墓红地棺棺盖上的双龙双虎图如出一辙。（图11）诸多学者已经指出，在早期中国的动物分类和宇宙系统中，龙属于春季、东方、阳气升起之象，而虎或豹则属于秋季、西方、阴气升起之象。龙虎之交作为汉代墓葬中极为常见的一种图像模式，代表着阴阳合气、结精炼形从而重生仙化。[23]（图12）

钟磬与龙虎有着密切关联。在江苏丹阳县胡桥镇吴家村南朝墓中，有青龙、白虎的大型砖画（图13、图14），白虎一侧的飞仙手持一只钟（图15右），而青龙一侧的飞仙手持一只磬（图15左）。[24] 钟与磬分别引导着龙虎的前行。这种设计构图与马王堆帛画异曲同工，都是以钟磬引导双龙、双豹的阴阳交合，以完成墓主的仙化。南朝时期清晰的"虎—钟""龙—磬"组合，使我们得以反观马王堆帛画中的钟磬意涵，表明钟磬与龙虎在西汉时期已有特定

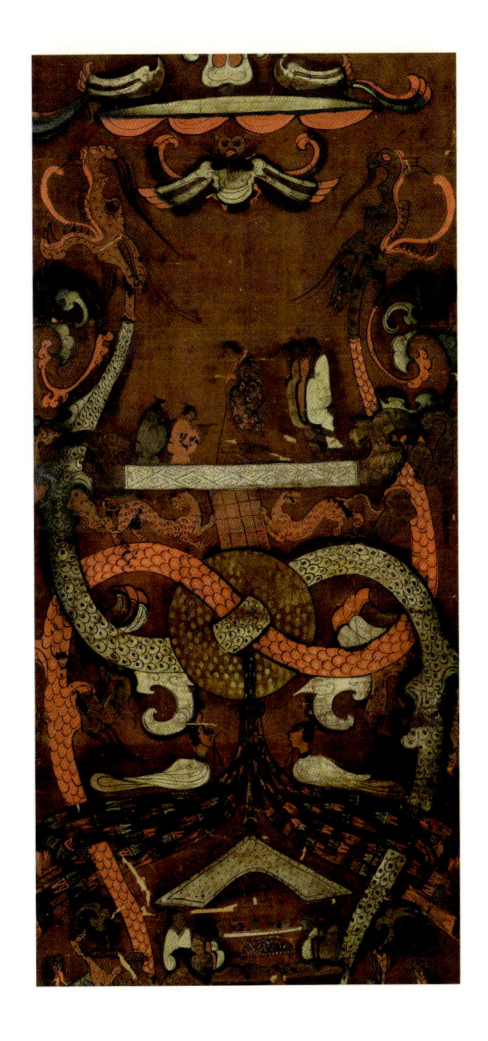

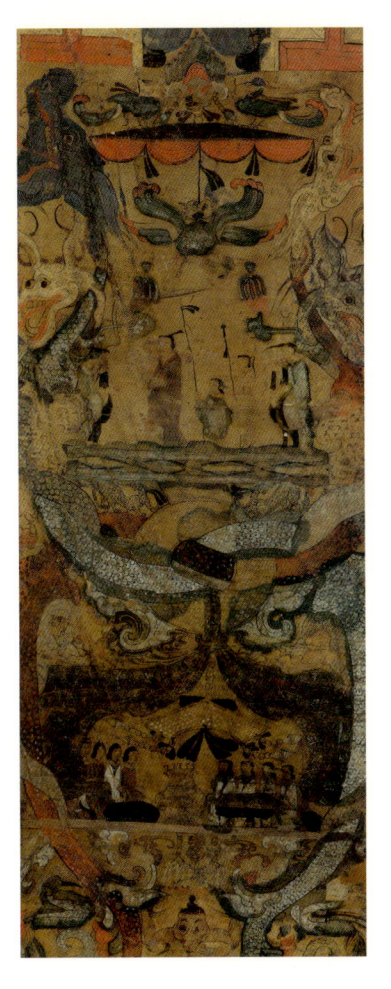

图 11　左：马王堆一号墓 T 形帛画中部双龙双豹銮舆　中：马王堆三号墓 T 形帛画中部双龙双豹銮舆
　　　右：马王堆一号墓朱地彩绘漆棺顶盖双龙双虎图

图 12　龙虎戏璧图，郫县新胜乡东汉墓石棺棺盖顶画像

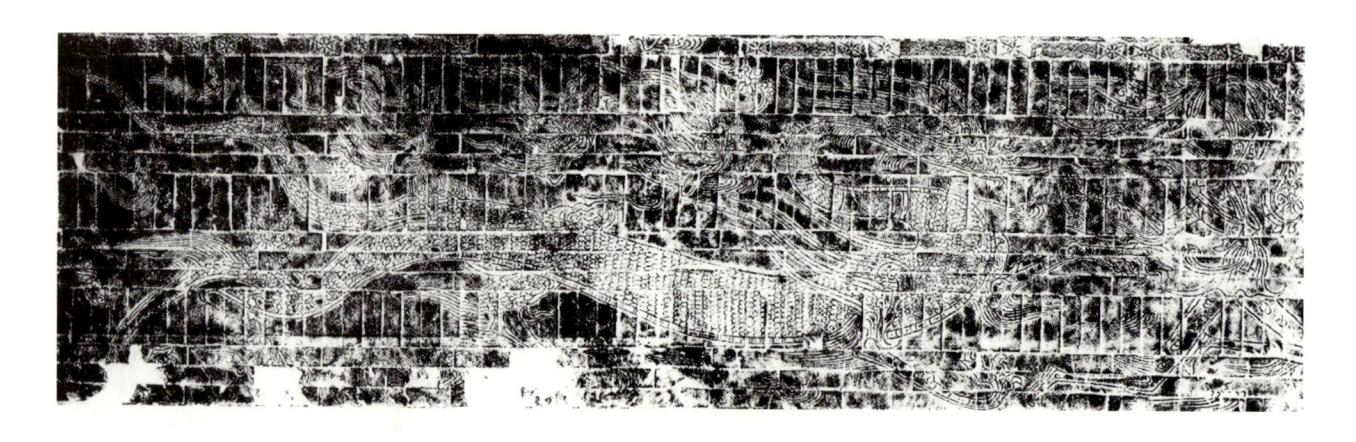

图13 "羽人戏龙"砖画，江苏丹阳县胡桥镇吴家村南朝墓出土

图14 "羽人戏虎"砖画，江苏丹阳县胡桥镇吴家村南朝墓出土

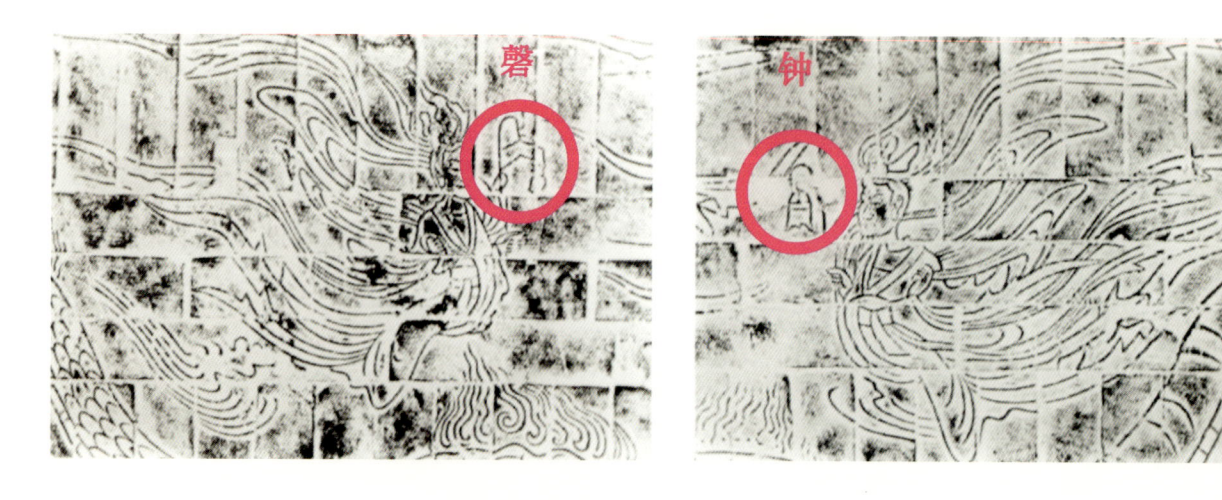

图15 左：青龙上方的持磬仙人砖画，江苏丹阳县胡桥镇吴家村南朝墓出土
右：白虎上方的持钟仙人砖画，江苏丹阳县胡桥镇吴家村南朝墓出土
（图13—15，采自《世界美术全集·卷14·六朝》，东京角川书店，1960年，图版一八九、一九零）

图16　砂子塘一号墓外棺外侧板漆画（摹本）

的关联意义。

在中国早期的宇宙观念中，乐器往往与四方、四季、阴阳进行配位。如《周礼·春官宗伯》指出：

> 典同掌六律、六同之和，以辨天地四方阴阳之声，以为乐器。[25]

在早期中国文献里，我们清晰地看到了钟与虎、西方、秋季的明确配对。那么磬与龙是否有关联呢？正如前文的论述，虽然磬石在空间方位上属于西北、北方，而且磬石被认为产于水里，本性属阴；然而在很多古典文献中，它会与羽族的鸣叫结合起来考虑，从而带上了阴中之阳的特性。或许正是这种阴中之阳的复合属性，使得磬石与代表阳气在春季萌发的鳞族之龙在阴阳观念上产生了联系。对照南朝"虎—钟""龙—磬"的组合，这种"钟磬"与"秋春""毛鳞""阴阳"等元素的配对，很可能西汉时期便已初具雏形。

与马王堆帛画中的巨钟巨磬类似，砂子塘汉墓彩棺的足挡上也绘制着巨钟巨磬的组合；而在砂子塘彩棺侧板，同样描绘着代表着东方春气的龙和代表西方秋气的豹（虎），在它们中间是流动柔和的春气与刚劲凝结的秋气，演绎着阴阳相交、春秋相续的主题。[26]（图16）

从马王堆和砂子塘汉墓来看，钟磬配合龙虎（豹）几乎成为一种模式；钟磬的组合很可能已经具备了后世墓葬清晰的春秋对位、阴阳对位关系。

（三）共振感应

事实上，无论是双磬的阴阳交鸣，还是钟磬的春秋合气，帛画对于乐器的精细设计都源自早期中国对音乐效力的笃信。先秦时期，音乐被认为具有实际的作用，它能够驱动阴阳二气和神兽仙灵，发挥调和宇宙、护养生命的功能。

如前文所引《吕氏春秋·古乐》便提到尧帝创制音乐，模仿天界玉磬之音以驱动百兽。《拾遗记》也指出了"浮瀛羽磬，抚节按歌，万灵皆聚"，即羽磬可以召集神灵；《汉武帝别国洞冥记》记录了汉武帝用浮金、轻玉的钟磬音乐招仙之事。早期的道教石刻《天皇大帝授茅君九锡玉册文》[27]也提到："今故报以斑龙之舆、素虎之軿，使以浮宴太空、飞轮帝庭……今故报以凤鸾之啸、金钟玉磬，可以和神虚馆、乐真儦灵。"[28]明确地指出了金钟玉磬可以作用于神灵。有趣的是，这段"九锡玉册文"同样是在死亡的语境里对茅君的亡灵给予"龙舆虎軿""金钟玉磬"的赏赐，以龙虎之舆、钟磬之乐调和引导亡灵的飞升。

马王堆T形帛画的视觉设计，同样突出了钟磬与神灵仙兽之间招聚、引导的关系。乐器在队伍的最上方作为引领，同时在队伍的最下方作为结尾。可见正是音乐的效力，在驱动和导演着整个龙虎交会、仙灵汇聚、阴阳和合的飞升过程。

这种对音乐效力的信仰，来自先民对声学现象"共振"的认知。共振在古代称为"应"，是一种常见的声学现象：两个振动频率相同的物体，一个发生振动时会引起另一个物体振动。这种可以超越物质的接触而相互作用的声学现象，进一步推演到宇宙范畴，形成"同类相感"的宇宙理论。在"感应"理论中，音乐可以跨越时空的距离，作用于阴阳之气、世间事物、甚至仙界与幽冥的神灵。《庄子》中便有对共振感应的论述：

其弟子曰："我得夫子之道矣，吾能冬爨鼎而夏造冰矣。"鲁遽曰："是直以阳召阳，以阴召阴，非吾所谓道也。吾示子乎吾道。"于是为之调瑟，废一于堂，废一于室，鼓宫宫动，鼓角角动，音律同矣。[29]

正是在这种"声比则应""同类相召"的感应思维下，早期中国认为音乐可以用来"以阳召阳，以阴召阴"。也就是用阳声之乐招引阳气与阳物，以阴声之乐招引阴气与阴物。《列子·汤问篇》中提到：

瓠巴鼓琴，而鸟舞鱼跃，郑师文闻之，弃家从师襄游……

> 于是当春而叩商弦，以召南吕，凉风忽至，草木成实。
>
> 及秋而叩角弦，以激夹钟，温风徐回，草木发荣。
>
> 当夏而叩羽弦，以召黄钟，霜雪交下，川池暴冱。
>
> 及冬而叩徵弦，以激蕤宾，阳光炽烈，坚冰立散。
>
> 将终命宫而总四弦，则景风翔，庆云浮，甘露降，醴泉涌。[30]

在这段话中，音乐效力被夸张地表现为能够逆转自然规律，操控季节气候。通过"召""激"来强调音乐可以逆夺造化、操控阴阳的效力。正是对阴阳的控制力，使得音乐被想象成一种有孕生能力的技术，如《吕氏春秋·古乐》中提到：

> 昔古朱襄氏之治天下也，多风而阳气畜积，万物散解，果实不成，故士达作为五弦瑟，以来阴气，以定群生。[31]

也就是通过音乐来调节阴阳，使得万物孕育、果实生长。音乐既然能召激阴阳，音声的感应作用在汉代就常与象征阴阳之气的龙虎并举。如西汉《七谏·谬谏》中有言：

> 故叩宫而宫应兮，弹角而角动。
>
> 虎啸而谷风至兮，龙举而景云往。
>
> 音声之相和兮，言物类之相感也。[32]

只要拥有共同的阴阳属性，音乐就可以相互共振，物类就可以相互作用。在东汉至魏晋时期的铜镜中，常见伯牙抚琴、招致龙虎的画面，同样反映了通过音乐来和合阴阳的意图。（图17）

正是由于音乐具有操纵阴阳的力量，马王堆T形帛画上描绘的钟磬，就不仅是升仙过程的背景音乐，而是整个阴阳交融与升华过程的驱动力。它们在队伍的中轴线上，引导着代表春秋阴阳二气的龙虎完成生命的重生。

把声音作为重生仪式中不可或缺的驱动者，这种声音方术还可以在古代文献中找到更多的线索。在早期中国的招魂仪式中，便显现了阴阳音声的重要作用。《楚辞·招魂》提到："招具该备，永啸呼些。"汉代王逸注云：

> 该，亦备也。言撰设甘美，靡不毕备。故长啸大呼，以招君也。夫啸者，阴也；呼者，阳也。阳主魂，阴主魄。故必啸呼以感之也。[33]

可见，在招魂仪式上，通过呼啸的阴阳之声可以感召阳魂与阴魄重新聚合，从而复活生命。

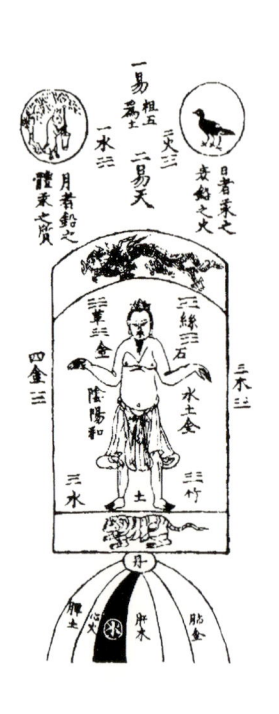

图17　伯牙弹琴镜，美国克利夫兰美术馆藏

图18　还丹五行功论图，《云笈七笺》卷七十二

以钟磬召激龙虎代表的阴阳之气（也就是阳魂阴魄），可以说是这种招魂仪式在地下墓葬世界的延续。

除了葬礼，音乐召激阴阳之气的效力在其他复生术中很可能也扮演了重要的角色。《庄子》提到，音乐有能力"冬爨鼎而夏造冰"，即通过调动阴阳之气使水在夏日结冰。这种"夏造冰"的过程，在汉代演变成一种起死回生的神秘道术。东汉时期王充在其著作《论衡·论死》中，揭示了这种通过"夏造冰"的道术来操纵生死的实践：

人生于天地之间，其犹冰也。阴阳之气，凝而为人，年终寿尽，死还为气。夫春水不能复为冰，死魂安能复为形？[34]

《论衡》进一步阐释，早期中国仙术中关于不死和死魂复形的想法，实际上是通过"复水为冰"，即使人的阴阳之气如同水凝结成冰一般聚合不散。音乐的"夏造冰"能力，很可能成为音声方术的理论基础。通过"以阳招阳，以阴招阴"，音乐可以实现"招阳采阴"，从而完成"死魂复形"。这种思想，在中古道教中得到了更加明确的阐述。《关尹子·七釜》描述说："人之力有可以夺天地造化者，如冬起雷，夏造冰，死尸能行，枯木能华……"[35] 展示了"夏造冰"的观念在复活死魂上的持续影响。

这些古代文献，揭示了在早期中国，音乐被视为一种可以驱使阴阳、复水为冰、死魂复形的音声方术。也让我们理解了马王堆帛画中的钟磬图像背后对于音声效力的丰富想象。钟磬是帛画上升仙仪式真正的指挥者与驱动力，它们不仅汇聚了画中的仙禽神兽，还引导操控了整个生命仪式中阴阳交合的过程。

三、体内钟磬：后世道教的音声方术

马王堆T形帛画上的钟磬图像不但让我们一窥西汉时期对于音乐效力的丰富想象和精妙设计，同时开启了后世道教以"金钟玉磬"作为长生方术的理论和实践，展现了后世音声方术的早期雏形。事实上，道教的音乐仪式和音乐修行框架都可以在马王堆T形帛画的钟磬图像中找到原型。

马王堆T形帛画将衣袍的形状作为隐喻，暗示人体里包含着宇宙时空，将金声玉振、阴阳聚合、生命重生的宇宙过程嵌入人体之内。这种表现手法与描绘宇宙景象的砂子塘汉墓彩棺互相映射：棺椁有头挡、足挡，同样隐喻着人体。这种在人体的微观宇宙中通过音乐效力完成阴阳交合、实现生命升华的模式，为后世道教音声方术的发展奠定了基础。

在道教《还丹五行功论图》（图18）中，可以看到金与石（即钟与磬）两种乐器分列人体两肩，龙虎绘制于人体上下，而日月分列画面顶部，可见音乐是人体内阴阳五行体系和道教修行法术的重要要素。[36]

许多道教法术与钟磬直接相关。例如《灵宝无量度人上品妙经》中关于"天磬"与太阴度尸的方法，便是这种马王堆帛画中钟磬想象的延续。这种术法认为，人死后可以通过念诵道经，让亡者体内发生神奇的转化：

> 云仪玉女击天磬于脑宫，于是百神混合九光之精，入填泥丸，返其所始……计日而得更生，转轮不灭，便得神仙。[37]

这种法术想象了一种起死回生的过程：天磬在头部"脑宫"之中，召唤体内"百神混合"，从而由死入仙。这种观念让我们想起砂子塘西汉彩棺的头挡装饰以及马王堆三号墓T形帛画顶端的玉磬图像，它们都是通过磬音引导阴阳二气在头部（即人的天庭）交合。

钟磬引导阴阳的观念，在道教中还被演绎为一种叩齿法术。《上清修行经诀》提到："凡上清叩齿咽液之法，皆各有方，先后有次，不得乱杂，使真灵混错也……其法叩齿，上下相叩，名曰天鼓，左齿相叩名曰天钟，右齿相叩名曰天磬也。"[38] 随着道教思想的发展，金钟玉磬的应用被进一步系统化，外在的敲击仪式也转化为内在精神实践的一部分，旨在召集和合体内的阴阳二神，通过特定的叩齿方式、次数和节奏，实现天地与人体内阴阳二气的和谐统一。十二世纪编纂的《无上玄元三天玉堂大法》，系统地记载了道教的"钟磬召和秘法"：

钟阳声，磬阴声，凡坛陛成，则击金钟玉磬，以召和。非特召和，乃集阴神阳灵，交合其炁。故金钟叩二十五下者，法天也，天之数，二十有五。玉磬叩三十下，法地也，地之数三十，又阴阳欲其交合也故，钟磬交叩三十六下，一阴一阳，共七十二，以接七十二候也。然则阳极则阴生，阴极则阳生，故剥复相更，否泰相代，阴不能全阴，故返其阳声，则玉磬叩以九下，九乾数阳也。阳不能全阳，故返其阴声，则金钟叩以六下，六坤数阴也。[39]

南宋时期编撰的《上清灵宝大法》里，也记载了类似的"金钟玉磬之法"：

金钟玉磬之法、召集高功身中阴阳二神，和合天地，驱逐厌秽，招集真灵启格十方，通幽达明，追摄魂魄，调集息度、尤致妄耗，有二神以主之。故开坛之初，必鸣钟磬以召集之，交鸣者乃互出合为一。所以炼阴成阳，秉志纯诚、无妄想无乱志，则可招灵……[40]

夫龙兴而致云，虎啸则风烈从，风云庆会，则万圣咸臻，龙虎交鸣，则千灵悉降。钟径九寸、高一尺，阳数，抱乎阴箅；磬径一尺、而高九寸，阴数，怀乎阳箅。[41]

这些方术系统地总结了道教发展的"金钟玉磬"秘法，通过叩齿和存思，召出人体内部的阴阳二神，使体内"交合其炁""龙虎交鸣""千灵悉降"，也就是通过钟磬交振操纵自身的阳魂阴魄，使之交合为一而升华成仙。马王堆以及砂子塘汉墓中的音乐仪式，预示了后世道教钟磬方术的发展，映射了古代中国关于音乐、生命、宇宙的深层哲学和浪漫想象。

结语：长生方术中的音声系统

马王堆 T 形帛画不仅是一件视觉艺术的杰作，它还蕴含着丰富的音声元素。作品不只描绘了一个神秘而壮丽的神灵世界，而且巧妙地运用视觉艺术的手法，让观者仿佛能够"聆听"到一曲宏大壮丽的宇宙交响曲——金声玉振、虎啸龙吟、鹤唳九霄。

探究马王堆T形帛画中的钟磬细节，让我们得以洞见汉代对钟磬之乐的丰富联想。钟和磬这两种乐器，不仅是通往仙界的媒介，还被认为可以通过声音共鸣，感召阴阳之气、操纵魂魄仙灵，进而驱动生命的原发力量，完成生命的复生与升华。

由此可见，在西汉时期，以音驭气的音声方术业已成型，为后来道教体内修行"金钟玉磬"以调节阴阳的长生实践提供了蓝图。钟磬之术展现了中国传统宇宙观中"以音感应"理论的深远影响。在研究中国古代艺术和物质遗存时，我们需要打开听觉维度，以复合的感官来考察中国艺术中音与象的复杂交织。虽然千年前的钟磬之音已不复可闻，但我们仍能从留存的物质和图像中感受到西汉对于金玉之音的瑰丽想象。

致谢：本文为哈佛大学中国艺术实验室（Harvard FAS CAMLab）与湖南博物院联合展开的"生命艺术"马王堆汉墓研究的学术成果之一。在写作过程中，特别鸣谢哈佛大学汪悦进教授的殷切指导，同时由衷感谢湖南博物院为本课题提供马王堆汉墓文物的高清图片，并对马王堆文物的现场考察提供大力支持和慷慨帮助。

注释

1 代表性观点参见巫鸿：《礼仪中的美术——马王堆再思》，《礼仪中的美术》，生活·读书·新知三联书店，2005年，第112—115页；汪悦进：《入地如何再升天？——马王堆美术时空论》，《文艺研究》2015年第12期，第136—155页；贺西林：《从长沙楚墓帛画到马王堆一号汉墓漆棺画与帛画——早期中国墓葬绘画的图像理路》，《中国汉画学会第九届年会论文集（上）》，2005年，第449—472页需要添加出版社，另外此论文集 我查询为2004年出版，请作者确认；陈建明编：《马王堆汉墓：古长沙国的艺术与生活》，岳麓书社，2008年，第41—58页；姜生：《马王堆帛画与汉初"道者"的信仰》，《中国社会科学》2014第12期，第176—199页。

2 在马王堆T形帛画的研究中，乐器多被忽视，一般认为乐器只是帛画描绘的升仙仪式中的氛围点缀。前人的研究里，唯有汪悦进先生在《入地如何再升天？——马王堆美术时空论》一文中对画面的乐器展开了解读，汪悦进先生分析了钟磬代表的季节状态，阐释了音乐在早期中国所具有的宇宙内涵；他指出帛画营造了五音和鸣、黄钟大吕的宇宙大乐，音乐演绎了时空的四季变迁、推动生命的孕育，对本文很有启发。参见：汪悦进：《入地如何再升天？——马王堆美术时空论》，第143—144页。

3 参见湖南省博物馆：《长沙砂子塘西汉墓发掘简报》，《文物》1963年第2期。

4 《重刊宋本十三经注疏附校勘记·重刊宋本周礼注疏附校勘记》卷二十三《春官宗伯》，清嘉庆二十年（1815）南昌府学刊本，第354页。

5 何宁：《淮南子集释》卷五《时则训》，中华书局，1998年，第379—441页。

6 成伣（1439—1504）等编：《乐学轨范》（原本影印韩国古典丛书），大提阁，1973年。

7 陈立、吴则虞：《白虎通疏证》卷三《礼乐》，中华书局，1994年，第121、127页。

8 杨天才、张善文译注：《周易》，中华书局，2011年，第659页。

9 《无上妙道文始真经》，民国景印明正统本，第59—60页。

10 黄晖撰：《论衡校释》，中华书局，1990年，第324页。

11 王兴芬译注：《拾遗记》，中华书局，2019年，第30页。

12 王兴芬译注：《拾遗记》，第111—112页。

13 《汉武帝别国洞冥记·卷第一》，明顾氏文房小说本，第5页。

14 《汉武帝别国洞冥记·卷第二》，明顾氏文房小说本，第11页。

15 （清）阮元校刻：《十三经注疏》，中华书局，2009年，第312页。

16 "锐喙决吻，数目顾脰，小体骞腹：若是者谓之羽属，恒无力而轻，其声清阳而远闻。无力而轻，则于任轻宜，其声清阳而远闻，于磬宜。若是者以为磬虡，故击其所县而由其虡鸣。"参见《重刊宋本十三经注疏附校勘记·重刊宋本周礼注疏附校勘记·冬官考工记》，清嘉庆二十年（1815）南昌府学刊本，卷四十一，第637页。

17 《礼记明堂位》："周之璧翣。"郑玄注："画缯为翣，戴以璧，垂五采羽于其下，树于簨之角上。"

18 玉璧与龙虎等动物组成阴阳交合的内涵，参见姜生：《汉墓龙虎交媾图考——〈参同契〉和丹田说在汉代的形成》，《历史研究》2016年第4期，第5—6页。

19 （明）陶宗仪编纂：《说郛·师旷禽经》卷十五，上海涵芬楼排印本，第16页。

20 音乐与阴阳之气的联系参见吕晨晨：《天地之和：曾侯乙墓的音象系统与宇宙想象》，《美术大观》2023年第5期，第55—85页。

21 李正光编绘：《汉代漆器图案集》，第124—125页。

22 （战国）吕不韦著，陈奇猷校注：《吕氏春秋新校释》，上海古籍出版社，2002年，第284—485页。

23 龙虎炼形观念在汉墓中的体现，参见 Eugene Y. Wang, "Jouissance of Death? Han sarcophagi from Sichuan and the Art of Physiological Alchemy," *RES: Anthropology and Aesthetics*, vol. 61-62, no. 61/62, 2012, pp. 152-166; 姜生：《汉墓龙虎交媾图考——〈参同契〉和丹田说在汉代的形成》，第4—27页。

24 南京博物院：《江苏丹阳县胡桥、建山两座南朝墓葬》，《文物》1980年第2期，第1—21页。

25 《重刊宋本十三经注疏附校勘记·重刊宋本周礼注疏附校勘记》卷二十三《春官宗伯》，清嘉庆二十年（1815）南昌府学刊本，第359页。

26 李正光编绘：《汉代漆器图案集》，第126—127页。

27 （元）刘大彬《茅山志》卷一载此册文。

28 （元）刘大彬撰《茅山志》卷一，明永乐刻本，第14页。

29 （清）郭庆藩撰、王孝鱼校点：《庄子集释》，中华书局，1985年，第838页。

30 杨伯峻：《列子集释》，中华书局，1979年，第176页。

31 （战国）吕不韦著，陈奇猷校注：《吕氏春秋新校释》，第284页。

32 林家骊译注：《楚辞》，中华书局，2010年，第280页。

33 （宋）洪兴祖撰，白化文等点校：《楚辞补注》，中华书局，2015年，第202页。

34 黄晖撰：《论衡校释》，第873页。

35 《无上妙道文始真经》，民国景印明正统本，第56页。

36 《云笈七籤》卷七十二，民国景印明正统本，第3030页。

37 《灵宝无量度人上品妙经》卷之三十五，民国景印明正统本，第1398—1399页。

38 《上清修行经诀》，民国景印明正统本，第33—34页。

39 《无上玄元三天玉堂大法》卷之三十，民国景印明正统本，第699—670页。

40 《上清灵宝大法卷之四十》，民国景印明正统本，第2122页。

41 《上清灵宝大法卷之五十五》，民国景印明正统本，第3043页。

致谢

《生命时空——马王堆汉墓新论》的完成离不开众多专家与机构的大力支持。在此，衷心感谢文韬、程少轩、黄阳兴老师为本书提供的学术支持。特别感谢湖南博物院段晓明院长、李丽辉书记的支持，以及喻燕姣教授及其团队提供的宝贵图像资料与专业意见。

感谢汪悦进教授、程少轩教授、刘子亮教授、戴蓓岚教授、文韬教授、蔡小婉、雷小菲、林冰洁、彭雪扬、吕晨晨、吴晓璐、李沁霖、赵惠靖、刘怡为本书撰写书稿，刘漪文、刘怡、杨亦嘉、梁以伊、林冰洁等人进行的统筹组织，以及方慧、刘晓天、蔡小婉为英文论文翻译的工作。此外，衷心感谢田思聪、魏语轩、陈劭妤、温晓彤、朱锦骏、辛叶桐、梁以伊、林朵朵为本书绘制的精美插图。同时，向上海书画出版社的编辑和设计团队致以诚挚的感谢，感谢他们的辛勤付出。

作者信息

汪悦进（Eugene Y. Wang）
哈佛大学艺术史与建筑史系洛克菲勒亚洲艺术史专席终身教授
哈佛大学中国艺术实验室创始人兼主任

吕晨晨
哈佛大学中国艺术实验室副主任、研究员

蔡小婉
美国华人博物馆发展筹资部与传播部经理

程少轩
南京大学文学院教授

[意] 戴蓓岚（Paola Demattè）
罗德岛设计学院理论与艺术设计史系教授

雷小菲
哈佛大学内亚研究博士生

李沁霖
哈佛大学哈佛大学区域研究（东亚）硕士

林冰洁
哈佛大学艺术史与建筑史系博士生

刘　怡
亚利桑那大学东亚研究系博士生

刘子亮
美国威廉姆斯学院艺术史系助理教授

彭雪扬
哈佛大学艺术史与建筑史系博士生

文　韬
中央美术学院人文学院教授

吴晓璐
哈佛大学宗教研究系博士生

赵惠靖
宾夕法尼亚大学东亚语言与文明系硕士

策划设计

主　编
汪悦进　段晓明　吕晨晨

总统筹
刘漪文

统　筹
刘　怡　杨亦嘉　梁以伊　林冰洁

翻　译
方　慧　刘晓天　蔡小婉

绘　图
田思聪　朱锦骏　魏语轩　陈劭妤
温晓彤　辛叶桐　梁以伊　林朵朵

校　对
梁以伊　方　慧　刘晓天　蔡小婉

图片提供

湖南博物院

湖北省博物馆

上海博物馆

故宫博物院

中国国家博物馆

山西博物院

绵阳市博物馆

西安博物院

四川博物院

图书在版编目（CIP）数据

生命时空：马王堆汉墓新论 / 美国哈佛大学中国艺术实验室编. -- 上海：上海书画出版社，2025.2.
ISBN 978-7-5479-3522-4
Ⅰ. K878.8-53
中国国家版本馆CIP数据核字第20253DC271号

生命时空：马王堆汉墓新论

美国哈佛大学中国艺术实验室 编

责任编辑	黄坤峰　黄醒佳
编　　辑	法晓萌
审　　读	陈家红
整体设计	刘　蕾
美术编辑	陈绿竞
技术编辑	包赛明

出版发行	上海世纪出版集团 ❷ 上海吉委去版社
地址	上海市闵行区号景路159弄A座4楼
邮政编码	201101
网址	www.shshuhua.com
E-mail	shuhua@shshuhua.com
制版	上海久段文化发展有限公司
印刷	浙江海虹彩色印务有限公司
经销	各地新华书店
开本	889×1194　1/16
印张	36.5
版次	2025年3月第1版　2025年6月第2次印刷
书号	ISBN 978-7-5479-3522-4
定价	298.00元

若有印刷、装订质量问题，请与承印厂联系